人の国際移動と現代日本の法

人身取引・外国人労働・入管法制

大久保史郎
樋爪 誠
吉田美喜夫

編著

日本評論社

はしがき

　グローバリゼーションを人・もの・カネ・資本・情報・サービスが大規模かつ迅速に国境を越え、地球的規模で展開する事態であるとすれば、このなかで、「人」の「国際移動」はいかなる状況にあり、いかなる特徴をもつのだろうか。そして、日本はこれにどのように対処しようとしているのだろうか。

　人の国際移動は、一般には、人や家族が生活や生存のために、母国・地域を離れて、国境を越えることだが、その出国において、移動の過程において、また、移動先において、さまざまな障害やリスクに遭遇する。生命・身体の安全、また、生活は最も不安定かつ脆弱な状態におかれる。このような人の国際移動は、現代において、特に1990年代に入ってから、かつてない規模に至り、その様相をおおきく変えつつある。

　人の国際移動は、これまで、貧困と失業を原因として生じる送出しと受入れ国の関係としての「移民」、あるいは、自分の意に反する強制・迫害による「難民」を典型として論じられてきたが、現代においては、これらの規模をいっそう拡大するとともに、その要因も経済的、政治的、社会的原因や背景、また、宗教対立や自然災害によって引き起こされるなどの多様な要因と形をとるようになった。人の国際移動はもの・カネ・資本・情報・サービスなどの国際移動と絡み合って、現代グローバリゼーションを構成し、これまでの「移民」、「難民」という言葉では捉えきれない局面に達しているということができるだろう。そこで、端的に「国際移住」、「国際移動」と表現し、底辺に人身取引の犠牲者や非正規の移住者が、そして移民、難民が、さらに、その上層、頂点にはグローバル・エリートなる人材が位置する多層性ないし階層性をもった地球的規模の現象として捉えるべき状況になっていると指摘されるようにもなった。

　こうして、人の国際移動が18-19世紀以来の領域的・主権的国家を越える、

あるいは横断する事態として現代世界に登場している以上、これまでの人びとの生存と自由の枠組みである国家および国家間関係としての国際関係とさまざまな緊張・対立を引き起こすことは避けがたい。各国は国際的、対外的にだけでなく、その主権的領域と権限の内部においても、もの・カネ・資本・情報・サービスなどとともに、人の国際移動への対応を避けることができなくなっている。この間、国連などの国際機関や国内外のNGOもまた、さまざまな回路と手段での活動を強めている。

人の国際移動が治安や社会問題を引き起こし、一国では捉えきれない多元的・複合的・流動的な要因と背景をもつために、これまでの制度、政策、規範では対応できないとすれば、さまざまな視点や方法による実態に即した分析と対応が必要であろう。その上でさらに、ここでの立脚点、基本に据えられるべきものは何かが問われるだろう。それは、もの、カネ、資本、情報、サービスではない人、すなわち、生身の人間の生命・生活・安全が直接的、構造的に危険にさらされているという事実そのものではないかと思われる。2003年の人間の安全保障委員会報告書は、「暮らしの改善や新たな機会の探求、あるいは貧困からの逃避のために」、また、「地域戦争や暴力を伴う紛争に起因する強制的な移動、人権侵害、追放、差別など」のために、人は移動するのであり、特に先進国が制限的移民政策をとり、「その結果として人身取引や密入国の仲介を急増することになった」と指摘したうえで、移動が人びとの「唯一の選択肢」となっていること、「人間の生にとってかけがいのない中枢部分を守り、すべての人の自由と可能性を実現する」という人間の安全保障の視点から捉えるべきことを強調した＊。

本書は、現代日本が人の国際移動にどのように対応しているかについて、身近な事実から出発して、そこにふくまれる問題や背景を検討することを試みた。具体的には、人の国際移動の最も非人間的で、否定的な側面であるヒューマン・トラフィキング—人身取引（性的搾取と労働搾取）に焦点をあて、これに日本および東アジア諸国がどのように対処しているか、その実態・動

＊　人間の安全保障委員会報告書『安全保障の今日的課題』（朝日新聞社、2003年）81頁以下、11頁。

向と問題点を分析し（第Ⅱ、第Ⅲ部）、次に、これに対応する現代日本の出入国管理法制の法的検討を行っている（第Ⅳ部）。

第Ⅱ部の性的搾取としての人身取引の検討では、日本の事態と密接に関係する東アジアにおける人身取引の実態と法的対応を東南アジア、タイ、フィリピン、韓国、中国に学び、その上で、近年、手詰まり状態にあると云われる日本の対人身取引政策と法の実態を検討している。第Ⅲ部では、日本における外国人労働者の実態と労働法制上の対応、また、労働搾取の人身取引ではないかと疑われている外国人技能実習制度の実態と判例法理の分析を行い、併せて、これに類似する韓国における「産業研修生制度」の廃止、雇用許可制度の分析を行った。

第Ⅳ部は日本の出入国管理法制を検討対象とする。近年の日本の出入国管理政策は、日本の人口および労働力の減少、高齢化、少子化をにらんで、産業界の要請に応じる熟練・専門的な労働力の導入、日本の高齢化と少子化に対応する介護・医療、家事労働への対応、そして、実質的な単純労働の導入などの総合的な政策対応に向かいつつある。その一方で、人身取引、非正規在住、あるいは難民などへの対処は外国人の地位と権利の視点から見れば、一貫して付随的、傍流的な扱いにとどめられている。現代日本が外国人に対する厳格な出入国の管理という伝統的な性格を維持したまま、日本の都合にあわせた限りでの「積極的な」政策展開なるもので、日本が現に当面している、あるいは、当面するであろう現代の人の国際移動にどこまで対応できるかは不透明である。もっとも、日本の出入国管理および難民についての法制度とその運用はこれまで実務に任されがちで、本格的な法学的検討に乏しく、問題の発生に応じた各法分野からの個別的な検討にとどまってきたことを指摘せざるをえないだろう。本書は、試論的であることを免れないが、この法学的な検討を試みている。

さらに、本書では、第Ⅱ・Ⅲ・Ⅳ部をふまえて、問題をより広い視点から位置付け、考察する手がかりをあたえるための第Ⅰ部をもうけ、日本の出入国管理法制を移民法制として捉えた場合の国際比較、日本社会における定住外国人の現状、移民労働に対する国際機関ILOの歴史と現在、そして、国際労働力移動の経済学的意義の検討を行っている。そして、本書への導入と

して、現代世界における人の国際移動の特徴と日本の課題を概観した序論を付した。

　なお、以上の本書に収録した各論考は各執筆者の見解にしたがうものであって、共通するところもあれば、相違するところがあることはお断りするまでもないと思う。

　本書は、学術振興会科研・基盤研究B「東アジアにおける人身取引と法制度・運用実態の総合的研究」（2010年～2012年度）による研究・調査に基づき、2016年度の学術出版助成をえて、公刊することができた。この研究に参加、また協力していただいた数多くの方々に、そして、本書刊行を引き受けていただいた日本評論社、特に編集に当たった武田彩さんに心からの謝意を表する。

　2017年2月

編者代表　大久保史郎

目 次

はしがき　i

序　論　人の国際移動と人身取引・外国人労働・入管法制 ……… 1
大久保史郎
1 「人の国際移動」の拡大と多元化
2 人身取引――性搾取と労働搾取
3 人の国際移動の国際基準と日本の対応
4 むすび

第Ⅰ部　人の国際移動と日本の対応

[1] 国際比較からみた日本の移民法制の課題 …………………… 23
近藤　敦
1 はじめに
2 人権条約の影響と国際比較の動向
3 日本の入管法制の特徴
4 労働許可
5 家族呼び寄せ
6 永住許可
7 国籍取得
8 おわりに――非正規滞在者への対応

[2] 人口減少時代の日本における「移民受け入れ」………… 40
――政策の変遷と定住外国人の居住分布――
高畑　幸
1 はじめに
2 人口減少時代の「移民受け入れ」議論
3 移民受け入れ政策の変遷

4　日本における外国人の分布
　　　5　むすび

[3] **人の国際移動と労働** ………………………………………… 61
　　―国際組織の役割―
　　吾郷眞一
　　　1　はじめに
　　　2　国際連盟期の動き
　　　3　第2次世界大戦後（1945-1975年）
　　　4　1975年以降
　　　5　規範設定と現代
　　　6　規範実施の監視
　　　7　21世紀における移住労働の問題

[4] **人の国際移動と国際経済** ………………………………………… 82
　　茶谷淳一
　　　1　はじめに
　　　2　新古典派労働経済学による外国人労働者の経済効果について
　　　3　新古典派国際経済学による国際労働力移動の経済効果分析について
　　　4　外国人労働者問題と経済学

第Ⅱ部　日本と東アジアにおける人身取引と法

　東アジア

[1] **東アジアにおける人身取引対策の地域協力** ……………… 103
　　山根健至
　　　1　はじめに
　　　2　東南アジアにおける越境犯罪対策の地域的枠組み形成と人身取引
　　　3　人身取引対策進展の世界的な契機
　　　4　東南アジア地域における人身取引対策の枠組み形成
　　　5　その他の地域協力
　　　6　むすび

[2] タイ国における人身取引に対する取組みと課題 119
    齋藤百合子
    1　タイ政府の人身取引対策の経緯
    2　現代のタイ国における人身取引——水産加工業および漁業における人身取引とその対策・課題
    3　結論

[3] フィリピンにおける人身取引と法 137
    —予防・取締りの法体制と実態—
    カルロス、マリア・レイナルース（訳・青木理恵子）
    1　はじめに
    2　人身取引防止に向けた法体制
    3　フィリピンにおける人身取引と反人身取引取組みの現状
    4　国際労働移動と人身取引——海外フィリピン人の事例
    5　むすび

[4] 韓国の人身売買と対策の現段階 161
    —移住女性人身売買の実態と人身売買関連法制を中心に—
    車　恵　怜
    1　はじめに
    2　事例類型から見た移住女性人身売買の実態
    3　人身売買に関する韓国の現行法と問題点
    4　韓国の移住女性の人身売買の規制に必要な対策

[5] 中国における人身売買の規制および課題 174
    陳　根　発
    1　はじめに
    2　婦女児童誘拐売買に対する処罰
    3　「売春」と「買春」に対する処罰
    4　「強制労働」に対する処罰
    5　むすび

日本

[6] 日本における人身取引対策の現段階 …………………………… 189
大野聖良
1 はじめに
2 日本における人身取引対策への求心力——米国務省『人身取引年次報告書』
3 「人身取引対策行動計画」における人身取引の問題構成
4 新たな人身取引問題
5 おわりに

[7] 人身取引法の刑法解釈学的検討 …………………………… 220
安達光治
1 はじめに
2 人身取引に対する従来の刑法的対応
3 ヒューマン・トラフィッキングの概念とその処罰化
4 むすびに代えて

[8] フィリピンからの移住女性と人身取引 …………………… 239
——エンターテイナーからジャパニーズ・フィリピノ・チルドレン（JFC）——
藤本伸樹
1 人身取引大国ニッポン——米国務省報告の衝撃
2 在留資格「興行」に象徴された日本の人身取引
3 在留資格「興行」の審査の厳格化
4 偽装結婚——人身取引のグレイゾーン
5 入国管理行政と国際結婚の手続
6 日本に移住するジャパニーズ・フィリピノ・チルドレン（JFC）母子への搾取
7 求められる公的な自立支援

第Ⅲ部 日本における外国人労働の現状と課題

[1] 外国人労働者と日本の労働政策・労働法 …………………… 267
吉田美喜夫
1 はじめに
2 外国人労働者の現状
3 外国人労働者政策と労働政策の展開
4 外国人労働者と労働法
5 おわりに

[2] 外国人技能実習制度の制度設計と裁判法理 …………… 289
―外国人技能実習制度下における紛争類型―

小野寺信勝
1 はじめに
2 外国人技能実習制度の制度設計
3 紛争類型
4 おわりに

[3] 韓国の産業研修生制度の廃止と雇用許可制度の導入 … 309
尹 芝 瑩
1 はじめに
2 産業研修生制度の廃止と雇用許可制度の導入
3 制度化された人身売買としての雇用許可制度
4 雇用許可制度の下での外国人労働者の人権状況
5 提言

第Ⅳ部 日本の入国管理法制の現在と課題

[1] 現代日本の入管法制の展開 …………………………………… 329
―管理強化の経緯と現在―

明石純一
1 はじめに
2 日本の入管法制の起源と前史

　　　　3　1989年の入管法改正と関連措置
　　　　4　管理強化に向けた法制度整備
　　　　5　昨今の入管法制の動向
　　　　6　小括

[2]　**外国人の労働関係と生活関係** ……………………………… 344
　　　―国際私法の視座から―
　　　樋爪　誠
　　　　1　はじめに
　　　　2　在留資格と外国人の私法関係
　　　　3　外国人と労働関係
　　　　4　外国人の生活関係
　　　　5　むすびにかえて

[3]　**入管法改正と在留外国人の身分記録** ……………………… 367
　　　―「身分関係」関連事項の記録簿の必要性をめぐって―
　　　趙　慶済
　　　　1　はじめに
　　　　2　外国人登録原票から「外国人住民票」へ
　　　　3　登録原票と外国人住民票の身分関係関連事項の問題点
　　　　4　在留外国人の身分変動と「外国人住民票」の記載
　　　　5　日本の諸官庁に散在する在留外国人の身分関係の記録
　　　　6　在留外国人の「身分関係」関連事項の記録簿の必要性
　　　　7　おわりに

[4]　**入管法における国際養子** ……………………………………… 378
　　　片岡雅世
　　　　1　はじめに
　　　　2　日本における国際養子に関する法状況
　　　　3　国際養子に関する入管法上の諸問題
　　　　4　むすびに代えて

[5]　**日本における難民認定の実情** ……………………………… 391
　　　本田麻奈弥
　　　　1　はじめに

2　難民の定義と関係法令
3　日本の難民認定に関する手続
4　日本の難民保護の実情と課題Ⅰ——統計・数字に見る実情
5　日本の難民保護の実情と課題Ⅱ——行政手続段階における手続実態
6　日本の難民保護の実情と課題Ⅲ——司法における判断過程の実際
7　現状の課題とその背景
8　残された課題
9　むすびにかえて

[6]　入管法制の法学的検討 …………………………………………… 422

①入管法制と憲法 ……………………………………………………… 422
大久保史郎
1　はじめに
2　戦後入管法制の軌跡と外国人の地位と権利
3　日本国憲法と外国人の地位・権利
4　出入国管理制度と外国人の入国・在留の権利
5　むすび

②出入国管理と行政法—裁量統制論をめぐって— ……………… 445
須藤陽子
1　出入国管理と裁量権の広狭
2　難民認定における裁量の否定
3　退去強制をめぐる訴訟とマクリーン判決
4　近年の退去強制をめぐる裁判例と裁量統制の基準
5　おわりに

③入管法制と刑事法 …………………………………………………… 459
上田　寛
1　はしがき
2　入管法の刑事法的機能
3　刑事政策における入管法の意義
4　むすび

あとがき　478

序論
人の国際移動と人身取引・外国人労働・入管法制

大久保史郎

1 「人の国際移動」の拡大と多元化

(1) 「人の国際移動」のかつてない変容

　世界人口は20世紀に急激な増大をとげ、世紀末の1998年にはおよそ60億人に、2012年には70億に達している。この中で、人の国際移動はこれまで、もっぱら途上国から先進国への移民、移住として認識されてきたが、90年代以降のグローバル化のなかで、規模、構造、要因、影響において、その様相を大きく変えつつある[1]。

　「人の国際移動」は、一般には「他国に永住又は一時的な移住を求めて、出身国もしくは居住国を離れて国境を越える人々の移動」と定義され[2]、具体的には、国境を越える移住労働者・家族、難民、庇護希望者などをさす。2016年9月、国連は「難民と移民の大規模移動に関するハイレベル・サミット」を開催し、採択された宣言文書（難民と移民のためのニューヨーク宣言）は、2015年に人の国際移住者数が2億4400万人を越え、ここに移住を

---

1) 国連は、2006年と2013年に、国連総会での特別会合（United Nations General Assembly High-level Dialogue (HLD) on International Migration and Development）を開催し、2016年に「難民と移民の大規模移動に関するハイレベル・サミット」を開催した。

強制された者（forcibly displaced people）が約 6500 万人、その内の 2100 万人が難民（refugees）であり、300 万人に庇護希望者（asylum）が含まれ、そして、4000 万人の国内避難民が含まれると述べている。宣言は、すべて移住者が世界人権宣言や国際人権規約など国際人権条約上の人権保持者であることを確認した上で、大規模な人の国際移動はその規模、経済的・社会的・地理的背景、各国の受け入れ能力、そして短期的・長期的影響などによる「複合的な問題」であるとして、国際社会のグローバルな対応を求めると訴えた[3]。

UN-DESA（国連経済社会局）の 2015 年報告によれば、人の国際移動は、1990 年代以降、急激に規模をふくらませ、2000 年の約 1 億 7300 万、2010 年の 2 億 2200 万人、2015 年の約 2 億 4400 万人へと増大したと推定され、世界人口の約 3％を占める[4]。地理的には、その約 58％の 1 億 4050 万人が「発達地域」（北）に居住し、その 61％・8500 万人が「途上地域」（南）からの、39％・5500 万人が「発達地域」からの移住者とされる。「途上地域」には 1 億 320 万人の移住者がいて、その 87％・9000 万人が他の「途上地域」からの、13％・1300 万人が「発達地域」からの移住者となる[5]。

この間の人の国際移動の増加は、1990 年から 2015 年までに全体で 9100 万人を超え、60％の増大率になる。その多くは 2000 年から 2010 年の間に生

---

2) 冨山麻里子「国際的な人の移動と人間の安全保障」大久保史郎編『グローバリゼーションと人間の安全保障』（日本評論社、2007 年）294-295 頁。Internatonal migrant に関する法的な定義はなく、IOM（国際移住機構）は、「法的地位、任意・非任意、理由、居住期間を問わず、居住地を国外または一国内で移した者」という用語上の定義を設定している。国連統計上は、長期に（1 年以上）、短期に（3 月以上 1 年未満）に、居住地・国を変えた者をさすとしている（http://www.iom.int/key-migration-terms）。
3) UN New York Declaration for Refugees and Migrants, 19 September 2016; http://www.un.org/ga/search/view_doc.asp?symbol=A/71/L.1
4) UN-DESA,International Migration Report 2015 [Hightlights] を基本に、International Migration Report 2015 のデータを加味したデータに基づく。http://www.un.org/en/development/desa/population/migration/publications/migrationreport/docs/MigrationReport2015_Highlights.pdf；http://www.un.org/en/development/desa/population/migration/publications/migrationreport/docs/MigrationReport2015.pdf
　なお、UN-DESA は、国際移住者（international migrant の数字を各国の人口統計における「外国で生まれた者、外国籍を保持する者」で推計しているので集計されない非正規の移住者が相当数にのぼると考えられる。

じ、この間の年間増大数は平均約490万人で、1990年から2000年までの年間平均200万人から倍増している。近々の2010年から2015年の間の年間平均は440万人となる。この結果、1990年から2015年間までに増加した国際移住者9100万人の64％・5800万人が「発達地域」に、36％・3300万人が「途上地域」に移住し、「途上地域」は「発達地域」と比べて、2倍以上の増加率となっている（前者の2.9％、後者の1.2％）。

　地域別では、欧州7600万人、アジア7500万人、北米5400万人（2013年）、アフリカ2100万人、中南米800万人が居住する。この期間に、アジアでは2700万人の増加があったが、その90％、2400万人が同じアジア地域からで移住である。国別では、1990年から2015年までに増加した国際移住者全体の51％が上位10か国に移住し、米国4700万人、ドイツとロシアが各1200万人、サウジアラビア1000万人、英国900万人弱、アラブ首長国連合800万人、以下、カナダ、フランス、オーストリア、スペインの順となる。

　難民は、第二次世界大戦以降、最大の数となり、全世界の国際移住者数の8％となっている。2014年段階では、全世界で1950万人、その86％1250万人が途上国に居住し、受入れ国ではトルコ（160万人）、パキスタン（150万人）、レバノン（120万人）、イラン（100万人）である。これらの難民の53％がシリア（390万人）、アフガニスタン（260万人）、ソマリア（110万人）から生れている[6]。近年の傾向として、これまでの「難民」とされた政治的迫

---

5) このUN-DESA Reportにおける「発達（北）地域」（北）、途上地域」（南）の区分は地理的区分を主として、社会経済的な区分でない。1960年頃までは「貧困・富裕」の意味をもったが、現在では、単なる地理的区分として使用している。しかし、一定の意味があるので、この「発達・途上」（developed, developing）の用語を使用していると説明されている（UN-DESA,International Migration Report 2015, p. vii）。「発達（北）地域」は、ヨーロッパ、北米、オーストラリア、ニュージーランド、日本をさし、「途上（南）地域」はアフリカ、アジア（日本を除く）、中南米、オセアニア（オーストラリア）を指す。後述、注8）も参照。

6) 2016年9月の国連「移民と難民の大規模移動に関するハイレベル・サミット」向けのUNHCR文書では、難民情勢について、移住を強制された人びととの総数（国際・国内）を6530万人として、2015年に新たに避難民1240万人が加わったとする（そのうちの国内避難民800万、無国籍者100万、残りが庇護申請者）。Global Trends Forced Displacement in 2015では、国際難民2130万人（UNHCR管轄難民が1610万人、UNRWA（国際連合パレスチナ難民救済事業機関）管轄のパレスチナ難民が408万人、国内難民4080万人）、庇護申請者320万人となる（http://www.unhcr.org/576408cd7.pdf）。

害などの政治的・社会的迫害による難民といわゆる経済難民との区別が難しくなっている。

(2) 人の国際移動の「南―北」関係

　この国際的な人の移動・移住は、70年代頃までは、もっぱら途上国・地域から発達国・地域への非熟練の労働移民・家族と見られてきたが、90年代以降はその様相を大きく変えている。IMO（国連移住機構）2013年報告は、移住者を対象としたギャロップの世論調査の結果を利用して、こうした人びとの充足度を所得、雇用、健康、安全などの生活実態や意識から分析する試みを行っている[7]。南北間移動の基礎データはUN DESA、WB（World Bank）、UNDP（国際開発計画）で異なるが、ここでは主としてUNDPデータによって、その特徴を指摘する[8]。

　全体で約2億人の移住者は北への移住が56％（約1億2000万人）、南への移住が44％（約9500万人）〔表1〕で、出身地域では南が81％、北が19％となる〔表2〕。

　この流れを見ると、南から北へ（41％：約8600万人）、南から南へ（41％：約8700万人）だけでなく、北から北へ（15％・3300万人）、北から南へ（3％：約740万人）の層としての移動を認めることができる（表3）。北に居住する移住者のうちの約58％（UN DESA）〜72％（UNDP）が南から移住であ

---

7) IMO, World Migration Report,2013. IMOのWorld Migration Reportは、2000年以降、国際移動と人間開発・社会発展とを関連付けて、国際移住を「人々の集団の生活を全体的に改善するプロセス」として捉える政策課題を設定している。なお、ここでのギャロップ意識調査は2009－11年の2500名の移住第一世代と44万人の外国生まれの居住者の意識調査で、難民や自然災害などの避難者は対象としていない。

8)「北－南」の区分は、UN DESAでは地理的区分を基本とし（前注5）が、世界銀行（WB）は「北－高所得」・「南－低・中所得」で区分し、国連開発計画（UNDP）の区分は「人間開発指標（HDI）」による（この指標は、主として、平均余命・教育（識字・就学率）・所得（GDP）を基本とし、近年では貧困率やジェンダー不平等などを加味する）。「北」をHDI指数の最高値国・地域（日本・韓国・シンガポール・中国、香港、オーストラリア、ニュージーランドと北米、欧州）とし、「南」をHDI指標が低・高の国・地域とする。本文は、UNDPのデータに基づくが、UNDPによる「人の国際移動」の詳しい分析は、「人間開発報告書2009」（日本語版）「障壁を乗り越えて――人の移動と開発」を参照。http://www.jp.undp.org/content/dam/tokyo/docs/Publications/HDR/2009/HDR2009_Japanesefull.pdf

序論　人の国際移動と人身取引・外国人労働・入管法制　5

表1

	To North		To South	
	Stock (thousand)	%	Stock (thousand)	%
UN DESA	127,762	60	86,438	40
WB	131,800	62	82,399	38
UNDP	119,630	56	94,569	44

表2

	From North		From South	
	Stock (thousand)	%	Stock (thousand)	%
UN DESA	66,744	31	147,456	69
WB	43,753	20	170,446	80
UNDP	40,167	19	174,032	81

表3

	S-N		N-N		S-S		N-S	
	Stock (thousand)	%	Stock (thousand)	%	Stock (thousand)	%	Stock (thousand)	%
UN DESA	74,297	35	53,464	25	73,158	34	13,279	6
WB	95,091	45	36,710	17	75,355	35	7,044	3
UNDP	86,873	41	32,757	15	87,159	41	7,410	3

るが、28％（UNDP）～42％（UN DESA）が北地域からの移住であり、これに対して、南の途上国に居住する移住者の約85％（UN DESA）～92％（UNDP）が同じ南から移住である〔表3〕。

　以上から、この約20年間の人の国際移動の特徴として、南からの移動・流出が8割台である（南から南へが半数を占める）が、他方で、北から北へが15％、北から南へが3％になり、北からの移動が1つの層として存在し、そこでは国際移動が単純・非熟練労働者・家族だけでなく、熟練・専門労働者ないし高学歴者の移住を含むことを示唆する〔図1〕。報告書は、特に北から北への移住による生活向上の満足度から高く、その反面で、伝統的な南から北への移住であっても、必ずしも生活や社会的地位の向上に結びつかず、出身地域・国との比較優位が認められないと指摘している[9]。こうして、今日

図1

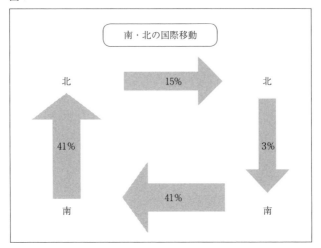

出典:Gallup World Poll, 2009-2011. IOM,World Migration Report 2013, "Key Facts and Figures" を参考に筆者が作成

のグローバル経済の進展は、各国レベルで、また、国際地域レベルで、産業発展や資源開発の不均等、雇用・生活格差による雇用・労働力の国境を越えた流動化を引き起こし、これに地域的・政治的紛争が加わって、人の国際移動の規模の著しい増大とその多様化、階層化をもたらしているといえそうである。その背景に、60-70年代までの途上国・地域・国から、80年代以降、いわゆる中進国・地域が台頭し、これらと発達・先進国・地域という三層構造が形成され、その各々および各国の内部での社会経済の発展と格差の顕在化、構造化がある。この反映として、このような人の国際移動の構造的変化が生まれ、日本もその渦中にあるというべきであろう[10]。

日本は、21世紀に入って、「専門的、技術的分野における外国人労働者の

---

9) IMO・2013報告は、移民の失業率は世界平均で13%であるが、その国で生まれた者の失業率8%より高く、南から北への移住者の満足度が高くないとする(Report pp.136-137)。

10) 五十嵐泰正「『越境する労働』の見取り図」同編『労働再審②越境する労働と〈移民〉』(大月書店、2010年) 11頁以下、「日本の外国人労働者政策」前出『労働再審②越境する労働と〈移民〉』271頁も参照。

受け入れ」(2000年出入国管理第2次基本計画、2005年第3次基本計画)、「専門的・技術的分野の外国人をはじめとする我が国社会が必要とする外国人の円滑な受け入れ」(2010年第4次基本計画)、「我が国経済社会の活力を維持・発展させていくために必要・不可欠な人材」としての「専門的・技術的分野の外国人」の「積極的な受け入れ」と「受け入れた外国人との共生社会の実現」(2015年第5次基本計画)という表現で、随時に、しかもより発展的に、外国人労働者の導入を図った。この過程で、南米からの「日系2世・3世」を就労制限のない「定住者」扱いにすることによって、また、東アジア(主として中国)からは、「研修」や「技能・実習」という新たな在留資格の設定によって、公式には認めていない単純・非熟練労働力の導入を意図的に行ったのである[11]。

(3) 非正規移住の増大

人の国際移動の規模の拡大と多様化は、そこに非正規(irregular migration)ないし違法・不法な移住者の増大を伴う[12]。その性格上、数量的な把握は難しく、また、各国の出入国管理の法・制度によって、扱いが異なるが、2013年のIOM報告は、2億を超える国際移住者全体の10-15%は非正規移住者であると推計し、2009年のUNDP報告は途上国地域からの移住者の3分の1が非正規であるとする。管理データが最も網羅的である米国では、2013年で1170万人(29%)といわれ、また、2008年のEU27か国では総計190万人から380万人(約10%以上)の非正規移住者が推定されている[13]。

非正規の移住者は不法入国(smuggling)から不法滞在、不法ないし不資

---

11) 本書第Ⅲ部を参照。21世紀初頭での状況分析は井口泰『外国人労働者新時代』(ちくま新書、2001年)。技能実習制度をめぐる最新の動向は、上林千恵子「外国人労働者受け入れと日本社会」(東京大学出版会、2015年) 121頁以下を参照。
12) 「非正規 (irregular migration)」の概念の検討として、Khalid Koser,Irregular migration, state security and human security (2005); https://www.iom.int/jahia/webdav/site/myjahiasite/shared/shared/mainsite/policy_and_research/gcim/tp/TP5.pdf. 非正規 (irregular) は必ずしも違法 (illegal) とはいえず、すでに1975年の国連決議が"non-documented or irregular migrants/workers"と勧告している。

格就労まで、その原因と形態が多様であり、「不法」という表現は適切でない。受入れ国側からは、その入国管理行政に基づく決定や滞在許可証なしに入国・在留・就労する者をさし、送り出し国からは、有効なパスポートないし旅行許可書なしに、出国手続を経ないで出国する者をさす。「不法」というのは、密入国や人身取引などの違法行為を念頭にした刑事法上の違法ないし出入国法制からのネーミングであり、各国の出入国管理や労働・移民政策によって生まれた側面が大きい。現在は、「非正規」と呼ぶことが一般化し、むしろ、人の国際移動の「正常な」一翼を形成している。

　この非正規移住者の増大について、日本では、伝統的な出入国管理の視点からもっぱら社会の安全、治安維持の対象と見なして、90年代以降、「不法入国・不法滞在等する外国人」の削減が目指され、その摘発と退去に力点がおかれた[14]。他方で、日本は国際的に犯罪行為とされる人身取引とその被害者について、国際社会からの厳しい非難を避けるための必要最小限の立法措置（2004年の人身取引罪の新設など）を講じるにとどめたまま、その時々の国内的必要に応じて、非熟練・単純労働者を含む多様な外国人労働者・移住者の導入を図ってきた。こうした政策と現実の下で、さまざまな形での非正規—不法滞在者が生まれることは避けがたい[15]。これらを送り出し国と受け入れ国の相互作用の中で生まれる「正常な」人の国際移動として捉えて、その階層的な特徴と実態に対応する法と政策が求められているのである。

---

13)　http://www.un.org/en/development/desa/population/publications/pdf/policy/InternationalMigrationPolicies2013/Report%20PDFs/k_Ch_5.pdf 富山「国際的な人の移動と人間の安全保障」前掲注2）302頁以下も参照。

14)　1994年の第1次出入管理基本計画の「円滑な外国人の受け入れ」と「好ましくない外国人の排除」の方針以来、第2次（2000年）、第3次（2005年）、第4次（2010年）と「不法滞在、不法就労」の縮限に力点をおき、第5次基本計画（2015年）では、「不法残留者数は、平成5年5月1日現在の約30万人をピークに減少し、特に、平成16年から実施した「不法滞在者5年半減計画」に基づく総合的な不法滞在者対策の結果、平成22年1月1日時点で約9万2000人となり、平成27年1月1日時点では約6万人となっている」とする。国籍・地域別には韓国が1万3634人で全体の22.7%を占め、次いで中国が8647人（14.4%）、タイが5277人（8.8%）となっている（15頁）。

15)　渡邉博顯「非正規就労外国人の雇用・就業に関する事例」（2005年）。日本における外国人労働力への全体的分析として、井口泰『外国人労働者の新時代』（ちくま新書、2001年）を参照。

(4) 難民また強制された移動の増大

　近年の「人の国際移動」の顕著な特徴は、いわゆる自発的な「移民・移住」だけでなく、「強制」された「難民」あるいは「政治的亡命ないし迫害からの庇護を求める」者の顕著な増加である。UNHCR（国連難民高等弁務官事務所）の 2014 年 Global Trends Report（June 2015）は、紛争・迫害からの避難民が 2014 年末に、この 4 年間に 4 倍になり、戦後（第二次世界大戦以来）、史上最高の 5950 万人（前年の 5120 万人から 830 万人の急増）となったこと、このうちの 1950 万人が難民（1440 万人が UNHCR 認定難民、510 万人がパキスタン難民）、3820 万人が国内避難民、1800 万人が庇護を求めているとする[16]。その原因は、直接的には戦争ないし武力紛争、民族的・人種的、宗教的な対立・迫害あるいは経済対立や資源紛争、そして、自然災害などである。その背景には、いわゆる地球的規模のいわゆる南北問題があることは指摘するまでもない。難民は、それじたいが人の国際移動の定常的な構成要素であるが、近年、旧来の「政治的難民」では捉えきれない、経済的、社会的な避難民を含むようになった。国際機関における「難民」と「移民」の区分は多分に第二次世界大戦後の国際政治上の産物である[17]が、いくつかの経緯を経て、21 世紀に入り、難民と移民を一体となって扱う段階に入っていることは冒頭で言及した 2016 年の国連「難民と移民の大規模移動に関するハイレベル・サミット」の開催が示している。日本における難民の受け入れがきわめて消極的で、より積極的な対応を求められていることはよく知られている[18]。

---

16) 一般には、国際条約上の定義による「条約」難民と国際難民高等弁務官の認定によるマンデート難民に区分される（難民条約 1 条 A2 は「難民」を「人種、宗教、国籍もしくは特定の社会的集団の構成員であること又は政治的意見を理由に迫害を受けるという十分に理由のある恐怖のために、国籍外にいる者であって、その国籍国の保護を受けられない者又は受けることを望まない者」と定義する。日本でも近年は難民申請を却下しても一時的、暫定的滞在を認める法的地位の認める例が増えている。
17) 詳しくは柄谷利恵子「人の国際的移動の管理と移民の権利保護に関する国際レジーム―その萌芽的形成と問題点に関する試論」比較社会文化 9 巻（2003 年）137 頁、同『移動と生存』（岩波書店、2016 年）133 頁以下を参照。
18) 本書第Ⅳ部 [5]（本田論文）を参照。

(5) 東アジアにおける人の国際移動

　東アジアは、すでに少なくない国・地域が先進国・地域を形成して、これまで指摘した人の国際移動の流動化と階層化を最も示す地域であるが、さらに、この域内での独自の流れを多面的に生みだしている[19]。

　その1つが90年代以降の東南アジアから東アジア（日・韓・台）への人の国際移動であり、家事・介護・福祉関係者の増大はその1つの特徴である[20]。その中にあって、日本では、近年、産業界からは熟練・高学歴の、また、零細企業・農漁業からは非熟練・低学歴の外国人労働力の需要、そして、将来の人口動態（人口減少と少子高齢化）に対応する家事・福祉・医療分野での人材需要など、多様・多層の外国人労働力の導入の声が高まっている。とくに、いわば社会の再生産過程にかかわる人の国際移動への要請は、それにふさわし政策と法的な、さらには、社会文化的な対応を必要とするだろう。

　なお、人の国際移動はその規模拡大を加速させるとともに、人身取引の増加を招くが、人身取引の犠牲者数における性的搾取と労働搾取の比を2010年–2012年でみると、欧州や中央アジアと東アジア・南アジア・太平洋地域とでは対照的で、前者では、性的搾取6％、労働搾取26％、その他8％であるのに対して、後者は労働搾取が64％、性的搾取が26％、その他10％となっている。もっとも、性的搾取と労働搾取は重複する面があり、この東アジア・南アジア・太平洋地域の労働搾取の犠牲者の77％は女性である[21]。

---

19) 参照、西川潤・平野健一郎『国際移動と社会変容』（岩波書店、2007年）、吉原和男編著『現代における人の国際移動』（慶應義塾大学出版会、2013年）。
20) 参照、伊藤るり・足立眞理子編著『国際移動と〈連鎖するジェンダー〉』（作品社、2008年）、佐藤誠編『越境するケア労働』（日本経済評論社、2010年）。小川玲子・王増勇・劉曉春「東南アジアから東アジアへの国際移動と再生産労働の変容」アジア女性研究19号（2010年）18頁。
21) UNDOC, Grobal Report on Trafficking in Persons of 2014. pp.34ff. www.unodc.org/documents/data-and-analysis/glotip/GLOTIP_2014_full_re. なお、同報告は、人身取引の摘発事例のデータは少ないことを断っているので（pp.35-36）、これはあくまで動向についての1つの指摘にとどまる。

2 人身取引——性搾取と労働搾取

(1) 世界経済の構造変動と人の国際移動

　人の国際移動は現代世界の政治・経済構造の変動の一翼をなすが、ここで、すぐれた実証的研究を行ってきたサスキア・サッセン（Saskia Sassen）は、現代の人・労働力の国際移動が、発展途上国を世界経済に組み込んだ1960年代以降の産物として捉え[22]、これが南北間の移民・移住の流れとなって、近代主権国家を基盤とする世界の支配システムを変質させると論じる[23]。

　ここでは、多国籍企業の世界的展開によって、一方で、北側＝先進諸国に経営管理機能の本社への集中と肥大化を生み、それが新たな専門家集団からさまざまな単純・低賃金サービス労働にいたる膨大な労働需要を創出しながら、他方で、多国籍企業の途上国への進出によって「新しい国際分業」をつくり出し、発展途上国の経済・社会構造を劇的に変化させること、この南側＝途上国地域に生存手段を奪われた膨大な労働者・貧困者が生まれ、これが国家間・地域間の格差とこれに基づく貧しい国から豊かな国への人の流れとなることが、まず、指摘される。

　次に、こうして発生し、構造化した現代世界の大規模な人口移動は、今度は、先進国の国家・社会の安全に影響を及ぼし、その移動を規制・調整するための出入国管理・政策の強化と移民労働政策を導く。ここでサッセンが強調するのは、こうした人の国際移動という形をとった現代のグローバリゼーションの諸過程は「国家領土のなかで、国家的制度を通じて」実現されることである[24]。すなわち、グローバリゼーションがナショナルな制度と法の組み換え、あるいはナショナル／脱ナショナルを一体化させた国家制度の再

---

[22] サスキア・サッセン（森田桐郎ほか訳）『労働と資本の国際移動——世界都市と移民労働者』（岩波書店、1992年、Saskia Sassen, The Mobility of Labor and Capital 1988）序説23頁以下、日本語版への序文1頁以下。

[23] サスキア・サッセン（伊豫谷登士翁訳）『グローバリゼーションの時代——国家主権のゆくえ』（平凡社、1999年、Saskia Sassen, Lusing Control?, 1996）。

[24] 前掲注23）『グローバリゼーションの時代』日本語版序論12頁。大久保史郎「二つのグローバリゼーション」法律時報1999年8月号1頁も参照。

編・変質として進行することに注意を喚起する。その典型が出入国管理であるということができるだろう[25]。一方で、主権的権限としての出入国管理を強化させる形をとりながら、じつは他方で、外国人労働力の選択的な導入は図り、これがさまざまな「違法・不法」の人の移動の回路を発生させ、そこに国際組織犯罪集団の暗躍までも引きよせるのである。サッセンは、現代のグローバリゼーションが市場という合理性に基づいた新たな人種差別と性差別を台頭させ、発展途上国・先進国を問わないグローバルな排除と貧困を作り出すことを指摘し、ここでの移民政策と国境管理の役割に批判的な分析を行っている[26]。

(2) 人の国際移動と人身取引

　人の国際移動の最底辺に位置するのが性的搾取と労働搾取を目的とする人身取引であり、この人身取引を大規模に媒介するのが国際組織犯罪であった。国際組織犯罪は現代グローバリゼーションに伴って急激に台頭し、多様化、多角化した。人身取引は90年代に麻薬関連犯罪、武器売買とともに国際組織犯罪の三大収入源となっていて、先進国・地域（アメリカ・欧州・日本）に広がっていることはよく知られている[27]。2012年のILO報告は強制労働の被害者が2000万人を超えるといい、UNODC（国連薬物犯罪事務所 United Nations Office on Drugs and Crime）の人身取引報告は、2007年から2010年の間の犠牲者の国籍は136か国、送り先は118か国に拡がり、その55-60％が女性、27％は子どもとしている[28]。犠牲者数は年間70万人から200万人の間とされ、米国務省の推定では60-80万人としている[29]。

---

25)　サッセンは、その例として国際会計基準への各国の対応などの、経済取引・規制緩和に関わる法制度をあげている（前掲注23）『グローバリゼーションの時代』26頁以下、62頁以下）。
26)　サスキア・サッセン（田淵太一・原田太津男・伊春志訳）『グローバル空間の政治経済学』（岩波書店、2004年）65頁以下。
27)　See, UN "A more secure world: Our shared responsibility, (2004); http://www.un.org/en/peacebuilding/pdf/historical/hlp_more_secure_world.pdf
28)　UN-DESA, International Migration Policies 2013, p.93; http://www.un.org/en/development/desa/population/publications/pdf/policy/InternationalMigrationPolicies2013/Report%20PDFs/k_Ch_5.pdf
29)　See, Louise Shelley, Human trafficking--A Global Perspective Cambridge, (2010).

そこで、国際社会は、2000年の国連総会採択、2003年発効の国際組織犯罪防止条約を補完する「人身売買」「密入国」「銃器売買」に関する3つの議定書の1つとして、人身取引を目的―「性的搾取」・「強制的な労働」・「隷属又は臓器の摘出」、手段―暴力・脅迫・欺罔・弱みにつけ込むなど）、行為―人の獲得・移動・募集・運搬などから定義し、これを国際条約上の禁止対象とした。その主眼とされたのが性的搾取としての人身取引であり、国際社会は性的搾取を念頭に3Pアプローチ（保護（Protection）・防止（Prevention）・訴追（Prosecution））をもって対応するべきであるとした。

　しかし、人身取引の禁止が国際組織犯罪対策の一環として国際条約の禁止対象とされたことから、人身取引が現代世界の社会経済構造の格差・貧困からうまれる国際的なチープ・レイバーとしての性格をもち、それ故に、犯罪としての摘発だけでなく、社会経済的な要因と背景をもち、かつ、人的ネットワークを媒介とする「人の国際移動」として、系統的なケアーを必要とすることを欠落させがちである[30]。この意味で、サッセンが指摘するように、「外国生まれの女性を雇用し使用することは、たとえば売春のような非合法・非倫理的な産業から、看護のような高度に規制された産業にいたるまで、ますます多くの経済部門に広がっている」[31]事態を直視して、こうした国際労働力移動の構造的な『女性化』の負の産物として、人身取引を捉える視点が必要となる。特に、性的搾取としての人身取引を貧困・格差、性差別構造、外国人差別の構造の3つの差別構造の最底辺におかれた人に対する『構造的暴力』と捉えるべきだという指摘には十分な根拠がある[32]。

　この結果、国際組織犯罪対策としての人身取引の禁止は、各国がその摘

---

30) 人身取引は組織犯罪としてだけでは捉えきれない人的ネットワークからなる「人の移住形態」である指摘として、稲葉奈々子「女性移住者と移住システム」前掲注20)『国際移動と〈連鎖するジェンダー〉』47頁以下。なお，各UN-ODC報告は、人身取引が国際組織犯罪集団によっても、個人によっても引き起こされ、斡旋―移送―強要の地方的・国際的な人的ネットワークによって遂行されることを指摘する（Global Report in Trafficking in Persons 2014, pp15ff.）
31) サスキア・サッセン・前掲注26) 5頁。145頁以下も参照。
32) 中村文子「トラフィキング（人身取引）の構造的分析と人権意識の定着」植木俊哉・土佐弘之編『国際法・国際関係とジェンダー』（東北大学出版会、2007年）253頁。なお、サスキア・サッセン・前掲注26) 17頁以下も参照。

発・取り締まりの力点をおくことを促した点で、画期的であったが、その犠牲者—特に性的搾取の犠牲者の救済・処遇での展開は各国任せとなったことは、国際的な対策・協力関係を築く点での弱さをまねいた[33]。また、労働搾取としての人身取引への対応も、奴隷的ないし明白な強制的労働という視点からの、すなわちILO105号条約強制労働の禁止の側面からの対応に任せられる結果となった。

　ILOは、2012年に地球的規模の強制労働は2100万人に上がり、その22%　450万人が性的搾取で（98%が女性）で、68%　1420万人強が強制労働であって（60%が男性、40%が女性）、10%　220万人が政治紛争により引き起こされていると推計する。地域的には、アジア・太平洋地域が56%　1170万人（人口千人に3.3人、以下同じ）、アフリカ18%　370万人（4.0人）、ラテンアメリカ・カリビアン地域9%　180万人（3.1人）、非EUヨーロッパと旧ソ連7%　160万人（4.2人）、EU地域が7%　150万人（1.5人）、中東3%　60万人（3.4人）とする。

　アジアには、インド・パキスタン・バングラデッシュ、アフガニスタンでの伝統的な強制労働と新しい強制労働の混在、南アジア諸国（インド・ネパール・パキスタン）の最貧困層には債務労働としての強制労働の歴史が指摘されている。ILOは、世界全体の人身取引の被害者は約55%　140万人で、人身取引身の結果としての強制労働に従事しているとする[34]。

---

33)　東南アジアでの地域協力について、本書第Ⅱ部［1］を参照。
34)　See, ILO 2012 Global estimate of forced labour; http://www.ilo.org/wcmsp5/groups/public/ed_norm/declaration/documents/publication/wcms_181953.pdf.;http://www.ilo.org/wcmsp5/groups/public/@ed_norm/@declaration/documents/publication/wcms_090356.pdf; この推計に基づいて、2014年5月のILO報告（Profits and Poverty: The Economics of Forced Labour）では、強制労働に基づく民間の違法利益は従来の見積もりの3倍以上の年間1,500億ドルに達し、その3分の2の990億ドルが商業的性的搾取、340億ドルが建設、製造、鉱業、電気ガス水道事業、90億ドルが農林漁業、80億ドルが家事労働者を雇う一般世帯で生み出されていると述べられている。地域別では、アジア太平洋とEUその他先進国が多く、それぞれが全体の約3分の1を占めるとする（http://www.ilo.org/tokyo/information/pr/WCMS_243754/lang--ja/index.htm 2014年5月20日アクセス）。

(3) 日本の人身取引規制

　日本は、1990年代以降、性的搾取の人身取引の目的地という評価を受け、観光および興行ビザが利用されているとの指摘を受けていたが、2005年の人身取引罪創設等の刑法改正、出入国管理法等の改正によって、この人身取引に対する法整備が図られた。ここでは、性的搾取、強制労働や臓器摘出などを目的とする強制・威嚇、詐欺・誘拐、これらに関わる募集・運搬・移送・売買などの「行為」をもって「人身取引」とよび[35]、刑法上では「人身売買罪」の創設（226条の2）、入管法上ではひろく「人身取引等」の行為を退去強制の対象とし（2条の7、5条7の2、24条など）、被害者の在留特別許可の対象とするなどとした[36]。そして、内閣府に「人身取引対策関係省庁連絡会議」を設置し、以来、NGO等との協議も行ってきたが、2005年直後数年以降の取り組みは、きわめて低調となっている[37]。

　国際的には、日本は人身売買の受入れ国として知られ、2010年の国連人権理事会のエゼイロ特別報告は、興行ビザ弥偽装結婚等による人身取引だけでなく、研修・技能生制度を使った労働搾取の人身取引に厳しい批判を加える報告を行った[38]。また、米国務省の『人身売買報告書』は日本を三段階ないし4段階評価の中の第2階層に位置付け、また、2007年以降は、研修・技能生制度を単純・低賃金をねらった外国人労働力の導入であり、労働搾取の人身取引であると指摘している。他方で、ILOは、2005年の「日本における性的搾取の人身取引」報告[39]の公表以降、強制労働禁止条約の視点から日本の実態に注意を払い、日本の技能実習生制度については、例年、労働組合側からの申し立てがあり、日本政府に情報提供を求めている。法務省も技

---

35) 議定書3条、刑法第33章「略取、誘拐及び人身売買の罪（226条の2、入管法2条7号、
36) 2015年人身取引対策に関する関係省庁連絡会議は「人身取引に関する取組みについて」を公表。性的搾取と労働搾取の2面から対策を取るとしているが、人身取引被害状況で挙げられているには前者のみである。
37) 本書第Ⅱ部［6］（大野論文）を参照。
38) 「人とくに女性と子どもの人身売買に関する特別報告者 ジョイ・ヌゴジ・エゼイロ提出の報告書」（翻訳 IMADR）imadr.net/wordpress/wp-content/uploads/2012/09/T4-2-X7.pd；Report submitted by the Special Rapporteur on trafficking in persons, especially women and children, Joy Ngozi Ezeilo;http://www.ungift.org/doc/knowledgehub/resource-centre/OHCHR_Japan_Trafficking_in_persons_Women_Children_2009_English.pdf

能実習制度が「技能実習制度が単純労働、低賃金労働として利用されることを防止し、かつ技能実習生の人権が侵害されることのないよう技能実習生の保護についても十分な配慮を行い、制度が本来の趣旨・目的に合致した形で運用されるよう見直しを行う必要がある」(第5次基本計画) と云わざるをえない事態となっている[40]。

3 人の国際移動の国際基準と日本の対応

(1) 国際的対応の意義と態様

国連は、1990年に「すべて移民労働者及び家族構成員の権利の保護に関する国際条約」を採択し (2002年12月発効)、合法移民・不法移民、家族を対象として、基本的人権と自由の保護をはかったが、批准は北アフリカや南米諸国を中心とした47か国で[41]、欧米・日本ななどの先進諸国は批准していない。その理由は、移住労働者の増加による国内の失業や治安悪化を恐れているからとのことである。人の国際移動の協力体制への成功例として、EU (28か国4億5000万の地域協力) があげられるが、それでも移民・移住者をめぐって問題がたえず生じている。人の国際移動の最大の推進力は確かに労働力移動であり、それによる経済的貢献であるが、その影響は社会全体に及び、さまざまな摩擦、紛争を引き起こす。

そこで、国際社会は、人の国際移動に対して、世界人権宣言、国際人権規約などの普遍的な権利・自由の側面から、また、難民条約や国際組織犯罪防止条約と人身取引・密入国・銃器関する議定書などの問題ごとの側面からの国際条約・協定や決議を採択してきた[42]。そして、これらに基づく国連総会・各理事会・各国際機関の個別的な調査・報告、審議を効果的に行ってきた。とくに移住者の人権保護では、国連人権理事会の設立と活動は画期的で

---

39) ILO, HUMAN TRAFFICKING FOR SEXUAL EXPLOITATION IN JAPAN,2005; http://www.ilo.org/public/english/region/asro/tokyo/downloads/r-japantrafficking.pdf 訳「日本における性的搾取を目的とした人身取引」(ILO東京事務所) http://www.oit.org/public//japanese/region/asro/tokyo/downloads/trafficking_report.pdf
40) 第5次出入国管理基本計画28-29頁。
41) ILO97号条約、(移民労働者条約):ILO143号条約 (移民労働者補足規定)。

あった。こうした条約・規約、議定書の実施状況の報告は、国連総会への事務総長報告や各国際機関からの年次報告という多様な形をとって、国際社会の合意水準を前進させたのである[43]。

より一般的な政策理念の例としては、1994年の国連開発計画（UNDP）が「人間の安全保障」論を提唱し、「安全保障」観を国家中心から人間中心への「安全」観への転換を説き、「普遍的な生存への要求」を認めるべきであると主張したことはよく知られている[44]。この概念をさらに検討した2003年の「人間の安全保障委員会」報告書は、ⅰ）大規模な人口移動が国家安全保障に影響を与えて、既存の国家安全保障の見地からの対応（取り締まり、管理、強制送還等）ではすまない事態になっていること、ⅱ）移住が各国の開発と密接の関係を持つこと（「開発、貧困、非自発的移動の関係は複雑で、ほとんど理解されていない」が「人の移動に関する国際的な枠組み」をつくることを提唱し、「人々が秩序に基づき安全に移動できる措置を講じる」、「国家間における人の移動と移動する人々の権利および義務について、国際的、地域的な規範をつくる」、「人身取引や密入国と闘う戦略を策定し、関連する国

---

42) 2006年、「人の移動の多様な側面や人口移動の原因・開発に対する影響の包括的な検証」のために「グローバル移民グループ（GMG）が設立され、16の団体（うち14が国連機関、他に世界銀行とIOM）から構成されている。2006年と2013年、国連として国際移民と開発についてのハイレベル対話を行い、その結果、移民と開発のためのグローバルフォーラム（GFMD）を設立された。

43) Report od UN Secretary Genreral, [In Larger Freedom (2005) Item71（22頁）以降、各国連機関での討議・提唱が常態化した（High Level Dialogue in International Migration and Development, 2006.）。

44) UNDPの「人間の安全保障」論は、「多くの人にとって安全とは、病気や飢餓、失業、犯罪、社会の軋轢、政治的弾圧、環境災害などの脅威から守られることを意味する」として、次の7つの分野における「人間の安全」に対する脅威を具体的に示した。(i)「経済の安全」（安定した基本収入の保障と雇用機会の保障）、(ii)「食料の安全」（十分な食料配給と必要購買力）、(iii)「健康の安全」（衛生水準の維持、医療サービスのアクセス）、(iv)「環境の安全」（環境破壊・汚染・災害からの保護）、(v)「個人の安全」（個人に対する犯罪、暴力と虐待からの保護）、(vi)「地域社会の安全」（共同体の抑圧からの保護と先住民の伝統の保障）、(vii)「政治的安全」（思想信条・表現の自由、人身の自由、参政権等の基本的人権・自由）である。報告書は、1976年社会権規約（「経済的・社会的・文化的権利に関する国際規約」）を継承した「世界社会憲章」の作成を到達目標と設定し、「経済安全保障理事会」の設置などの国連改組の課題も提示した。なお、大久保史郎「[序論] グローバリゼーションと人間の安全保障論の登場」前掲注2)『グローバリゼーションと人間の安全保障』17頁以下を参照。

際条約と地域条約を実施する。同時に、被害者の権利を保護する」、「人種主義、非寛容、その他の人権侵害から人々を保護する」など提唱した[45]。

国際組織犯罪条約とこれに基づく人身取引・密入国・に関する議定書はその具体例である。これらは犯罪対策として実現したが、それにとどまるものでなく、その本来の性格・目的は、国境を越える人びとの現実・実態に即した具体的な保護に向っている。

(2) **日本の対応と課題**

日本は、戦後日本特有の条件の下で、「人の国際移動」の切実さを自覚しないで済せてきた。戦後日本は在日韓国・朝鮮人の処遇をめぐる特異な経過をもつが、戦後の社会経済発展を外国人労働力の受入れなしに達成した点で、他の先進国の中で特異な位置を占める[46]。しかし、80年代に中小零細経営や建設・サービス産業での外国人労働力者の不法滞在の問題が表面化した後に（第一次開国・鎖国論争）[47]、90年代には、1989年改正入管法の制定によって日系南米人の入国を大幅に緩和し、また、外国人研修生・技能実習生制度を導入し、外国人労働者の導入政策を展開させた[48]。

こうして、日本は国際的な人の移動に消極的でありえた段階から、今や進んで人の国際移動の渦中に入りつつある。第5次出入国管理基本計画（2015年）では、「我が国の経済社会の活性化に資する」外国人の受け入れとして、「高度人材」の受け入れや留学生政策を含めた在留資格の見直しや条件緩和を行い、また、「人口減少時代への対応」として介護・福祉分野での重点的な人材導入や、単純・低賃金労働力の隠れ蓑であることが露わになった技能

---

45) 人間の安全保障委員会報告書『安全保障の今日的課題』（朝日新聞社、2003年）91-92頁。
46) 戦後経済成長は、豊富な農村労働力を背景にした日本的な企業経営体制（正社員の終身・年功序列）とこれを補完する低賃金若年労働力、地方からの出稼ぎ労働力の確保によって実現した。参照、梶田孝道「現代日本の外国人労働者政策・再考」同編『国際化とアイデンティティ』（ミネルヴァ書房、2001年）188頁。
47) 上林千恵子「外国人単純労働者の受け入れ方法の検討」前掲注10）『労働再審②越境する労働と〈移民〉』137頁。
48) 留学、就学、研修などの目的とする中国人労働力の導入によって、1997年に、在日外国人の最大比率は、韓国・朝鮮人（27.57％）から中国人（28.19％）となった。

実習制度の整備を図り、こうした政策実施に対応する「教育、社会保障等の社会的コスト」、「受け入れに伴う環境整備、治安」などについての国民的コンセンサスの形成が打ち出されている。

　日本における「人の国際移動」は、産業＝労働力確保の面から熟練の外国人労働力の導入、社会・コミュニティの維持の面からの家事・介護、福祉・医療領域での労働力の導入やそして、教育・文化領域での外国人の人材活用と、国民経済・生活の全域にわたって外国人の受け入れと社会的定着の施策が現実的・具体的な課題となる段階に入っているのである。このような「人の国際移動」への積極的な関与の段階に入っているのであれば、出入国の管理を基本とする入国管理局での対応に限界があることは明らかである。外国人移住者の労働・雇用、生活・医療への厚生労働省、総務省、文部科学省、また、労働・生活・居住する地方自治体との対応・連携が必要不可欠となる。また、それ以上に、国民的レベルですでに世界が経験し、蓄積してきた国際移住の国際基準や人権保障に基づく積極的な施策経験を学ぶことが急務である。

4　むすび

　こうした内外の状況変化が対応する政策と法において、貫かれるべき基本視点は何か。1つは、「人の国際移動」のそもそもの原点に立ち返ることだろう。ここでは、「人の移動」は人間存在の始まりであったことを指摘できる。近代社会・国家の形成に即して言えば、居住・移転の自由、すなわち「移動の自由」は市民的自由の原点であった。この市民的自由はその安全と保障を求めて、近代国民国家・主権国家の形成を促し、同時に、これと鋭く対抗・対立しながら、現代に至った。そしていま、グローバリゼーションの進行と主権国家の揺らぎのなかで、あらためて現代世界にふさわしい移動の自由を求めている。これを地球市民の自由・権利とまで言うのは、法学・政治学的には性急であるとしても、すでに国境・境界をまたがるグローバリゼーションの進行のなかで、「人の国際移動」は「はしがき」の指摘にあるように、「人間の生にとってかけがいのない中枢部分を守り、すべての人の自

由と可能性を実現する」ための現実の回路となっている。

　さらに、この「人の国際移動」に対する基本的視点を日本国憲法に求めるとすれば、それは前文にある「全世界の国民は、ひとしく恐怖と欠乏から免かれ、平和のうちに生存する権利を有することを確認する」になるだろう。もとより、この命題が登場してからの世界と日本の歩みには紆余曲折があった。21世紀の状況も容易ではないだろう。にもかかわらず、「人の国際移動」を照らし出す普遍的な視点であるに違いない。

[第Ⅰ部]

人の国際移動と日本の対応

[1]
国際比較からみた日本の移民法制の課題[1]

近藤　敦

1　はじめに

　移民法制とは、入管政策に関する（法制度としての）入管法制と、統合政策に関する（法制度としての）統合法制の両方をさす。一般に、移民政策には、入国・滞在・退去強制に関する入管政策と、移民の社会参加や経済的・社会的・文化的・市民的・政治的権利に関する統合政策の両面がある。従来、日本では、本書の第IV部で検討されるように、入管法制ないし入管政策は、広く語られてきた。これに対し、統合法制ないし統合政策を表す法令用語ないし政策用語が定着しておらず、統合政策に対する政府の関心の低さを物語っている。このことは、「移民政策と誤解されない」、「外国人材の受入れの在り方」を検討する政府の姿勢も関係している[2]。日本政府が、移民政策という言葉にどのような意味をもたせているのかは必ずしも明らかではないが、入国時に永住許可を認める入管政策も、定住する外国人に帰化を奨励する統

---

1) 本章は、近藤敦「国際比較のなかの日本の移民法制」法律時報84巻12号（2012年）16頁以下を大幅に書き直したものであり、JSPS科研費15K03125の助成を受けている。
2) たとえば、日本経済再生本部HP「日本再構築戦略2016」http://www.kantei.go.jp/jp/singi/keizaisaisei/pdf/2016_zentaihombun.pdf（2016年12月1日アクセス）209頁。

合政策も採用することなしに、伝統的な移民国家とは違い、不足する労働力をどのように外国人で補うのかという観点を中心に制度設計を考える傾向がある。本書の第Ⅲ部で扱う技能実習制度は、その最たるものといえよう。国際貢献の美名の下、安価な単身の労働者を数年のサイクルで入れ替える制度が拡大している。

　一方、外国人が集住する自治体をはじめ、教育、福祉などのさまざまな生活課題と向き合う自治体では、外国人住民の統合政策の必要性が認識されるようになってきた。そこで、総務省が2006年に自治体の指針・計画の策定に資するガイドラインとして「地域における多文化共生推進プラン」を通知してからは、自治体レベルの統合政策を多文化共生政策と呼ぶ傾向にある[3]。国にあっても、法務省は、20015年の「第5次出入国管理基本計画」において、「出入国管理行政と外国人との共生社会の実現に向けた施策を同時に進めていく」と明示するようになり、共生政策としての統合政策の必要性を語り始めている[4]。こうした政策対応の変化をもたらす要因は、経済のグローバル化と日本社会の少子高齢化にある。日本政府は、経済のグローバル化に対応して、いくつかの出入国管理の規制緩和を行っている[5]。

　他方、少子高齢化に対応した本格的な入管法制の規制緩和の必要性、また統合法制の構築の必要性については、いまだ消極的な議論が目につくことが多い段階にある。こうした現状にあって、<u>本章では、入管法制の課題を掘り下げる導入として、入管法制と関わる一部の統合法制もふくめ、国際比較の観点から、日本の課題を概説するものである</u>。

---

3) 総務省「地域における多文化共生推進プラン」http://www.soumu.go.jp/main_content/000400764.pdf（2016年12月1日アクセス）、参照、近藤敦編『多文化共生政策へのアプローチ』（明石書店、2011年）。

4) 法務省「第5次出入国管理基本計画」〈http://www.moj.go.jp/content/001166991.pdf〉（2016年12月1日アクセス）24頁では、「外国人本人及びその帯同者の日本語教育、外国人の子どもの教育や社会保障、外国人の就業支援、住宅など、受け入れた後の地域における『住民』としての視点からの検討も併せて行っていかなくてはならない。その際には、外国人が地域の住民として貢献できるよう生活環境を整備していくことや、外国人の権利等への配慮も必要である」という。

5) たとえば、2012年からの高度人材の受け入れのためのポイント制度の導入、2014年からの「技術」と「人文知識・国際業務」の在留資格の一体化、2015年からの船舶観光上陸許可の新設、2017年からの「信頼できる渡航者」の自動化ゲートの導入など。

2 人権条約の影響と国際比較の動向

　移民法制は、伝統的には国の主権の作用によることが大きく、各国の独自の裁量で法整備を行ってきた。しかし、近年の国際的な人権諸条約の展開とともに、裁量の余地は狭まりつつある。恣意的に退去強制されない権利、自国に入国する権利、恣意的に収容されない権利など、人権条約を根拠に各国の移民法制が見直されている[6]。日本では、「自国に入国する権利」を定めた自由権規約12条4項が特別永住者に保障されず、国民にしか保障されていないという裁判例が問題となっている[7]。また、難民条約、拷問等禁止条約に加え、非人道的な退去強制を制約する自由権規約7条、家族の権利を保障する17条・23条、子どもの最善の利益を保障する子どもの権利条約3条なども、各国の移民政策の制約根拠となっている。さらに、本書の第Ⅱ部で扱う人身取引の防止は、2000年に国連が採択した人身取引防止議定書が、日本は未批准ながら人身取引の定義をはじめ入管法制の変革に大きな影響を与えている。なお、移住労働者と家族の権利条約については、2016年12月1日現在の締約国は49か国にとどまる。日本をはじめ多くの先進諸国が未批准であるものの、締約国の定期報告書の審査もすでに行われており[8]、本章では立ち入らないが、いずれ同条約の影響を実証的に検証する必要があろう。

---

6)　近藤敦「移民政策の制約根拠としての人権と比例原則──『融合的保障』による憲法と人権条約の整合性」国際人権26号（2015年）9-14頁。
7)　最判1998年4月10日民集52巻677頁（崔善愛事件）。参照、近藤敦「自国に入国する権利と在留権──比例原則に反して退去強制されない権利」名城法学64巻4号（2015年）1-34頁。
8)　なお、締約国であるアルゼンチンの移民法と憲法は、移住の権利を基本的人権と定め、外国人にすべての市民的権利を保障するとともに、在留資格の有無にかかわらず、教育、医療、社会保障へのアクセスを保障している点については、Barbara Hines, The Right to Migrate as a Human Right: The Current Argentine Immigration Law, *Cornell International Law Journal* 43: 2 (2010), pp.472-511. しかし、実務上は、非正規滞在者に家主が家を貸すことを禁止し、雇用した雇用主に社会保障費の支払いとともに、最低賃金の50倍の罰金を科している点については、Pedro Luis de la Fuente, Corporate Immigration in Argentina, in Bettina Offer and Shalini Agarwal (eds.), *Corporate Immigration Law* (Oxford University Press: Oxford, 2012), p.26.

他方、EU 諸国にあっては、国連の人権条約よりも、ヨーロッパ人権条約、ヨーロッパ基本権憲章などが中心となる。しかも、EU の共通難民政策、共通移民政策を整備すべく、各種の規則や指令が制定され、共通の法制度が漸進的に整備されつつある。しかし、ギリシアの経済破綻やシリアをはじめとする国々からの庇護希望者の大量流入により、共通難民政策としてのダブリン条約は、機能不全に陥っている。国境検査を撤廃したシェンゲン協定も、「例外的な状況」条項のもとに、期限付きの国境検査を再導入する国が増えている。EU 市民の域内自由移動についても、イギリスの EU 離脱要因とされ、一定の見直しを必要としているように思われる。

　ここでは、EU の特殊性の要素を除き、日本の移民法制の特徴と課題を欧米諸国との比較において考察するが、その際、移民統合政策指数（Migrant Integration Policy Index: MIPEX）の調査が参考となる。MIPEX は、（EU 市民以外の）外国人の権利保障に関する調査である。表1にあるように、4回目の 2014 年度の状況を比較する MIPEX2015 の調査では、EU28 か国、ノルウェー、スイス、アイスランド、トルコ、カナダ、アメリカ、オーストラリア、ニュージーランド、韓国および日本の 38 か国について、新たに医療・保健の分野を加え、労働市場、家族結合、教育、政治参加、永住許可、国籍取得、差別禁止法制の 8 分野を比較している[9]。

　表2は、主な 8 か国（瑞＝スウェーデン、芬＝フィンランド、加＝カナダ、米＝アメリカ、英＝イギリス、独＝ドイツ、韓＝韓国、日＝日本）の分野別評価である。日本では、教育と差別禁止、政治参加と国籍取得の評価が低い。民進党の蓮舫議員の問題で日本でも関心が高まっているが、複数国籍の政治家は、欧米では珍しくなく、複数国籍への寛容度も課題となりつつある。

　なお、入管法制と統合法制の区別は、必ずしも明確ではない。アメリカの移民国籍法のように、統合政策に関する国籍法が入管法と一緒になっている場合もある（入管政策に関する法律は、移民法[10]、入管法[11]、外国人法[12]、滞在法[13]など、名称の違いがある）。もともと、永住許可・家族呼び寄せ・労働許

9）　*Migrant Integration Policy Index 2015*. Available at: http://www.mipex.eu（2016 年 7 月 10 日アクセス）．3 回目の 2010 年度の調査については、参照、近藤敦「移民統合政策指数（MIPEX）と日本の法的課題」名城法学 62 巻 1 号（2012 年）77 頁以下。

表1 38か国の移民統合政策指数2015（全体評価）

順位	国	%	順位	国	%	順位	国	%
1	スウェーデン	78	13	イタリア	59	27	ギリシア	44
2	ポルトガル	75	15	ルクセンブルク	57	27	スロベニア	44
3	ニュージーランド	70	15	イギリス	57	27	日本	44
4	フィンランド	69	17	フランス	54	30	クロアチア	44
4	ノルウェー	69	18	韓国	53	31	ブルガリア	42
6	カナダ	68	19	アイルランド	52	32	ポーランド	41
7	ベルギー	67	20	オーストリア	50	33	マルタ	40
8	オーストラリア	66	21	スイス	49	34	リトアニア	37
9	アメリカ	63	22	エストニア	46	34	スロバキア	37
10	ドイツ	61	23	チェコ	46	36	キプロス	35
11	オランダ	60	23	アイスランド	45	37	ラトビア	31
11	スペイン	60	23	ハンガリー	45	38	トルコ	25
13	デンマーク	59	23	ルーマニア	45			

表2 移民統合政策指数2015（特定国の分野別評価）

国	瑞	芬	加	米	独	英	韓	日
総合	78	69	68	63	61	57	53	44
労働市場	98	80	81	67	86	56	71	65
家族結合	78	68	79	66	57	33	64	61
教育	77	60	65	60	47	57	57	21
政治参加	71	79	48	36	63	51	54	31
永住許可	79	70	62	54	60	51	54	59
国籍取得	73	63	67	61	72	60	36	37
差別禁止	85	77	92	90	58	85	52	22
保健・医療	62	53	49	69	43	64	36	51

10) オーストラリアのMigration Act、アイルランドやマルタやシンガポールのImmigration Actなど。
11) 韓国やかつての日本の出入国管理法、中国の外国人入出国管理法など。
12) スウェーデンやデンマークやオランダやインドの外国人法など。
13) オーストリアの定住滞在法など。

可は、入管政策と統合政策の両面をもっている。MIPEX の調査でも、労働市場参加・家族結合・永住許可の項目において、一定の入管政策が統合政策の問題として扱われている。一般に、入管法制は、外国人を固有の対象とするものが多い。他方、統合法制は、国民と同じ一般法制の中で定められることも多い。

　本章は、欧米諸国との比較をベースに、若干のアジアや南米やアフリカの国の状況も考慮しながら、日本の移民法制のあるべき姿を考えたい。

3　日本の入管法制の特徴

　日本の入管法制の第1の特徴は、入管法の中には統合政策の内容が乏しい点である。国によっては、統合政策に関する内容（国籍取得、統合講習[14]、社会保障その他の権利など[15]）を移民法の中に規定している。また、言語能力などの統合要件を入国や滞在の条件とする国もみられる[16]。他方、統合法などの特別な法律で包括的に定めるフィンランドなどの国もある[17]（なお、2016年に制定されたドイツの統合法は、大量の難民の流入に対応したドイツ語などの統合講習と職業訓練などの労働市場への統合を促進することを目的としており、限定的な内容である）。

　第2の特徴は、旧植民地出身者とその子孫について、入管特例法という特別法で定めている点にある。EU 諸国においても、EU 市民に対する特別な移民法を有する国がある[18]。日本では、日系2世・3世およびその家族に特

---

14)　ドイツの滞在法（正式名は連邦領域における外国人の滞在、職業活動および統合に関する法）など。

15)　イタリアの移民統一法典（第5章：保健衛生・教育・住居・公共生活参加・社会統合）アルゼンチンの移民法（第1篇：外国人の権利および義務）など。

16)　ドイツでは査証免除国以外の出身の配偶者は、入国時に婚姻していた場合を除いて、簡単なドイツ語が話せる必要がある。オランダでは滞在期間の更新だけでなく、入国前にも言語と社会に関する試験を受ける必要がある。フランスでは、呼び寄せ人がジェンダーの平等、政教分離、出自による差別禁止といった共和国の諸原理への尊重を確認する必要がある。

17)　2010年のフィンランドの移民統合促進法が包括的な内容を定めている。その英訳は、参照、http://www.finlex.fi/fi/laki/kaannokset/2010/en20101386.pdf（2016年12月1日アクセス）。デンマークの統合法（1999年世界初の包括的な統合法）。

別な在留資格を認めているが、EU諸国の3分の1以上も国民の子孫に特別な在留資格を認めている[19]。

第3の特徴は、難民認定手続を入管法と同じ法典の中で規定している点である[20]。ドイツや韓国など、難民認定（より広義の庇護審査）の手続を入管法とは別に定める国もある[21]。難民の1次審査を入国管理局が担当しても、最終決定は入国管理局とは独立した難民認定組織が担うことが望ましい。

第4の特徴は、技能実習の枠組みで非熟練労働を認めていることである。EU諸国では、留学と研修（実習）は類似のカテゴリーとして整理される[22]。むしろ、EU諸国における季節労働という短期の労働許可が、日本では、研修や技能実習という教育目的の名の下に行われている。この制度が、日本版ローテーション制度を形成しており、低賃金非熟練労働者に対する不正行為が問題となっている。

第5の特徴は、在留資格により、在留活動と在留期間を規制しており、アメリカと同様、滞在許可と労働許可が一体になっている点である。伝統的に、ヨーロッパ諸国では、滞在許可とは別に雇用担当部門が発給する労働許可を必要としてきた[23]。

なお、日本の入管は、戦前の内務省の下にあった時代とは違い、戦後、アメリカの影響を受け、法務省の下に置かれている[24]。しかし、アメリカと違い、入管行政と帰化行政の担当部門が異なることもあって、移民政策の体系

---

18) ドイツのEU自由移動法など。ルーマニアなど一部の国では、外国人とは、国民でもEU市民でもない者と法令上定義する場合もある。
19) IOM, Laws for Legal Immigration in the 27 EU Member States, *International Migration Law*, No.16 (2009), p.32.
20) 日本の出入国管理及び難民認定法、カナダの移民難民保護法など。
21) ドイツの庇護手続法、アイルランドの難民法、オーストリアの庇護法、イタリアの庇護法、韓国の難民保護法など。
22) たとえば、デンマークでは、18歳以上35歳未満の者に、最長18か月（平均で40日）の実習生の滞在許可を認める。賃金と雇用条件は、デンマーク人の水準を満たす必要があり、申請者は必要な教育経験を示す必要がある。農業、林業、園芸業の実習生は、実習活動の内容を示す。医療の実習生は、能力証明が必要である。IOM, *op.cit.*, p.222.
23) 近時、滞在許可と労働許可の手続の一本化もみられ、2011年12月13日には、非EU市民のための共通の権利と単一労働・滞在許可制度のための各国の国内法整備を2年以内に命ずるEU指令が出された（Directive 2011/98/EU）。

的な発展を妨げている。

4　労働許可

　日本は、在留資格ごとに職種が限定され、家族滞在の雇用には資格外活動許可が必要である。民間雇用に限らず、永住者等であれば公権力行使等を除く公務就任は可能である。相対的に日本での国家公務員の門戸は、閉ざされている。一方、地方公務員に関しては、管理職への任用制限の問題があるものの、2005年の最高裁判決の「想定の法理」は、従来の当然の法理とは違い、外国人の公務就任を禁止する意味合いはなく、自治体の裁量の問題としている[25]。外国人労働者への特別な支援も、国外の技術や資格の認定機関や承認の促進策も乏しい。日系人集住地域の失業対策は、2015年から「外国人就労・定着支援研修」事業として定住外国人に拡充されたが、労働分野の統合政策やハローワークへのアクセス支援が十分でない問題がある。

　日本では、家族滞在者や一部の有期の就労許可者には認められないが、一般に外国人も国民と同様の雇用のアクセスが認められ[26]、自営業も認められる国もある[27]（なお、日本の特殊な技能実習生は、最長5年の滞在に及び、実態としては、季節労働者の範疇に入らないことを考慮すれば、日本の雇用アクセスの評価はもっと低くなる）。日本とは違い、国外の職業資格の認証手続が国民

---

24)　滞在許可の実施機関は、EU諸国では、主に次の4通りに整理される。1) 内務省の移民部門（イギリス、ポルトガル、ベルギー、フィンランド、エストニア、ラトヴィア、リトアニア、キプロス、ブルガリア、ルーマニア）、2) 内務省の警察部門（イタリア、チェコ、スロバキア）、3) 法務省の移民部門（スウェーデン、ハンガリー、アイルランド、マルタ、オランダ）、4) 州や県の担当部門である（フランス、スペイン、ギリシア、ドイツ、オーストリア、ポーランド）。例外的に、カナダの市民権移民省やオーストラリア移民市民権省のように、移民担当の独自の省を有するEU諸国も一時期はみられた（デンマークは難民移民統合省（2001～2011）が、法務省に移管され、フランスも移民・統合・国家アイデンティティ省（2007～2011）が、内務省に移管された）。
25)　最大判2005年1月26日民集59巻1号128頁。参照、近藤敦『外国人の人権と市民権』（明石書店、2001年）174-180頁。
26)　アメリカ、フィンランド、ギリシア、イタリア、ポルトガル、スペイン。
27)　アメリカ、カナダ、フィンランド、スウェーデン、ブルガリア、ハンガリー、イタリア、ポーランド、ポルトガル、スペイン、オランダ。

と同じ国もある[28]。一般的な言語習得以外の訓練と就業促進策の両方に取り組む国もある[29]。

5 家族呼び寄せ

　日本の入管法には、家族呼び寄せの体系的なコンセプトがない。日本のような配偶者だけでなく、国によっては、内縁関係のパートナーでも、同性のパートナーでも、呼び寄せを認めている[30]。出身国に扶養できる親族がいない場合の親の呼び寄せの制度化も、今後は必要であろう[31]。近年、呼び寄せられる配偶者に言語要件を課す国もみられる。日本では、国外に居住する家族への出国前の言語要件[32]、統合要件は[33]、必要がなく、呼び寄せ人や家族に入国後の言語要件[34]、統合要件[35]、住居空間要件はないが[36]、生計要件がある[37]。離婚や死別や DV の被害の場合などの自律的な居住が[38]、不十分で

---

28) アメリカ、カナダ、ドイツ、スウェーデン、イギリス、オーストラリア、ベルギー、クロアチア、キプロス、エストニア、アイスランド、ラトビア、オランダ、ニュージーランド、ノルウェー。
29) カナダ、フィンランド、ドイツ、スウェーデン、オーストラリア、デンマーク、ニュージーランド、ノルウェー、ルーマニア。
30) 両方とも認める国として、カナダ、フィンランド、スウェーデン、イギリス、ベルギー、デンマーク、アイスランド、アイルランド、ルクセンブルク、オランダ、ニュージーランド、ノルウェー、ポルトガル、スロベニア、スペイン。日本では、2013 年 10 月 18 日の法務省入国管理局入国在留課長の通知により、同性婚を法律で認める国の配偶者には、特定活動の在留資格を認めるようになった。
31) 扶養している親・祖父母の呼び寄せを認める国として、スウェーデン、チェコ、ハンガリー、アイスランド、リトアニア、ルクセンブルク、ポルトガル、ルーマニア、スロベニア、トルコ。扶養以外の条件のもとに認める国として、エストニア、イタリア、韓国、ラトビア、ニュージーランド、ノルウェー、ポーランド、スロバキア、スペイン。日本でも、高度人材の場合や、その他で認められる例外的場合もあるが、65 歳ないし 70 歳以上、出身国に扶養できる者がなく、日本にいる子どもに扶養する資力があるといった条件が明示されているわけではない。
32) ドイツ、韓国、イギリス、オーストリア、デンマーク、オランダ。言語講習の参加が要件の国は、フランス、ニュージーランドである。
33) オランダ。統合講習の参加が要件の国は、フランスである。
34) ドイツ、イギリス、オーストリア、デンマーク、イタリア、マルタ、オランダ、スイス。言語講習の参加が要件の国は、ベルギー、フランス、ノルウェーである。
35) ドイツ、イギリス、デンマーク、オランダ、スイス。統合講習の参加が要件の国は、オーストリア、ベルギー、フランス、イタリア、ノルウェーである。

ある。

　最高裁によれば、「国際慣習法上、国家は外国人を受け入れる義務を負うものではなく、特別の条約がない限り、外国人を自国内に受け入れるかどうか、また、これを受け入れる場合にいかなる条件を付するかを、当該国家が自由に決定することができる」という[39]。しかし、自由権規約委員会の一般的意見15によれば、（たとえば差別禁止、非人道的な取扱いの禁止および）家族生活の尊重との関係で、外国人の居住の権利を自由権規約が保障している[40]。また、子どもの権利委員会は、子どもを親から引き離す退去強制に際しては、子どもの最善の利益が考慮されなければならないという[41]。

6　永住許可

　EUでは、定住者指令により[42]、デンマーク、アイルランド、イギリスを除いて、非EU市民のための長期滞在許可の法整備をする必要がある。この長期滞在許可は5年以上の合法的な居住、生計維持能力、健康保険加入を要

---

36)　健康で安全な一般基準に適した住居の要件が必要な国は、ドイツ、スウェーデン、イギリス、オーストラリア、ベルギー、ブルガリア、キプロス、チェコ、エストニア、ギリシア、ハンガリー、アイスランド、ラトビア、リトアニア、ルクセンブルク、マルタ、ニュージーランド、ノルウェー、ポーランド、ポルトガル、ルーマニア、スペイン、スイス、トルコである。より詳細な要件が必要な国は、オーストリア、デンマーク、フランス、イタリア、スロバキアである。

37)　生計要件を課さない国は、フィンランド、オーストラリア、エストニア、リトアニア、ニュージーランド、ポルトガル、スロベニアである。

38)　離婚や死別やDVの被害の場合の自律的な居住が自動的に認められる国は、カナダ、オーストラリア、オーストリア、ギリシア、ニュージーランド、ノルウェー、ポルトガル、スペイン。居住・婚姻期間などの条件のもとに認められる国は、フィンランド、ドイツ、スウェーデン、イギリス、アメリカ、ベルギー、ブルガリア、クロアチア、キプロス、チェコ、デンマーク、フランス、ハンガリー、アイスランド、イタリア、韓国、リトアニア、ルクセンブルク、マルタ、オランダ、ポーランド、スロバキア、スロベニア、スイス、トルコでは、日本でも、離婚や死別やDVの被害の場合の自律的な居住が認められる場合があるものの、3年の同居実績などの条件が公表されているわけではない。

39)　最大判1968年10月4日民集32巻7号1223頁（マクリーン事件）。

40)　自由権規約委員会・一般的意見15（1986）para.5.

41)　子どもの権利委員会・勧告的意見: Norway, UN Doc. CRC/C/15/Add. 126（28 June 2000）, paras.30-31.

42)　Council Directive 2003/109/EC.

表3　永住許可の居住要件

0年（入国時の永住）	カナダ、アメリカ、オーストラリア、ニュージーランド
3年	ハンガリー、ノルウェー
4年	フィンランド、スウェーデン、アイスランド
5年	イギリス、オーストリア、ベルギー、ブルガリア、クロアチア、キプロス、チェコ、デンマーク、エストニア、フランス、デンマーク、ギリシア、アイルランド、イタリア、韓国、ラトビア、リトアニア、ルクセンブルク、マルタ、オランダ、ポーランド、ポルトガル、ルーマニア、スロバキア、スロベニア、スペイン
8年	トルコ
10年	日本、スイス

表4　永住許可の言語要件

言語要件がない国		フィンランド、アメリカ、ハンガリー、アイスランド、アイルランド、日本、韓国、ポーランド、スロベニア、スペイン、スウェーデン、トルコ
言語講習の履修を要件とする国		イギリス、ノルウェー、スロバキア
言語試験を含む国	A1	チェコ、フランス
	A2	キプロス、デンマーク、イタリア、ラトビア、リトアニア、マルタ、オランダ、ポルトガル
	B1以上	カナダ、ドイツ、イギリス、オーストラリア、クロアチア、エストニア、ニュージーランド、ギリシア、ルーマニア、スロバキア、スイス

件として、5年以上の滞在が認められ、更新が自動的になされる一種の永住許可である。これは、各国の永住許可に必要な居住要件と同じ場合もあれば、違う場合もある。

　表3にみるように、（配偶者等の簡易的な場合を除く）一般の永住許可の申請に必要な居住要件は、5年が多い。日本では、永住許可に必要な滞在期間が原則10年と長く、帰化の場合の原則5年と比べて整合性を欠いている（参照、表5）。また、表4にみるように、日本では言語要件もない。統合要件もないが[43]、生計要件がある。行政手続法の適用が除外されており、不許可や取消の場合の詳しい理由の開示は義務付けられていない。

表5　帰化の居住要件

4年	カナダ、オーストラリア、アイルランド、マルタ
5年	フィンランド、スウェーデン、アメリカ、ベルギー、フランス、日本、韓国、オランダ、ニュージーランド、トルコ、キプロス
6年	イギリス、ポルトガル
7年	ドイツ、ギリシア、アイスランド、ルクセンブルク、ノルウェー
8年	クロアチア、エストニア、ポーランド、ルーマニア、スロバキア
9年	デンマーク
10年	オーストリア、ブルガリア、チェコ、イタリア、ラトビア、リトアニア、スロベニア、スペイン、スイス
11年	ハンガリー

7　国籍取得

　日本での1世は、原則5年で帰化できる。表5にみるように、5年は長い方ではない。国民の配偶者の場合は、3年または1年（3年以上の婚姻）の居住でよいが、内縁関係や同性のパートナーの場合は、一般の外国人と同じ居住要件である。
　日本では、2世や3世の場合でも、帰化が必要である。表6にみられるように、2世は無条件の生地主義により自動的に国籍を取得する国、永住者の子であることを条件とする生地主義の国、帰化とは別の届出により大人になるときに国籍を取得する国、帰化が必要な国といった4通りに整理される。3世の場合は、フランスにあっても、2世代生地主義により、自動的に国籍を取得する[44]。
　日本の帰化における言語要件は、小学校3年生程度の日本語と説明されている。表7にあるように、ヨーロッパ共通言語枠組みと比較する上では、と

---

43) 統合講習の履修を要件とする国は、オーストリア、ノルウェー。統合試験を含む国は、ドイツ、イギリス、クロアチア、キプロス、フランス、ギリシア、イタリア、リトアニア、マルタ、オランダ、スロバキア、スイス。
44) ベルギー、ルクセンブルク、スペイン。

表6 2世の国籍取得

無条件の生地主義の国	アメリカ、カナダ
永住者の生地主義の国	イギリス、ドイツ、オーストラリア、アイルランド、ポルトガル、ニュージーランド
届出でよい国	スウェーデン、フィンランド、ベルギー、チェコ、デンマーク、フランス、アイスランド、イタリア、オランダ、スペイン、ルクセンブルク
帰化が必要な国	日本、韓国、オーストリア、ブルガリア、クロアチア、キプロス、エストニア、ギリシア、ハンガリー、ラトビア、リトアニア、マルタ、ノルウェー、ポーランド、ルーマニア、スロバキア、スロベニア、スイス、トルコ

表7 帰化の言語要件

言語要件がない国		スウェーデン
言語講習の履修を要件とする国		ノルウェー
言語試験を含む国	A1以下	アメリカ、アイルランド、ニュージーランド、スロベニア
	A2相当	カナダ、オーストラリア、ベルギー、ブルガリア、ギリシア、アイスランド、イタリア、日本、韓国、リトアニア、オランダ、ポルトガル
	B1以上	カナダ、ドイツ、イギリス、オーストリア、クロアチア、キプロス、チェコ、デンマーク、エストニア、フィンランド、フランス、ラトビア、ルクセンブルク、マルタ、スロバキア、ポーランド、ルーマニア、スペイン、ハンガリー、スイス、トルコ

りあえず、基礎段階の第2段階のA2相当とみなす（B1との中間ぐらいが妥当かもしれない）。高齢者などへの言語要件の免除要件が法定されていない。かつて日本人風の生活様式が問題とされたが、今日では言語以外の統合要件はない[45]。生計要件があり[46]、犯罪歴のないことや、素行要件がある[47]。帰

---

45) 統合講習の履修を要件とする国は、ベルギー、ルクセンブルク。統合試験を含む国は、カナダ、ドイツ、イギリス、アメリカ、オーストラリア、オーストリア、クロアチア、チェコ、デンマーク、エストニア、フランス、ギリシア、ハンガリー、イタリア、韓国、ラトビア、リトアニア、オランダ、ルーマニア、スロバキア、スペイン、スイス、トルコ。
46) 生計要件がない国は、カナダ、スウェーデン、イギリス、アメリカ、オーストラリア、クロアチア、キプロス、チェコ、ルクセンブルク、マルタ、オランダ、ニュージーランド、ノルウェー、ポルトガル。

表8 帰化の際の従来の国籍放棄（複数国籍の寛容性）

従来の国籍放棄が不要 （複数国籍に寛容）	カナダ、フィンランド、スウェーデン、イギリス、アメリカ、オーストラリア、ベルギー、キプロス、チェコ、デンマーク、フランス、ギリシア、ハンガリー、アイスランド、アイルランド、イタリア、ルクセンブルク、マルタ、ニュージーランド、ポーランド、ポルトガル、ルーマニア、スロバキア[48]、スペイン、スイス、トルコ
必要だが、例外あり （複数国籍にやや寛容）	日本、韓国、ドイツ、オーストリア、ブルガリア、チェコ、ラトビア、リトアニア、オランダ、ノルウェー、スロベニア
従来の国籍放棄が必要 （複数国籍に不寛容）	クロアチア、エストニア

化の場合も、不許可の場合の理由開示や不服申立の制度がない。

　複数国籍について、日本では、国籍放棄ができない場合などの例外を除き、帰化の際に従来の国籍放棄が必要である（表8）。2世や3世の場合も、同様である。2014年にドイツでは永住者の子どもの生地主義による二重国籍者に対し23歳までに義務付けていた国籍選択制度も廃止した。本来、（ドイツが留保していた）ヨーロッパ国籍条約14条1項は、出生による複数国籍者の国籍保持を加盟国の義務と定めている。今日、国籍選択制度は、国際法上および憲法上、疑問といえよう[49]。表8では、帰化の場合の国籍放棄を問題とし、日本よりも例外が広く認められている国々が同じ類型で整理されているが、国際結婚などの出生による複数国籍者の場合に国籍選択を課されることはない。しかし、日本では、この場合も22歳までに複数国籍者は、法律上は、国籍を選択する義務がある（ただし、実務上は、日本国籍を選択しなかった者に対する催告手続がとられた例はない）。なお、旧植民地出身者とその子孫の国籍喪失が日本の特筆すべき点である。世界人権宣言条15条2項が定める恣意的な国籍剥奪禁止原則は、国際慣習法として承認されている[50]という。

---

47) 素行要件がない国は、ドイツ、ブルガリア、ギリシア、ハンガリー、イタリア、リトアニア、ルクセンブルク、オランダ、ノルウェー、ポーランド、ポルトガル、スロベニア。
48) スロバキアは、婚姻により国籍を取得した場合や、出生により国籍を取得した場合に、例外的に国籍放棄が免除される国であり、「必要だが、例外あり」のグループに本来は分類されるべきである。
49) 近藤敦「複数国籍の容認傾向」陳天璽ほか編『越境とアイデンティフィケーション』（新曜社、2012年）105-108頁。

表9　広義の帰化率（2012年）

3を超える国	ハンガリー 12.8、スウェーデン 7.7、ポーランド 7.2、カナダ 5.8、フィンランド 5.0、ポルトガル 5.0、アイルランド 4.7、イギリス 4.1、オランダ 3.9、アメリカ 3.4、ベルギー 3.3
3から1の国	ノルウェー 3.0、フランス 2.5、アイスランド 2.0、ルクセンブルク 2.0、スペイン 2.0、スイス 1.9、ドイツ 1.6、イタリア 1.4、スロベニア 1.4、韓国 1.3、メキシコ 1.2、デンマーク 1.0
1未満の国	オーストリア 0.7、エストニア 0.6、チェコ 0.5、日本 0.5、スロバキア 0.4

2000年の国連による国家承継に関する自然人の国籍宣言11条・24-26条は、領土内に常居所を有する当事者の意思を尊重し、国籍選択権を認めない場合の国籍の剥奪を禁じており[51]、日本国憲法22条1項の「国籍を離脱する自由」との整合的な解釈が求められる[52]。

複数国籍に不寛容なこともあって、日本では、帰化する外国人の割合も相対的に低い。OECD諸国の調査によれば[53]、後天的な国籍取得としての広義の帰化率（外国人住民の数に対する帰化者と届出者の割合）は、表9のようになる。複数国籍の寛容度と広義の帰化率との間には、一定の相関関係があることがわかる。

8　おわりに——非正規滞在者への対応

以上、正規滞在者の権利保障を主に問題とするMIPEX調査において、日本は、教育と差別禁止の分野が特に問題である。ヘイトスピーチ解消法は、2016年に罰則のない形で制定されたが、人種差別唱導の禁止を定めている国は多い[54]。差別禁止法が存在しない日本では、憲法や人権条約の法解釈上、人種差別は禁止されるものの、具体的には、民法の公序良俗違反の問題とし

---

50) Kay Hailbronner, Nationality in Public International Law and European Law. In Reiner Bauböck, et al. (Eds.), *Acquisition and Loss of Nationality. Volume 1: Comparative Analyses* (Amsterdam: Amsterdam University Press, 2006), p.70.
51) 近藤敦「特別永住者のNational Originに基づく差別」国際人権17号（2006年）81-82頁。
52) 近藤敦『人権法』（日本評論社、2016年）44頁。
53) OECD, *International Migration Outlook* (Paris: OECD, 2015), pp.350-351.

て争われることが多い。私人間の差別事例について損害賠償を認める判決はみられるが[55]、行政の取組の根拠法令としても、差別禁止法が望まれる。また、国籍取得と政治参加の分野もかなり低い評価となっている。相対的には、労働市場、家族呼び寄せ、保健・医療、永住許可の分野は、平均的な権利保障の水準にはあるものと思われる。

　他方、非正規滞在者の権利保障を比較する国際研究は、乏しく、今後の課題といえる。日本政府は、一定の期間内の申請に基づいて一定要件の人を一斉に正規化する「一般アムネスティ」には消極的であった。非正規移民の追加的流入を招くというのがその理由だ。他方、人道上の理由などの個別の事情を考慮して、1990年代後半以来、国民や永住者等の配偶者の場合の在留特別許可が原則として認められるようになった。さらに、2000年からは学齢期の子どものいる長期の非正規滞在家族の正規化も認められた。入国管理局が2006年に公表し、2009年に改定した在留特別許可のガイドラインでは、子どもが学校に通っている長期の非正規滞在家族の場合を積極的要素の例として挙げている。入国管理局に自ら出頭したことや日本に長期間滞在していることも在留特別許可を検討する積極要素とされている。また、下級審の判決では、子どもの権利条約3条の子どもの最善の利益や自由権規約23条の家族の結合の権利の趣旨に言及するものもある[56]。

　人権を保障するため、今日、これまで「一般アムネスティ」に消極的であった国々でも、「在留特別許可」との中間的な（一定の申請期間に特別な人道上の理由を考慮する）「特別アムネスティ」という政策もみられるようになっている[57]。日本でも、新たな在留管理制度が2012年に導入されたことから、

---

54) カナダ、ドイツ、フィンランド、スウェーデン、イギリス、オーストラリア、オーストリア、ベルギー、ブルガリア、クロアチア、チェコ、デンマーク、フランス、ギリシア、ハンガリー、イタリア、リトアニア、ルクセンブルク、マルタ、オランダ、ニュージーランド、ノルウェー、ポーランド、ポルトガル、ルーマニア、スロバキア、スロベニア、スペイン、スイス、トルコ。アメリカは、ヘイトクライム禁止だけである。
55) たとえば、静岡地浜松支判1999年10月12日判時1718号92頁、札幌地判2002年11月11日判時1806号84頁。
56) 福岡高判2005年3月7日判タ1234号73頁、東京地判2003年10月17日裁判所ウェブサイト、東京地判2003年9月19日判時1836号46頁、東京地判1999年11月12日判時1727号94頁。

表10　退去強制の忌避事由

①②③のすべて	スウェーデン、フランス、ベルギー
①②③の少なくとも1つ	クロアチア、アイスランド、イタリア、オランダ、ノルウェー、ポーランド、ポルトガル、ルーマニア、スロバキア、スロベニア
どれもない	日本、韓国、カナダ、フィンランド、ドイツ、イギリス、アメリカ、オーストラリア、ブルガリア、キプロス、チェコ、デンマーク、エストニア、ギリシア、ハンガリー、ラトビア、リトアニア、ルクセンブルク、マルタ、アイルランド、ニュージーランド、スペイン、スイス、トルコ

　従来の在留管理制度の不備が招いた長期の非正規滞在に対して、政府には問題を解決する責任がある。表10は、①20年以上の長期居住者、②未成年者、③国内生まれの居住者または18歳までに10年以上居住した者のすべての場合に退去強制しないことが法で定められている国、①から③の少なくとも1つの場合に退去強制を法定している国、いずれも方で定められていない国に分けて整理している。今後は、在留特別許可のガイドラインで、これらの場合などの正規化を明記すべきである。

---

57)　近藤敦「一般アムネスティ・在留特別許可・特別アムネスティ」近藤敦ほか編『非正規滞在者と在留特別許可』(日本評論社、2010年) 167頁以下。

[2] 人口減少時代の日本における「移民受け入れ」
―政策の変遷と定住外国人の居住分布―

高畑 幸

1 はじめに

　本章の目的は、日本における移民の受入れおよび外国人住民施策をレビューした上で、主要な国籍の外国人の分布について示し、今後の「人口減少時代の移民受け入れ」への示唆を提示することである。そのポイントは、現在の日本では「人の受け入れ（出入国管理政策）」だけでなく「人の定住（社会統合政策）」を重視する必要があるということである。結論を先取りすると、①定住・永住者が呼び寄せる家族への定住支援の充実、③都市部にいる外国人住民を人口減少地域での就業へと促す形での就労支援が必要とされると、筆者は考えている。

　2020年の東京オリンピック開催までの時限措置として、2015年より技能実習生の受け入れ拡大が図られている。しかし、彼（女）らはあくまで有期雇用であり日本での定住は想定されていない。一方、1990年代から属性主義的に来日・定住させてきた日系人や結婚移民が呼び寄せる家族（同じく定住資格を持つ）が、減少傾向にあるものの年間2万人余来日している。徐々に移民コミュニティは拡大している。

　以下では、第1に、近年の「人口減少時代の移民受け入れ議論」について

整理し、第2に、これまでの日本における外国人受け入れ政策をまとめる。第3に、2015年末現在の在留外国人統計をもとに、現在の日本における外国人の分布につき地図を用いて提示する。最後に、日本国内の外国人の分布を踏まえて、今後の「移民」受入れおよび定住外国人の社会統合につき考察を加えたい。

2　人口減少時代の「移民受け入れ」議論

　ある国で人口が減少するならば、他国から人を移住させればよいという考え方が、「補充移民（replacement migration）」の議論である（United Nations Population Division, 2001）。この国連報告書が公表された頃は日本がまだ人口増加期だったためか、こうした「ドライ」な考え方は一般世論では「日本に馴染まない」とされてきた。しかし近年になり、その必要性を指摘する自治体の首長および研究者が出てきた[1]。そして2014年なかばに入り、にわかにその実現性が議論されるようになった。

　その端緒は、2014年5月に発表された「増田レポート」の衝撃であろう。東京大学特任教授の増田寛也氏が率いる日本創成会議・人口減少問題検討分科会が『中央公論』誌上で発表した論考では、2010年から2040年に20〜39歳の女性人口が5割以下に減少し、このままでは消滅可能性が高い896都市が名指しされた。人口減少が深刻な市町村においては、市民生活の質の維持という議論を超えて、まずは住民の「数」が求められるというシビアな状況となっている。

　移民の受け入れにより過疎地を活性化させようというアイディアは、かねてから元・東京入国管理局長の坂中英徳氏が提唱してきたものである[2]。ほぼ同時期、社団法人・日本国際交流センター執行理事の毛受敏浩氏も著書

---

1)　浅山章「特集　外国人をどう受け入れるか」日系グローカル192号（2012年）10-21頁、石川義孝「日本の国際人口移動――人口減少問題の解決策となりうるか？」人口問題研究70巻3号（2014年）244-263頁。
2)　坂中英徳『日本型移民国家への道』（東信堂、2011年）、同『人口崩壊と移民革命』（日本加除出版、2012年）。

『人口激減』(新潮新書、2011 年)のなかで「人口対策として移民受け入れを推進すべき」と書いていた。具体的な数値を示してこれらの議論に説得力を持たせたのが、上述の「増田レポート」である。

実際に人口減少対策としての外国人の定住促進を旗印にしてきた自治体がある。たとえば、広島県安芸高田市と岡山県総社市である。安芸高田市の浜田一義市長は「外国人に国際交流ではなく移住してもらい少子化を助けてもらう。移民なくして地域は成り立たない」「いずれどの自治体も外国人誘致を競い始める。その時に来てもらうには、100 メートル走が始まった時、30 メートル先を行くようにしなければならない」と言い切る。また、岡山県総社市の片岡聡一市長は「外国人比率が景気のバロメーター。人口構成を考えると移民しかない」と、浜田市長と同じ認識だ。総社市は「外国人集住都市会議」に参加して情報収集を進め、2009 年に「多文化共生推進検討委員会」を設置した。被災地等への医療支援を続ける認定 NPO 法人 AMDA と多文化共生に関する協定を結んだ(浅山 2012)。人口減少対策としての移民受け入れ議論が全国的に始まるのは 2014 年である。2 人の市長が上記の発言をしている 2012 年時点ではそれは先取の気風であった。

そして 2013 年、上述の毛受氏が所属する(公財)日本国際交流センターは、総務省に「アジア青年移民受入れ事業」[3]を申請した。「将来、日本の過疎地域におけるアジア青年の受け入れを国策として進めるためのモデル事業」として、フィリピン人青年を北海道滝川市に農業移民として定住させる試みであったが、残念ながら助成対象とはならなかった[4]。しかし、同センターは、2014 年から「人口減少と外国人の受け入れ構想プロジェクト」を開始し、全国の自治体を対象にアンケート調査を行い、外国人の増加が望ましくないという自治体は皆無であったことを明らかにしている[5]。

---

3) アジア青年移民受け入れ事業については、以下のサイトを参照。http://www.kantei.go.jp/jp/singi/tiiki/kokusentoc_wg/pdf/62-nihonkokusai.pdf#search='%E3%82%A2%E3%82%B8%E3%82%A2%E9%9D%92%E5%B9%B4%E7%A7%BB%E6%B0%91%E5%8F%97%E3%81%91%E5%85%A5%E3%82%8C%E4%BA%8B%E6%A5%AD'(2014 年 9 月 26 日アクセス)

4) (公財)日本国際交流センターウェブサイト http://www.jcie.or.jp/japan/cn/pi/(2014 年 9 月 26 日アクセス)

5) 同サイト。http://www.jcie.or.jp/japan/cn/pi/q2014/(2014 年 9 月 26 日アクセス)

これら人口減少に悩む地方自治体による外国人受け入れは、すでに諸外国で始まっている。このことを「地方圏への外国人の政策的誘導」として紹介したのが石川[6]である。一般的に、移民は特定国の大都市に集中する傾向があり、日本では首都圏への外国人の集中が顕著だ。石川によると、スウェーデン、イギリス、米国、カナダ、オーストラリア等では、移民（難民を含む）を主要大都市から分散させ、国土の周辺部に誘導する政策が実施され、一定の成果が上がっているという。上記の「増田レポート」で示されたように、日本では東京への一極集中と地方圏の人口流出と産業衰退が顕在化しており、これら諸外国の地方圏への移民誘導策を日本でも検討するようにと石川は問題提起している。

　とはいえ、建設や介護の業界で人手不足が問題となる昨今でも、一般的に「移民」に反対する世論は根強い。2014年4月4日の経済財政諮問会議と産業競争力会議の合同会議では、外国人活用の拡大を求める意見が相次いだ。「単純労働者は入れないということでは人材を確保できない」「育児・介護で働けない女性の活躍のための環境整備が急務だ」との声が出たが、安倍首相は「移民政策と誤解されないように配慮しつつ、女性の活躍や中長期的な経済成長の観点から仕組みを考えてほしい（下線は筆者による）」と述べ、介護や家事支援などで外国人活用を促進する制度の検討を指示した（読売新聞2014年4月13日付）。一方、建設業界においては動きが速く、2015年から技能実習生の滞在期間延長（3年→5年）や元技能実習生の再入国が始まった[7]。さらには、共同通信が各自治体を対象に行ったアンケート調査によると、全国で8割の自治体に技能実習生が住み、働き手の確保を目的として外国人の受入れ拡大を望む自治体が3割にのぼることが明らかになった[8]。

　「人口減少」と「移民反対」の行き着くところは、さらなる人口減少であろう。「移民受け入れ」議論そのものが避けられているようにも感じられる。

---

6) 石川・前掲注1）。
7) 国土交通省「外国人建設就労者受入事業に関する告示」http://www.mlit.go.jp/common/001051429.pdf#search='%E5%BB%BA%E8%A8%AD%E5%8A%B4%E5%83%8D+%E6%8A%80%E8%83%BD%E5%AE%9F%E7%BF%92%E7%94%9F'（2015年6月11日アクセス）
8) 「外国人実習生、8割の自治体に　働き手確保に危機感」共同通信、2016年7月24日 http://this.kiji.is/129674989607683575（2016年9月14日アクセス）

ここで指摘したいのは、戦前から日本に移民はいたものの、その社会統合には国政は関心が低く、むしろ自治体レベルで「外国人住民施策」として取り組まれてきたことだ。換言すれば、現代になってやっと国政レベルで「移民問題」が議論され始めたと言える。この機会に「移民問題」を入国管理のみならず社会統合政策にも重点を置き国として制度設計する必要がある。以下ではまず、日本での移民受け入れ政策の変遷とその課題について見ていこう。

3　移民受け入れ政策の変遷

(1)　日本の外国人受け入れ[9]

　日本では戦前から旧植民地（朝鮮半島、台湾）出身の移民が暮らしていた。彼（女）らは「オールドカマー」と呼ばれる。それに対し、戦後に来日した人びとを「ニューカマー」と呼ぶが、日本で本格的に外国人定住者が増えたのは1990年代以降と考えて良いだろう。1970年代から中国帰国者（いわゆる中国残留孤児、残留婦人）の帰還が始まり、1980年代にはインドシナ難民の受入れとアジア諸国からの結婚移民の流入が始まった。それが、1990年の入管法改正を契機として、海外在住の日系3世に定住資格が与えられるようになり、好景気の日本での労働力需要もあって、南米から大量の日系人が流入したことでニューカマー外国人が急増した。

　また、労働者の受け入れでは、1993年には研修・技能実習制度ができ、第1次・第2次産業で働くアジア諸国出身の研修・技能実習生が増加した。その後、2006年にフィリピンとの間で初めて「人の移動」を含む経済連携協定が結ばれ、インドネシア、ベトナムが続いた。そして2008年から同協定に基づき看護・介護福祉士候補者が来日している。彼（女）らは国家資格取得後、日本で定住可能となる。その後、2012年から日本はポイント制による高度人材の受入れを始めている[10]。高度人材として来日して活動すれば、他の外国人に課せられる居住要件よりも短い5年間で永住権を取得できる。

---

9)　樽本英樹（2009）を参考に筆者が構成した。
10)　高度人材の受入れと在留資格上の優遇策については、以下のサイトを参照。http://www.immi-moj.go.jp/newimmiact_3/index.html（2014年9月24日アクセス）

従来は日系人や配偶者等、属性主義的に来日する人びとが多かったのに対し、2000年代の後半からは業績主義的に来日する外国人も増えていると言えよう。

(2) 日本の外国人住民施策──権利の獲得から多様性を生かす時代へ[11]

上記のように外国人住民が増加するにつれ、彼（女）らに対する施策が整備されてきた。以下では、1970年代から現在までを振り返ってみよう。山脇啓造によると[12]、外国人住民への施策的アプローチは1970年代から変化していきているという。

1970年代は、在日コリアンの定住化と社会運動の時代であった。1965年、「日本国に居住する大韓民国国民の法的地位及び待遇に関する日本国と大韓民国との間の協定」により、それまで日本で在留していた朝鮮半島出身者は「協定永住」の在留資格が保証された（1991年以降は「特別永住者」となる）。しかし、1970年代は日本で定住する外国人には国民年金加入や公営住宅の入居等にいまだ差別が多く、在日コリアン2世を中心に、これら制度的差別の撤廃を訴える社会運動が展開された[13]。この時代を山脇は「人権型」施策と呼ぶ。

1980年代になると、それまで在日コリアンがほとんどいなかった地域でもアジア系労働者等のニューカマー外国人が増え、「地域の国際化」が行政課題となる。自治省（現在の総務省）が1987年に「地方公共団体における国際交流の在り方に関する指針について」を出し、各自治体で国際センターや国際交流会館の設置が促された。1990年代にはニューカマー外国人の定住

---

11) 山脇啓造「総務省多文化共生プランから8年：地域からはじまる次の一歩」、「多文化共生フォーラム in Nagoya」基調講演レジュメ（2014年8月24日、於：名古屋国際センター）を参考にした。
12) 山脇啓造「人口減少社会と移民政策──多文化共生社会の構築に向けて」（2014年）Meiji.net http://www.meiji.net/opinion/vol38_keizo-yamawaki/（2014年9月17日アクセス）、同・前掲注11)「総務省多文化共生プランから8年：地域からはじまる次の一歩」、「多文化共生フォーラム in Nagoya」。
13) その後、1981年に日本は難民条約を批准し、その社会的諸権利に関する内外人平等の規定により、これらの制度的差別は徐々に撤廃された。

化がさらに進み、1992年からは自治省主導の自治体の国際交流事業は「在住外国人対応型」と「国際交流推進型」の2本の柱となった。

2000年代になると、在日外国人数がさらに増え、その居住地も広範囲に及んだ。一方、20世紀末より先進諸国では、移民を受け入れ社会へ同化させるよりも個々の文化や言語を尊重するほうが望ましいという多文化共生の思想が広まる。それに呼応し、日本の各自治体では外国人住民施策が体系化され、後述のように「多文化共生」がキーワードとなる施策が進んでいく。

(3) 近年の動き

山脇によると[14]、2000年代以降の外国人住民施策のターニングポイントは、「多文化共生の時代」(2006年)と「日系人の時代」(2011年)の2つだという。

第1に、「多文化共生の時代」である。2006年12月、外国人労働者問題関係省庁連絡会議が「生活者としての外国人に関する総合的対応策」を発表し、外国人が社会の一員として日本人と同様の公共サービスを享受し生活できるような環境整備が必要とした。従来、外国人住民施策といえば、日本での「労働期間」が終われば帰国するという前提の「労働者」を想定したものだった。それが、2006年からは「生活者としての外国人」というアプローチとなり、それまで外国人の多い自治体で先行していた外国人住民施策が、さらに多くの自治体で取り組まれるようになった。

第2に、「日系人の時代」である。これは2008年の世界経済危機と関連する。いわゆるリーマンショックの打撃を受けた自動車産業は多くの南米出身の日系人を雇っていた。失業し帰国を決意した人びとには政府から帰国費用の補助が行われた。一方、その後も日本に残った人びとは定住の意志が固いと判断され、日本語教育や職業訓練等、さまざまな定住支援策が始まる。2011年、内閣府に「定住外国人施策推進室」が設置され、同年に「日系定住外国人施策に関する基本指針」と「日系定住外国人施策に関する行動計

---

14) 山脇・前掲注11)「総務省多文化共生プランから8年:地域からはじまる次の一歩」、「多文化共生フォーラム in Nagoya」。

画」が策定された。

　この「日系人の時代」を山脇は問題視している。すなわち、それまでは約200万人の在日外国人全体が施策対象だったのに対し、リーマンショック以降は「外国人施策」の対象範囲が、約20万人の日系人に「狭められた」というものである。

　山脇は、2002年から「多文化共生社会基本法」制定の必要性を訴え続けている[15]。目的は、人権尊重、社会参画、国際協調を社会統合の基本理念として定め、国や都道府県に基本計画の策定を義務付け、施策の推進体制を整備することである。その上で、国、都道府県、市町村の連携が進み、地域社会の取組みが一層効果的になるという考え方だ。しかし、2016年現在、この基本法策定の動きはない。

　ようやく国レベルで小さな変化があったのが、2015年7月に法務省から発表された第5次出入国管理計画基本方針である。ここで挙げられる8本の柱には、「少子高齢化の進展を踏まえた外国人の受入れについての国民的議論の活性化」や「在留管理制度の的確な運用等による外国人との共生社会実現への寄与」が含まれる（下線は筆者）。それ以前の基本方針よりも人口対策および移民の社会統合を志向するニュアンスがある。しかし、それに向けての具体的な方法論は明らかではなく、今後これがどのように実現されるかは未知数である。

　一方、自治体レベルでは先進的な多文化共生施策が策定されてきた。たとえば、南米系の労働者が多い静岡県浜松市が2013年3月に「多文化共生都市ビジョン」を策定し、「多様性を生かした文化の創造」や「多様性を生かした地域の活性化」を掲げている。これは日本初のビジョン策定で、これまでの「外国人を支援する」というスタンスから「多様性を生かした地域づくり」という新しいスタンスへの転換である。これを山脇は次世代の多文化共生概念として「多文化共生2.0」と呼んでいる。

---

15)　山脇・前掲注12)「人口減少社会と移民政策──多文化共生社会の構築に向けて」。

4　日本における外国人の分布

　上記のように、外国人住民施策は自治体により取組みに濃淡があるが、それは各国籍の外国人の居住分布の影響を受けていると言えよう。以下では、日本における外国人の主要な出身国とその人数を示したのち、外国人総数および主要4国籍の外国人数の地理的分布につき地図で示していく。

(1)　国籍別外国人人口の推移――東南アジア系外国人の増加

　日本における外国人人口は、1990年から増加し、2009年以降は減少していたが、2013年になってわずかに増加した。2008年末の世界経済危機が翌年からの外国人数減少の原因だと思われる。2013年以降の増加は、景気回復に伴う雇用増を反映しているのだろう。具体的には、2012年から2015年にかけて、在留外国人数は203万3656人から223万2189人へと3年間で9.8％の伸びとなった。この間、ブラジル人は9.1％減少しているが（19万0609人→17万3437人）、逆に東南アジア系の外国人は増えており、フィリピン人（20万2985人→22万9595人）は13.1％増加し、ベトナム人（5万2367人→14万6956人）は2.8倍、ネパール人（2万4071人→5万4775人）は2.2倍に急増している[16]。

(2)　定住・永住者の増加

　在留資格別では「永住」が最も多くなっており、2015年には70万0500人（構成比31.4％）であった。このほか、特別永住者（戦前から日本に居住する外国人とその子孫で、多くが在日コリアン）が34万8626人（構成比15.6％）いる。在日コリアンの日本への帰化が増えたため、特別永住者数は減少傾向にある。逆に、一般永住者（滞在年数と生活基盤の安定により取得可能）は増えている。このほか、「日本人の配偶者等」（外国人配偶者や日系2

---

[16]　法務省「平成27年末現在における在留外国人数について（確定値）」http://www.moj.go.jp/content/001178165.pdf（2016年9月14日アクセス）

世)の在留資格を持つ 14 万 0349 人(6.3%)、日系 3 世や外国人配偶者の連れ子等が含まれる「定住者」の 16 万 1532 人(7.2%)を合わせると、60.5% が「定住・永住層」となる(法務省、2016b)。彼(女)らは属性主義的に日本で滞在でき、日本での活動に制限がなく就労でき、家族呼び寄せも可能である。

なお、上述のように近年はベトナム人とネパール人の増加が顕著だが、ネパール人は留学および技能、ベトナム人は留学および技能実習の在留資格での滞在が多い[17]。これらの在留資格は滞在期限および日本での活動に制限があり、「定住・永住層」とは別個に考える必要があろう。ただ、今後、彼(女)らが日本で就職したり、日本人および永住外国人と結婚するなどして定住化する可能性はある。

(3) 主要な国籍とその分布

2015 年末現在、在留外国人の主要国籍は、①中国(66 万 5847 人)、②韓国・朝鮮(49 万 1711 人)、③フィリピン(22 万 9595 人)、④ブラジル(17 万 3437 人)の順である。1990 年の入管法改正でブラジル人(多くが日系人)が増加して以来、この 4 つのエスニックグループが上位を占めてきた。かつて韓国・朝鮮が第 1 位、中国が第 2 位をしめていたが、2007 年から中国が第 1 位となり、また、2012 年、それまで第 4 位だったフィリピンがブラジルと入れ替わって第 3 位となった。

さて、彼(女)らは日本国内でどのように分布しているだろうか。以下に示す地図は、2015 年末現在の在留外国人統計をもとに、全国の市区別・国籍別外国人数を地図で示したものである[18]。地図内では、黒丸の大きさが当該市区の外国人数を表している。

---

17) 法務省「在留外国人統計」http://www.e-stat.go.jp/SG1/estat/List.do?lid=000001150236(2016 年 9 月 14 日アクセス)
18) 在留外国人統計は、以下のサイトから入手したものである。http://www.e-stat.go.jp/SG1/estat/List.do?lid=000001118467(2016 年 9 月 14 日アクセス)
　なお、地図作成には、地理学者の水田憲志氏(関西大学非常勤講師)の協力を得た。

図1　外国人総数（2015年末現在、在留外国人統計）

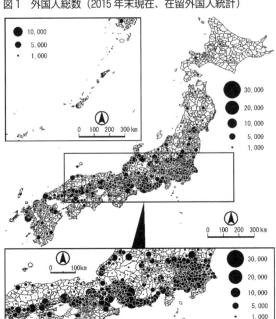

　一般的に、外国人が多いのは、「北関東から東海道・山陽新幹線沿線」と言えるだろう。日本の総人口と同様、外国人人口も首都圏への集中が見られる。それに加え、甲信越地方にも外国人が多い都市がある。東北と九州にももちろん外国人は多い都市があるが、それらは概して大都市（仙台、福岡）である。おおまかに、「外国人の居住は都市的現象」と言えるが、農林水産業が主要産業となる地域では局地的に技能実習生が有期雇用の労働者として暮らしている。

図2　中国人の分布（2015年末現在、在留外国人統計）

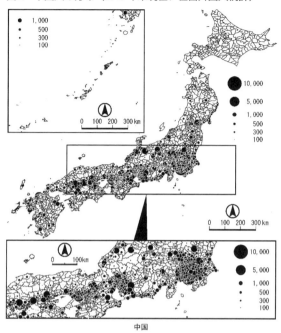

中国

　中国人の分布は、上記の外国人総数の分布図とよく似ている。中国人は、日本の各自治体において国籍別在留外国人数の上位に上がることが多い、と言えよう。ただし、東海地方（特に名古屋都市圏）への集中はさほど顕著ではない。中国帰国者（いわゆる中国残留孤児、残留婦人）の子孫、留学生、日本人の配偶者、技能実習生に加え、大都市では自営業者や企業の従業員として働く人びともみられる。たとえば、東京の池袋駅周辺は元留学生や帰国者ら「新華僑」による起業の店が軒を連ね、「新たなチャイナタウン」として知られている。

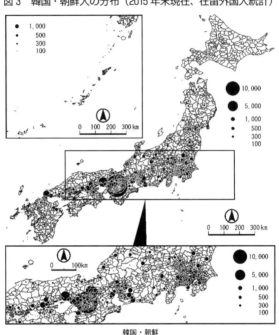

図3 韓国・朝鮮人の分布（2015年末現在、在留外国人統計）

　韓国・朝鮮人の分布は特徴的で、大阪を中心とした京阪神地方および、山口と福岡の間（特に下関）に多い。概して韓国・朝鮮人は西日本に多いと言えよう。本稿で地図を示す4つのエスニックグループの中で、韓国・朝鮮人だけがオールドカマーであり、戦前から日本に定住していた人びととその子孫が多い。上記のように2006年までは、韓国・朝鮮人が日本における国籍別外国人数の第1位であった。それが、戦前に来日した第1世代が死亡したり、第2・第3世代以降が日本へ帰化したりと、次第にその数は減少している。一方、東京の新大久保駅周辺では1990年代半ばから元留学生等のニューカマー韓国人の起業が増え、新たなコリアンタウンが成長した。2000年代半ばからの韓流ブームでこの場所が観光地化したのは周知のとおりである。

図4 フィリピン人の分布（2015年末現在、在留外国人統計）

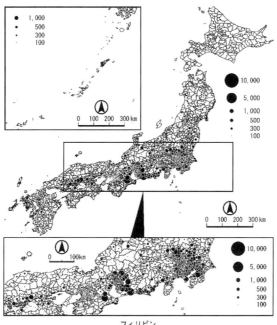

フィリピン

フィリピン人の分布は中国人とよく似ているものの、人口規模としては小さい。中国人は福岡と仙台といった地方都市でも多いが、これらはおそらく留学生としての在留が多いためであろう。一方、留学生として来日するフィリピン人は少なく、永住者、日本人の配偶者、定住者（日系3世）といった定住・永住層に加え、技能実習生（農業、建設業、造船業、各種製造業等）として滞在する人びともいる。特徴は、1980年代の終わりから興行労働者として来日した人びとが第1世代で、彼女らが日本人と結婚して全国に定住していることにある。そのため、フィリピン人は都市部のみならず農山漁村の過疎地も含めて散在居住している。また、近年は東海地方を中心に日系フィリピン人が人材派遣会社を通じて工場労働をしており、小規模だが集住地を形成する事例が見られる。

図5 ブラジル人の分布（2015年末現在、在留外国人統計）

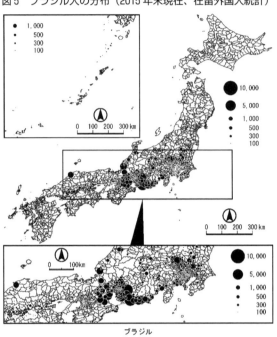

ブラジル

　ブラジル人はさらに特徴的で、東海地方と長野県、北関東において集住が顕著である。逆に西日本では比較的少なく、九州ではほとんどいない。
　1990年の入管法改正により日系3世が定住者資格を得られるようになり、日系ブラジル人の来日と定住が急増した。彼（女）らは人材派遣会社を通じて自動車関連の工場労働をすることが多かったため、東海地方の「自動車都市」での集住が顕著であった。これらブラジル人が増加した都市は、公営住宅での集住や子どもの教育等、共通の課題を抱えており、2001年に静岡県浜松市を中心として「外国人集住都市会議」が結成された。2016年現在、25都市が参加し、外国人住民問題につき国への政策提言等を行っている[19]。
　島根県でブラジル人が多い地域が1つある。島根県内のブラジル人人口の

---

19) 外国人集住都市会議ウェブサイト http://www.shujutoshi.jp/index.html（2016年9月14日アクセス）

約9割は出雲市に集中し、その人口は景気の変動とともに増減を繰り返してきた。2006年には735人だったのが2008年は559人に落ち込むが、その後回復して2015年は1964人と、かつての3倍以上になった（在留外国人統計）。2008年以降の出雲市におけるブラジル人増加は、愛知県の人材派遣会社A社が2009年頃に同市で電子部品製造会社B社の仕事を受注し、リーマンショック後に自動車産業で失職したブラジル人労働者を東海地方から100人単位で移住させたことによる（2014年8月、A社社長の講演）。人材派遣会社による外国人の国内大量移住の事例である。

(4) 結婚移民の減少と外国人のみ世帯の増加

次に、定住資格を持つ外国人の来日数をみてみよう。法務省が公表している「出入国管理統計」は、（すでに定住している外国人の再入国ではなく）新規入国する外国人の国籍と在留資格を示している。2015年の新規入国者総数は1779万6147人だが、多くが短期滞在の外国人観光客、あるいは滞在期間と就労に制限がある在留資格の人びとである。

定住可能となる在留資格の2015年の新規入国者をみると、「日本人の配偶者等」が9591人、「定住者」が1万2449人、「永住者の配偶者」が2007人と、合計2万6054人である[20]。これらの人びとが、在日外国人の「社会増」と言える。その10年前にあたる2005年は、新規入国者総数は612万0709人だが、「日本人の配偶者等」が2万4026人、「定住者」が3万3756人、「永住者の配偶者」が990人の合計5万8772人であった[21]。つまり、新規入国者数は2倍以上に増加したものの、定住型の新規入国者はこの10年間で半減している。特に「日本人の配偶者等」資格での新規入国は2万4026人から9591人と半分以下となった。

ここで注意すべきは、「日本人と結婚して来日する外国人は減っている」という事実であろう。厚生労働省の人口動態統計によると、日本人と外国人

---

20) 平成27年出入国管理統計 http://www.e-stat.go.jp/SG1/estat/List.do?lid=000001153767 （2016年9月14日アクセス）
21) 平成18年出入国管理統計（平成17年の数値を併記） http://www.e-stat.go.jp/SG1/estat/List.do?lid=000001012941 （2016年9月14日アクセス）

との結婚件数は2006年の4万4701件をピークに減少傾向にあり、2015年には2万0976件と、2006年の半分以下となった[22]。一方、日系人や定住・永住者による親族呼び寄せ等、日本人と結婚せずとも来日し定住できる経路が増えている。2010年の国勢調査データによると、外国人のみで構成される世帯（単身者を含む）は70万2809に及ぶ[23]。10年前にあたる2000年は、それが50万1053世帯であった[24]。日本国内では、定住外国人による家族の呼び寄せが相次ぎ、確実に「外国人だけで構成される世帯」が増加している。

(5) まとめ

以上、本節では、①従来から多い4国籍の外国人に加え、近年はベトナム人とネパール人の増加が目立つこと、②永住の在留資格で滞在する外国人が最も多いこと、③主要4国籍の外国人の地理的分布は偏りがあり、韓国・朝鮮人は西日本に、ブラジル人は東海地方に、中国人とフィリピン人は北関東から太平洋ベルト地帯での居住が多いこと、④新規来日かつ定住可能な在留資格を持つ外国人は2万人余で、結婚移民は減少傾向にあること、の4点を確認しておきたい。

5 むすび

本論での知見は、以下の4点にまとめられる。

①「移民受け入れ」はすでに戦前から始まっている。戦前からの在日コリアン、戦後の中国帰国者、アジア諸国出身の結婚移民、南米出身の日系人と

---

[22] 人口動態統計 http://www.e-stat.go.jp/SG1/estat/List.do?lid=000001127023 （2016年9月14日アクセス）

[23] 平成22年国勢調査人口等基本集計 http://www.e-stat.go.jp/SG1/estat/GL02020101.do?method=extendTclass&refTarget=toukeihyo&listFormat=hierarchy&statCode=00200521&tstatCode=000001039448&tclass1=000001045009&tclass2=000001046265&tclass3=&tclass4=&tclass5= （2014年9月29日アクセス）

[24] 平成20年国勢調査、外国人に関する特別集計結果 http://www.e-stat.go.jp/SG1/estat/GL02020101.do?method=extendTclass&refTarget=toukeihyo&listFormat=hierarchy&statCode=00200521&tstatCode=000000030001&tclass1=000000030892&tclass2=000000030893&tclass3=&tclass4=&tclass5= （2014年9月29日アクセス）

いった、すでに定住・永住層として生活している人びとの生活課題の解決と権利拡大は、当事者による異議申し立て（行政訴訟等）や自治体の施策が担ってきた。しかし各自治体での対応にも限界があり、今後は国としての社会統合政策を作り、その上で新規の「移民受け入れ」議論を始めることが望ましい。

②外国人の永住資格取得が進んでいる。2015年現在、在留資格別の外国人人口では永住者が最も多くなっている。上記のように「人の受入れ」は注目されがちだが、すでに定住・永住層となった人びとの社会統合上の課題は看過されやすい。これはおそらく、外国籍者には参政権がなく、自らの課題を行政へ訴えていく経路が限定されるためだと思われる。生活の困窮や高齢化に伴う介護等、特にニューカマーの永住化に伴う生活課題の把握とその対策が今後求められる。

③国際結婚は減少し、「日本人のいない世帯」が増加している。日本人の配偶者、定住者、永住者の配偶者といった定住型の新規入国者は、2015年はその数が2万人余と、ゆるやかな「社会増」が続いている。外国人のみで構成される世帯数は増加しており、集住地を抱える自治体においては移民コミュニティが拡大し、新たな集住地も発生するだろう。

④国籍により地理的分布が大きく異なる。外国人総数をみると都市部に外国人が集中している。しかし、国籍別にみると、韓国・朝鮮人は西高東低、ブラジル人は東海地方中心、中国人とフィリピン人は全国に散在居住している。居住地と就労先は当然ながら相互に関連するため、自動車都市におけるブラジル人のように、特定の国籍の外国人が集住する自治体では類似の産業構造を持つ可能性が高い。

その上で、人口減少時代における外国人住民施策および多文化共生施策については、以下の2点を指摘できる。

第1に、在日外国人の過疎地への転居・就労支援である。在日外国人の親族呼び寄せだけでも、すでに「移民」受け入れは着実に進んでいる。問題はむしろ、すでに日本で定住・永住している人びとの社会統合である。呼び寄せの家族は定住資格を得てしまえば職業選択の自由がある。まず、彼（女）らの経済的基盤がぜい弱であることを逆手にとって劣悪な労働条件のもとで

働くことがないよう、人材派遣業者等への監視および労働相談が必要であろう。

その上で、人口減少への対応としては、石川（2014）が指摘したように、すでに永住権を持つ人びとの過疎地への転居促進や同地での起業支援も検討されたい。上述の島根県出雲市におけるブラジル人の増加は一例だが、これはグローバル企業である電子部品製造会社Ｂ社の労働力需要に大きく依存したものであることには注意が必要である。

その好対照を挙げよう。たとえば、岐阜県では県主催の就農支援事業に日系ブラジル人が参加している[25]。また、朝日新聞（2014年9月22日付朝刊）は「人口減にっぽん」シリーズで「外国人定住　分校に活気」と題して、広島県安芸高田市（ブラジル人）、三重県鈴鹿市（ミャンマー人）、北海道ニセコ町・倶知安町（英語圏の外国人）の定住と子どもの教育について報じている。新たに入国する外国人を人口減少が顕著な農村部へ誘導することに加え、現在、工業都市に居住する外国人が希望すれば農山村で就農あるいは起業できるよう支援ができるだろう。

第2に、在日外国人の永住化に伴う高齢化対策である。日本人人口の高齢化が進むのと同時に、ニューカマー外国人も徐々に高齢化している。外国人を定住させるならば、彼（女）らが高齢や病気等で働けなくなった時の福祉的あるいは社会保障的課題も当然ながら発生する。その1つが、外国人向けの介護サービス需要であろう。たとえば、オールドカマーである在日韓国・朝鮮人向けには大阪府堺市で1989年に特別養護老人ホーム「故郷の家」が開設されているし、介護保険制度導入後は、長野県飯田市で2005年に中国帰国者向け宅老所ニイハオ（デイサービス）が設置された。愛知県では2016年にNPO法人東海外国人生活サポートセンターが介護通訳者の養成を始めている。南米出身の日系人も1990年代の来日時に40代だった人びとが60代に入ろうとしている。今後は在宅あるいは施設での介護サービス利用をする人も出てくる。

25）　岐阜県商工労働部産業技術課「日本の農業はとてもきめ細やか　外国人求職者の方の職業訓練（基金訓練）『就農訓練科』」http://www.pref.gifu.lg.jp/sangyo-koyo/rodo-koyo/noryoku-kaihatsu/index/voice/report_100810_1.html（2014年9月17日アクセス）

日本での永住者は、「出入国」の問題はなくなり「社会統合」の問題が残った人びとである。彼（女）らは親族呼び寄せという形で次なる移民を連れてきて、さらには新来者の定住初期段階を助ける存在でもある。彼（女）らの職業訓練、起業支援、日本国内での住宅取得、将来的な介護ニーズといった施策が今後さらに充実することが望まれる。このことが、中長期的に日本の外国人住民増加、ひいては人口減少を食い止める一助になると考えられる。

　「人口減少」が重要な政策課題となり、また人手不足対策から技能実習生の受入れ枠拡大および滞在期間延長がなされる昨今、日本各地で再び外国人が増加に転じている。技能実習生の中には、日本人や定住資格を持つ外国人と結婚して定住する人びとも出てくるだろう。しかし、鈴木江理子（2014a）が言うように、外国人は日本社会を支える「道具」ではない。日本の人口減少に移民受け入れが1つの解決策となることは明らかだが、移住者の生活者および労働者としての権利が十分に守られ、彼（女）らが社会の一員として十分に能力を発揮できる制度および社会環境作りが第1の課題である。なお、本稿では難民の受入れや難民認定については扱いきれなかった。稿を改めて取り組みたい。

[付記]　本稿は、以下を加筆修正し、統計データを最新情報に差し替えたものである。高畑幸「研究ノート・人口減少時代の日本における『移民受け入れ』とは──政策の変遷と定住外国人の居住分布」国際関係・比較文化研究14巻1号（2015年）141-157頁。

〈参考文献〉
石川義孝編（2011）『地図でみる日本の外国人』ナカニシヤ出版
坂中英徳（2011）『日本型移民国家への道』東信堂
坂中英徳（2012）『人口崩壊と移民革命』日本加除出版
鈴木江理子（2014a）「人口政策としての外国人政策」『別冊・環　なぜ今、移民問題か』藤原書店、70-86頁
鈴木江理子（2014b）「人口減少社会・日本の選択──『補充』外国人の可能性」國士舘大學教養論集75号 25-48頁
樽本英樹（2009）『よくわかる国際社会学』ミネルヴァ書房
増田寛也＋日本創成会議・人口減少問題検討分科会（2014）「ストップ『人口急減

社会』」中央公論 129 巻 6 号 18-31 頁
増田寛也(2014)『地方消滅――東京一極集中が招く人口急減』中公新書
毛受敏浩(2014)「日本の移民受け入れは実現化するか？ 移民受け入れ議論の活発化と今後の展望」『Civil Society Monitor』(公財)日本国際交流センター http://www.jcie.org/japan/j/pdf/cn_csm/2014/csm14j.pdf (2014 年 9 月 17 日アクセス)
山脇啓造(2011)「多文化共生社会に向けて――国と地方自治体の役割を中心に」
米勢治子・ハヤシザキカズヒコ・松岡真理恵編『公開講座 多文化共生論』ひつじ書房、1-12 頁

〈報告書〉

United Nations Population Division, 2001, *Replacement Migration: Is It a Solution to Declining and Ageing Populations?* http://www.un.org/esa/population/publications/migration/migration.htm (2014 年 9 月 17 日アクセス)

(公財)日本国際交流センター(2014)『「多文化共生と外国人受け入れ」に関するアンケート調査報告書』http://www.jcie.org/japan/j/pdf/cn/pi/q2014/tq2014report.pdf (2014 年 9 月 17 日アクセス)

[3]
人の国際移動と労働
―国際組織の役割―

吾郷眞一

1 はじめに

　通商航海条約に基づく外国人の営業行為をはじめとする各種活動、多角的通商制度（関税同盟や自由貿易地域）の中での外国人の労働、短期的就労を求めての移住労働、永続的な滞在を視野に入れた移民、難民などの非自発的な越境による効果としての労働、非合法的な入国と労働、人身取引などさまざまな側面において法的対応がなされる。そこには国内法だけでなく、国際法による規制がおよび、国際条約を策定（国際立法）するだけでなく、その執行（国際行政）に携わる国際組織が必要になってくる。

　労働に着目した人の国際移動については、国連と ILO（国際労働機関）が関係条約を採択して活動を展開してきている。その他、国連難民高等弁務官事務所（UNHCR）や国際移住機関（IOM）も関連するとともに、地域的な取組みとしての EC[1]や、米州[2]などにおける法的対応、そして2国間協定[3]の

---

1) 1950年の人権および基本的自由権保障のための欧州条約、1961年の欧州社会憲章およびその追加議定書（1988年）は各所に自国外の締約国で働く人の各種権利・保護を規定し、欧州評議会は特に1977年の移住労働者の法的地位条約をはじめいくつかの条約を策定した。欧州委員会も数多くの規則や指令で労働者の移動や自国民でない労働者の取り扱いについて規定している。

中で取り扱われるものもあるが、ここでは特に労働に焦点を当てた人の移動を世界規模で取り扱うという意味で、国連と ILO の活動に焦点を当て、今までの成果および将来への課題を見てゆく。

2 国際連盟期の動き

　第1次大戦の終了と戦後の秩序を定めたベルサイユ平和条約第13編の第427条は創設予定の労働問題を扱う国際組織（すなわち ILO）が依拠すべき基本原則を列挙しているが、その第8項目目に「それぞれの国において法律によって設定される労働条件は当該国に合法的に居住するすべての労働者に対して経済的に衡平でなくてはならない」としており、国境を越えた労働をすでに念頭に置いた規定ぶりとなっていることがわかる。外国人労働問題が第1次大戦直後にも重要性を持って受け止められていたことは、誕生したばかりの ILO が、その1919年の第1回総会において採択したいくつかの基準のうちの1つである第2号勧告が「外国人労働者の相互的待遇に関する勧告」であったことに表れている。1925年には労働者災害補償についての内外人労働者の均等待遇に関する条約（第19号）と同勧告（第25号）が採択され、翌1926年には移民監督条約（第21号）および移民（船中女子保護）勧告（第26号）が採択されて移民船航行中の移民労働者の保護が図られた。1935年には移民年金権保全条約（第48号）が採択されている。そして、1939年になると募集、職業紹介および労働条件（均等待遇）に関するかなり包括的な移民労働条約（第66号）および同名の勧告（第61号）ならびに移民労働者（各国間の協力）に関する勧告（第62号）が採択されることになる。ただし、この第66号条約は批准した国がなかったため発効せず、のちに今日の移住労働者[4]に関する ILO 条約の中心の1つとなる97号条約によって

---

2) 1969年の米州人権条約をはじめいくつかの一般的条約だけでなく、南米南部市場（MERCOSUR）では「アンデス移住カード」制度の導入（1996年）によって移住労働を容易にしようとする政策がとられている。
3) 日本が最近東南アジア諸国と締結した経済連携協定に、一定の労働者の流入と保護についての規定がある。たとえば日・フィリピン経済連携協定（2008年発効）103条。

改正されることになる。

3　第2次世界大戦後（1945-1975年）

ILOは世界大戦を生き延び、1944年にフィラデルフィアで開催された第26回総会において国際労働機関の目的に関する宣言（いわゆるフィラデルフィア宣言）を採択した。そして1945年11月の第27回総会において、その宣言を付属書として取り込んだ改正憲章で戦後の活動を展開していくことになるが、宣言の中にも移民労働者への明示的な言及がある[5]。

移民労働問題に関してILOが戦後取り組んだ成果が1949年採択の改正移民労働条約（第97号）である。この条約の基本構造は1939年の66号条約と同じく、移動過程での保護と受入国での均等待遇という2つの柱からなるが、移動過程の円滑化や均等待遇の拡大などに進展がみられる。11条に定義がなされ「自営ではなく雇用されるために一国から他国に移動する者」（国境労働者、芸術家のような短期入国の者、海員を除く）とされている。1条では、批准国相互で出移民および入移民両方に関する政策、法令、規則の情報（締約国が参加している国際協定を含む）を提示することが定められ、2条以降で各種の保護手段が規定される。たとえば2条では移民労働者を援助するために適切で無料の施設を用意すること、3条では出移民に対して誤った宣伝がなされないような措置をとること、4条で移民労働者の出発、旅行および受け入れを促進するための適当な措置をとること、5条で移民労働者の旅行中の健康を確保するための医療施設を用意することが規定されている。6条から9条までが平等待遇についてであり、特に6条では報酬、労働組合権、社会保障についての内国民待遇、7条では公共職業紹介施設の利用およ

---

4) 本稿ではMigrant Workの訳として移住労働を用いるが、ILOに関連する記述および条約などの呼称については移民労働、移民労働者という訳語が定着しているので、それらを指すときは移民の語をそのまま残す。移民と移住には言葉の上での違いがあるものの、本稿では移住労働者と移民労働者を同義として論述する。

5) フィラデルフィア宣言3(c)「この目的を達成する手段として、およびすべての関係者に対する十分な保障の下に、訓練のための便宜並びに雇用及び定住を目的とする移民を含む労働者の移動のための便宜を供与すること。」

び他締約国の同種の組織との連携について、8条では定住が許された移民労働者が疾病などの理由により強制退去が求められないこと（ただし、5年以内の移民労働者を除く）、9条では所得の本国への自由送金について定めている。同時に採択された86号勧告では、条約で規定された事柄についてさらに詳しく内容が展開されている。また、この条約に特徴的なのは条約本文を敷衍した3つの付録（付属文書）が付けられており、その部分を受け入れるかどうかが批准国の自由に委ねられている点である。ただし受け入れないことを批准の際に明記しない限りすべて受け入れたものとするという規定ぶりになっているため（条約14条）、かなり多数の国が3つの付録の一部または全部を適用除外にしている。

1947年に採択された労働監督条約（第81号）および1948年の結社の自由に関する条約（第87号）、職業安定組織条約（第88号）などでは、明示的な言及はないものの、それらの条約の保護法益には移住労働者も完全にカバーされている[6]。

他方、後にIOM（国際移住機関）として知られるようになる「欧州からの移住のための政府間暫定委員会」（PICMME）[7]が1951年12月5日に欧州およびオーストラリア、カナダ、米国の16か国によって結成された。これは欧州から北米・南米やオーストラリアに移住する人々や欧州内での難民の再定住（たとえばオーストリアとユーゴスラビアへ避難した18万人のハンガリー難民の1956-57年にかけての再定住）を援助する組織であったが、1960年までに約100万人の移住を支援し、さらに70年代には非欧州系難民の移住も守備範囲に入れるようになり（1972年にはウガンダに居住していたアジア系移民の

---

[6] 一般的にいって、移住労働に特化しなくとも、移住労働者に適用がある条約はたくさんあり、羅列するだけでも紙面の半分ほどを占めることになる。*Migrant Workers*. General Survey on the reports on the Migration for Employment Convention (Revised) (No.97), and Recommendation (Revised) (No.86), 1949, and the Migrant Workers (Supplementary Provisions) Convention (No.143), and Recommendation (No.151), 1975, Report of the Committee of Experts on the Application of Conventions and Recommendations. International Labour Conference 87th Session 1999, Report III (Part 1B)（以下ではGeneral Survey 1999と略）この報告書p.20の半分はそれらの列挙である。

[7] 翌年、欧州移住政府間委員会（ICEM）に名称を変更。

緊急避難を支援したり、1975年にはインドシナ難民と避難民の再定住プログラムを開始した)、1980年の移住政府間委員会（ICM）への改称、そして1989年の国際移住機関（IOM）として欧州の地域的機関から世界的機関につながっていく[8]。

奇しくもPICMMEが設置されたと同じ1951年、国連も難民問題に取り組み始め、難民条約が採択され、国連難民高等弁務官（UNHCR）事務所が設置された。UNHCR事務所は当面暫定的なものとして設置され、2003年に恒久化されるまで5年ごとに存続期間を延長する形をとって、膨大な数の難民を支援してきた。

しかし、IOMもUNHCRも難民、移住自体を責任範囲としていて、その後の労働に着目しているわけではないので、本稿ではILOと国連に焦点を当てて検討を続ける。

1949年の第97号条約のあとILOは1955年に移民労働者保護（低開発国）勧告（第100号）、1958年に農園条約（第110号）および勧告（第110号）、1962年に社会政策（基本的な目的および基準）条約（第117号）を採択し、今日的意義を有する移民労働者（補足規定）条約（第143号）につないでいく。このうち100号勧告はその表題通り移住労働者が発出する国、通過する国、目的国のいずれもが発展途上国である場合に着目して制定された勧告であり、内容的には移住労働者をすべての側面において保護しようとするかなり包括的な勧告である。農園（Plantation）はしばしば移住労働者を雇用する職場であるので、自国民労働者でなく移住労働者にも特に注意しようとしたもので、条約第2部5条から19条まで）は移住労働者を明示的に対象としていることがわかる。117号条約もまた基本的に途上国を念頭に置いた条約であるが、その第3部（6条から9条まで）は「移民労働者に関する措置」となっている。

一方、国連経済社会理事会は、1972年の決議で不法および秘密裏の取引による労働者の搾取に関する問題の検討を、国連人権委員会に委託した。これを受けて差別防止少数者保護小委員会は1973年にH. ワルザジ（Halima

---

8) 以上の情報はIOM駐日事務所ウェブサイトより入手。http://iomjapan.org/60years/milestones.cfm（2014年1月25日アクセス）

Warzazi）氏を特別報告者に任命し検討を続け、1974年の総会は決議3224（XXIX）で、その活動を評価するとともに、一般的に加盟国に対して移住労働者の保護を訴えた[9]。長年ILOが行ってきた移住労働者問題が、この時から国連によっても取り上げられることになる。ワルザジ報告はこの問題が違法・秘密裡入国・取引という問題と入国した後の労働者の処遇という2つの側面があることを指摘し、その両方の問題を取り上げた条約が作成されるべきことを勧告したが、守備範囲に違いがあるものの、ILO97号条約や143号条約の基本概念と大きくは違わないものである。

4　1975年以降

1975年の移民労働者（補足規定）条約（第143号）は、1949年からほぼ四半世紀経って社会情勢が変わってきたことに対応するよう97号条約を補足するとともに、他の条約も補完する目的で採択された。とりわけ、その前文の中に説明されているように国籍による差別を守備範囲から外している1958年の差別待遇（雇用及び職業）条約（第111号）の保護から漏れる外国人労働者の権利を保障しようとしている点が注目される[10]。なお、この条約の前文は他の多くのILO条約と比べると例外的に長い。それは、なぜ1949年条約などを補足しなくてはならないかという理由を述べているからである。そのうちの1つの「多くの国の政府が低開発並びに構造的及び慢性的な失業を克服するため、それらの国の必要に応じ及び要請により、出身国及び雇用移民の受け入れ国の相互的利益のために労働者の移動よりも資本および技術の移動を奨励することが望ましいことを絶えず強調していることを考慮し」という部分が興味深い。すなわち49年ころは労働力不足を補う手段として

---

[9]　GARes.3224（XXIX），6 November 1974，para.4：明示的で詳細な基準が提示されるまでの間、加盟国は(a)合法的に入国した移住労働者に対して、自国民に与えると同様な、人権および労働基準を適用すること、(b)外国人労働者の不法な取引をなくすための2国間協定をできるだけ結ぶこと、(c)そのような協定が結ばれるまでの間は、不正に入国した労働者にも人権規定が完全に適用されるための措置を取ること。

[10]　第111号条約は1条1項(a)で国民的出身による差別を禁止しているものの、国籍は当面守備範囲から外している。

の移住労働者の受け入れを促進すること、移住労働者の保護はそのために必要という考え方に基づくものであったものが、70年代には労働力を受け入れることよりも資本を移転して現地（労働者派遣国）で雇用を促進することが、派遣国・受け入れ国双方にとって望ましいという発想が入ってきていることが見受けられるのである。ILOの基本的スタンスとしては移住労働を推進するものでも、制限していこうとするものでもなく、現実問題として移住労働という現象が起き、それにかなりの数[11]の労働者がかかわってくることになるので、それらの人々の法的保護が必要なので国際基準を設定する、というものである。

　143号条約は3部からなり、第1部「劣悪な条件の下にある移住」（1条から9条まで）は、1970年に顕著となってきた秘密裡の移住と違法就労に対応する初めての国際的文書となっている。第2部「機会及び待遇の均等」（10条から14条まで）は、移住労働者と自国労働者との間の均等待遇の幅を大きく前進させている。第3部「最終規定」（15条から24条まで）では批准国が、第1部または第2部のいずれかを適用除外することを許している（16条）が、現在のところ批准した23か国のうちこの条項を援用したのはアルバニア一国だけである。

　1条はごく短く「すべての移民労働者の基本的人権を尊重することを約束する」となっているが、このことはどのような経緯で入国したかを問わず、すべての移民労働者が基本的人権を享受することを確認したものであり重要である。しかしそれと並行して2条では、締約国が不法な移民労働者の流入を監視する義務を設定し、3条で「雇用を目的とする移民の秘密裏の移動および違法な雇用を防止すること」を規定している。一方で、8条や9条では違法に滞在する移民労働者に、基本的人権のみならず一定の労働・社会法上の権利を与えている。10条から14条の均等待遇条項では、合法的な移民労働者が享受すべき均等待遇（職業選択の自由、移動の自由を含む）を定めている。

---

11) General Survey 1999、3頁では、移住労働者の統計の取り方に困難性があることを認めつつも、世界中で概ね9千万人の移住労働者がいるとしている。

2013年には世界中で2億3千2百万人の移住者がいたという[12]。すなわちそれは、世界の総人口の3.2％にあたる人々が生まれた国を離れ1年以上他国で生活をしているということである。60％以上の移住者たちは先進国に居住し、120億人の先進国総人口の11％を占めていることを意味する。170の途上国からは9千6百万人が海外に移住したと考えられ、それは総人口600億人のうちの1.6％である[13]。

　国連の場では、1975年に前述のワルザジ報告が人権小委員会において採択された。この報告は非適法な移住労働の主な原因と形態に触れ非適法な移住をなくし移住労働者の権利を保護するために労働者の送り出し国がとるべき措置を勧告し、1978年に国連人権委員会の要請に基づき国連事務総長が「すべての移住労働者の状況を改善し、人権と尊厳を確保するための措置」という報告書[14]を提出した。翌年総会は移住労働者とその家族構成員の権利保護に関する国際条約草案策定が決定され、1980年に作業部会が設置されて作業に入った。この作業部会は、10年に及ぶ時間をかけて[15]ILOなど国連の関連機関の協力と国連加盟国の意見を聴取しながら条約草案を固め、1990年の総会において移住労働者とその家族構成員の権利保護に関する国際条約（以下では「移住労働者権利保護条約」）が採択された。

　本条約の特徴は適法状態、非適法状態を問わず、すべての移住労働者とその家族の権利をカバーしている点である。その他、移住労働者を集団で追放すること、もしくは彼らの身分を証明する文書や労働許可書、パスポートを破棄することを禁止し、移住労働者はその国の労働者と同一の報酬、社会福祉、医療サービスを受け、労働組合に加入もしくは参加し、また雇用の終了に伴っては所得や貯蓄を送金し、個人の身の回り品を移転させる権利を規定する。また移住労働者の子が、出生と国籍の登録および教育を受ける権利を有するという規定もある。条約は2003年に発効し、「移住労働者とその家族

---

12) http://www.ilo.org/global/topics/labour-migration/lang--en/index.htm（2014.12.11）
13) http://www.un.org/en/ga/68/meetings/migration/pdf/International%20Migration%202013_Migrants%20by%20origin%20and%20destination.pdf（2014.12.11）
14) *Measures to improve the situation and ensure the human rights and dignity of all migrant workers*, Report of the Secretary General（E/CN.4/1325），1978.
15) General Survey 1999, p. 24.

構成員の権利保護委員会」(Committee on the Protection of the Rights of All Migrant Workers and Members of Their Families)（以下では移住労働者権利保護委員会）が条約の実施状況を監視するが、この実績と ILO 条約の実施の監視について後(5)に少し詳しく見ていくことにする。

5 規範設定と現代

　1975 年の ILO143 号条約の採択、および 1999 年の国連移住労働者権利条約の採択で、移住労働者の保護に関する規範設定は 1 つの到達点を迎えることになる。国境を越えて労働者が行き来し、それらの労働者が通常の国内の労働者と比べて弱い立場に置かれることから特別な保護が必要であるとの認識を前に国際社会が規範の設定によって問題の対応を行った。しかし、規範は規範でありそれが実施されなくては意味がない。とりわけ ILO 条約も国連の条約も批准数が限定的であることは問題であった。先にも述べたように、後に 97 号条約となる 66 号条約は 1 つも批准する国が現れなかったし、97 号条約ですら 2016 年 9 月現在で 49 か国のみであり、143 号条約のほうはその半分にも至らず 23 か国のみである。そしてさらに問題なのは、これらの批准国は主として移住労働者を派遣する側であって、受け入れるほうはきわめて少数であるという事実である。保護する義務は主として受け入れ国側にあるのだから、条約は特にそちら側に批准してもらいたいところである[16]。

　移住労働に関する規範設定活動にとって 2011 年の ILO189 号条約（家内労働条約）も極めて重要である。これはもちろん移住労働者に特化するものではないが、前文で 97 号、143 号、181 号条約を引用し、非拘束的な 2006 年の移住労働に関する多角的枠組みまで言及し、移住労働者への波及を想定している。189 号条約を補足する目的で同時に採択された 201 号勧告では、特に移住家内労働者を明示的に取り上げ、たとえば 21 項で「通訳付きのホットライン、緊急住居、移住家内労働者が苦情手続を利用できること、民刑事の法的救済を受けられること、その他法的社会的サービス、領事事務に関する各国語での情報提供」という具体的な措置の勧告を行っている。

　事務局が行う技術協力活動も、基準設定・実施の監視とならんで規範実施

にとって重要な役割を担っている。受入国に対しては、移住労働者雇用をめぐる制度や手続に関する助言、長期移住労働者の地域同化の支援、民間職業紹介組織の規制などに関して行うものであり、送り出し国に対しては自国民の外国における保護、出発および帰還の安全の確保、そしてここでもまた民間職業紹介組織の規制などがあげられる。

6 規範実施の監視

(1) ILOによる基準実施の監視

　ILOがその採択する条約および勧告の実施を監視する仕組みを備え、その基準実施監視制度の中でとりわけ重要なのが条約勧告適用専門家委員会（以下、専門家委員会）によるいわば判例法の集積ともいうべき判断の積み重ねであり、総会基準適用委員会との協働の下で90年以上の実績を誇っている[17]。その監視機構が条約のどの点についていかなる意見を述べているかを見ていくと、おのずから問題点が浮き彫りになってくる[18]。

---

16) 97号条約批准国―アルバニア、アルジェリア、アルメニア、バハマ、バルバドス、ベルギー、ベリーズ、ボスニア・ヘルツェゴビナ、ブラジル、ブルキナファソ、カメルーン、キューバ、キプロス、ドミニカ、エクアドル、フランス、ドイツ、グレナダ、グアテマラ、ガイアナ、イスラエル、イタリア、ジャマイカ、ケニヤ、キルギスタン、マダガスカル、マラウィ、マレーシア（サバ）、モーリシャス、モルドバ、モンテネグロ、オランダ、ニュージーランド、ナイジェリア、ノルウェー、フィリピン、ポルトガル、セントルシア、セルビア、スロベニア、スペイン、タジキスタン、タンザニア（ザンジバル）、マケドニア旧ユーゴスラビア共和国、トリニダード・トバゴ、英国、ウルグアイ、ベネズエラ、ザンビア
　143号条約批准国―アルバニア、アルメニア、ベナン、ボスニア・ヘルツェゴビナ、ブルキナファソ、カメルーン、キューバ、キプロス、ギニア、イタリア、ケニヤ、モンテネグロ、ノルウェー、フィリピン、ポルトガル、セルビア、スロベニア、スウェーデン、タジキスタン、マケドニア旧ユーゴスラビア共和国、トーゴ、ウガンダ、ベネズエラ
　97号および143号条約を両方批准―アルバニア、アルメニア、ボスニア・ヘルツェゴビナ、ブルキナファソ、カメルーン、キプロス、イタリア、ケニヤ、モンテネグロ、ノルウェー、フィリピン、ポルトガル、セルビア、スロベニア、タジキスタン、マケドニア旧ユーゴスラビア共和国、ベネズエラ
17) ILOの監視機構については多くの文献があるが、最近のものとして、拙稿「ILO基準適用監視制度再考」坂元茂樹・薬師寺公夫編『普遍的国際社会への法の挑戦』（芹田健太郎先生古希記念）（信山社、2013年）61-82頁。

通常監視過程

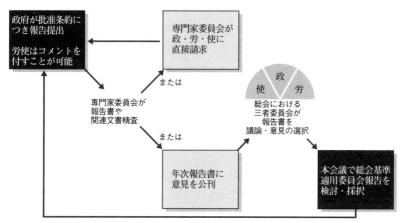

出典:『グローバル経済のためのルール——国際労働基準の手引き〔第3版〕』(ILO駐日事務所、2016年) 103頁

(2) 専門家委員会の意見にあらわれた条約の適用状況
(ⅰ) 97号条約についての委員会の見解

2013年の専門家委員会報告書に現れた英国に対する97号条約適用についての意見では、6条1項(a)から(d)までについての事柄が問題にされている。これはTUC（イギリス労働組合会議）の注意喚起に基づいて委員会が英国政府に対して情報提供を要求しているものであり、それによると外国人家事労働者に従来与えられてきたビザの保護範囲が狭められたことにより、とりわけ外交使節に雇用される家事労働者の権利保護が不十分になったとされている。専門家委員会は、使用者の変更や滞在延長申請が2012年に制定された入管規則によって禁止されたことについて注目し、政府に対して外国人家事労働者の条約上の権利が確保されているかどうかということを問うている。

同じく同年にイスラエルに対して発せられた意見でも、6条1項適用が問

---

18) 今後ILO条約勧告適用専門家委員会報告書にある意見（Observation）を引用する際の出典は、ILO本部公式サイト内のNORMLEXである。

題にされた。イスラエルには土木建築、農業、看護部門に多くの外国人労働者がいるが、そのうちの住み込み介護労働者に関し、内国民待遇がなされていないのではないかという疑問である。2011年5月16日のイスラエル入国法（第21回改正）によると、移住労働者は使用者の変更が制限される可能性を秘め、条約抵触のおそれがある。とりわけ2009年の高裁判決の結果、1951年の労働時間および休息法が住み込み介護労働者には適用されなくなったことを受け、移住労働者の内国民待遇が守られなくなったことを指摘して、改善を求めている。さらに、政府はILOに対する年次報告の中で、外国人労働者が使用者を変更しようとしたときにそれが認められなかったことがないと言ってはいるが、外国人労働者ハンドブックという指針の中で、雇用終了のための予告期間が自国民の場合よりも短く設定されていることや、承認を受けないで離職した外国人労働者の国外追放も視野に入れられていることを重視し、条約の厳格な適用を求めている。また、外国人労働者の権利弁務官の権限が、外国人労働者のうちの多数を占める介護労働者（多くは女性）の保護に及んでいないことも問題にしている。

　フランスについての意見はかなり大きい問題を抱えている。そこでは3条、6条、7条の適用が問題にされた。3条は、「移住労働者に対する誤った宣伝をさせないようあらゆる手段をとること」となっており、外国人排斥の論調への政府の対応が不適当で、特にロマ（ジプシー）集落の強制排除などの措置には本条違反が疑われている。6条1項(a)(iii)の居住については、建築及び居住に関する法律L300-2への改正は条約違反であったが、高等行政裁判所により（ILO条約の直接的効果として）その改正が破棄されたことを専門家委員会は評価している。すなわち、外国人が適正な居住環境を獲得するためには2年以上の滞在を法律によって義務付けられていることは、ILO条約違反であるとして裁判所が当該法改正を取り消したことを歓迎しているのである。7条に関しての意見は移住労働者が払わなければならない滞在許可申請費用や登録費用の適合性である。ここでも、移住労働者が無料で受ける職業紹介への権利を規定した7条2項にフランスの制度が必ずしも適合していないのではないかという疑問が投げられている。

　以上の監視機構による審査の対象を総合すると、97号条約適用上問題が

多く生じているのは 6 条、特に 1 項(a)と(b)であることがわかる。賃金、労働条件、社会保障、職業選択などに関する平等取扱いについて、国によっていろいろなケースがあるが、ILO 条約適用監視機構の意見表明や総会基準適用委員会の勧告を通じて、移住労働者の保護を目的とする ILO97 号条約が機能していることがわかる。

(ii) 143 号条約についての委員会の見解

採択から 40 年近くたっているにもかかわらずまだ 23 か国しか批准していないため、監視機構による意見の数も多くはない。97 号条約の場合は過去 25 年の間に総会で 5 回も審議があったに比較すると、今まで 1 度しか議題に上っておらず、専門家委員会の意見も 37 件にすぎない。しかし、過去 3 年ほどの間に出された意見（Observation）を追っていくと、だいたいどのような適用上の問題が存在するかを推察することができる。

まず 2009 年の専門家委員会は、イタリアにおいては、2004 年に欧州連合指令に従った差別禁止法例を制定し、均等待遇関連の行政機構を設置するような措置をとっているにもかかわらず、とりわけ外国人および異なる国民的出身の人々に対する差別が広く存在し、国連の差別防止条約の下の委員会や人種差別特別報告者が 2008 年の報告書で強い懸念を示している。国連の報告書はさらに排外主義やヘイトスピーチが欧州連合外から入ってきている移住労働者に対して向けられていること、特にロマの人たちが迫害されていることも指摘している。そのような情報の上に、専門家委員会はイタリアに対し条約 1 条に定められた移住労働者の均等待遇を確保すること、および 9 条にあるように非合法就労を含む移住労働者に賃金その他の労働条件について内国民待遇が確保されることを要請した。

2012 年の専門家委員会意見はイタリア、スロベニア、ベナン、カメルーンに向けられており、問題領域はほぼ 2009 年のものと同じである。すなわちスロベニアについては条約 10 条、12 条、14 条関連、ベナンについても 14 条について、カメルーンは 9 条 1 項の過去の雇用から生ずる権利についてである。イタリアに対するものは相当に広範に及んでおり、ほぼすべての条項が援用されている。すなわち 2 条、3 条、6 条の違法移住のコントロー

ル、1条、9条の基本的人権遵守、10条、12条の正規の移住労働者に対しての内国民待遇についてである。

　2013年もスロベニアとカメルーンについてはほぼ同内容のコメントであるが、ケニヤとベネズエラも意見の対象となった。ケニヤのものは、いわゆるケニヤ化政策（Kenyanization Policy）に関してであり、内国人を優先して雇用する政策が条約に反していることを指摘している。同様にベネズエラに対しても長年問題提起がなされてきた外国人枠の設定が改正されていない点に強く懸念を表明している。

　このように見てくると143号条約関連でILO基準適用監視機構は、移住労働者の均等待遇、とりわけ職業選択の自由問題で権利の保護が確保しようとしていることがわかる。

(3)　移住労働者権利保護委員会の監視

(i)　条約によって設置される委員会

　他の多くの人権条約[19]が具備しているように、国連の移住労働者権利保護条約にもその履行を確保するための委員会が設けられている。条約72条で設置される移住労働者及びその家族の権利保護に関する委員会（通称移住労働者権利保護委員会）は10-14人の委員で構成され、4年の任期で業務を遂行する。現時点では年に2回、合計3週間会議を開き、73条に規定された締約国の報告義務（原則として5年に一度、批准直後は1年）にしたがって送付されてくる国家報告書を審査し、条約上の義務の履行状況を判断する。74条は委員会の審査について定め、審査の結果を国連総会に提出することとしている。なお、同条2項にはILOとの連携について規定し、関連ILOの守備範囲と重なる部分についてILOによる協力を受けること、そのために本条約に関して得られた情報をILOに提供すること、ILO（事務局）が諮問的資格において委員会の会合に参加することなどが定められている。

　さらに条約76条は国家通報制度について規定し、他の国による条約上の

---

19)　代表的なものは国際人権規約のもとの人権委員会であり、とりわけ自由権委員会は、長年の活動の中からいわば人権条約の準有権的解釈を積み上げてきている。

義務不履行を締約国が委員会に申し立てることができるようにしている。ただし、申し立てることができるのは委員会によるその種の申立ての受理を自国に対して受諾する宣言をしている国に限られる。続いて 77 条は個人通報についても定めているが、現在のところ要件である 10 か国による受諾が達成されていないため、効力は発生していない[20]。

このように個人通報制度も国家通報制度もまだ動いていないので、現在のところ移住労働者権利保護委員会の活動は、国家報告書の審査に限られている。個別国家についての審査結果報告書と一般的意見の 2 つによって、履行確保の状況を見ていくことができる。参考のために、最新の委員会報告書である 2013 年の委員会第 17・18 会期報告書[21]と、2011 年に初めて出された一般意見 1 号と 2013 年の一般意見 2 号を分析し、条約の履行状況ならびに、履行上の問題点の概要をつかむと以下のようになる。

(ii) 委員会報告書に現れた個別国家案件

1990 年に採択された本条約は 2003 年に発効し、移住労働者権利保護委員会は大体 1 年に 2 回のペースで会合し、この 2013 年報告書はその第 17 および第 18 会期をカバーしている。条約 74 条に基づく国家報告書の審査は、2012-2013 年の場合 5 か国（モロッコ、ブルキナファソ、アゼルバイジャン、ボリビア、コロンビア）について行われた。

ボリビアに関するものは、国内法（たとえば移民法）の適用状況についての情報が不十分であり、条約適用の度合いを正確に審査できないので、詳細な情報を次回は提出すること、また、条約 8 条 -34 条関連で条約に保障されている移住労働者が受けた権利侵害の救済手続について、それらについての情報がないということは必ずしも権利が保全されているので手続が援用され

---

20) 77 条に基づく宣言をしているのは 2013 年現在メキシコ、ウルグアイ、グアテマラの 3 国のみ。また、76 条の国家通報については 2007 年にグアテマラが受諾宣言をしているが、2013 年現在他に同じ宣言をしている国がないことからグアテマラについて国家通報をすることはできない。
21) Report of the Committee on the Protection of the Rights of All Migrant Workers and Members of Their Families, Seventeenth session (10–14 September 2012) and Eighteenth session (15–26 April 2013), General Assembly Official Records, Sixty-eighth session, Supplement No.48.

ていないということにはならないので、救済手続が移住労働者に周知されるようさらなる努力が必要であること、移住労働者の国外退去強制がなされる場合、正規の手続を経ることが確保されること、条約85条-56条関連では、移住労働者の結社の自由（条約40条）についての保障がないことについての注意喚起、家族との合流を保障すること、条約64条-71条関連では、移住労働者の権利保障について国際行政組織が効果的に条約上の任務を遂行するために調整すること（責任行政主体が確立されること）、そして、一般的な問題として、条約76条、77条に基づいて、国家通報や個人通報ができるようにするための宣言を行うこと、関連ILO条約（97号、143号、189号）を批准すること、など多義にわたって勧告している。

　モロッコについての最終意見は、同国の第1回目の報告書に対するものであるので、さらに内容が多義にわたっている。まず73条および84条関連としては、2003年の外国人出入国に関する法律の規定に、条約上の義務と両立しないものがあることについて注意を喚起している。また、差別禁止についての7条および救済措置についての83条関連でも、一般的な義務履行が不十分であること、8条関連では2003年法が出国制限（罰則付き）を設けていることは条約に反していること、委員会一般意見1号を参照しつつ移住労働者のうち家内労働者であるものについての保護を与えること、そのほかたとえば64条-71条関連で関係諸国間の協力、特に隣国であるアルジェリアとの協力、などきわめて多数の勧告がなされている。ここでもまた、76条、77条の宣言（国家通報、個人通報）およびILO条約97号、143号、189号の批准が訴えられている。

　一連の国家報告に対する移住労働者権利保護委員会の最終意見は、条約の適用を確保するための国際行政であって、司法機能を果たすものではないが、条約規定を解釈するという作業を伴うため条約の内容を知るために重要な役割を果たしている。とりわけ、個別国家の報告書に対してコメントが出され、それぞれの国についての条約適用の程度が見極められることは、他の条約を批准国のみならず、これから批准しようとする国にとっても重要な情報源になる。

　この条約機関による意見の発出（履行確保のための監視）に特徴的なのは、

委員会が単に書面審査をするのではなく、当事国代表参加のもとで口頭での対話を行う点である。これによって委員会への情報提供量が格段に増大するし、問題点の指摘に対して即座に政府からの回答を得る可能性もあるので、条約実施を担保するための機能としては優れている。ただ、委員会の最終意見の内容を細かく吟味してみると、そこには一貫性がないことも見受けられる[22]。まだ始まって10年しか経っていない手続なので、もう少し委員会が活動を続ける中で整合性がある条約解釈を行うようになることが期待される。

(iii) 委員会による一般意見

条約76条、77条に基づく国家通報、個人通報を受け付ける国が多くなく、その部分が発効していないことから個別案件の審査結果を調べていくことはできない。また、条約の批准数自体も伸び悩んでいることから国家報告も網羅的ではない。したがって、移住労働者権利保護委員会としては、一般的な形で条約履行状況についての問題点を指摘し、条約履行確保を促していかざるをえない。一般意見は個別国家に関する履行状況の問題点を指摘するのではなく、すべての締約国に共通する問題点を一般的に指摘するのである。自由権規約委員会の一般意見が、過去の個別意見の集積の上にできあがっているのと機能を異にしている。

この条約機構において興味深いのは、その過程で締約国が参加することである。委員会18会期においても国家代表だけでなく国連諸機関やNGOなどにも開かれた一般討議が催され、一般意見はその討議が反映された形になっている。

2011年の1号は家事労働者についてのものである。家事労働も移住労働もいずれもがそれ自体として差別・虐待に対して弱い立場にあることに加えて、移住労働者であり、同時に家事労働者である者は二重苦に悩まされる[23]

---

22) 最初の時点では関連ILO条約を批准していないことは遺憾である（regret）という表現を用いているが、数年後には単にテークノートだけになっている。そもそもILO条約の批准は本条約上の義務ではないので、批准しないことを非難するのは国際法的には若干問題である。

23) Committee on the Protection of the Rights of all Migrant Workers and Members of Their Families. General comment No. 1 on migrant domestic workers. CMW/C/GC/1, p.2.

ことに鑑み、特別な保護が必要であるという観点から出された一般意見だとされている。派遣国における募集、移住過程、受け入れ国における行政手続、労働法の適用、家族との同居、本国帰還、などの項目に分けてさまざまな問題状況を指摘するとともに、対応措置を勧告している。

　次いで、2013年に発出された一般意見第2号では、条約第3部「すべての移住労働者及びその家族の人権」、すなわち非正規の移住労働者を保護する問題に焦点が当てられ、非正規労働の犯罪化とそこから生ずる各種権利侵害、非正規移住労働者とその家族の経済社会権の保障、それらの労働者および家族の権利を保障することへの障害についてのさまざまな勧告がなされている。

7　21世紀における移住労働の問題

(1)　条約の批准と適用監視

　以上見てきたように、移住労働に関する国際条約はILOで中心的なものが2つ、国連での総合的なものが1つ採択され、移住労働者権利保護についての実定国際法の骨格は1990年に一応はできあがったということができる。しかし、国連の移住労働者権利保護委員会が国家報告書へのほぼすべての最終意見において述べているように、肝心の移住労働受入国の多くが批准していないのである。2014年現在の批准数は、97号条約が49か国、143号条約が23か国と低く、97号条約を批准した49か国の多くが3つの付録（付属文書）の一部または全部を適用除外しており、条約が目指す移住労働者の保護が国際的に十分にいきわたっているとは言い難い状況にある。国連の条約についてもほぼ同様なことがいえ、こちらも2014年現在で47か国の批准にとどまっている。しかも、国家通報や個人通報を条約機構が受理する権能を認める宣言をしている国はごくわずかであって、関連条文は稼働していない。そこで考案されたのが別の形態における実際的な権利保護の仕組みの構築である。

(2) 多国間枠組みの構築

　2004年6月に開催されたILO総会は一般討議議題として移民労働者の問題を討議し、2週間半にわたる討議の結果「移民労働者のためのILO行動計画」を求める決議が採択された。それを受けて、2005年10-11月、ジュネーブで三者構成専門家会議が開かれ「労働力移動に関する多国間枠組み：労働力移動への権利に基づく取り組みのための拘束力のない原則とガイドライン」[24]をまとめ、翌2006年3月のILO理事会でこの文書の刊行と普及が決定された。この枠組みは関連のILO条約や他の国際条約、各国の政策および事例を検討して導き出された労働力移動政策に関する原則を、ディーセントワーク、労働力移動に対する国際協力の手段、世界的な知的基盤、労働力移動の実効的管理、移民労働者の保護、移民に対する虐待的な行為（不適切な処遇を含む）およびその防止と保護、国境を越える人の移動のプロセス、社会的統合および社会的一体化、国境を越える人の移動と開発の9項目に分けてそれぞれにガイドラインが示されている。さらに、全94頁からなるこの枠組み文書のほぼ半分は優良事例集によって占められており、各国（国および労使）が移住労働者の権利保護について具体的にどういうことをやっているか、やるべきかの指針を与えている。

　この枠組みガイドラインはその表題の中に「拘束力がない」という表現が用いられていることからわかるように、当然ながら条約上の法的効果を持つものではない。しかし、条約の批准が伸び悩んでいる状況下では、むしろこのような非拘束的な文書をもとに批准・未批准を問わず移住労働者保護の原則が実際上適用されていくことを促していく方がむしろ効果的であると考えられたとみることができる。なお、三者構成専門家会議は「国際労働移住に関する形態と慣行調査」というメカニズムも発案し、そのもとで移住労働者への搾取を監視していくために政労使が問題提起することを可能にしたが、現在までこのメカニズムは利用されていない。

---

[24] ILO's Multilateral Framework on Labour Migration; Non-binding principles and guidelines for a rights-based approach, ILO Geneva 2006.

(3) 国連での対応

　国連においても同様な傾向がみられる。1990年採択の移住労働者条約もILO条約と同じく批准の遅れが目立ち、2003年の国連総会の第2委員会は移住労働者問題を広く審議するためにハイレベルの討議を提唱した[25]。これを受けて2006年9月にハイレベル・ダイアログが会合し、移住と開発に関するグローバル・フォーラムの設置、同課題に関する事務総長特別代表の任命、国連とIOM（国際移住機関）の連携を図るグローバル移住グループの設置を勧告した。総会がそれらの勧告を実施し[26]、2013年に第2回目のハイレベル・ダイアログが開催された。その結果は2013年の総会決議「移住と開発に関するハイレベル・ダイアログ宣言」[27]として表れ、非拘束的な対話形式のフォローアップが移住労働の問題に対応するために必要であり、引き続き加盟国間の努力が継続されるべきことが確認された。

　特筆に値するのは、2015年に国連総会が大々的に採択した「持続的開発目標」（SDG）のいくつかの項目で、ILOがめざす標語である「生きがいのある労働」（decent work）が引用され、具体的にも移住労働者問題を含む多くのILO基準の達成がうたわれていることである。専門家委員会の最新の一般報告[28]で、そのことについて注意が喚起され、移住労働問題は、ILOだけの問題にとどまらず、国連の開発目標の一部としても位置付けられたことに注目している。

　以上見てきたように、移住労働者の権利についての国際的規範設定活動は、国連とILOが並行して補完的な形で行ってきて、一部に権利実現の効果を見出すことができるが、条約の批准数（とりわけ移住先国による批准）が伸び悩んでいるために、十分に保護が行き届いていないと言わざるをえない。そ

---

25) 国連総会決議 A/RES/58/208
26) 国連総会決議 A/RES/62/270
27) 国連総会決議 A/RES/68/4
28) International Labour Conference, 105th Session, 2016, General Survey concerning the migrant workers instruments, Third item on the agenda: Information and reports on the application of Conventions and Recommendations, Report of the Committee of Experts on the Application of Conventions and Recommendations (articles 19, 22 and 35 of the Constitution), Report III (Part 1B) International Labour Office, Geneva, pp.198-199.

ういう状況下では、批准を必要としない決議やガイドラインの形式の文書による実質的な権利実現が目指されていくことが重要であり、そのために機能する国際行政に期待するところが大であるということができる。

[付記]　本稿は、同表題「人の国際移動と労働―国際組織の役割―」の論文として『立命館法学』2014年5・6号（357・358号）1-21頁に収録されているものの一部に変更を加えたものである。

［4］
人の国際移動と国際経済

茶谷淳一

1　はじめに

　日本の経済学において「人の国際移動」に関わる議論は、1980年代末の労働市場の対外開放をめぐって本格化する。以後、日本国内の外国人労働者は増加し、問題は複雑化している。またいわゆるアベノミクスの「民間投資を喚起する成長戦略」に「外国人労働者の導入」「高度人材受入れ」「国際観光」の促進等が盛り込まれたことは、「人の国際移動」が日本経済に及ぼす影響が今後ますます大きくなることを容易に予想させる。
　では「人の国際移動」を促進することは受入国に高い経済成長をもたらし人びとを豊かにするものなのであろうか。また送出国の人びとに利益をもたらすものなのであろうか。現代世界経済における国際経済関係のあり方を変えるのであろうか。
　これらの課題を明らかにするための手がかりとして、本稿では新古典派経済学による外国人単純非熟練労働者の導入による経済効果の分析を紹介しながら、その中で明らかになったいくつかの論点を検討することを通して外国人労働者導入や国際労働力移動が現代日本経済においてどのような意味を持っているのかを考えることとする。

2 新古典派労働経済学による外国人労働者の経済効果について

新古典派経済学による外国人労働者研究、国際労働力移動研究の課題は「外国人労働者の導入によって経済厚生（経済的効用）は増大するか」を解明することである[1]。

まず新古典派労働経済学による外国人労働者受入れ・送出しの経済効果についての基本的な考え方を紹介する。その上でいくつかの留意すべき論点について指摘する。

(1) 外国人労働者受入れの経済的効果について

新古典派労働経済学による外国人労働者問題研究の中心課題は、外国人労働者を受け入れることによって国内の所得にどのような影響を与えるかである。すなわち外国人労働者の導入にともなって生じる労働力の増大が労働者所得、資本の所得や国民所得にどのような影響をもたらすかを分析する。

図1によって説明すると、次のようになる。

まず（受入国）のグラフを見てみよう。この図において ABEG は受入国の労働の限界生産曲線である。収穫逓減の法則により右下がりとなる。また資本との関係において賃金は労働の限界生産性と等しいので、外国人労働者導入前の労働賦存量を OD とすれば、均衡点は B、均衡賃金は Wd1 となる。これにより労働者の所得は Wd1ODB、資本の所得は AWd1B となる。

ここに DF 分の外国人労働者を導入すると、労働力が増えた分、限界生産性が低下し、受入後の新しい均衡点は E で、均衡賃金は Wd2 に低下する。これによって所得が BCDFE 分増加する。そのうち、BCE は資本の所得であり、CDFE は外国人労働者の所得である。また賃金が下がった分、受入国労働者は Wd1Wd2CB 分所得を減らし、資本の所得となる。

整理すると、外国人労働者が所得を全額送出国に送金すると想定すると、

---

1) 新古典派経済学における国際労働力移動論は、「国際労働力移動の必然性」や「国際労働力移動という現象をもたらす現代世界経済構造の特徴」の解明などを課題としない。

図1 労働者の国際移動にともなう受入国、送出国における所得の変化

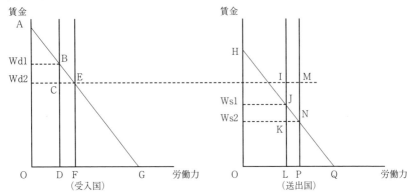

国民所得は外国人労働者を導入して増えた資本の所得の分だけ増える。しかし重要な点は資本と労働者の間での所得の分配率が変わり、資本は同時に均衡賃金が低下する分だけ労働者から所得を手に入れることができるのである。つまり資本は外国人労働者による生産量の増大から得られる利益以上の所得を手にすることができる。

さて以上の説明をもとに考えるといくつかの論点が浮かんでくる。

まずこの図では外国人労働者を受入国の追加的な労働力として想定しているが、現実の社会においては、受入国における追加的な労働力が外国人労働者でなければならない理由はない。なぜなら受入国の労働市場にまだ参入していない労働力は存在するからである。たとえば女性、高齢者、障害者などである。外国人労働者の導入が高齢者や女性、障害者より社会的な福祉を向上させると考えるかどうかである。

また受入国における所得の増加は受入国の労働者が不足しているため使われなかった過剰な資本と新たに導入した外国人労働力を結びつけることによって生じたものである。しかし現実の経済ではこのような資本は生産性が低く後れた技術をもつ資本である可能性が高い。とすれば外国人労働者の導入は技術水準の低い資本を延命することになり、社会全体としては効率性が落ちることになる。規制緩和による経済活動の効率化を目指すアベノミクスの狙いとは矛盾することになる。

さらに国内の失業がゼロで労働力が枯渇している状態を想定することは資本主義社会においては現実的ではない。日本の場合、むしろ失業者が増える90年代のバブル破裂以降に外国人労働力の導入が本格化していることをみると、外国人労働者導入の理由が単なる労働力不足ではないと思われる。

　労働者保護規制の緩和と外国人労働力の導入が、いわば同時並行的にすすめられていることに注意しなければならない。そもそも均衡賃金が自由に低下することが許されねば、先に見た新古典派労働経済学の分析モデルは成り立たない。とすれば外国人労働者のような追加的な労働力の投入にともない均衡賃金が柔軟に低下し資本の所得が容易に増大するような経済社会に日本を変えねばならない。これまで最低賃金制度や労働基準法などが労働者の賃金が無限に低下することを妨げていた。しかし現在、労働者保護規制の緩和により不安定就労者を大量に創出することで賃金の引き下げを可能にし、労働者の所得を資本へ容易に移転できる社会づくりがすすんでいる。外国人労働者の導入が労働者保護規制の緩和、不安定就労者の増大と同時に進行しているのは決して偶然ではないと思われる。

　また外国人労働力導入による国民所得増加の効果をより大きくするためには外国人労働者の所得のうち、送金する部分を減らし受入国内での消費や貯蓄に回す部分を増やすことが重要である。しかしこれは外国人労働者の定住や社会的統合などを進めることになる。しかしこのモデルでは定住や社会的統合などの経費を捨象している。外国人労働者の導入を在留年限が決まっている「出稼ぎ型」に限り社会的統合を考えないとすると、送金部分を減らす方法は二つしかない。それは外国人労働者の消費を煽ることと所得そのものを減らすことである。課税や資本の取り分を増やすことで外国人労働者の所得を減らす方法は外国人労働者の流入を減らすことにつながる恐れがあるが、外国為替相場や送出国の賃金水準によっては外国人労働者の流入が一定の水準を保つ程度まで外国人労働者の所得を大幅に下げることも可能であると思われる。

(2)　**自国労働者送出しの経済的効果について**

　次に送出国が労働力を送り出す論理はいかなるものであろうか。（送出

国）のグラフをみてみよう。HJNQ が送出国の限界生産曲線を表している。送出し前の労働賦存量を OP とすると、均衡点は N で、均衡賃金は $Ws2$ となる。このとき、資本の所得は $HWs2N$ で、労働者の所得は $Ws2OPN$ となる。そして受入国に導入した追加的労働力分 DF と同じ LP 分を送り出したとすると、労働力が少なくなった分、労働力と限界生産性の均衡点は J となり、均衡賃金は $Ws1$ に上昇する。国民所得は JLPN 分減少し、資本の所得も $HWs1J$ に減少する。国内に残った労働者の1人当たり賃金が上昇し所得は $Ws1OLJ$ となる。さらに受入国からの送金が労働者の所得にプラスされる。受入国の賃金 $Wd2$ が送出国の賃金 $Ws2$ よりも高いと考えると CDFE は、送り出したことによる労働者の所得の減少分 JLPN より大きいと考えられる。よってその差額 IJNM が送り出した労働者の送金によって得られる労働者の追加的な所得となり、送出国の国民所得も同じだけ増えることになる。

　しかしこのグラフで示された論理は多くの途上国に当てはめることができない。たとえば、W.A. ルイスの「二重経済論」によると、途上国には生命維持部門＝農村に低賃金で労働を供給する余剰労働力が無限に存在するため、都市労働者を海外へ送り出したとしても農村から都市や工業部門に労働力が次々と移動し労働を供給する。農村から都市への労働力の移動は農村部で労働力が減少し農産物価格が上昇することにより農家所得が増加するまで続き、その間は都市や工業部門の賃金の上昇は抑えられることになる。よって途上国では都市労働者の海外送出しが農村部の余剰労働力が大幅に減少する水準に達するまで、国内に残った都市労働者の賃金は容易に上昇することがなく、労働者の所得も増えないことになる。さらに一定水準以上の技能や技術をもつ労働者から先に海外に送り出されるとすると、送り出した途上国全体の国民所得も減少することが考えられる。このように考えると途上国にとって労働者の送出しは必ずしも利益をもたらすものではないと言える。

　新古典派労働経済学による均衡分析は、外国労働者の受入れ、送出しによって受入国、送出国ともに生産要素の効率的な使用が可能になり両国とも国民所得が増大すると考える。しかしその結論をより詳しく検討してみると、両国の労働者所得、および途上国の資本所得と国民所得を減らす恐れがある

一方で、先進国の資本の所得を必ず増大させることがわかる。つまり国際労働力移動、先進国による途上国労働者の導入は先進国資本にのみ利益を保障するものであるといえる。

3 新古典派国際経済学による国際労働力移動の経済効果分析について

新古典派国際経済学では均衡分析の考え方を用いて、外国からの労働力の流入をコントロールする方策や、貿易を想定した外国人労働者の送出し、受入れがもたらす経済効果などについて分析している。

(1) 賃金格差と国際労働力移動

外国人労働力の流入をコントロールする方策を考えるためには、労働力が国際間を移動する理由を明らかにしなければならない。新古典派国際経済学では国際労働力移動が「大きな賃金格差や雇用機会の有無によって引き起こされる」[2]と考え、主に受入国と送出国の間の賃金格差をもとに外国から労働力が流入するモデルを考える。

たとえば、『国際経済理論の地平』では、$w = w^* + kg/(1-g) + pz$という数式で表している。この場合、wは受入国賃金、w^*は送出国賃金、kは渡航コスト、gは入国できない確率、pは滞在中に検挙され強制退去させられる確率、zは滞在中検挙された場合に支払う罰金をあらわす。送出国賃金は受入国賃金よりも低いと考えられるので、この数式は受入国で得られる賃金が、送出国の賃金と渡航コストや罰金支払いなどの滞在中の検挙リスクの合計が等しくなるまで、労働者が送出国から移動することを表している[3]。そしてこの数式からは渡航コストや、入国審査や滞在中の取り締まりなどに

---

2) 大山道広編『国際経済理論の地平』(東洋経済新報社、2001年) 75頁。
3) 大山・前掲注2) 81-83頁を参照。罰金は外国人労働者を導入した経営者が直接支払うことになるが、当然、その原資は予め外国人労働者の所得から差し引いておくことになる。ところでこの数式はもう1つ重要なことを示唆している。それは移動しようとする送出国労働者が受入国の就労先と賃金の情報を不十分であっても知っている必要があるということである。つまり情報を伝えるシステムがあるということである。これは国際労働力移動のメカニズムを知る上で必ず明らかにしなければならない。

起因する入国・滞在リスク（コスト）を引き上げることにより外国人労働者、主に不法移民の流入をコントロールすることができることを示している。

この数式からいくつか考えるべき点がある。まずそもそも労働力の再生産費が異なる国際間において賃金が均衡水準で決まるだろうという想定自体、疑問である。むしろ両国の賃金格差が容易に縮まらないと考える方が現実的であると思われる[4]。

そのうえでこの数式を見てみよう。送出国が途上国であり労働力を無制限に供給できるとすると送出国の賃金w^*は容易に上昇しないことになる。そのうえで受入国が外国人労働力の流入を抑える方策を考えると、右辺の渡航コストや、入国審査や滞在中の取り締まりを厳しくすることによる入国・滞在リスク（コスト）を引き上げる方法がある。具体的には厳しい取り締まりや外国人労働者への特別な課税の実施である。しかし厳しい取り締まりや外国人だけを対象とした課税の強化は人権侵害などの国際的な批判を招く恐れがある。

そこで別の方法を考えると左辺の受入国賃金を下げる方法がある。外国人労働者の賃金だけを引き下げることも考えられるが、これも外国人労働者に対する人権侵害などの国際的な批判を招くことになる。このように考えると外国人労働者の流入をコントロールするためには受入国労働者の賃金水準を下げることが最も望ましいことになる。この結論は先ほど見た新古典派労働経済学による分析結果、すなわち外国人労働者導入によって受入国内の均衡賃金が下がるという結論と符合する。また現在、労働者保護規制の緩和が進められている理由も理解できる。日本はすでに生活保護費以下の賃金しか得られないワーキングプアが多数存在する社会になった。ここに外国人労働力を導入することが何を意味しているのかを考えねばならない。

---

4) マルクス経済学では、賃金は労働力の再生産費によって決まると考える。よって賃金は価値価格体系が異なる各国民経済における労働力の再生産のあり方によって規定されるのであり、労働力が移動したとしても両国間で賃金が均衡化することは非常に難しい。特に日本のような先進国と労働者を多数送り出す途上国の間ではありえないように思う。

(2) 生産要素である労働力の国際移動の原因について

　新古典派国際経済学による国際労働移動研究には、貿易理論が応用されることが多い。貿易理論は財の国際取引を対象とするが、財の中には生産要素も含まれる。労働力も資本とともに生産要素である。ゆえに国際労働力移動を労働力という生産要素の貿易であるとするならば、貿易理論を適用することが可能であると考えられる。同じ生産要素の国際移動であることから国際資本移動の分析を国際労働力移動に当てはめることも可能であると考える。

　こうした手法での先駆的な研究がマンデル（R.A.Mundel）の分析である。マンデルは先進国（資本豊富国）から途上国（資本不足国）への国際資本移動の分析で得られた結論が途上国から先進国への国際労働力移動にあてはまるとし、資本と同じ生産要素である労働力の国際間移動は資本移動と同様、関税などの貿易障壁によって引き起こされるとする。

　マンデルは、「二国間で自由貿易が成立すると貿易で取引される商品の価格は均等化する。よってそれぞれの国の生産要素の価格（資本の価格は利子率、労働の価格は賃金率）も均等化する」という生産要素価格均等化法則の逆も成り立つと考える。すなわち資本や労働という生産要素が国際間を自由に移動することができるようになり、生産要素の価格が両国間で均等化すると、たとえ一般商品の貿易が禁止されたとしても両国で商品の価格が均等化する。もし関税などで自由な貿易が制限されるとするならば、その制限が大きければ大きいほど、両国間での資本の移動は促される。すなわち途上国で生産財の輸入に関税がかけられた場合、途上国における生産財価格は上昇する。生産財の価格が上昇すると資本の価格である利子率が上昇する。よって先進国からの資本流入が促される。これがマンデルの国際資本移動論である。

　マンデルはこの考え方を国際労働力移動に適用する。完全なる自由貿易が両国間で行われるのであれば、生産要素価格均等化法則によって両国間の生産要素の価格は均等化する。すなわち賃金率は均等化するので、労働力が両国間を移動するようなことは起こらない。しかし自由な貿易が制限されると労働力が国際間を移動しようとする状態が生じる。たとえば、先進国が途上国から輸出される農産物や繊維品などの労働集約財に対し関税をかけると、先進国での労働集約財の価格が上昇する。賃金率が上昇し、やがて労働集約

財の増産が始まる。一方、途上国では労働集約財が過剰となり価格が下がり、賃金率が低下し失業も増加するだろう。先進国の途上国商品に対する輸入制限が強められるほど、両国間の賃金率の差が激しくなり、途上国の労働者が先進国へ移動しようとする傾向が強まる。このようにマンデルは生産要素価格均等化法則という新古典派貿易理論の考え方を用いて、先進国から途上国へ労働者が国際間移動する理由を説明したのである。

　異なった価値価格体系を有する国民経済間において資本や労働が移動すると商品価格が均衡化するという事態が実際の世界経済において起こりうるかどうかは疑問である。しかし途上国からの輸入を自由化すれば先進国への移民圧力が低下するという考え方は、途上国からの繊維製品や農産物などの輸入を厳しく制限する欧米諸国に途上国からの外国人労働者が殺到する理由を経済学的に解明するために役立つ。と同時に、途上国からの輸入を増やすことが途上国民を外国人労働力として導入することと同じ効果を持っており、途上国経済、とりわけ途上国の労働者にとって有利である可能性があると言えよう。

(3) 国際労働力移動の経済効果について

　次にバグワティ＝スリバニサン・モデルについて簡単に見てみよう。バグワティ＝スリバニサン・モデルは、2国間の労働者の自由な移動がそれぞれの国の所得、および世界経済全体の所得にどのような影響を与えるかを明らかにしようというものである。

　バグワティ＝スリバニサン・モデルではまず世界が資本豊富国であるA国と労働豊富国であるB国という2国で構成され、両国は労働と資本という生産要素、および同一水準の技術を用いて同一の財を生産すると仮定する。世界全体の資本の賦存量、すなわちA国の資本とB国の資本を足した賦存量を縦軸に、世界全体の労働賦存量、すなわちA国の労働とB国の労働を足した賦存量を横軸にとったボックス・ダイアグラムを作成する。A国の原点をOa、B国の原点をObとする。OaとObを結ぶ対角線の上で、両国の等量曲線が接しており、パレート最適（資源配分においていずれかの効用を下げずに、社会（集団）を構成する何人も現状より有利になることができな

図2　バグワティ=スリバニサン・モデルのボックスダイヤグラム

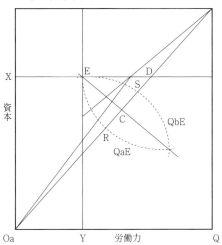

出典：Bhagwati,J.N. and Srivanisan T.N. (1983) p.213をもとに作成。

いような状態）が実現されている。A国の資本量をOaX、労働量をOaYとし、A国B国の生産はE点で行われているとする。このケースではA国の生産量はE点を通る等量曲線QaE、B国の生産量はQbEによって決定される。すなわちA国の生産量はOaR、B国の生産量はObSである。対角線上のRSは、生産諸要素の国際間移動が制約されたために、両国が失った国民所得である。

　労働者が自由に移動することができるようになると、資本が豊富な国A国の方が労働が豊富な国B国より賃金が高いことから、B国からA国へ労働者が移動する。ここでA国がB国よりED分の労働者を導入し、生産を始めるとB国の生産量は減るが、A国の生産量が増えOaDを生産することになる。さらにA国で働いているB国労働者がA国で得た所得CDをB国に送金すると考えると、A国の所得はOaC、B国の所得はObCとなる。よってB国の労働者がA国へ移動することで生産要素の効率的な活用が可能になり、両国の国民所得がそれぞれRC分、SC分増加しただけでなく、世界全体の所得もRS分増大する。したがって労働力の国際移動はA、B両国

および世界全体の経済成長を促進するため、労働市場の対外開放、外国人労働者の導入を積極的に促進すべきであるという結論となる。

このモデルでは①偏在する生産要素を国際間で移動させることによって世界全体の資源の効率的な配分・活用を実現し世界全体の所得を増大させる。②労働者の流入によって生産量が増大し所得が増加した先進国から、労働者を送り出したことにより生産量が減少し所得が減少した途上国へ送金というかたちで所得移転することで先進国も途上国も国民所得を増大させることができるという点を明らかにしている。

しかしこれによって全世界の人びとが豊かになるとは言い切れない。各国の内部における所得分配についてこのモデルは一切問題にしないが、不公正になる可能性が高い。たとえば、先進国では外国人労働者の流入によって賃金が下がる可能性が高い。そして保有する資本の効率的利用が実現することで資本が所得を増大させるであろう。また途上国内でも送金を受け取る人とそうでない人の間で格差が広がるなど、増大した所得をどのように再配分するかによっては所得格差を拡大する恐れが高い。さらに途上国出身の労働者の多くは銀行が使えず多額の手数料を払って送金しているため、所得がそのまま国内に残った労働者家族に届くことはない。外国人労働者から支払われた莫大な手数料は金融資本の収入となり途上国労働者の生活からかけ離れたところで使われることになろう。このように国際的な労働力移動は確かに資本と労働という生産要素の効率的な利用を世界経済全体で促すかも知れないが、一方で経済格差の拡大や富の偏在を促す可能性がある。

(4) 外国人労働力の導入は国民所得を減少させる——後藤純一氏の所説

新古典派経済学の諸説の多くは、外国人労働者の導入が受入国や送出国の国民所得の増大をもたらすとする。しかし同じ新古典派貿易理論を用いた分析でも受入国や送出国の国民所得の減少をもたらすとする説もある。ここでは後藤純一氏の分析を見ることとする。

伝統的な分析モデルは受入国を資本集約的輸出可能財（第1財）生産部門と労働集約的輸入可能財（第2財）生産部門という2つの生産部門で構成されていると想定する場合が多い。しかし後藤氏は日本に外国人労働者が導入

された場合、外国人労働者の多くは建設業などの非貿易財（第3財）生産部門に就労するとし、3つの生産部門を想定したモデルを用いる。また先進国の実情に合わせて労働集約財の輸入を制限するモデルを用いる。さらに後藤氏は労働力が国際間を移動した後の短期的な均衡状態での効果（短期的な効果）を考察するだけでなく、その後労働力のみが生産部門間を移動する中期的均衡状態での経済効果と、資本も生産部門間を移動する長期的な均衡状態での経済効果という3つの期間における影響を分析する。その結論の概略は次のとおりである。

①短期的な効果

　短期的には生産要素の部門間移動がなく効率的な資源配分ができないこともあり、貿易障壁によって労働集約財の価格が押し上げられる。この状況のもとで受入国労働者と同じ賃金を支払うとすると、押し上げられた賃金を外国人労働者に支払わねばならない。また輸入障壁により労働集約財価格が上昇した波及効果により非貿易財価格も自由貿易の場合よりも高くなる。これにより非貿易財生産部門における労働投入の限界価値生産性が高くなる。限界価値生産性に等しく賃金を支払うとすると非貿易財生産部門の賃金は自由貿易や労働力の部門間移動が自由である場合よりも高い賃金を支払うことになる。外国人労働者が国外に送金すると、その持ち出し分の方が生産への貢献よりも大きいため、外国人労働者が受け取る所得を除いた受入国の国民所得は減少する[5]。

　次に国内の消費に及ぼす影響についてみると、外国人労働者が受け取る所得を除いた国民所得が減少することから、非貿易財以外の貿易可能2財の消費量は減少する。非貿易財は生産量の増大と国内価格の低下によって消費が増加するが、輸出する資本集約財と輸入する労働集約財という貿易可能2財の消費量減少の影響をカバーすることができないため、受入国全体の消費量は減少する[6]。

---

5)　後藤純一『外国人労働者の経済学』（東洋経済新報社、1990年）94頁を参照。
6)　後藤・前掲注5) 96頁を参照。

外国人労働者の受入れによって非貿易財の生産量が増大し価格が下落する。また非貿易財生産部門での外国人労働者の受入れは当該生産部門で雇用されている国内労働者の賃金を低下させる。同じように非貿易財の生産量増大による価格下落は資本投入による収益率＝利子率を低下させることになるため、経営者にとっても短期的には必ずしも有益であるとは言えない[7]。

②中期的な効果

次に後藤氏は、部門間の資本の配分を固定したままとし、労働者が生産部門間を移動することによって外国人労働力導入の効果が受入国全体にどのように波及するかを分析する。

まず外国人労働力導入による労働力供給の増加によって賃金が低下した非貿易財生産部門から移動する労働力は、資本集約財生産部門や労働集約財生産部門に移動し、全生産部門での労働投入量を増大させる。資本集約財生産部門より相対的に労働集約財生産部門に多く移動する。資本の部門間配分は固定していると想定する中期的状態では労働投入量だけがすべての部門で増加するため、すべての生産部門において賃金率が低下し国内すべての労働者の所得が減少することになる。

一方、経営者の所得は労働力の部門間移動によって非効率な資源配分が（資本が固定されるため資本の非効率配分が是正されていないが）少し改善することにより、投下資本に対する収益率（資本の価値生産性）が改善し所得が増加する[8]。

以上から外国人労働力の導入による中期的な効果をみると、労働者の所得が減少する一方で、経営者の所得は増加する。しかし労働者所得の減少が経営者所得の増加を上回るため、受入国の国民所得は減少する。さらに外国人労働者への支払いを除いた国民所得が減少することから受入国の消費者は損

---

[7] にもかかわらず建設業やサービス業などの非貿易財生産部門の経営者が外国人労働者の導入に積極的な理由として後藤氏は次の3点を指摘している。第1に長期的には資本所得全体が上昇すること、第2に外国人労働者に対してその労働生産性を下回る低い賃金が支払われるような賃金差別の可能性を予期しているかも知れないこと、第3に短期的な需給バランスの不均衡が発生し労働力が不足していること、である。後藤・前掲注5) 99頁を参照。

[8] 後藤・前掲注5) 109-110頁を参照。

失を被る[9]。

さらに貿易面でも労働集約財生産部門における労働投入量の増加によって労働集約財の生産量の増大と価格低下が生じ、労働集約財の輸入が減少する。つまり外国人労働者の導入が労働集約財の輸入を代替する効果をもたらす。

③長期的な効果

最後に非貿易財生産部門に外国人労働者が流入したことから生じた賃金格差、利子率格差などの不均衡な状態、すなわち資源の非効率な利用状態が長期の調整過程を経て再び元に戻る。その結果、財価格・生産要素価格が元の水準に戻る。しかし資源配分が外国人労働者流入前とは異なり、労働集約的輸入可能財生産部門が大きく拡大し、資本集約的輸出可能財生産部門や非貿易財生産部門が受入れ前に比べ縮小する[10]。

経営者の所得や労働者の所得が外国人労働者の受入れ前と同じ水準に回復するが、労働集約財の輸入が減少するために関税収入等の移転収入が減少する。よって国民所得が減少する。また国民所得の減少によって3財すべての消費量が減少し、消費者は損失を被る。

以上、後藤氏は先進国、特に日本の実情に近い条件を採用したモデルを用いて分析した結果、外国人労働者を導入した場合、受入国にとって利益は少なく損失が大きいとする。

④送出国への効果

次に送出国における労働者送出しの効果について同じモデルを用いて分析する。

その結論としてまず労働者の所得は国内の労働力が減少することにより国内に残った労働者の賃金が上昇する。また受入国で働いている労働者は相対的に送出国より高い賃金を得て本国の家族に送金するのであるから、労働者所得はさらに増加する。一方、送出しによる国内労働力の減少は資本の相対

---

9) 後藤・前掲注5) 111-112頁を参照。
10) 後藤・前掲注5) 120-121頁を参照。

的な過剰をもたらすため、資本の収益率を低下させ、経営者の所得を減少させる。しかし送出国政府によって資本集約財の輸入が制限されていることから、資本集約財が希少であり、資本集約財の収益率が高い状態にある。労働力の送出し効果によって資本の収益率が低下し賃金率が上昇する結果、資本集約財の輸入制限による価格体系の歪みが緩和される。このことは消費者にとって利益となる。

　送出国の失業問題については、このモデルでは効果を検証できないとしたうえで、「トダロ効果」を援用し、受入国の高賃金や送出国都市部での賃金率の上昇によって農村に滞留する半失業労働力が都市部へ移動し、都市部において「待機失業者」として滞留する恐れがあることを指摘する[11]。

　このように外国人労働者の送出しは送出国にプラスの効果をもたらす可能性が強い。だが後藤氏は、外国人労働者の送出し以外の方法で同様の効果を期待できるとする。

　たとえば、労働力が豊富な途上国が先進国から海外投資を受入れ、それに最適課税（optimal tax）することは、送り出した労働力からの送金に最適課税をするよりも有利であるとしたラマスワミの議論により明らかであるという。また先進国の対途上国貿易の自由化、途上国からの労働集約財の輸入拡大が途上国に与える雇用拡大＝失業者の減少、途上国内の賃金率の上昇、労働者所得の増大などによる経済効果は、途上国にとって労働者を海外へ送り出す効果よりも大きいとし、「逆に言えば、貿易制限に基づく富の国際的不均衡が、開発途上国からの労働送出し圧力の一因ともなっているわけである」という[12]。

(5)　先進国─途上国間の不平等な国際経済関係が促す国際労働力移動

　以上、新古典派国際経済学による分析をもとに考えると、途上国からの先進国への国際労働力移動の背景に先進国と途上国の不平等な国際経済関係があることがわかる。

---

11)　後藤・前掲注5）142-143頁を参照。
12)　後藤・前掲注5）149頁を参照。

すなわち先進国が農産物や繊維製品などの労働集約財を中心とする途上国産品の輸入に制限を加えていることが先進国における労働集約財の価格高騰と労働集約財生産部門や非貿易財部門への労働力の追加的需要をもたらし途上国労働力の導入を促す。一方、途上国では先進国の貿易制限により労働集約財生産部門の過剰生産と労働集約財の価格下落が生じ賃金低下と失業者の増大を招く。その結果、途上国は労働力を先進国へ送り出そうとする。このように先進国の貿易制限が途上国労働者をめぐる先進国―途上国間の「プル」―「プッシュ」の関係を生み出す、すなわち国際間の労働力移動を引き起こしていると考えられる。つまり現代世界経済において国際労働力移動を生み出す原動力は途上国ではなく先進国である（先進国が途上国からの国際労働力移動を引き起こすと考える点は、資本のグローバリゼーションの結果とみる故森田桐郎氏や Saskia Sassen などマルクス経済学の国際労働力移動研究と結論的には一致する[13]）。

しかも先進国による途上国労働力の導入が先進国の貿易制限や国内資源の非効率な利用によって生じると考えると、先進国は国内の経済的な諸矛盾を緩和するために途上国の労働力を導入しようとしているともいえる。途上国の労働力を導入は途上国からの労働集約財に対する輸入制限の継続とともに、労働者、経営者、消費者、そして先進国国民経済全体に不利益を与える恐れがある。先進国における途上国労働力の導入は先進国経済が抱える諸矛盾を先進国内の諸階層や途上国に押しつける役割をもっているといえよう。

このように新古典派国際経済学の均衡モデル分析でも国際労働力移動、外国人労働者の受入れ、自国労働者の送出しは受入国、送出国の両方に良い経済効果を与えるものであるとは必ずしも言えないこと、むしろ先進国の対途上国貿易規制の緩和や海外直接投資の方が途上国経済の成長には効果的であることがわかる。よって先進国による途上国労働力の受入れは両国民にとっ

---

13) 森田桐郎『世界経済論の構図』（有斐閣、1997 年）や Saskia Sassen, "THE MOBILITY OF LABOUR AND CAPITAL," Cambridge University Press (1988)〔森田桐郎ほか訳『労働と資本の国際移動』（岩波書店、1992 年）〕を参照。マルクス経済学は途上国からの先進国への労働力移動が引き起こされる理由を、先進国から途上国への商品輸出や海外投資が途上国農村部の生命維持経済を破壊し大量の失業者（産業予備軍）を生みだす一方で、先進国で生産性が低く低賃金の製造部門や低賃金サービス業が途上国の低賃金労働力を必要とすることから生じる、とする。

て決して望ましいものではないのである。

4　外国人労働者問題と経済学

　以上のように新古典派経済学は外国人労働力の導入や国際労働力移動が受入国、送出国へ良い経済効果をもたらすとは必ずしも考えていない。そしていかなる場合でも受入国の労働者に不利益をもたらし、受入国資本には多くの場合、利益をもたらすとする。さらに受入国を現代日本に置き換え分析結果をもとに考えてみると、90年代以降の日本の労働政策の動向が外国人労働者導入の効果（すなわち日本の労働者の賃金引き下げ効果）を高めるための制度的な準備であると推察できる。また受入国を先進国、送出国を途上国と仮定して検討を加えると国際労働力移動が先進国によって促されるとともに、先進国内の諸矛盾を不利益というカタチで国内の労働者や途上国に押しつける契機となることがわかる。外国人労働者の導入問題は日本国内の経済活性化という一国視点で議論するのではなく、今日の世界経済における先進国—途上国関係のあり方を論じる手がかりとなるべきである。紙幅の関係上省略した日本の外国人労働者の経済効果に関する実証分析や労働者の国際送金問題などの検討は、次の機会とする。

　［補論］　韓国の外国人労働者は約90万人、全労働者の約3.0％を占める。そのうち「外国人雇用許可制」に基づいて導入された非熟練労働者（非専門E-9）は約25万人で、外国人労働者の約3割を占める。「外国人雇用許可制」により2011年6月に国連公共行政賞大賞を受賞した韓国ではあるが、外国人労働者の低賃金、劣悪な労働条件は一向に改善しないようにみられる。韓国も不安定就労者が多く、また若者の失業問題が深刻である。経済格差が激しく、建設業や農林業、中小企業における低賃金、劣悪な労働条件はさらに深刻化している。日本における外国人労働者導入論議を深めるにあたって韓国経済の現状は非常に良い資料を提供してくれるように思う。

〈主要参考文献〉

Mundel, R.A. (1957), "International Trade an Factor Mobility," American Economic Review,Vol.47.p.321-335

Bhagwati, J.N. and Srivanisan T.N. (1983), "On the Choice between Capital and Labour Mobility", Journal of international Economics, 14. p.209-221

大塚友美（1993）『国際労働移動の政治経済学』税務経理協会

後藤純一（1993）『外国人労働者と日本経済——マイグロニクスのすすめ』有斐閣

Ramasuwami, V.K. (1968), "International Factor Movements and National Advantage," Economica, Vol.35. p.309-310

Saskia Sassen (1988), "Globalization and Its Discontents," New York: The New Press〔田淵太一ほか訳『グローバル空間の政治経済学』（岩波書店、2004）〕

多和田眞、近藤健児編（2011）『［改訂版］国際経済学の基礎「100項目」』創成社

近藤健児（2000）『国際労働移動の経済学』勁草書房

Carstles, S. and Miller, M. J. (2009), "The Age of Migration International Population Movement in the Modern World," Palgrave Macmillan〔関根政美ほか訳『国際移民の時代〔第4版〕』（名古屋大学出版会、2011年）〕

中村二朗ほか（2009）『日本の外国人労働力』日本経済新聞社

依光正哲ほか（2003）『国際化する日本の労働市場』東洋経済新報社

［第Ⅱ部］

日本と東アジアにおける人身取引と法

[1]
東アジアにおける人身取引対策の地域協力

山根健至

1 はじめに

　貧困や経済格差の拡大、グローバル化などを背景として、近年、人身取引問題が世界中で深刻化している。人身取引問題を扱う国連機関の1つである国連薬物犯罪事務所（UNODC）は、2012年に、人身取引の被害者が世界中に常に240万人存在すると推計している[1]。なかでも本章が対象とする東アジアは、人身取引が盛んに行われる地域である。たとえば、国際移住機構（IOM）は、東南アジア大陸部のメコン川流域地域で、毎年約20万人から45万人が人身取引の被害者になっていると推計している[2]。数字の正確さには議論があるが、問題が深刻であることにはかわりはない。近年、人身取引の問題は、深刻な脅威として東アジア地域で認識されている[3]。

　そのような状況下、問題に対する取組みが求められているが、対策には、加害者の訴追、被害者の保護、発生の予防、被害者の社会への復帰・再統合

---

1)　米田眞澄「日本でも起こっている人身売買」神戸女学院大学女性学インスティチュート編『語り継ぐ女性学——次代を担う女性たちへのメッセージ』（御茶の水書房、2015年）235頁。
2)　野津隆志『タイにおける外国人児童の教育と人権——グローバル教育支援ネットワークの課題』（ブックウェイ、2014年）168-169頁。

といった総合的な取組みが必要である。つまり、人身取引を行う個人や組織を法によって取り締まり処罰する刑事司法的な対応だけでなく、人身取引の被害者を保護し、人権を尊重して人道的に扱い、そして社会復帰を支援するなどの対応が不可欠である。

また、人身取引はしばしば国境を越えて行われるため、必然的に1つの事件に関係する場所（被害者の出身地、経由地、到達地）や加害者（リクルーター、運び屋、搾取人）、そして被害者が多国籍化する。そのため、刑事司法的対応に限ってみても、関係国間における関連する法律の調和化、捜査情報の交換や加害者の身柄引き渡し制度の整備など、地域的ないしは世界的な協力の枠組みが不可欠となる。こうした枠組みの形成は、2000年代に入り世界各地で徐々に進んだ。

本章では東アジア地域における人身取引対策の地域協力の制度的枠組み形成過程を検討する。地域協力の枠組み形成は、東アジア地域のなかでは東南アジアにおいて地域機構のアセアンを中心として進展していることから、東南アジアを中心にして東アジアにどのような協力の枠組みが存在するのか、枠組み形成がどのように実施されてきたのか、形成の推進に影響を与えた要因は何かが検討の中心となる。

2　東南アジアにおける越境犯罪対策の地域的枠組み形成と人身取引

東アジア地域における人身取引対策の地域協力は、域内外の諸アクターによっていくつか試みられてきた。たとえば1996年には、東アジアにおける人身取引や非正規移民に関する政府間会議が、国際移住機関の主催のもと「マニラ・プロセス」として開始された。また、同じ1996年には、国連難民高等弁務官と国際移住機関が事務局および共催者となりアジア太平洋地域に

---

3) たとえば、東南アジアにおける政治・安全保障共同体の形成を謳ったアセアンの文書では、人身取引が「非伝統的脅威」として認識されている。The Association of Southeast Asian Nations, *ASEAN Political-Security Community Blueprint*, ASEAN Secretariat, 2009. 非伝統的脅威に対応する非伝統的安全保障に関しては、Mely Caballero-Anthony, Ralf Emmers and Amitav Acharya eds., *Non-Traditional Security in Asia: Dilemmas in Securitisation*, Ashgate, 2006. を参照。

おける難民や不法移住、そして人身取引などの人口移動に関連するさまざまな問題を議論する「アジア太平洋協議会」が開始された。しかし、いずれもが非公式の協議プロセスであり、協力の制度化や枠組み形成という点では目立った成果を残していない[4]。

こうしたなか、1990年代中頃から、東南アジアにおける人身取引対策の地域協力は、アセアン（東南アジア諸国連合）を中心に、越境犯罪対策の地域協力の一環として試みられてきた。越境犯罪の多様化、深刻化を背景として、対策の対象に人身取引が含まれていくのである。

1996年7月にジャカルタで開催されたアセアン外相会議では、麻薬、マネーロンダリング、環境問題、不法移民などが地域に悪影響を与える「越境問題」として認識され、これらがアセアンやアセアン諸国の長期的な発展に影響しないよう対応することが喫緊の課題であるとの認識が共有されている[5]。また、1997年12月15日にクアラルンプールで開催された第2回アセアン非公式首脳会議で採択された「アセアン・ビジョン2020」では、アセアンにおける総合的な地域協力が掲げられて、「我々は、環境の汚染・悪化、麻薬取引、女性・子供の取引、その他の越境犯罪などといった地域規模によってのみ対応可能な問題に対処する一致した作法と協力措置の発展を東南アジアにおいて構想する」と[6]、地域的に協力して対処すべき問題として越境犯罪が例示されている。

そして、直後の1997年12月20日には、第1回越境犯罪に関するアセアン閣僚会議がマニラで開催され、「越境犯罪に関するアセアン宣言」が承認された。宣言は、「地域の安定、発展、法の支配の維持、地域の人々の福利

---

4) Annuska Derks, *Combating Trafficking in South-East Asia: A Review of Policy and Programme Responses*, IOM Migration Research Series, International Organization for Migration, 2000, p.20, Maruja M. B. Asis, "Human Trafficking in East and South-East Asia: Searching for Structural Factors," Sally Cameron and Edward Newman eds., *Trafficking in Humans: Social, Cultural and Political Dimensions*, United Nations University Press, 2008, p.198, 赤羽恒雄「東アジアにおける非伝統的安全保障と地域協力――国際労働移住、国際人身取引、HIV／エイズ問題を中心に」山本武彦・天児慧編『東アジア共同体の構築 1 新たな地域形成』（岩波書店、2007年）381頁。
5) Joint Communiqué of the 29th ASEAN Ministerial Meeting, Jakarta, 20-21 July 1996.
6) ASEAN, ASEAN Vision 2020, 1997.

に対して、テロ、違法薬物取引、武器密輸、マネーロンダリング、人身取引、海賊などが与える甚大な悪影響を懸念する」との認識を示したうえで、「越境犯罪に対抗する世界的枠組みの存続は、制度と実践の各領域における強固な地域的取り組みにかかっていると確信し」、そして、加盟国が「越境犯罪に立ち向かうことを固く決意した」と述べている[7]。

その後、1998年7月にマニラで開催された第31回アセアン外相会議での声明や、ハノイの第6回アセアン首脳会議で採択された「ハノイ行動計画」(「アセアン・ビジョン2020」の行動計画に相当) などでも越境犯罪に対する地域協力の強化が重ねて盛り込まれているように[8]、1990年代末にアセアンの指導者たちが越境犯罪を脅威として強く認識し始めたことは明らかである。

越境犯罪対策の枠組みが形成されるなか、人身取引問題はどのような扱いだったのであろうか。越境犯罪を地域の脅威として認識し地域協力の必要性を謳うアセアンの各種宣言や文書では、人身取引が越境犯罪の1つとして認識されている。たとえば、「越境犯罪に対抗するアセアン行動計画」では、対象とする越境犯罪として、テロ、麻薬取引、武器密輸、マネーロンダリング、人身取引、海賊を挙げている。人身取引対策の地域協力は、上述してきたようなアセアンの越境犯罪対策の一環として位置づけられてきたのである。

しかし、宣言や声明で言及されている各種の越境犯罪が脅威として等しく認識され、対策が取り組まれていたわけではなく、アセアンが伝統的に取り組んできた麻薬対策、そして2001年9月11日の同時多発テロ事件後はテロ対策に関心が集中していた。一方、人身取引については麻薬のような個別の宣言は出されず、声明等でも特に言及が厚いわけではなかった。越境犯罪一般に対する脅威認識が高まり地域的な対策の枠組み作りが進んだといっても、個別に見れば麻薬やテロに取組みが集中しており、人身取引はその陰に隠れていたと言える。

---

7) ASEAN, ASEAN Declaration on Transnational Crime, 1997.
8) Joint Communiqué the 31st ASEAN Ministerial Meeting, Manila, Philippines, 24-25 July 1998, Hanoi Plan of Action, 6th ASEAN Summit, Hanoi, Vietnam, 15-16 Dec. 1998.

3 人身取引対策進展の世界的な契機

　2000年代に入り、人身取引問題に関して世界的に重要な動きがいくつかあった。東南アジアにおける人身取引対策はこうした世界的な契機を背景に展開した。

(1) 世界的な基準・指針の成立――「パレルモ議定書」

　近年、急速に規模を拡大している人身取引に対応するため、国連は2000年の総会で「人、特に女性および児童の取引を防止し、抑止しおよび処罰するための議定書（パレルモ議定書）を採択した。この「パレルモ議定書」は「国際的な組織犯罪の防止に関する国際連合条約」に付随するもので、2003年に発効した。

　議定書は、前文と4つの規定で構成されている。1つ目は基本的な内容を定めた「一般規定」で議定書の目的や人身取引の定義が示されている。第2条では議定書の目的を「(a). 女性及び児童に特別の考慮を払いつつ、人身取引を防止し、及びこれと戦うこと。(b). 人身取引の被害者の人権を十分に尊重しつつ、これらの者を保護し、及び援助すること。(c). (a)および(b)に規定する目的を実現するため、締約国間の協力を促進すること。」と定めている。第3条では、次のように人身取引を目的、行為、手段から定義する。「『人身取引』とは、搾取の目的で、暴力その他の形態の強制力による脅迫もしくはその行使、誘拐、詐欺、欺もう、権力の濫用もしくは脆弱な立場に乗じることまたは他の者を支配下に置く者の同意を得る目的で行われる金銭もしくは利益の授受の手段を用いて、人を獲得し、輸送し、引き渡し、蔵匿し、または収受することをいう。搾取には、少なくとも、他の者を売春させて搾取することその他の形態の性的搾取、強制的な労働もしくは役務の提供、奴隷化もしくはこれに類する行為、隷属または臓器の摘出を含める」。2つ目の規定では「人身取引の被害者の保護」が、被害者に対する援助および保護の提供、受け入れ国における人身取引の被害者の地位、人身取引の被害者の送還、の点から定められている。3つ目の規定では「防止、協力その他の措置」が、

人身取引の防止、情報交換および訓練、国境措置、文書の安全および管理、文書の正当性および有効性、の点から定められている。「最終規定」では、議定書の発効や改正などの手続的内容が定められている[9]。

議定書は、人身取引の定義のなかで、性的搾取という人身取引の典型と考えられる目的に加え労働搾取を明記していること、目的としての搾取を重要視していること、潜在的被害者を搾取し、被害者たらしめる需要サイドの問題も視野に入れていること、などの点で今日の人身取引問題の実態に応えるべく作成されており、国連におけるその採択は人身取引に対抗する国際的な法政策上の重要な一歩であった[10]。

また、取締りや防止のみではなく、被害者保護について多くの言及をし、締約国に被害者の保護を義務付けていることも画期的である。議定書の2つ目の規定である「人身取引の被害者の保護」では、人身取引の被害者を保護するために締約国が負うべき義務が定められている[11]。

有効な地域協力のためには、地域レベルでの法制度や政策の平準化・調和化が必要であり、なかでも重要なのが人身取引の定義の平準化である。何をもって人身取引とみなすのかが各国ごとに違っていれば地域協力は困難である。定義の平準化は、各々の国が人身取引を包括的に定義する「パレルモ議定書」を批准しているかどうか、また、各国の人身取引に関する国内法において包括的な定義が採用されているかどうかが目安となる。表1は東アジア各国でパレルモ議定書が批准されているかどうかをまとめたものである。

---

[9] Protocol to Prevent, Suppress and Punish Trafficking in Persons, Especially Women and Children, supplementing the United Nations Convention on Transnational Crime, 2000. 和訳については外務省ホームページを参照。http://www.mofa.go.jp/MOFAJ/gaiko/treaty/pdfs/treaty162_1a.pdf

[10] 山田美和「人身取引問題に対するタイの法的枠組みにかんする一考察――ミャンマーからタイへの人口流入を背景として」アジア経済50巻8号（2009年）33-35頁。

[11] 詳しくは、Protocol to Prevent, Suppress and Punish Trafficking in Persons, Especially Women and Children, supplementing the United Nations Convention on Transnational Crime, 2000 を参照。

表1 東アジア地域でのパレルモ議定書の批准状況

	ブルネイ	カンボジア	インドネシア	ラオス	マレーシア
議定書の批准時期	未批准	2007年7月	2009年9月	2003年9月	2009年2月
	ミャンマー	フィリピン	シンガポール	タイ	ベトナム
議定書の批准時期	2004年3月	2002年5月	2015年9月	2013年10月	2012年6月
	日本	韓国	中国		
議定書の批准時期	未批准(署名済)	2015年11月	2010年2月		

(2016年6月現在)

出典：United Nations Treaty Collection ホームページ http://treaties.un.org/Pages/ViewDetails.aspx?src=TREATY&mtdsg_no=XVIII-12-a&chapter=18&lang=en から筆者作成

(2) 名指しの圧力の登場——アメリカの『人身取引報告書』

2000年にアメリカ議会で「人身取引被害者保護法」が成立した。同法は、人身取引問題に国際的に取り組むために、他国政府の人身取引への対応を評価した報告書を毎年発行するよう国務省に要請している。それに基づきアメリカ国務省は2001年以来、国連加盟各国政府の人身取引問題への対応を3段階（2004年版から4段階）で評価する『人身取引報告書』を毎年発行している。最低ランクの評価を受けると制裁の対象となること、加えて、低評価により先進国からの援助が削減されうるとの認識や、国の名誉が傷つくとの認識などから、対象国はアメリカの要求に応じざるをえないとの指摘されている[12]。また、低い評価を受けた国は汚名返上のために今まで以上の努力をするようになり、国際的に人身取引対策が強化されるという結果を生んでいるなどの指摘もある[13]。表2は『人身取引報告書』2016年版における東アジア諸国の格付けである。

---

12) Anne Gallagher, "Human Rights and Human Trafficking in Thailand: A Shadow TIP Report," Karen Beeks and Delila Amir, eds., *Trafficking and the Global Sex Industry*, Lexington Books, 2006, pp.140-141, Nicola Piper, "A Problem by a Different Name? : A Review of Research on Trafficking in South-East Asia and Oceania," *International Migration*, Vol. 43, (1/2), 2005, p.228, f.n.18.

表2 『人身取引報告書』東アジア諸国の格付け（2016年）

ブルネイ	2	ミャンマー（ビルマ）	3
カンボジア	2	インドネシア	2
ラオス	2WL	マレーシア	2WL
フィリピン	1	シンガポール	2
タイ	2WL	ベトナム	2
東ティモール	2	日本	2
韓国	1	中国	2WL
北朝鮮	3	台湾	1

出典：*Trafficking in Persons Report 2016* より筆者作成

4　東南アジア地域における人身取引対策の枠組み形成

(1)　東南アジア地域の対応

　上述したように、東南アジアの地域機構であるアセアンでは越境犯罪が人身取引を含む形で脅威として強く認識されてきたが、人身取引問題の扱いは重いものではなく、具体的な方策については1999年の「越境犯罪に対抗するアセアン行動計画」で、人身取引を「犯罪化」することが述べられているだけだった。

　しかし、2002年にアセアンで承認された「越境犯罪に対抗するアセアン行動計画実施の作業プログラム」では、人身取引対策が優先領域の1つに明確に位置づけられた。「作業プログラム」では、加盟国間の情報交換、国民の認識の強化、人身取引の犯罪化、政策的調和、2国間ないし多国間の法的枠組みの形成、訓練プログラムの構築、各国の各機関のネットワーク構築、アセアンの諸機関の制度的連携強化、域外国との情報交換強化などが対策として示された[14]。

---

13)　谷村頼男「国際的な人の移動とトラフィキング」大久保史郎編『人間の安全保障とヒューマン・トラフィキング』（日本評論社、2007年）26頁。アジア・太平洋地域における人身取引対策の背後では、米国、欧州連合、国連が、開発援助や資金提供を行う主要なドナーとしての影響力で、影の推進力となっていた可能性は極めて高い。Piper, op.cit., p.213.

[1] 東アジアにおける人身取引対策の地域協力　III

さらにその後、前節で述べた世界的な認識および取組みの広がりを背景に、アセアンでは、人身取引対策に特化した宣言や行動計画が作成されていく。

(2) 人身取引に対する認識の高まりと被害者対応の強調

2004年11月に開催された第10回アセアン公式首脳会議で「人身取引とりわけ女性および子供の人身取引に対抗するアセアン宣言（アセアン人身取引宣言）」が採択された。この宣言の採択は、東南アジアにおける人身取引対策進展の重要な契機となり、これ以降、対策が着実に進展し始める。

宣言は、人身取引対策における包括的な地域的アプローチの必要性が差し迫っているとの認識を示し、人身取引、特に女性と子どもの人身取引に対する効果的な取組みを協力して推し進めるための方策を次の8つの項目にまとめている。①アセアン域内において人身取引、特に女性と子どもの人身取引を防止し対抗するための地域的中枢ネットワークを構築する、②各国のパスポート、公的渡航文書、身分証明その他の公的渡航文書の価値を不正行為から保護する方策を採用する、③定期的な意見交換、関連する人の移動の流れ、趨勢、傾向についての情報共有、国境管理と監視メカニズムの強化、適切で必要な法の制定を実施する、④各国の出入国管理およびその他の法執行諸機関の間の協力を強化する、⑤人身取引の被害者と加害者を区別し、被害者の出身国および国籍を特定し、その後に、被害者が人道的に取り扱われ、出身国への即時帰国を含め、受け入れ各国において適切であると見なされる基本的な医療及び他の形態の支援を提供されることを保証する、⑥人身取引の真の被害者の人権と尊厳を尊重し擁護する行動を起こす、⑦人身取引に従事する個人および・もしくは犯罪組織に対し、強制的な行動・方策を採り、こうした活動を処罰するために可能な限り広範な支援をお互いに提供する、⑧人身取引に対抗し、防止するために、地域的な、また国際的な協力を強化するための方策を採る[15]。

「アセアン人身取引宣言」では、上記の①から⑧の項目の⑤と⑥を被害者

---

14) Work Programme to Implement the ASEAN Plan of Action to Combat Transnational Crime, 2002.
15) ASEAN Declaration against Trafficking in Persons, Particularly Women and Children, 2004.

保護についての項目とし、加害者への刑事司法的対応だけではなく、保護や人権尊重などの被害者への対応が重視されている。また、後述する同宣言の「行動計画」では、4つの領域のうちの1つが被害者の保護・支援にあてられている。宣言の冒頭で、「パレルモ議定書の精神を受容する揺るぎない願望を確認し」と述べていることから、被害者保護の観点を重視する同議定書や国際的な潮流の影響を受けていることは明確である。同じく冒頭では、「この共通の懸念の不道徳性および非人間性は、立法、法の執行、司法対応の強化の必要性を導き出していることを認識し」、「人間の開発および安全保障、そしてアセアン地域の人々の生活の質の向上へのコミットメントをこの宣言を通して再確認する」[16]などと述べられており、人身取引の脅威が人間に対するものであり、対策の対象も人間にあることが強調されている。

　人身取引対策の地域的協力、とりわけ刑事司法的対応の協力が効果的に機能するためには、アセアンによる枠組みの形成だけではなく、その精神が加盟各国に浸透すること、そしてその枠組みに沿った法制度の整備や政策が各国で実施され、域内での平準化・調和化が進むことが欠かせない。そのため、平準化・調和化を念頭に置いた加盟各国における法律、政策、制度等の構築が必要となる。「アセアン人身取引宣言」では、宣言内容の実施においては、「関係国の国内法および政策の許す限りにおいて」、「すべての加盟国は、自国の個々の法律および政策の必要に応じ、またそれらと矛盾のない限りにおいて」、という留保が付けられているため[17]、地域レベルの平準化・調和化の成否は各国に動向に委ねられている。そのためアセアンは、各種の宣言や行動計画、そして出版などによって、加盟国に「呼びかけ」を行ってきた[18]。

(3) 人身取引対策の制度化・計画の策定

　2006年、越境犯罪に関するアセアン高級実務者会議は「アセアン人身取引宣言」の行動計画を作成するために「人身取引に関する特別作業部会」を

---

16) *Ibid.*
17) *Ibid.*
18) たとえば、Association of Southeast Asian Nations, *ASEAN Responses to Trafficking in Persons: Ending Impunity for Traffickers and Securing Justice for Victims*, 2006 の出版。

設置した[19]。常設ではなく特別の作業部会ではあるが、人身取引に特化した制度が置かれたことは極めて重要である。この特別作業部会で行動計画の案が作成され、さらなる検討の後、2007年6月の第7回越境犯罪に関するアセアン高級実務者会議で「人身取引とりわけ女性および子供の人身取引に対抗するアセアン宣言を実施する行動計画」が承認された[20]。「行動計画」には、①地域的・国際的協力、②人身取引の捜査における法執行の協力、③人身取引の訴追・審判、④被害者の保護・支援、の4領域における行動計画が示されている。「行動計画」は、高級実務者会議やアセアンの諸機関を広範な活動にコミットさせ、アセアン加盟国間あるいは加盟国内における刑事司法的対応を強化することや共通の基準作りに強い焦点を置いている点で野心的である。

さらに、越境犯罪に関するアセアン高級実務者会議の下に組織され、オーストラリア国際開発庁が援助する[21]、「人身取引への刑事司法対応に関するアセアンワークショップ」が、2007年5月、タイのバンコクで開催された。ワークショップにはアセアン加盟10か国すべてから、警察の専門部隊、検事、判事が参加した。アセアン加盟各国の刑事司法担当者が一同に会し人身取引問題に対するそれぞれの対応を話し合った初めてのワークショップであった。作業部会では、すべてのアセアン加盟国において使用される「専門家ガイドライン」が合意された[22]。

加えて、越境犯罪への地域的な対応を強化するため、各国の治安機構や法執行機関の連携を強化する刑事司法相互支援条約が2004年に成立し、全て

---

19) 越境犯罪に関するアセアン高級実務者会議は毎年1回開催され、越境犯罪に関するアセアン閣僚会議で採択された計画や政策の実施、それらに関する作業プログラムの作成など、行動計画の具体化やプロジェクトの提案、アセアンの関連機関における協力の調整、さらには国際機関との協力促進等を行う。

20) Association of Southeast Asian Nations, *ASEAN Responses to Trafficking in Persons: Ending Impunity for Traffickers and Securing Justice for Victims: Supplement and Update (2007)*, 2008, p.4.

21) アセアンにおける人身取引対策のうち、刑事司法的対応については、オーストラリア政府のオーストラリア国際開発庁との協力の下に進められている。詳しくは、Melinda Sutherland, "The AusAID Response to Human Trafficking in Southeast Asia," *UNEAC Asia Papers*, No. 19, 2007, pp.93-94, ASEAN Annual report 2004-2005, p.19 を参照。

の国で批准あるいは署名がされている。刑事司法相互支援条約は、犯罪捜査・刑事訴訟手続のための証拠収集の支援、および容疑者の身柄引き渡し手続についての合意形成などを進めるものである[23]。また、各国内の捜査機関で構成される対人身取引専門部隊が、2004年以降、定期的に会合を開き、人身取引の案件の捜査に関する情報や見解の交換を「専門部隊長プロセス」として実施している。ここでは、情報やデータの交換に関する制度構築も進められている[24]。

2010年にはアセアンにより「人身取引事案に関する国際的な司法協力便覧」が発行されたが、これが政府機関やNGOの行動の明確な基準を創り出した。さらに2011年にアセアンは、アセアン政府間人権委員会やアセアン女性と子どもの権利擁護促進委員会による、地域的な制度的枠組みへの参加促進を表明した[25]。そして2015年11月にマレーシアのクアラルンプールで開催された第27回アセアン首脳会議で、人身取引問題に対して地域で効果的な対応を実施するための法的枠組みである「アセアン人身取引協定」が締結された。

このように、2000年代に入り、アセアンの人身取引問題に対する認識では、被害者保護や人権重視の要素が強まり、制度面に関して言えば、地域協力の枠組み形成は進展したと言える。

---

22) Association of Southeast Asian Nations, *ASEAN Responses to Trafficking in Persons: Ending Impunity for Traffickers and Securing Justice for Victims: Supplement and Update (2007)*, 2008, p.3, ASEAN, *Criminal Justice Responses to Trafficking in Persons: ASEAN Practitioner Guidelines*, 2007.
23) Ralf Emmers, "ASEAN and the Securitization of Transnational Crime in Southeast Asia," *The Pacific Review*, Vol. 16, No. 3, 2003, p.435. なお、この条約は人身取引のみを対象としたものではない。
24) ASEAN response update, p.4.
25) Ayako Nakamura "Human Trafficking in East Asia: trends and counter measures" Benny Teh Cheng Guan ed. *Foreign policy and security in an Asian century: threats, strategies and policy choices*, World Scientific, 2014, pp.265-266.

5 その他の地域協力

(1) 域外諸国を含んだ協力枠組みの形成——「バリ・プロセス」

2000年代に入り、東南アジアを含むアジア・太平洋地域では、人身取引問題に関する多国間協議の枠組み形成および国際協力の強化が進められている。2002年2月、インドネシアのバリ島において「密入国、人身取引および関連する越境犯罪についての地域閣僚会議」が開催された。会議にはアジア・太平洋地域各国の関係大臣が集まり、問題に対処するための国際協力について意見が交わされた。そして、今後も定期的に地域間協議の場をもつとともに、具体的な協力案件を実施するための枠組みとして「バリ・プロセス」を立ち上げることが合意された。「バリ・プロセス」には、アジア、ヨーロッパ、中東、北米、アフリカからおよそ60か国が参加しており、アセアン加盟10か国はすべて参加国となっている。また、国連移住機関、国連難民高等弁務官、国連開発計画、国際労働機関、アジア開発銀行、世界銀行、国際刑事警察機構などの国際機関も参加している。会議では、法執行と国境管理、法執行における地域的な訓練プログラムの開発を含む国家の能力構築支援、人身取引と児童買春ツアーに焦点を当てる、遺失・盗難パスポートに関する立法・政策の形成、相互支援と身柄引き渡しにおける取組み強化、などが課題に挙げられている[26]。

この「バリ・プロセス」は現在も定期的に会合が持たれており、人身取引対策の多国間連携を推進する場として定着しつつある。東南アジア諸国は、地域内の人身取引対策を補完、促進するために先進国のリソースを必要としており、それを引き出す場となりうるものである。

(2) 人身取引対策のためのメコン閣僚協調イニシアティブ：COMMIT

タイ、ミャンマー、カンボジア、ベトナム、ラオス、中国雲南省などが含まれるメコン川流域は、世界的な人身取引の巨大市場であると言われる。こ

---

26)「バリ・プロセス」ホームページ、www.baliprocess.net

の地域では、国連の「議定書」採択後、政府間協議が開始された。2004年には上記6か国の政府によって社会福祉、内務・公安担当の閣僚会議が開催され、各政府間で人身取引廃絶に関する多国間の協力覚書が調印された。これを基盤として加盟国間で交わされた二国間覚書のネットワークと合わせて「人身取引対策のためのメコン閣僚協調イニシアティブ」（COMMIT）と呼ばれる。アセアンの人身取引対策が国家間の安全保障問題や国内治安対策を専任とする省庁の閣僚によって運営されているのに対して、COMMITは治安・内務担当部門と社会開発担当部門の閣僚、省庁間で成立した点が大きく異なっている[27]。

　COMMITの事務局機能は、多国間覚書調印に先立つ2000年に設立されていた国際機関の「人身取引に対応する国連機関連合プロジェクト」（UNIAP）が担っている。さらに、人身取引の被害者識別・容疑者検挙に関する情報交換や国境を越えた協力、対人身取引専門部隊の能力標準化を目的とした要員の訓練や能力構築、警察の特別部隊間の協力強化などが取り組まれている[28]。

　COMMITの覚書は、パレルモ議定書に記された人身取引の定義を採用し、この定義に基づいて加盟国が国内法整備を進めること、多国間での行動計画を作成して、その実行を相互監視することを規定している。アセアンの人身取引問題対策では刑事司法的対応が先行し、被害者保護が遅れていたが、COMMITによる対策では、初期の段階から被害者保護という点に重点が置かれていた[29]。

　COMMIT参加国間では、国際ルールとその下位ルール、あるいはルールと実践の間の乖離を抱えてはいるが、「人身取引問題」とその被害者の存在を認め、被害者の認定と保護に関する協力を明文化し、実行しているという

---

27)　青木まき「人身取引問題をめぐる国際関係──東南アジアにおける地域的な人身取引対策協力の力学」山田美和編『「人身取引」問題の学際的研究──法学・経済学・国際関係の観点から』（アジア経済研究所、2016年）125-126頁。
28)　山根健至「東南アジアにおける人身取引と『重層的ガヴァナンス』」松下冽・山根健至編著『共鳴するガヴァナンス空間の現実と課題──「人間の安全保障」から考える』（晃洋書房、2013年）144頁。
29)　青木・前掲注27) 128頁。

点は重要である[30]。

(3) 北東アジア・日本

東南アジア地域とは対照的に、日本、韓国、中国などから成る北東アジア地域では、人身取引対策の国際協力に関する枠組み形成や政策協調は進んでいない。各々の政府が、国内問題に関する統計の国際的な共有に乗り気でないため、問題の規模を立証する信頼できるデータすらない。持続性のある政府間協力や、人権問題や越境犯罪問題に取り組む地域的制度が不十分であるか存在していない[31]。

北東アジアと東南アジアを横断するような地域協力の枠組みとしては、上述の「バリ・プロセス」の他にアセアン・プラス3の枠組みが活用されている。アセアン・プラス3の政治・安全保障に関する地域協力において、越境犯罪対策の一環として人身取引対策の国際協力が謳われている。

また、2国間の協力も進められている。たとえば、日本政府は調査団をタイ、フィリピン、カンボジアなどへ派遣し、東南アジア諸国の人身取引の現状と対策、関係国との対策協力強化などについて調査、協議、意見交換を行っている。

日本政府は、2010年に発表した「人身取引対策行動計画」で、東アジア地域においてアセアンやASEANAPOL加盟国と日本、中国、韓国の国際協力を強化する枠組み形成を呼びかけた。しかし、地域的な国際協力において刑事司法対応の強化を導入・実施しようとの試みは議論されるのみで実行には移されていない[32]。

6 むすび

東アジアでは2000年代に入り、人身取引に対する世界的な関心の高まりや取組みの出現に後押しされる形で東南アジアを中心として対策の地域的協

---

30) 青木・前掲注27) 126頁。
31) Nakamura, *op.cit.*, p.266.
32) *Ibid.*, pp.270-271.

力の枠組み形成が進められてきた。最後に協力体制形成の課題をいくつか挙げておきたい。

このような取組みにおいては、容疑者の取締り、逮捕、訴追といった刑事司法的対応が先行している状況にある。たとえば、「アセアン人身取引宣言」には被害者保護の観点が多く盛り込まれているが、宣言を具体的政な策と繋ぐ位置にある「行動計画」では、被害者保護の項目は少ない。宣言において、国連の「パレルモ議定書」の「精神を受容する揺るぎない願望を確認」すると述べてはいるが、それを具体化する「行動計画」では明らかにトーンダウンしている。加えて、宣言では、被害者保護における地域的、国際的な枠組みを強化することが謳われているが、刑事司法的対応とは異なり、目立った取組みは行われていない。刑事司法的対応に焦点を当てた2007年の「専門家ガイドライン」に被害者に関する項目はあるが、被害者を事件の証人とする際の保護規定が示されているだけである[33]。明らかに刑事司法的対応と被害者への対応の間には取組みにギャップがある。

こうした活動や制度の実態について、アセアン政府間人権委員会やアセアン女性と子どもの権利擁護促進委員会といったアセアン内の実務委員会や市民社会組織を代表する組織、そしてNGOは不満を隠さず、刑事司法的対応への偏重を批判し、被害者保護措置の充実を訴え続けている[34]。

また、アセアンは言葉の上では人身取引対策の強化を謳っているが、実際の能力構築では存在感が薄いとNGOや国連職員は主張する。これはアセアン加盟国が国家主権に影響するような取組みを好まないためであると指摘される[35]。同様に北東アジアでは、国家主権の重要性が支配的な規範となっており、有効性のある地域協力を推進する際の妨げとなっている。人身取引対策の地域協力が東アジアで今後大きく進展するか否かは、各国の国家主権との調整にかかっていると言えよう。

---

33) ASEAN, *Criminal Justice Responses to Trafficking in Persons: ASEAN Practitioner Guidelines*, 2007.
34) 青木・前掲注27) 125頁。
35) Nakamura, *op.cit.*, p.266.

[2]
タイ国における人身取引に対する取組みと課題

齋藤百合子

　タイ政府が人身売買禁止法を最初に制定したのはタイがまだシャム (Siam) と呼ばれていた近代[1]の 1928 年に遡る。その背景には、19 世紀後半から 20 世紀初頭にかけて主にヨーロッパで発覚した白人女性や少女たちの人身売買、つまり「白人奴隷」廃止運動[2]やアフリカからイギリスを経由して南北アメリカに移送されていた奴隷貿易に起因する反奴隷運動が背景にあった。タイ政府は国際連盟からの圧力の下、1928 年に女性と少女の人身取引禁止法を成立させていた[3]。

　しかし、本稿が対象とするのは、おもに 1980 年代から現在にいたる、グローバル化が進展した裏側で発生する人身取引である。タイ国は、東南アジア、特にメコン地域で活性化する人の移動において、送出国、受入国、また中継国として、人身取引事案が頻発しており、実効性のある人身取引対策が望まれている。タイ国は、2000 年に国連が採択した国際組織犯罪防止条約

---

1) タイの国名がシャム (Siam) からタイに変更されたのは 1939 年で、1932 年の立憲革命を経て国民統合と近代化を目指した時期だった。
2) 「白人奴隷」に対する規制は、1904 年に「醜業を行わしむる為の婦女売買取締に関する国際協定 (The 1904 International Agreement for the Suppression of the White Slave Traffic)」、さらに 1921 年には、「白人奴隷」に限定しない、「婦人及び児童の売買禁止に関する国際条約 (The 1921 Convention for the Suppression of Traffic in Women and Children)」が採択され、女性および児童を取引した者を訴追することが加えられた。

に付帯する人身取引議定書に先駆けて、1997年には女性と子どもの人身取引禁止法を制定した。また2008年には、被害者の性別を限定せず、また被害者支援方法を明記した包括的な人身取引禁止法を制定した。この法律によりタイ政府は2011年から2016年にかけて5年間の国家人身取引対策戦略を打ち出している。タイ国内では1990年代から数度のクーデターなどの政変があり政権が交代しているが、この20年あまりにわたり、人身取引対策は積極的に取り組まれてきた。

　国際協調としてのタイの人身取引対策の取組みは、2000年に採択され2003年に発効した国連の人身取引禁止議定書に2001年12月に署名した（2013年10月に批准）。そのほか積極的にメコン流域諸国での人身取引対策にも取り組み、2004年にメコン流域6か国間（タイ、カンボジア、ラオス、ミャンマー、ベトナム、中国雲南省）での大臣級の多国間人身取引対策協定（The Coordination against Trafficking in Persons in the Greater Mekong Sub-Region, COMMIT）を締結した。そのほか、メコン流域地域での二国間協定の先駆けとなる、人身取引被害者の送還時の取り扱いなどを定めた最初の人身取引対策協定書が2003年にタイとカンボジア間で締結された。二国間協定は、その後、ラオス（2005年）、ベトナム（2008年）、ミャンマー（2009年）とも締結された。

　このようにタイは積極的に国内外の人身取引対策を講じてきたが、2010年に入ってから、欧米のNGOや国連人身取引特別報告者エゼイロ[4]、米国務省の人身取引年次報告書等によって、タイ政府の人身取引対策の取組みについて厳しい目が注がれている。本稿はこうしたタイにおける人身取引に対

---

3) 隣国のマレーシアやビルマが英領下、ラオスやカンボジア、ベトナムが仏領下にあり、英仏領に挟まれてバランスをとりながら独立を保っていた当時のタイは、独立国としての威信を保つため、ナショナリズムを高揚させながら近代化を進めていた。またタイ国内に大量に流入する中国移民の中に人身取引される女性や少女の存在が発覚すると移民を管理する出入国管理法を1927年に成立させて対応してきた（Hell, Sthephan Matthias, Siam and the League of Nations-Modernization, Sovereignty and Multilateral Diplomacy 1920-1940, Leiden University 博士論文（2007）, p.186）。しかし、国際連盟は1921年の「婦人及び児童の売買禁止に関する国際条約」に基づき、加盟国の人身取引状況についてタイ国内の人身取引の現況を厳しく非難した。Hell, ibid., p.185. および権香淑「タイの人身取引に関する法的状況」『外国の立法　220』（国立国会図書館、2004年）135頁。

する取組みと課題について考察する。

1 タイ政府の人身取引対策の経緯

(1) 1980年代、1990年代のタイ政府における人身取引対策
(ⅰ) 1997年女性と子どもの人身取引禁止法の成立

1960年に第1回国家経済社会開発5か年計画を開始してから、約半世紀経過した現在、タイはもはや発展途上国や貧困国と呼ばれる国ではなく、先進国入りを目指す中進国[5]となった。そして、メコン河流域6か国（タイ、ラオス、カンボジア、ベトナム、ミャンマー、中国雲南省）において、タイは中国雲南省と並んで、周辺国からの移住労働者の「受入国」であり、先進国への「送出国」でもある。そうした移住労働の過程で性的搾取および労働搾取される人身取引が発生している。性的搾取の人身取引被害者は女性や子どもが多い。特に子どもの商業的性的搾取は1980年代から国際的にも注目されていた。

1992年の軍事クーデター後の文民政権アナン首相の下で総理府相に任命されたサイスリー・チュティクンは、総理府次官室にタイ女性国内委員会（National Commission of Women's Affairs; 以下、NCWA）を設置し、1994年には学識経験者やNGOも含めた女性と子どもの人身取引小委員会を設置した。NCWAでは、1996年に、子どもを性産業に売る親の罰則規定を含む「売春禁止法[6]」改正案を国会に提出し、審議の末、国王の承認を得て36年ぶり

---

4) たとえば、2011年8月にタイで人身取引の調査を実施した国連の人身取引特別報告者エゼイロは、翌年国連に提出した報告書において、国内外の人身取引対策を一定の評価をしながら、人身取引対策はまだぜい弱であり、人身取引被害者として保護や支援が不十分であること、警察官を含む法執行者の課題、人身取引の原因を根絶・防止するための社会啓発の取組みの不足などが指摘している。Human Rights Council, *Report of the Special Rapporteur on trafficking in persons, especially women and children*, Joy Ngozi Ezeiro: Mission to Thailand, 2012, A/HRC/20/18/Add.2

5) 末廣は著書『タイ　中進国の模索』において、先進国入りを目指せるほどの購買力を都市だけでなく地方部の中間層も持ち始めているが、政治の民主化の模索が続いており、先進国化できないジレンマを内包していると分析している（末廣昭『タイ　中進国の模索』（岩波新書、2009年））。

に改正された。

　さらに NCWA は有識者と共に 1994 年に女性と子どもの人身取引撲滅第 1 回国家計画を構成して人身取引対策の検討を重ねた。そして子どもの商業的性的搾取に対する国際的な取組みの 1 つとして、1996 年にストックホルムで開催された「第 1 回子どもの商業的性的搾取に反対する世界会議」にタイからは政府関係者の他に NGO の ECPAT（The International Campaign to End Child Prostitution in Asian Tourism）や FACE（Fight Against Child Exploitation）[7] も参加させた。この会議で採択された「子どもの商業的性的搾取に反対するストックホルム宣言及び行動計画」を履行するためタイ政府は 1997 年に「女性と子どもの人身取引防止および制圧法」を成立させた。国際社会が 2000 年の人身取引禁止議定書を契機に本格的な人身取引対策を始動させたことに比べると、人身取引禁止議定書成立前の 1997 年にタイ政府が人身取引対策の法整備を行ったことは画期的であった。

　売春禁止法改正の 1990 年代から 2000 年代にかけてタイでは他にも、労働者保護法（1998 年）、強制売春や児童に対する傷害の罰則規定を重くした刑法（1999 年）も改正され、マネーロンダリングを規制する資金洗浄規制法（1999 年）が新設された。また児童保護法（2003 年）や刑事訴訟証人保護法改正（2003 年）が定められた。

(2) 2000 年以降の人身取引に対するタイ政府の取組み

(i) 2003 年以降のタイ政府の人身取引対策の取組み

　タイの人身取引対策の所管は 2003 年に、NCWA に代わって社会開発および人間の安全保障省に移行した。2000 年に国連で採択された国際組織犯罪

---

6) タイの売春防止および制圧法は 1960 年に制定されている。1996 年改正法のポイントは、売春の定義を拡大したこと、子を性的搾取業者に渡す親の関与を問うたことである。
7) FACE は 1995 年に設立された団体だが、創設者で事務局長のスダラット・セリーワットは、1980 年代からタイの観光業における子どもの搾取について調査や被害者支援活動を継続しており、タイの検察官ワンチャイ・ロジャナウォンが FACE の代表に、総理府相のサイスリー・チュティクンを相談役に配し、被害児童の救出と支援の現場から、法的また政治的な対応の必要性を官民が連携して直に議論することが可能だった。FACE の組織概要については FACE の HP より参照（2014 年 11 月 4 日アクセス）。

防止条約に付帯する人身取引禁止議定書には、タイは署名のみ行ったが、批准するべく国内法等をさらに整備する必要があったからだ。

　タイ政府は、人身取引された女性および子どもの保護および支援を目的とする「女性と子どもの国内外における人身取引の予防、抑制、対策にかかわる国家政策及び計画」を策定するとともに、社会開発および人間の安全保障省の管轄下に人身取引問題に特化した女性と子どもの人身取引対策部（Bureau of Anti-Trafficking in Women and Children、以下、BATWC）を設置した。また、法を運用する際の責任の所在や権限、政府機関や国内NGO、そして政府機関など関与する機関の間の連携のあり方などをより明確にするため、タイ政府は国内で数々の協定書を締結した。国内協定書は2003年に「子どもと女性の人身取引対策の関係政府機関の協定書[8]」、「人身取引における政府機関とNGO[9]の協定書」、「子どもと女性の人身取引問題に関わるNGOの協定書[10]」が締結された。

　2003年に政府機関間で締結された「子どもと女性の人身取引対策の関係政府機関の協定書」では保護・支援の対象である人身取引で被害を受けた子どもと女性を、次のように4つのカテゴリーに分離している。(1) タイ国民、(2) 合法的にタイに入国した外国人、(3) 非合法的手段でタイに入国した外国人、(4) 国籍をもたずタイ領土に居住している人、である。

　人身取引に関わる国内の協定書は2003年以降も地域間で締結された。たとえば、「タイ北部9県における人身取引被害者の子どもと女性の扱いに関

---

[8] 最初に締結された同協定書に署名した政府機関は、省庁レベルでは社会開発および人間の安全保障省、外務省、保健省、検察庁、警察庁である。

[9] NGOには国際機関と国内のものがあり、主な国際機関は国連児童基金（UNICEF）、国際移住機関（IOM: International Organization for Migration）、国際労働機関（ILO: The International Labour Organization）のほか、国連メコン地域における人身取引対策事業（UNIAP: UN Inter-Agency Project on Human Trafficking in The Greater Mekong Sub-region）が名を連ねている。

[10] 「子どもと女性の人身取引問題に関わるNGOの協定書」に署名し、タイに活動拠点を置くNGOは25団体あり、主な団体名は以下の通りである。子どもと女性の人身取引禁止ネットワーク（GAATW: Global Alliance Against Trafficking in Women）、児童権利擁護財団（The Center for the Protection of Children's Rights Foundation）、児童開発財団、FACE、ECPATインターナショナル、少女と地域のための教育開発センター（Developmend and Education Programme for Daughters and Communities Centre）などである。

する協定書」[11]（2003年）をはじめ、東部8県（2006年）、東北部19県（2006年）などタイ全国7地域で、社会開発と人間の安全保障省、県知事やNGOなど書名して地域内協定書を締結した。協定書では、子どもと女性人身取引被害者の保護・支援における行動指針を示した[12]。

タイと日本の間には協定書は締結されておらず、人身取引被害者の送還に関する両国の手続の確認書（Standard of Operating Procedures：SOP）が締結されているのみである。しかし人身取引対策における二国間の国際協力は着々と進められてきた。日本の国際協力機構（JICA）は2009年3月から2014年3月までの5年間はタイ国内の「人身取引被害者保護・自立支援促進プロジェクト[13]」、2015年4月から2019年4月1日までの5年間は「メコン地域人身取引被害者支援能力向上プロジェクト[14]」をタイの社会開発と人間の安全保障省社会福祉局人身取引対策部をカウンターパートとして被害者保護および支援のための能力向上を目的とした国際協力事業を継続している。

(ⅱ) 2008年包括的な人身取引禁止法の成立

タイ国内での人身取引被害者は、女性や子どものほかに、男性やトランス

---

11) タイ北部9県では、人身取引の被害を受けた女性や子どもが他地域に比べて多く、出身地域での被害者の保護および被害回復支援について特別な配慮が必要であった。そのため、県レベルで具体的な施策を明確にした「タイ北部9県における人身取引被害者の子どもと女性に関する協定書」が作成された。北部9県とは以下の県である。チェンマイ県、チェンライ県、パヤオ県、ランプーン県、ラムパーン県、ナーン県、メーホンソン県、プレー県、ターク県である。
12) 具体的な保護・支援の流れは、まず人身取引被害者の連絡を社会開発・人間の安全保障省が受けると職員が出向いて事情聴取を行う。タイ人が外国から帰国の場合は、空港に出迎える。被害者の年齢が18歳未満の場合、また18歳以上の希望者はシェルターに入所し、医療ケア（健康チェック、妊娠・出産に関する手続、治療、心理カウンセリングなど）や法的ケア（訴訟支援、警察と連携するなど）のほかに、生活自立支援のための一定期間行われる職業訓練を受けることができる。そのほか出身地に帰郷した被害者が再び人身取引の餌食にならないよう、帰郷時に地域コミュニティでの再統合および人間関係の構築を支援するようなライフスキルなども提供するほか、定期的にモニタリングも行うとのことである。シェルターで一定の保護・支援期間が済むと、それぞれの帰宅・帰国が促進される。非合法手段でタイに入国した外国人の子どもと女性の人身取引被害者は、他の移住労働者とは明確に分類されて保護・支援の対象となり、必要に応じて職業訓練期間中の在留延長が認められることはあるが、タイに在留中に妊娠や出産した子の養育をしていたとしても、タイ領土に長期滞在もしくは定住の規定はなく、一律に帰国が促される。

ジェンダー、性転換者や高齢者、乳児など幅広い年齢層や性別、国籍など多岐にわたった。またタイ国籍を付与されず脆弱な状態にあるタイ国内に居住する山地民[15]や難民[16]、またタイ近隣諸国から流入した移住労働者の子どもなども出生届や身分を証明する書類もない無国籍者だったため諸権利を行使できない脆弱な状態にある人々など複雑かつ深刻化していた。そのため人身取引禁止法をより包括的に改正する必要[17]があった。そして2007年11月に包括的な「人身取引防止および禁止法」(以下、2008年人身取引禁止法) が国会で承認され、2008年1月30日に施行された。

 2008年人身取引禁止法は、「総論」(第1章) で人身取引の定義を示し、

---

13) プロジェクトの経緯や内容は次の通り。「人身取引対策に当たっては「被害の予防」、「被害者の救出と保護」および「加害者の訴追と処罰」を包括的に行う必要がある。なかでも「被害者の救出と保護」は、a) 人身取引の被害者を「犯罪者」ではなく「被害者」として認定する、b) 被害者を救出し適切且つ安全な避難所に送る、c) 被害者の心身を回復させ、必要ならば教育や職業訓練を行う、d) 必要な法的サービスを提供する、e) 出身地への送還などを含む自立・社会復帰を支援する、f) 再び人身取引の被害に遭わないようにするなどの幅広い、長期にわたるさまざまな支援が必要となる。

 これらの支援を実施するためには、関係する政府機関、NGOなどが連携して包括的に取り組むことが重要であり、そのためタイ政府は、人身取引被害者の保護・支援のための「多分野協働チーム (MDT: Multi-Disciplinary Team)」アプローチを採用している。しかし、MDTアプローチの実践に関しては、スタッフの能力、関係機関間の連携などに課題があり被害者の保護・支援が十分に機能しているとは言い難い。そこでこのMDTのアプローチの強化を目的とする技術協力プロジェクトを実施するにいたった」。独立行政法人国際協力機構のサイト「プロジェクト概要 人身取引被害者保護・自立支援促進プロジェクト」より。http://www.jica.go.jp/project/thailand/0800136/outline/index.html (2014年11月4日アクセス)。

14) 国際協力機構 (JICA)「メコン地域人身取引被害者支援能力向上プロジェクト」HPより https://www.jica.go.jp/project/thailand/016/ (2016年12月7日アクセス)。

15) タイにはタイ国に長く居住し、タイの国籍を有しているタイルー族などのタイ諸族系の諸民族と、近隣諸国から移住してタイに居住しタイ国籍を有しているとは限らないタイ系あるいは非タイ系のカレン族、リス族、ヤオ族など山地民族、またタイ系ではないがタイ国籍を有するインド系、クメール系、マレー系、ベトナム系の住民や先住民族のモン族住民もいる。

16) タイの難民には、1980年代後半のミャンマーの政治不安から流入しているミャンマー難民のほかに、1950年代初頭にベトナムからタイに流入したベトナム難民 (主に東北地方) や、1940年代後半に流入した中国国民党残党に代表される中国難民 (主にチェンマイ県) がいる。

17) 次の対応が必要とされた。多様化する被害者への対応だけでなく法的支援の強化 (被害者による加害者告訴の強化、刑事訴訟の後の民事訴訟の煩雑さの解消)、長期的な被害者支援 (過去の被害者および被害者の家族など人身取引の影響を受けた人びとに対する支援)、人身取引防止のための地域社会の強化、ガバナンスの強化 (役人の汚職、役人の人身取引関与の厳格化) も必要とされた。

「人身取引防止および禁止委員会[18]」(第2章)、「担当者の権限」(第3章)、「被害者の救援と福利」(第4章)、「人身取引被害者支援基金」(第5章)、「罰則[19]」(第6章)から成る。1997年人身取引禁止法と対比して特記すべき点は、①人身取引が再定義され、搾取の内容は性的搾取だけでなく強制労働等も明記したほか、人身取引の対象となる者(被害者)の性別や国籍を不問とした[20]、②第5章に「人身取引被害者支援基金」に手続や運用を含めて被害者の帰宅・帰国支援や自立支援を明記[21]、③加害者訴追協力する被害者(外国籍の被害者の在留許可および就労認可等)の保護および支援内容の拡充[22]、④人身取引担当公務員の職務権限の明記、⑤公務員の人身取引関与厳罰化で、より一層被害者の支援と加害者摘発に向けた体制の強化を示した。

---

18) 「人身取引防止および禁止委員会」の委員は、委員長は首相(副委員長は副首相)とし、以下、7省(国防省、外務省、観光・スポーツ省、社会開発および人間の安全保障省、内務省、法務省、労働省)の代表以下、少なくとも1名はNGO代表からなる4人の人身取引における学識経験者から構成される。また、同委員会の事務局長は社会開発および人間の安全保障省事務次官(第15条)。

19) 「人身取引の加害者は4年から10年の刑および8万バーツから20万バーツの罰金。被害者が15歳以上18歳未満だった場合、6年から12年の刑および10万バーツから24万バーツの罰金。被害者が15歳未満の場合、8年から16年の刑および16万バーツから30万バーツの罰金を科す」(第52条)、「法人が人身取引に関与した場合、20万バーツから100万バーツの罰金を科す」(第53条)

20) 保護および支援一般に関する規定「被害者の性別、年齢、国籍、民族、風俗習慣の違いに関わらず人間としての尊厳を尊重して、食事、宿泊、医療、身心のリハビリ、教育、トレーニング、法的支援、帰国もしくは帰宅支援、法に定められた民事訴訟を支援する」(第33条)

21) 過去に人身取引の被害に遭った人やその家族、また将来、人身取引の被害に遭いやすい脆弱な立場にある人びとを対象とした「人身取引防止および禁止のための基金」に関する指針が「2008年人身取引禁止法」で明示。この基金は、人身取り非違撲滅宣言をしていた元タクシン首相時代に「人身取引被害者支援基金」として発足したが、基金の運用規定が不明瞭だったために有効な活用が困難だった。「2008年人身取引禁止法」では、同基金の目的や運用規定を明確にし、主に第33条、第36条、第38条に示された人身取引被害者の保護と安全な帰国・帰宅支援を含むさまざまな支援を行う。

これまで被害者と認知された人への医療費の一部、教育費用の一部を奨学金として、また人身取引されるリスクが高い子どもたちの奨学金などに支給されている。

22) 「人身取引加害者訴追に協力した外国籍の被害者に対して、医療、リハビリテーション、法的支援のための特別在留と就労を認める」(第37条)

2 現代のタイ国における人身取引
——水産加工業および漁業における人身取引とその対策・課題

現代のタイ国における人身取引について『Human Trafficking in Thailand: Current issues, Trends, and the role of the Thai Government』を2013年に発表したソラジジャクーンは、人身取引が発生しやすい産業や形態を5種類に分類している。それらは、漁業と水産加工工場、農業分野、家内労働、性的搾取、児童労働と児童の人身取引、である[23]。1990年代から2000年代にかけて、人身取引は売春の強要など性的搾取が主流であると思われてきたが、2000年代に入って漁業や農業、家内労働など労働搾取に焦点があてられるようになったことに特徴がある。2011年8月に約10日間のタイでの調査を実施した国連人身取引特別報告者エゼイロも、タイでの移住労働における労働搾取の発生を指摘し、加害者の摘発や法執行の遅延、被害者の保護や慰謝料請求などの法的支援、そして何よりも公務員や市民社会の人身取引の不理解を指摘していた、現代のタイにおいて労働搾取型の人身取引の問題が重要課題となったことは指摘できよう。

次に水産加工業および漁業におけるタイでの人身取引の実態と対策、課題について述べる。

(1) 労働搾取型の人身取引の実態
(i) 水産加工工場でのミャンマー人の労働搾取

2006年代半ばに、タイの首都から西部に100キロほど行ったサムットサーコン県にあるエビの皮むきの工場から逃亡してきたミャンマー人女性の告発によって工場内の劣悪な労働環境が明るみになった。この事件は、工場の名前からランヤー・ペオ事件と呼ばれている。工場には288人のミャンマー人が働いており、そのステイタスは非正規滞在の者もいたが、人身取引被害

---

23) Sorajjakool, Siroj, *Human Trafficking in Thailand: Current issues, Trends, and the role of the Thai Government*, Silkworm Books, Chiangmai, 2013.

者といえる人も、15歳、16歳の子どももいた。288人のうち66人（女性63人、男性3人）は人身取引被害の疑いがあり、政府の公的シェルターに保護された。258人は未払い賃金をめぐって労働裁判所に提訴した[24]。

　この工場は主に欧米のスーパーマーケット[25]に輸出するエビなどの水産加工を施していた。ミャンマー人労働者らは、ブローカーに前金を支払い（もしくは借金をして）タイの職場を斡旋されている。また下請け工場の経営者は労働者不足を補うためにタイ人よりも安い労賃でミャンマー人を雇用していた。仕事の内容はエビの皮むきだったが、労賃は時給ではなくエビ一尾毎に計算され、残業代も有給休暇もなかったという。事件発覚後、2006年9月にこのランヤー・ペオ工場は操業停止命令が出されて閉鎖に追い込まれた。

　このランヤー・ペオ事件は、先進国の消費者（エンドユーザー）が口にする食べ物がタイなどでのサプライチェーンにて供給されていること、サプライチェーンの末端では児童労働が営まれているのではないか、との疑いがNGOなどによって告発され欧米を中心とした先進国を震撼させた。2006年に発生したこのランヤー・ペオ事件を記した児童労働、強制労働、人身取引の可能性を示唆するNGOのSolidarity Centerが2008年に発行した報告書はタイの水産加工産業では奴隷のような労働がまかり通っていると指摘し、米国務省の人身取引年次報告書でのタイ国の評価にも反映した[26]。

　2006年のランヤー・ペオ事件が発覚した当時、工場労働者らの聞取りをしたローカルNGO、Labour Rights Promotion Network Foundation（以下、LPN[27]）代表のソンポン氏は、「サムットサーコン県内の水産加工会社の多くはミャンマー人やカンボジア人など外国人労働者を雇用しており、その待遇はさまざまでA級、B級、C級、D級四段階評価が可能である。A級評価の工場では、人権侵害等の問題はまったくない。しかしD級評価の工場では

24）Pollock, Jackie, *"Thailand", Collateral Damage — The Impact of Anti-trafficking Measurse on Human Rights around the world*, Global Alliance Against Traffic in Women (GAATW), 2007.
25）NGOのSolidarity Centerによれば、タイのエビをブランドとして販売しているのはAsian Classic, Wal-MartやTOPS, Tiger Bay, Royal Thai, Sail, Sam's Clubなど大手のスーパーマーケットなどである（Solidarity Center *The True Cost of Shrimp*, 2008:18頁）。
26）*Trafficking in Persons Report 2010*, United States of America, Department of State. http://www.state.gov/j/tip/rls/tiprpt/2010/index.htm（2015年11月7日アクセス）

残念ながら、労働者の人権を軽視した操業を行っているところもあり、当局の摘発の対象と成り得る」と述べ、すべての工場で児童労働や強制労働が行われているのではないと述べた[28]。さらに 2015 年 8 月に筆者が再度訪問した際には「かつては水産工場で外国人労働者の強制労働が行われることがあったが、現在は労働条件も改善され、それは過去のことになりつつある」と状況が改善されていると述べていた[29]。

(ii) 漁船乗組員に対する人身取引

しかし、水産加工業だけでなく 2013 年から 2015 年にかけて、漁船における強制労働や人身取引に関連した深刻な事例が NGO やマスコミによって伝えられるようになった。以下に紹介する。

①タイ国トラン県カンタン港沖の事例

まず、2013 年 3 月にタイ南部のトラン県カンタン港近くで救出されたミャンマー人 14 名の漁船乗組員の事例を紹介する。この事例は、2000 年に設立された英国を拠点に活動する NGO の Environmental Justice Foundation (以下、EJF)[30]が告発した。EJF は、救出からシェルターでの保護、裁判などの経過とその問題点とタイ政府への課題を詳述した報告書『海の奴隷—タイ漁業の途切れることがない人身取引された移民たち Slavery at sea-The continued Plight of Trafficked Migrants in Thailand's Fishing Industry』を

---

27) タイのローカル NGO である Labour Rights Promotion Network (LPN) は、2004 年にタイ東部のサムットサーコン県に設立された。県内の移住労働者の子どもの教育など社会環境面や児童労働、移住労働者らの権利擁護支援活動を展開し、タイ社会での移民との共生、すべての人びとの権利擁護、労働者とその家族の福利厚生の意識向上などを目的としている。http://jica-cb-workshop.weebly.com/uploads/8/0/7/2/8072630/lpn_history_in_samutsakhon.pdf(2015 年 11 月 4 日アクセス)

28) 2012 年 2 月に筆者が LPN 事務所でソンポン氏にインタビューした際の返答。

29) 2015 年 8 月 26 日、LPN 事務所でソンポン氏の説明から。

30) EJF は、主に 4 つの課題—海洋、気候変動、製品製造過程のサプライチェーン、殺虫剤—における人権と地球環境を保全する活動を行っている。海洋においては、違法操業・乱獲禁止、主にタイとバングラデシュでの水産業における奴隷労働の廃止、海洋生物・自然の保護活動を展開し、タイの水産加工業や漁船での人身取引に関する調査報告や動画を通した広報活動などを行っている。http://ejfoundation.org/about(2015 年 11 月 4 日アクセス)。

2014年に発行し、タイだけでなく人身取引年次報告書を発行する米国務省やEJFの本拠地である英国社会に衝撃を与えた。EJFはタイ政府の漁業における人身取引対策の以下の4つの問題点を提起している[31]。第1に、労働者斡旋を行う違法業者（ブローカー）の規制が十分ではないこと、第2に強制労働、債務労働が課せられている漁船乗組員が人身取引被害者であるとの認定がなされないこと、第3に現行法や規制を執行する人身取引担当行政官の態度に偏見や侮蔑があること、第4に奴隷状態から逃げ出した、もしくは救出された被害者に対して被害者中心の保護を行われていないこと、であった。

②インドネシア、アンボン島とベンジナ島近辺での漁船乗組員の事例

次に発覚したのは、インドネシアの首都ジャカルタから西に3000キロの位置にあり、パプアニューギニアに近いアンボン島やベンジナ島で数年間も留め置かれて漁業に強制的に従事させられていた数百名の漁船乗組員の存在である。この件が発覚したのは、サムットサーコン県のマハーチャイ港近くでミャンマー人やカンボジア人、ラオス人ら移住労働者とその家族や子どもたちの支援を継続していたNGO、LPNのスタッフが「インドネシアのアンボン島から帰国できないタイ人やミャンマー人が大勢いるらしい」と広がる噂の真偽を確かめるために2014年にLPNスタッフがアンボン島を訪問したことから発覚した。LPNスタッフらはアンボン島で帰国できない漁船乗組員たちを現地で「発見」し、人身取引事件として対応、被害者の救出、保護、支援等に取り組んだ[32]。人身取引被害者の帰国を支援する国際機関のIOMは、2015年7月までに高齢者や未成年を含む577人のタイ人を事情聴取し、230人のカンボジア人の帰国を支援したという。さらに多くのミャンマー人も救出され帰国がIOMによって支援された[33]。また、AP通信は、2015年9月17日の記事で「6か月間に2000人以上の漁業での奴隷労働をさせられていた人々が救出された」と報じている[34]。

---

31) "Broken Promises Why Thailand should stay on Tier 3 in the 2015 US Trafficking in Persons report" http://ejfoundation.org/sites/default/files/public/EJF_Thailand_TIP_Briefing.pdf（2015年11月3日アクセス）

漁船乗組員に対する強制労働が行われていたカンタン事例とアンボン島・ベンジナ事件には漁業に関する共通した背景がある。それは、違法操業で乱獲を続けたために漁獲量が激減し、これまで近海で操業できていた漁船は漁場を求めて遠洋に出るようになったこと、遠洋とタイに港を往復する漁船は限定されており、多くの漁船乗組員は漁場近くに留め置かれ、タイの港や他の港に帰港できなかったこと、漁船管理者は労働者不足と燃料節約に対応するため乗組員を常時確保するために安易に逃亡や帰国ができない孤立した場所に長期間留め置く方法をとっていたこと、である[35]。

こうしたタイの水産業や漁業における人身取引の発生—特に2014年から2015年にかけて—、NGOやマスコミからの「申し立て」が契機となって、米国務省は、人身取引年次報告書においてタイ政府の人身取引対策における評価を2014年に最低評価の第3階層とした[36]。さらに2015年7月27日に米国務省が発表した[37]タイ政府の人身取引対策評価は、2014年同様、最低レベルの第3階層に位置付けられた[38]。

---

32) 2015年8月26日、LPNのSompong氏からの聞取りによる。筆者は2015年8月にサムットサーコン県のLPN事務所で、インドネシアのアンボン島から帰国した被害者A氏から聞き取りする機会を得た。A氏は、「逃げて、帰国しようと思わなかったか」との質問に、「どうやって帰国したらいいのかわからなかった。船を操縦できないし、海図も読めない。島から出ることは不可能だった。睡眠時間も休憩時間もほとんどなく、他のことは何も考えられない状態だった。もし、船長の命令に従わなかったり、待遇改善を訴えたら『監獄』と呼ばれる檻に閉じ込められた」と回答し、自分がどこにいるのか位置を確かめることもできず、どのように帰国すればよいのか情報もなく、心身ともに限界状態で、隷属状態におかれていたということができよう。A氏は、船に乗組員の中には日々のつらさから逃れるために自ら命を絶った人もいたという。

33) "Over 500 New Human Trafficking Victims Identified in Indonesia since Benjina "Slave Fisheries" exposed" 2015年8月3日 IOM Newsdeskに掲載された。http://weblog.iom.int/over-500-new-human-trafficking-victims-identified-indonesia-benjina-%E2%80%98slave-fisheries%E2%80%99-exposed（2015年11月7日アクセス）

34) "More than 2,000 enslaved fishermen in Indonesia rescued in 6 months "AP通信 http://www.nydailynews.com/news/world/2-000-enslaved-fishermen-rescued-6-months-article-1.2363846（2015年11月7日アクセス）

35) *Slavery at sea-The continued Plight of Trafficked Migrants in Thailand's Fishing Industry*, Environmental Justice Foundation (EJF), UK, 2014, p.10.

36) U.S. Department of state (2014), Trafficking in Persons Report 2014 United States of America, Department of State.

(2) 2015年から2016年のタイ政府の人身取引課題への対応

　国際社会から人身取引対策や違法漁業に対して厳しい評価をされているタイ政府は喫緊の対応が迫られた。まず、2015年の米国務省の人身取引年次報告書に向けてタイの人身取引対策を強調するために、タイ政府は2015年3月31日に『Thailand's Progress Report on Anti-Human Trafficking Efforts』を発表し、次の取組みを敢行した。①人身取引対策に取り組む行政組織変革を実施した。具体的には社会開発と人間の安全保障省管轄下の「女性と子どもの人身取引対策室（BATWC）」を解体し、新たに首相を長とする「人身取引と違法・未報告・未登録（Illegal, Unreported and Unregistrated, 以下、IUU）対策のための国家政策委員会」を発足させた。そしてその下に、5つの小委員会（人身取引制圧小委員会、女性問題小委員会、児童労働と強制労働および移住労働小委員会、IUU小委員会[39]、広報および法執行小委員会）と2つの政策委員会（移民労働と人身取引に関する政策委員会と移民労働と人身取引に関する政策小委員会）と国家人身取引対策委員会を設置した。②内務省管轄の警察や特別捜査局（Department of Special Investigation, 以下、DSI）による人身取引加害者の摘発と社会開発・人間の安全保障省における被害者保護の実績を具体的な日時や人数、被害者の国籍等を明確に示した。③人身取引防止対策として、漁業に携わる労働者対応の施策（船舶の登録、検査の実施、船舶モニ

---

37) 例年、6月に米国務省から人身取引年次報告書が発表されるが、2015年は7月終わりに近い27日に異例の遅れでの発表となった。その背景には、タイ政府が直面せざるを得なかった2015年3月から5月に覚発したロヒンギャ難民の人身取引問題や、2015年4月にEUからタイ水産業に対する警告が発せられたこと、また2015年3月から順次数百人の漁船乗組員の人身取引被害者の送還など、人身取引関連の事件や報道が相次いだことが、タイの人身取引対策の評価をめぐり審議されていたと推測される。

38) *Trafficking in Persons Report 2015* United States of America, Department of State.

39) タイ政府はIUU問題解決のために2015年8月に7つの政府機関（漁業局、タイ王国海軍、タイ王国警察、海洋局、県管理国、雇用局、労働者保護および福祉局）の相互協力を確認するための覚書を交わした。その中で、船舶のエンジン量、船主を写真とともに登録する、1年毎の許可制にする、漁具の形の写真とともに許可証を発行、船舶モニターセンターの設置、労働者の情報共有、船舶パトロール情報共有などを確認した。"Governmental partners countersign MOU fishing info system for an information co-operation aim to resolve Illegal, Unreported, and un regulated (IUU) fishing" "Seven http://www2.thaiembassy.be/seven-governmental-partners-countersign-mou-fishing-info-system-for-an-information-co-operation-aim-to-resolve-iuu-fishing/（2015年11月8日アクセス）

ターセンターの設置、同センター運営に関する法整備、出港・帰港管理センターの設置、海洋での監視体制、漁船乗組員の登録）を明記した[40]。2015年10月に提出されたIUU対策向上を目的の1つとした漁業法は、2015年11月3日に国会で可決し、海洋資源管理計画およびIUU漁業を防止・禁止のための新たな漁業法を制定した[41]。

2016年2月には2015年のタイ政府の人身取引対策をまとめた『Trafficking in Persons Report 2015 The Royal Thai Government's Response January 1-December 31 2015』（以下、タイ政府TIPレポート）[42]を英語で発表し、国際社会からの批判に対応した。この報告書では人身取引対策の目的を次の7つに要約している。法的な欠陥を補うこと、賄賂や汚職への対応、具体的な人身取引事案への対応、効果的な対応と成果の数値化、無国籍者や山地民を含む陸上・海上での移住労働者の脆弱性の軽減、積極的な児童搾取対策、である。目的の後に、加害者の訴追（被害者が証人として出廷する際の保護を含む）、被害者の保護（被害者認定制度、通訳、ホットライン、8か所の公的シェルターでの保護と支援、公的シェルターでのケアの質向上、外国で被害に遭ったタイ人の支援、被害回復と慰謝料、送還支援、社会再統合支援）、防止（移住労働者の脆弱性軽減、脆弱な状態の女性や子どもに対する対策、物乞いへの対応、無国籍や山地民へのタイ国籍の付与）などが具体的にしめされ、国際社会からの数々の批判に対応する内容となっている。

このようなタイ政府の努力は一定の評価を得て、2016年7月に発表された米国務省の人身取引年次報告書での評価は、第3階層からワンランク上がった第2階層監視国となった[43]。

---

40) 新たな人身取引対策の枠組みで設置された広報および法執行小委員会が2015年3月31日に発行した。Thailand's Progress Report on Anti-Human Trafficking Efforts より。
41) "Thai Government Approves New Fisheries Legislation and Major Plans to Combat IUU fishing and Trafficking in Persons in Fisheries" 2015年11月3日掲載 http://www2.thaiembassy.be/thai-government-approves-new-fisheries-legislation-and-major-plans-to-combat-iuu-fishing-and-trafficking-in-persons-in-fisheries/（2015年11月8日アクセス）
42) http://ccpl.mol.go.th/ewt_dl_link.php?nid=86&filename=index（2016年12月6日アクセス）
43) Trafficking in Persons Report 2016 United States of America, Department of State.

(3) 課題

　タイ政府は国際社会からのプレッシャーもあって人身取引対策を最大の国家重要案件として対応し、一定の成果はあがったといえよう。しかし、特に漁船乗組員の人身取引被害者認定および被害者保護や支援の内容に課題が残る。

(ⅰ) 被害者認定の課題

　タイ政府 TIP レポートによれば2015年12月29日までにインドネシアのアンボン島やベンジナ島からタイに帰国支援された労働者は1263名と記され、人身取引被害者は人身取引禁止法の被害者保護規定により保護されたとしている。1263名の内68名が男性用シェルターで保護されたとしているが、被害者認定が何名されたのか明記されていない。また労働者保護法により213名の労働者からの訴えのうち150名が総額1270万バーツを受領し、11名は支払いを拒否され、52件は支払い可否の審査中であり、296名の労働者は申請していないが総額2110万バーツを受け取ったと記されている[44]。シェルター入所者68名は帰国者の5%にすぎず、労働省に未払い賃金請求をしたと思われる労働者数213名帰国者1263名の16.8%にすぎない。申請をせずに何らかの金額を受けとったとされる296名と合わせて帰国者全体の35.3%の446名のみだった。つまり帰国者の多くが、人身取引被害者と認定されたかどうか不明で、被害者としての生活再建のための支援がうけられているかどうか不明である。

　タイ政府 TIP レポートは、帰国支援をしたタイ人労働者は、漁船の労働から逃亡して島に居住するようになった人、漁船に乗り遅れてそのまま島に残るようになった人、漁船に居住しインドネシア当局から漁業許可の更新を待っていた人、違法操業によってインドネシア当局に摘発されて拘留された人の4種類に分類している。AP通信などの報道によればアンボン島、ベンジナ島には数年にわたって帰国したくてもできなかった人、また自殺や病気

---

[44] Trafficking in Persons Report 2015 The Royal Thai Government's Response January 1-December 31, 2015. http://ccpl.mol.go.th/ewt_dl_link.php?nid=86&filename=index

などで死亡した人もおり、個々の事情はさまざまである。しかし、自らの意志に反して漁船での奴隷のような厳しい労働を課せられ搾取が行われていたこと、帰国の意志がありながら帰国の途が閉ざされていた（ゆるやかな監禁）状況を、人身取引被害として扱うのか、労働法の範囲で対処するのか、対応が明確ではない。

(ii) 帰国後の生活再建

人身取引被害者として認定されてもされなくても帰国後の生活再建は必須である。LPN には、インドネシアのアンボン島やベンジナ島から帰国した元漁船乗組員だった男性らが LPN のボランティアとして働いたり、同じ境遇を抱える者同士が集まり、助け合う「場」が形成されつつある。2015 年 11 月には、インドネシアから帰国した男性を、LPN のイニシアティブで水産加工業者のタイ・ユニオンに複数名が社員として雇用され[45]、雇用を通して社会経済的な回復の一助となっている。しかし、帰国した被害男性らの生活再建は、経済的な側面だけでなく、精神的な側面の支援も必要とされている。NGO である LPN や、地域における企業の協力など地域社会が被害者の生活再建を支援している1つのモデルがタイのサムットサーコン県で実践されつつあるが、こうした具体的な人身取引被害者のための生活再建支援はタイ政府の取組みとしては後手にまわっている。

3 結論

タイ国内の人身取引が 1980 年代に認識されてから 30 年余りの間にタイ政府は、女性や子どもが性的搾取の対象とならないよう、教育の機会拡充や職業訓練、啓発キャンペーンなどを実施してきた。その成果もあって、タイ国籍をもつ農村の少女や女性が国内外で性的搾取の人身取引の被害に遭うことは激減した。その一方、無国籍状態にある山地民や近隣諸国から移入してき

---

45) New Life and New Chance: Thai Union Gives a Fresh Start for Victims of Human trafficking http://www.thaiunion.com/files/newsroom/20160817-tu-news2-en.pdf（2016 年 12 月 6 日アクセス）

た人々、またタイ国内でも教育を十分に受けられないなど脆弱な状態に置かれた子どもや若者はまだ人身取引被害に遭いやすい状態である。

　タイは受入国、送出国、中継国に加えて、陸上だけでなく国境を越えた海上でのタイ船籍漁船での人身取引など、ますます人身取引の諸相が多様化し、難しい舵取りが必要となっている。加えて 2015 年から発足したアセアン経済共同体は、アセアン域内の人の移動や物の流通を一層促進させており、国を越えた人の移動はますます活性化し、人身取引の発生が危惧されるところである。特に労働搾取における人身取引は、グローバル化の進展等による価格競争にしのぎを削る経営者の倫理意識にどのように働きかけることができるのかが大きな課題であろう。その点で、タイのサムットサーコン県においてミャンマーやカンボジアからの移住労働者の相談や移住労働者の子どもたちの教育や生活の支援を続けてきた NGO の LPN が地元の水産加工業のタイユニオンの協力を得て、インドネシア沖の漁船労働から帰国した人身取引被害者の雇用に協力している事業は興味深い。

　人身取引に対する取組みは、人身取引の意識を高めて防止し、被害者のニーズに的確に対応しながら被害者保護をていねいに進めていくことが求められる。欧米のマスコミや NGO は「奴隷労働」としてセンセーショナルに取り上げ、そうした「奴隷労働」講じる企業や経営者を厳罰化しないタイ政府の弱腰を非難しがちだが、人身取引問題は「奴隷労働」を課す「悪者」を裁いて、「被害者」を救出するだけでは解決しない。安価な労働力、厳しい国際競争の現実のなかで、どのように倫理性を保つのか、また共生の策を創造していくことができるのか、など、市民社会や企業などそれぞれの関与者の協働が必要だろう。人身取引に対する取組みとは、政府の法整備や、被害者の保護・支援を制度化の促進だけではなく、市民社会のひとりひとりが私事としてより公正で、安全な社会の構築に関与することが求められているのではないだろうか。

[3]
フィリピンにおける人身取引と法
―予防・取締りの法体制と実態[*]―

カルロス、マリア・レイナルース

1　はじめに

　近年、人身取引の防止や取り締まりに対して世界各国では活潑でさまざまな取組みがなされているが、IT（情報通信技術）の普及と高度化もあり、その手口が一層悪質・巧妙化し、また、経済的・政治的要因（紛争）による人の移動が活潑化したことによって、人身取引の完全な撤廃は程遠いものとなっている。フィリピンも例外ではない。この国では人身取引事件が多発し、他の国と同様に、その課題も山積みしている。2000年以降、フィリピンは、国内外の民間団体および外国政府と連携して、反人身取引対策に活発かつ率先して取り組み、他の国と比較しても、大きな成果を上げていると言えるだろう。その1つのきっかけはアメリカの圧力である。アメリカ国務省は、「人身売買報告書」によって、各国の人身取引の状況を階層（Tier）区分によって評価し、これにもとづきアメリカ合衆国政府や国際金融・開発機関の援助を大きく制限しようとした[1]。フィリピンは、2004年に下から2番目の

---

[*]　本研究におけるフィールド調査および本章の作成にあたり、Phoebe Grace Saculsan氏とCharito Chiuco-Novio氏にリサーチアシスタントとして多大な貢献をしていただいたことに深く感謝します。なお、本稿の内容のすべての責任は著者にあります。

第2階層ウォッチリストと評価されたために[2)]、アメリカの支援の打ち切りを懸念して、本格的な人身取引防止対策を実施し始めたと考えられる。本章では、2と3で、フィリピンの反人身取引防止法の内容を紹介し、この法の施行以降の取締りと予防の実態および課題を考察する。

　人身取引がフィリピン国内で大きく取り上げられるもう1つの理由は、この国から多くの人びとが海外に移動することであり、彼らが人身取引行為のターゲットになりやすいことである。フィリピンの人口の約1割は海外に住んでいて、2013年末現在、海外在留フィリピン人のうち、約48％は永住者やフィリピン国籍元所持者、二重国籍所持者、等などの長期滞在者であり、約41％は契約労働者（出稼ぎ労働者とも呼ぶ）、学生、研修生や経営者などのような一時滞在者、そして、残りの11％は、非正規の海外在留者である[3)]。長期滞在者は、特にアメリカやカナダ、オーストラリアに住み、短期海外在留者の多くは中東やシンガポールに、そして、非正規海外移住者はマレーシアに最も多いことがわかる。特に非正規の海外在留者は人身取引行為のターゲットになりやすいと思われるが、実際には短期・長期の海外在留者も同じであることに注目すべきである。たとえば、長期滞在者の中には、アメリカや日本での国際結婚や養子縁組をめぐり、人身取引の被害者となる人もいる。また、短期滞在者をめぐって、特に中東やマレーシアや東アジア行きの出稼ぎ労働者の不法斡旋の問題、また、強制労働、賃金不払いなどの事件が数多く報道されている。本章の4では、この移動労働者に注目し、事例に即して、人身取引と国際労働移動の関わりを明らかにする。

　フィリピンの事例は、反人身取引の国際運動の中でも重要で、かつ興味深い国として見られている。それは、フィリピン人の国際移動の中に多数の人身取引事案が含まれているという理由だけではなく、政府とNGOが反人身取引の取組みにおいて密接に連携していることで注目されているからである。

---

1)　階層の意味およびその基準についての説明は米国務省人身取引報告書2016年版39頁を参照。
2)　US Department of State. "2004 Trafficking in Persons Report"（2004）http://www.state.gov/j/tip/rls/tiprpt/2004/33284.htm（2016年9月17日アクセス）
3)　Commission on Filipinos Overseas "2014 CFO Compendium of Statistics on International Migration 4th Edition"（2016）http://www.cfo.gov.ph/images/pdf/pdf-migration/2014-CFO-Statistical-Compendium.pdf（2016年9月10日アクセス）

フィリピンにとって、人身取引の問題は政府機関だけでは対処できる問題ではなく、むしろ国内外のNGOに頼らざるを得ない側面があると考えられている。政府は予算と人材の限界を認識して、広く企業や市民、そして国際協力機関や国際法執行機関の協力を仰ぎ、人身取引の根絶の取組みを要請している。

2　人身取引防止に向けた法体制

(1)　2003年フィリピン「人身取引防止法」

まず、この国の人身取引法の内容や特徴、そして2012年の改正点および現行の法律を施行する仕組みを紹介する。

フィリピンにおける初めての人身取引に関する法律「2003年人身取引防止法（Anti-Trafficking in Persons Act of 2003―共和国法第9208号、以下、本稿では、03年法と表記）は2003年の5月に成立し、東南アジア諸国の中でも最初の立法となった。同法は2012年に改定され、共和国法10364号「2012年拡大人身取引防止法（Expanded Anti-Trafficking in Persons Act of 2012）」（以下、「12年改正法」または「改正法」と表記）となった。これらの法律には、人身取引を根絶するための行政方針の制定、被害者の保護や彼らを支援するために必要なメカニズムの構築、そして、加害者への処罰の規定が盛り込まれている。また、これらは国連「人（特に女性および児童）の取引を防止し、抑制し犯人を処罰するための議定書」（2000年）に記載されている条項のほとんどを採用しており、人権に基づくアプローチを取り入れており、特に女性および児童に焦点を充てている[4]。この03年法の主な内容は、以下のとおりである。

---

[4]　詳しくは、Roma, Golda Myra R. "Trans-Border Human Trafficking Heading for Japan: The Philippine Experience" (2011)（国際会議「東アジアにおける人身取引の実態と効果的対策」2011年12月10日、立命館大学創思館カンファレンスルーム・京都）、権香淑「フィリピンの人身取引に関する立法動向」外国の立法220（2004年5月）http://www.ndl.go.jp/jp/diet/publication/legis/220/022013.pdf（2016年9月15日アクセス）、坂野一生「フィリピン人身取引防止法の改正」外国の立法255-2（2013年5月）http://dl.ndl.go.jp/view/download/digidepo_8205982_po_02550211.pdf?contentNo=1（2016年9月15日アクセス）参照。

(i) 「人身取引」の定義（3条）

「人身取引」を次のように定義される。「被害者の同意もしくは認識の有無にかかわらず、国境の内側で、もしくは国境を越えて、脅迫もしくは暴力の行使又はその他の形態の強制、誘拐、詐欺もしくは欺もう又は人の弱い立場に乗じた権限もしくは地位の濫用を手段として行われる、人の斡旋、輸送、移送もしくは蔵匿又は収受、又は、搾取の目的が少しでもある場合における搾取を目的として他人を支配下に置く者の同意を得るためにする金銭又はその他の形態の性的搾取、強制的労働もしくは役務、奴隷的処遇もしくは苦役、又は臓器の摘出もしくは売却」をいう。

(ii) 人身取引の行為（4、5、6条）

人身取引の行為は、(1)人身取引の行為、(2)人身取引を助長する行為、(3)所定の要件に該当した人身取引という3つのカテゴリーに分けられている。移動労働者の関わる人身取引の事案はカテゴリー(3)に該当するものは多い。それは、彼らが移動する過程の中で斡旋業者の役割が大きく、彼らに対するコントロールする力も強く悪用されやすい。

(iii) 人身取引の処罰（10条）

同法は人身取引の3種類別処罰を規定し、これらをまとめると表1となる。

03年法による処罰は、フィリピン改定刑法に規定されている貞操に関係する法律に比べて厳しいと言われている。また、人身取引の被害者および加

表1　人身取引行為カテゴリー別の罰則

人身取引行為のカテゴリー	罰則
1　人身取引行為（第4条に列挙された犯罪）	20年の拘禁刑と100万ペソ以上200万ペソ以下の罰金
2　人身取引を助長する行為（第5条に列挙された犯罪）	15年の拘禁刑と50万ペソ以上100万ペソ以下の罰金
3　所定の要件に該当した人身取引行為（第6条に列挙された犯罪）	終身刑と200万ペソ以上500万ペソ以下の罰金
その他、外国人や団体・組織に対する罰則や処罰は別に定められている。	

害者の情報を守秘に関する罰則も規定している。他の刑法犯では、「被害者」の同意によって行われた「被害者」の行為の犯罪性は阻却されることはないが、人身取引の被害者は、被害者として扱われ、加害者の命令に従ったことによって起こった犯罪については罰せられない。

(iv) 人身取引の対象とされた者の扱いと保護

また、03年法の下では、人身取引の対象とされた者は「犯罪者」ではなく、「被害者」とされており、保護の対象とされている。具体的には、人身取引の対象とされた者の法的保護（17条）、目撃者保護のプログラムに基づく優遇資格の付与（18条）、「取引の対象とされた外国人」（19条）の条項では彼らを「被害者」と呼ばれ、23条・24条・25条は彼らに対するさまざまな保護プログラムを定めている。

また、人身取引の対象とされた者に対して、防止、保護およびリハビリテーションのプログラムが提供される。16条で規定に掲げる人身取引の防止と被害者の保護および回復支援のプログラムを以下の政府機関が確立・実施なければならない。つまり、外務省（DFA）・社会福祉開発省（DSWD）・労働雇用省（DOLE）・法務省（DOJ）・国家女性役割委員会（NCRFW）・出入国管理局（BI）、フィリピン国家警察（PNP）、フィリピン海外雇用庁（POEA）、内務自治省（DILG）、在外フィリピン人委員会（CFO）および地方自治体（LGUs）である。

(v) 訴追手続（8条）と裁判地（9条）

法に基づくあらゆる犯罪の遂行について直接感知した者や人身取引の対象とされる者およびその保護者や家族は訴えを提起することができる。また、管轄の裁判所は、犯罪が遂行された場所やその構成要件に該当する事実が発生したすべての場所、または犯罪が遂行された時に人身取引の対象とされた者が実際に居住していた場所の中から選ぶ事ができる。さらに、被害者は加害者に対して民事訴訟を起こす場合は、訴訟費用の支払いを免除される。

(vi) 反人身取引に関する関連機関評議会（20条）およびその機能（21条）

同法の定めにより、法務大臣と社会福祉開発大臣を共同議長とする評議会（Inter-Agency Council Against Trafficking、以下 IACAT）を設置し、その事務局は法務省内で設置されている。この組織は、人身取引の防止、抑制そして被害者の社会統合等を含む包括的で統合プログラムの実施、省庁間で連携して敏速にまた効果的な対応および防止・被害者保護・回復支援と再統合に使用する信託基金の管理が主な役割となる。

(2) 2012年拡大人身取引防止法

2003年人身取引防止法の可決は大きな一歩であったことは間違いないが、増え続ける事件の数や規模の拡大による被害に対応するのには充分ではなく、その効果も限定的であった（Pajarito, D.[5]へのインタビュー［2012年12月1日］）。実際、法律が可決された2003年から2011年までの間に訴追された事件は、たかだか300件に留まった。その1つの主な理由として、ロマは2003年人身取引防止法は明らかに抜け道があると指摘している[6]。たとえば、事件の起訴段階で人身取引防止法の下で起訴するには確実性が欠如している場合、人身取引防止法ではなく他の法律の下で裁かれる傾向があった。また、法整備が不十分なため、訴追案件の一部は最終的に却下されたか、または取り下げられ、記録が保管されただけで、無罪放免となってしまうケースも少なくはなかった。法律上、人身取引の被害者やその家族、また、事件の目撃者に対する保護や社会への再統合対策は限られているために、彼らが裁判に非協力的になってしまうこともある。さらに、汚職の広がり、被害者が再度人身取引事件に巻き込まれる現実なども報告された。また、汚職に関与し人身取引の共犯となった公務員は人身取引ではなく汚職行為で停職処分とする手続をとらざるを得なくなったケースも起きた。これらは法の内容だけでなく、その法の実施・施行のあり方にも問題があることを意味する。

上記の批判を受けて、同法は、「2012年拡大人身取引防止法」と改定され、

---

5) Pajarito, Darlene, 法務省ザンボアンガ裁判所元検察官・IACAT 事務局長。
6) Roma・前掲注4)。

アキノ大統領が 2013 年 2 月に署名をした。この 12 年改正法は、フィリピン国内において人身取引で起訴される有罪判決の比率を高めることを主な目的とした。そこで、旧法で指摘された犯罪集団の刑事告訴や責務のすり抜け問題への対処が盛り込まれた。また、改正法のもとで、評議会 IACAT の権限も拡大し、より明確となった。IACAT に独自の予算もついたので、法の運用がやりやすくなった。たとえば、人身取引の加害者から没収した財産や罰金をすべて IACAT の資金に充当させ、また、IACAT は独自に寄付や助成金また遺贈などさまざまな方面からの資金を活動に使用することができるようになった。

　以下が主な改正点である。

(i)　人身取引の定義およびその行為範囲の拡充と具体化（3 条）
　人身取引の定義を拡大し、「人の提供」という語句が追加された。「搾取を目的とした人の募集、輸送、移送、提供もしくは蔵匿又は収受」が人身取引と見なされ、処罰の対象となる行為を拡大した。具体的には、人身取引の未遂事案の起訴や法律の領域内の共犯や幇助も処罰の対象とし、売春を目的とした人身取引の被害者に関して刑法を変更することで旧法の不備を補った。これらの追加事項は人身取引の訴追件数を上げることにつながると期待されている。

(ii)　守秘義務（10 条）
　03 年法では人身取引の加害者のプライバシー権が守られたが、改正法では守秘義務の対象から外された。

(iii)　捜査の開始と訴追（11 条）
　事件の起訴に関して、旧法では、執行機関による捜査については特に言及していなかったが、改正法では、即刻捜査を始める事を命じている。また人身取引取り締まりチームは、人身取引事件に関して何らかの事情を知っている被害者や移住労働者およびその家族からの情報収集を委任状の受理後、ただちに捜査を開始することを命じている。

(iv) 人身取引問題に対処するためのプログラムの改善（15条）

　人身取引の防止、被害者の保護、回復、リハビリテーションプログラムを拡大し、サービスを必要とする被害者に効率的にかつ迅速に提供できるように改善された。特に重要な点は、それぞれの政府機関の役割が具体的に定められ義務付けられたことである。また、被害者保護のために臨時滞在施設を設置し、被害者に以下のサービスを無料で提供することになった。つまり、1）臨時滞在場所と食料、2）精神的支援とカウンセリング、3）24時間ホットライン、インターネットを用いたカウンセリングと紹介システム、4）地域の法執行機関との連携である。加えて、性的搾取の被害を受けた人に関して、人身取引ではない行為であると立証する目的であっても、その人の過去、特に性産業関連の経験や職業にふれてはならないとなっている。

　さらに、以前には含まれなかった行政機関が役割を担うことになった。たとえば、国家捜査局（NBI）は、フィリピン国家警察と共に人身取引の容疑者と思われる者を監視し、捜査を行い、逮捕することを新たに加えた。

(v) 人身取引データベース（第16条）

　法案起草者はフィリピンの人身取引の状況に関してまとまったデータがないことを認識していた。そのため、改正法では人身取引の中央データベースの設置に関する新条項を入れた。改正法の下で、IACATは人身取引の「課題」を提起し、プログラムや支援を提供した行政機関の記録は収集し、集計と分析を行うことが位置付けられた。

(vi) 法執行機関の権限強化（20条）

　人身取引の訴訟に関わる執行官、ソーシャルワーカー、法に追従する立場にある人、被害者の救出、回復、リハビリテーション、介入、捜査や起訴に関わる者は、訴追されることはない。又、人身取引の被害者に対する報復的訴訟も人身取引の刑事告訴の結果が出るまで禁止されている。

(vii) 法の適応範囲の拡大（23条）

　改正法は、フィリピン法によって有罪となる行為の範囲を拡大した。たと

え違法行為がフィリピン国外で行われたとしても、国は域外への管轄権をも定めるとし、法の及ぶ範囲を拡大した。容疑者または被告が、1）フィリピン人の場合、2）フィリピンに在住する外国人永住者の場合、3）行為がフィリピン人に対して行われた場合は、人身取引がフィリピンで開始されたか、国外で開始されたかを問わないこととした。これらの規定を制定したことにより、法の及ぶ範囲を越えることによる法律のすり抜けを防止することができるようになった。

　今回の法改正によって、加害者が起訴や有罪判決を免れることを完全に防止できるかについて、現時点で結論を導くことは性急であるが、人身取引と闘うフィリピン政府の権限を広げたという意味では大きな変化をもたらしたと言える。すなわち、今回の法改正定によって、法執行機関はその役割を広げ、より効果的な法運用の実施が可能となったと考えられる。アメリカ合衆国政府は、改正法による国・地方自治体（州・市・郡）のすべてのレベルでの強力な人身取引防止キャンペーンや、行政担当者や海外移動労働者、一般市民を対象とした研修や啓発の行政機関による実施を高く評価した。また、同政府はフィリピン国内の人身取引被害者を積極的に見つけ出し、早期に保護したことについても賞賛した。このように、2003年に成立した人身取引法と2012年改正法の成立によって、犯罪の取り締まりをより一層強化し、また、被害者を保護する対策をより具体化することになった。

　しかし、Bunye[7]やアメリカ国務省人身取引報告書（2014年）で指摘されているように、法改定が残した課題は、まだ多い。たとえば、フィリピンでは、強制労働および男性、女性、子どもの性産業への人身取引が深刻な問題として残っていると報告書は指摘している。また、マスコミでは、男性や男児が労働者として人身取引の被害を受けていることを報じているが、統計を見る限りでは、フィリピン政府の努力は性産業と女性への人身取引に集中していることが読み取れる。さらに、人身取引に対抗する取組みは、災害の影響を受けた地域、たとえば2013年のハイヤン台風の被害を受けたレイテ島

7）　Bunye, I. "Human Trafficking in the Philippines" Sunstar Online Edition（29 June 2014）.

や、紛争地域であるミンダナオ島などでより力を入れて行われる必要があると考えられる。これらの被災地域の女性たちは、都市部に出稼ぎに行き、劣悪な条件の家事労働や強制的な物乞いに従事させられ、男性は借金付きでサトウキビ農場の農業労働や漁業、他の水産業などに従事している事例も多い。最後に報告書は、法改定だけでは解決できない問題も多いことを認めざるを得ないことも述べられている。これについては後半で詳しく議論することにする。

(3) 法律の実施と実施機関の間の連携

反人身取引対策の評議会 IACAT の役割は、各行政機関および NGO をつなぎ、各機関と NGO に指定したそれぞれの取組みをコーディネートすることである。IACAT の議長は、人身取引事件の処罰に力点を置いた法務省と被害者の保護と回復支援に力点を置いた社会福祉開発省が担っている。

IACAT は全国の人身取引の方針を包括的人身取引行動計画 2012-2016 (Comprehensive National Strategic Action Plan against Trafficking in Persons for 2012-2016) を発行し、この行動計画の元で、関連各機関はそれぞれに規定されたプログラムを遂行し、法および上記の国家行動計画に規定された目的に向けて他機関と協同することが求められている。この計画では (1)人身取引の防止とアドボカシー、(2)保護、回復、リハビリテーションと社会への再統合、(3)処罰と法執行、(4)連携とネットワーキングという4つの重点分野が取り上げられている。

2012 年改正法を執行させる前に、IACAT はいくつかの大きな問題に直面していた。1つは財源（資金および人材）の不足であった。IACAT は関係機関の連絡調整とされていたため独自の予算や人材を持っていなかったため法律を施行する関連機関の間の調整は難しかった。又、法務省から得た予算が少ないため、活動によっては国際機関や海外の NGO が財政を担う場合もあった。法改定の定めによって、IACAT 独自の予算を確保できたし、また、割り当てられた政府予算以外に海外や他国政府から助成金を受け取る事が許可されたため資金の問題は克服されつつある。

人身取引の防止や取り締まりに欠かせない優良な人材を養成する事も

IACATにとっては難題の1つとなっている。つまり、人身取引予防のキャンペーンや取り締まりの活動にはこれらを実施する人身取引と関連法律の知識を持つ人材が欠かせないが、どのようにこれらの人材を教育するのか、また、彼らがいかに忠実に任務を執行できるのかは依然として困難な問題なのである。前者については、解決例としては、たとえば、IACATは労働雇用省の中に作業班を設置して、強制労働と労働目的の人身取引を認識・区別するためのガイドラインを発行した[8]。

しかし、IACATにとって最も深刻な問題は、以下の点である。人身取引に関する捜査能力が劣ること、規模が大きい場合に対応する能力が低いことが指摘されている。また、行政機関の職員自身が人身取引の加害者になったケースがこれまでにも存在している。これは、たとえば、職員がその立場を悪用してワイロを受け取る引き換えに適切な書類を保持していない人を海外に出国させることにより加害者が無罪放免となったり、軽度の罪で済んでしまったことがある。また、中には加害者となって関わった行政職員は1人にとどまらず複数の共犯のケースもある。

IACATのもう1つの課題は、全国の人身取引の包括的データベースをつくることであり、この作業においても調整に苦慮した。改正法が実施される前は多くの部局がそれぞれの必要に応じて記録を残しており、その内容や情報の精度は個々によってかなり異なっていた。法改正により、現在IACATは、すべての関係機関からの報告をもとに全国データを定期的に更新している[9]。また、ビサヤン・フォーラムやオプレ財団など現場で被害者と直接接しているNGOと密な連携をとり、疑わしいケースや、被害者へのサービス提供や経過観察の報告を積極的に行われている。この全国データを集計することで、注意すべき地域や人身取引の新たな傾向などがとらえやすくなり、また、人身取引行為の各段階（募集・斡旋・移送・搾取）の手口・方法を把握するのにも役に立つ。さらに、このような的確で包括的な情報を関係者、特に人身取引の被害にあう可能性のある人たちと法執行機関関係者に示すこと

---

8) IACAT Secretariat "IACAT Secretariat Year-end Accomplishment Report 2015"（2016）http://iacat.gov.ph/index.php/annual-report（2016年9月10日アクセス）
9) 同注8）。

ができるので人身取引の予防と取り締まりに生かすことが期待できる。

　人身取引を防止する行政機関の取組みは、法律が規定しているように体系的に各関係機関が協力して実施している。IACAT 関係機関間の円滑な連携も人身取引防止と取り締まり活動の成功につながる。たとえば、「ホットライン」（1343 Action Line Against Human Trafficking）を取り上げよう。その本部は在外フィリピン人委員会の中に設置され、すべての機関からの報告を受けて統合して相談者に対応している。人身取引に関する問い合わせや相談は４種類、つまり、「緊急」、「重要な情報」、「一般問い合わせ」または「その他」に分けられ、それによってどの機関が対応するのかが決まる。たとえば、「緊急」と認識される電話連絡に対しては３種類、つまり、救出、保護、カウンセリング、の対応を行う。カウンセリングは、在外フィリピン人委員会、社会福祉開発省、また認定された NGO が行う。又、救出は、内務自治省、国家捜査局反人身取引部（AHTRAD）、外務省（フィリピン大使館と領事館）、空港や港に設置された反人身取引タスクフォース（Task Force）、社会福祉開発省、そしてビサヤン・フォーラムやバティスなどの NGO が担う。カウンセリングは主に社会福祉開発省および NGO の仕事となる。

　以上が、フィリピンにおける人身取引防止の法的枠組みとその実施に関わる政府機関と組織についての説明である。課題はまだあるが、しかし、その効果も現れている。前述のように、米国務省の「人身取引報告書 2005 年」において、フィリピンは第２階層ウォッチリスト（監視対象国）と区分された。しかし、法律の制定とその改定、また、その実施にあたる行政機関と NGO の真剣な取組みにより、2011 年にフィリピンは第２階層に格上げされた。そして、「人身取引報告書 2016 年」でようやく第１階層のカテゴリーを得た。

3　フィリピンにおける人身取引と反人身取引取組みの現状

　フィリピンは、男性、女性そして子どもの性的人身取引・強制労働（特に借金による束縛）や斡旋業者や雇用者による契約違反、パスポートの取り上げ、監禁、給料未払い、未成年の斡旋と不法就労など）を含む人身取引の送

り出し国、中継国であり、また、目的地でもある[10]。フィリピン人労働者の就労先であるバレーン、ブルネイ、カナダ、コートジボワール、キプロス、香港、日本、クウェート、レバノン、マレーシア、パラオ、カタール、サウジアラビア、シンガポール、南アフリカ、台湾、トルコとアラブ首長国連邦では、彼らが人身取引事件に巻き込まれる報告が出ている[11]。また、中継地としてのフィリピンの最近の例としては、インドネシア人が偽物のフィリピン国パスポートを持ってフィリピンを経由してサウジアラビアへ送り出される事件が2016年8月に起こった。また、ベトナム人が不法入国させられ、フィリピンのルソン島やレイテ島で違法で低賃金、悪い労働環境の中で家事労働者や売り子、建設労働、ポーターとして働かされた事件も2016年6月に発覚した[12]。

　具体的な数字を見てフィリピンの人身取引の現状を確認しよう。まずは2015年4月〜2016年3月の1年間では、2016米国務省人身取引報告書（306〜308頁）によれば、人身取引防止法に基づき警察が取り調べした件数は329件あり、過去2年のそれに比べて多い。一方、国家捜査局は同期間内に40件の人身取引関連の捜査を実施し、それに伴い人身取引の可能性がある容疑者を151人逮捕送致した。それに加えて、同局は性的搾取事案67件、強制労働の疑いのある事案4件の捜査を行った。さらに、政府は2015年において、人身取引防止に基づき訴追した事案数は569件、有罪判決を下した事案は42件で両方とも2014年より少ない。

　IACATのデータから人身取引防止法が成立した2003年から2016年8月までの政府の取組みの成果と問題点も確認できる。2003年〜2014年4月の間に人身取引の疑いのある事案は2,359件にのぼった。その内容は表2の通りである。この表によれば、全体の5％（127件）だけが人身取引法違反の有罪判決が下され、また、裁判中の案件や不起訴処分の案件はそれぞれ3割

---

10) US Department of State. "Trafficking in Persons Report 2016" (2016) http://www.state.gov/documents/organization/258877.pdf（2016年9月20日アクセス）
11) Roma・前掲注4)。
12) Philippine Daily Inquirer (PDI) "PH now a human trafficking destination" PDI Online Edition 10 August 2016.

である。この状況はフィリピンでは判決が出るまでの時間がかかるほか、被害者が裁判に非協力的になり、賄賂が支払われたりすることで不起訴になることを示唆している。

表2 フィリピンの人身取引関連の事案件数（2003年から2014年4月まで）

状況	事案件数	（％）
起訴前捜査中（Preliminary investigation）	115	5
不起訴処分（Dismissed/Dismissed on preliminary investigation/ Archived）	913	39
裁判手続中・裁判中・判決待ち（Pre-trial/ Presentation of evidence by prosecution/ Presentation of evidence by defense/trial/submitted for decision）	789	33
人身取引法違反の判決（Guilty of the offense charged）	127	5
その他	415	18
2003年から2014年4月までの事案件数の合計	2359	100

出典：Nonato, V. (2014)「Philippines Poor in Prosecuting Trafficking Cases — US govt.」より筆者集計　Vera Files Online Edition
http://trafficking.verafiles.org/philippines-poor-in-prosecuting-trafficking-cases/ （2016年8月21日アクセス）
注：その他にはOutstanding warrant of arrest（207件）, Arraignment（54件）, Guilty of lesser offense（15件）, Acquitted（48件）, Appeal（1件）, Petition for review（2件）, Filed for other related law（25件）, Not Applicable（63件）の案件が含まれている。

　有罪判決を受けた事案はどのような行為だろうか。表3はIACATのデータを基に集計したものである。この表を見ると、最も多いのは「所定の要件に該当した人身取引行為」であり、全体の約6割を占めていることがわかる。特に多いのは犯罪組織によりまたは大規模（3人以上）によって実施され、また、それぞれにまたは集団として3人またはそれ以上の人びとに対して犯罪が行われた場合である。典型的なのは、たとえば斡旋業がビサヤやミンダナオ地域から未成年や女性を都会（マニラやセブ）または海外（中東やマレーシア）に連れて行き、そこで強制売春や強制労働をさせるケースである。ことばを変えれば、単独の犯罪等小規模のものは目立たず、取り締まりがより困難であると言える。

　このように、フィリピンは他の国に比べて人身取引に対して防止や取り締

表3 有罪判決を受けた事案の件数（行為のカテゴリー別）（2005年〜2016年8月1日）

カテゴリー	有罪判決件数	（％）
人身取引の行為	45	19
所定の要件に該当した人身取引行為	151	62
人身取引の未遂行為	25	10
その他	22	9
事案件数（合計）	243	100

出典　IACATウェブサイト（統計）より筆者集計 http://iacat.gov.ph/index.php/human-trafficking-related-statistics（2016年9月17日アクセス）

まり活動が活発であると言えるが、いまだ十分な成果を上げているとは言い難い。人身取引を防止するためには、人身取引が増加し続けている原因を理解する必要がある。そこには人材の供給の側と人材を必要とする需要の側のコインの裏表のような状況が存在する。供給側から見ると、人身取引の被害者は貧困、失業、教育の機会からの排除、仲間からの影響、社会的期待、紛争や戦争などのような海外就労の「プッシュ」要因、海外でのより経済的に安定し豊かな生活、安全な暮らしなどの海外就労の「プル」要因が強く働き、それらに加えて、歴史的な関係や文化的親近感なども関わり、高いリスクを背負っても彼らは海外移動を望む。これについては次の節で事例を用いて述べる。

4　国際労働移動と人身取引──海外フィリピン人の事例

　フィリピンは労働力の輸出大国である。フィリピン海外雇用庁のデータによると、2015年の1年間だけでも140万人以上のフィリピン人（陸上労働者の新規雇用と再雇用の人数のみ）が契約労働者として海外に渡った。その約7割は上位5か国（サウジアラビア、アラブ首長国連邦、シンガポール、カタール、クエート）で働いている。これらの国々は人身取引被害者のルートとなるケースがある。また、彼らの職業を見れば、家事労働者（新規派遣者の約38％）、製造業の従事者（新規派遣者の約8％）が大半を占めており、特に家事労働者は性的搾取や労働搾取の対象になりやすい。

フィリピン人が契約労働者として海外に出るためには、フィリピンもしくは出国先の国の斡旋業者を通す場合がほとんどである。これらの業者は詐欺まがいで強制的で搾取的な斡旋手段をとることが少なくない。多額の斡旋料を要求することによって、労働者を強制労働、借金奴隷、商業的性搾取に陥れるのである。フィリピン政府は、海外斡旋を行う業者を規制することが国内の人身取引を根絶するために不可欠であると認識しており、POEAを中心に斡旋業を徹底的に管理・監視し、違反する場合は斡旋の免許を没取するだけでなく、終身刑と罰金のような刑罰を課している。また、POEAはフィリピンの国際空港や港で入国管理局と連携してフィリピンから出国するフィリピン人労働者の監視活動をも行っている[13]。

　フィリピンでの人身取引は、特に労働者の国際移動と密に繋がっている。すなわち、多くのフィリピン人はより良い生活を得るために海外での就労を強く希望するが、移動や行き先での就労に伴う人身取引のリスクがわからないまま渡航したり、あるいは、そのリスクを軽視してしまう傾向がある。この現象は、非正規または不法・不正に移動する労働者たちだけではなく、国際結婚の相手や婚約者、雇用主による人身売買行為も起こっている。また、人身取引の被害者の中には男性も女性も、大人も子どもも含まれている。

　フィリピンの中でも、ミンダナオ出身の人たちがマレーシアや中東で人身取引の被害にあうケースがよくニュースで取り上げられている。彼らは主に2つのルートを取っており、1つはザンバスルタ（Zambasulta）地域（ザンボアンガ、バシラン、スル諸島、タウィタウィ）からマレーシアのサバ州への移動ルート（いわゆるバック・ドア・ルート）（図1）。もう1つはマニラ経由中東への移動ルートである。フィリピン人にとって、マレーシアは最終目的地もしくは他の国（主にイスラム系中東諸国）への中継地となっている。また、マレーシアの人身売買のフィリピン人被害者のプロフィールを見れば、成人

---

[13]　フィリピン人契約労働者の送り出しや在外フィリピン人に関する法的枠組みは、1995年「移民労働者と在外フィリピン人に関する法律」（Migrant Workers and Overseas Filipinos Act of 1995、通称：共和国法第8042号）に基づき規定されている。そこで、海外送り出しの基本方針、海外雇用政策制度（特に非合法斡旋・採用に関する規定や送り出しに関わる行政機関と役割の詳細）、契約労働者とその家族および海外フィリピン人の保護と福祉を促進するさまざまな取組みなどが盛り込まれている。

図1　フィリピン・ザンバスルタ地域～マレーシア・サバ州バック・ドア・ルート

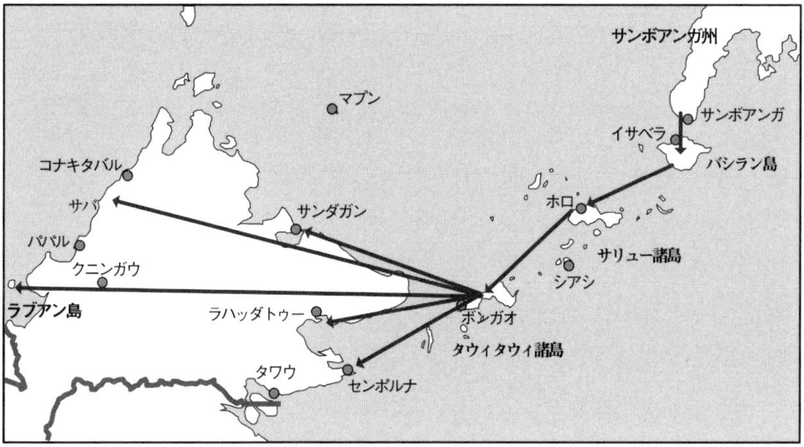

出典：グーグルマップをもとに筆者作成

　男性の多くは、ゴムなどの大農園、建設業やサービス業（ウェィターや市場での運び屋）で働き、女性は性産業の従事者や家事労働者として働くことが多い[14]。

　1つ目のルートについては、まず、ミンダナオのザンバスルタ地域からサバ州への移動が多い理由を説明する必要がある。1つは、地理的に距離が近いからであり、ミンダナオのザンボアンガ港とサバ州サンダカン港の間にフェリーは定期的に運行されている。また、スル諸島の中心であるボンガオ市からサバ州の最も近い都市であるラハドダトゥの距離は約164キロしかなく、高速フェリーで4時間以内で行き来できる。歴史的なつながりも指摘することができる。昔、この地域は1つの「王国」をなしており、人びとは制限なしで移動ができていた。しかし、植民地時代のイギリスと当時のスルタンとの協定によって、サバ州はマレーシア・インドネシア・ブルネイとの間に分割され、サンバスルタ地域はフィリピンの領土となった。現在も、マレーシア政府はスル諸島に住んでいるこの王国の遺族に対して年間土地代を払って

---

[14]　この地域ではフィリピン人労働者がどのような人身取引とみなされる行為の被害を受けているかを詳しく知りたい人は Ateneo Center for Human Rights (2012) 年の報告書を参照。

いる。これらの理由で、この地域の人びとの文化には共通するものが多い。両地域の主な宗教はイスラム教であり、また、ことばも共通する部分があり、日常生活には違和感が少なく、生活に馴染みやすい。しかも、多くは親戚関係があるとの意識が強く、この地域の人びとは外国へ行くよりも、海の向こうの親戚を尋ねる感覚で移動する人が多い。また、現地で実際に頼れる親戚がいるため、不法滞在が長期化しても不自由は少なく、在留資格を持たない2～3世代の家族・親戚もいる。したがって、この地域ではいわゆる「移動の文化」が根付いているため移動が比較的に簡単にしやすいと考えられる。

しかし、現在、特に労働者の移動の最も強い要因となっているのはサバ州とザンバスルタ地域の経済格差であろう。ミンダナオ島はフィリピンの中でも貧困状況が最もひどく経済開発が遅れており、失業率が高い。それに対して、マレーシアのサバ州は人手不足の問題が深刻でサービス産業や大農園や森での非熟練の仕事が見つけやすい。また、ミンダナオ島はイスラム独立運動による政治的混乱・紛争が長い間続いているのに対して、サバ州は比較的に政治的に安定・安心して生活ができる。この経済的・政治的な要因が歴史的・文化的・地理的要因とあいまって、フィリピン人には人身取引のリスクがわかっていても、移動に対しての抵抗感が少ない傾向があり、その過程で、人身取引の被害にあうケースが多い[15]。

サバ州への入国方法は大きく2つに分けられる。1つは、ザンボアンガ市から飛行機または大型フェリーでコタキナバル空港またはサンダカンの港から入るものである。入国の際、彼らの多くは「観光」や「家族訪問」の在留資格を持っているが、期限が切れてもサバ州に滞在し続け働く。もう1つの方法は、小型の船でザンバスルタ地域を転々としてサバ州側の個人所有の船場（時には家の裏庭）から不法に侵入する方法である。彼らの多くはパスポートさえ持たないが、現地では、身分証明書がなくても親戚や友人、「恋人」の紹介で不法就労できる。

人身取引の被害者を支援するチン氏とバスティオン氏（在マレーシアフィ

---

[15] しかし、最近はザンバスルタ地域だけでなく、フィリピンの北部（ルゾン島）出身の労働者もこのバックドアールートを通り、サバ州を経由して中東へと移動するケースも見られる。

リピン人コミュニティー連盟の代表）によれば、女性に対する典型的な手口としては、斡旋業者を装った人身取引シンジケートがフェイスブックや知り合いを通してウェイトレスを募集し、斡旋料なしで月3〜4万リンギット（約75万〜100万円、1リンギット＝約25円 2012年12月現在）の報酬を約束する。彼女らにパスポートを用意させ、空港または港で航空券（乗船券）を渡す。コタキナバルかサンダカンについたら、シンジケートのメンバーが彼女らをラブアン（西側の島）に連れて行き、売春婦として強制就労させる。お客さんの相手をしなければ、一回300リンギットの罰金が科される。パスポートももちろん取り上げられる。また、お客さんが払うサービス料の三分の一、100リンギット程度（約2,500円）だけが彼女らのものになり、残りは斡旋業者と店の経営者に徴収される。仕事の辛さを忘れるために麻薬を使用する女性たちも中にいるという。また、この支援団体が助けた女性被害者たちの多くはフィリピンではシングルマザーであり、家族のために働かざるを得ないので我慢して諦めて仕事をしてしまうようである。

　他方で、男性の移動労働者については、労働搾取のケースが最も多い。たとえば、ベルトさん（仮名、20代男性、ザンボアンガ出身）は遠い親戚のおじさんに「サバ州の木材（プライウッド）工場で1日210ペソ（約420円　1ペソ＝約2円 2012年12月現在）の給料で働かないか」と声かけられ、斡旋業者を紹介された。彼は地元で職がなくまた仕事があったとしてもこの金額の約半分しか稼げないためこのオファーに飛びついた。パスポート申請料や斡旋料を払うために家を3.7万ペソ（当時約74,000円）で売って、観光ビザでフェリーを使ってサンダカンに入った。現地に着いてすぐパスポートが雇用者によって取り上げられ、また、生活費は前借りとなった。毎月の給料は利息付きの借金（先月の食費と斡旋料）より少ないため彼は借金が溜まり、フィリピンの家族に送金できなかった。数か月後、彼は逃亡してパスポートを持たないままバクドアールートでザンボアンガ市に戻り、斡旋業者を裁判に訴えようとした。しかし、証拠が不十分なこととこのようなトランスナショナル犯罪に対応するためのマレーシアとフィリピン政府間の連携が不十分で、犯罪者の行方を確定しにくいために裁判手続がなかなか進んでいない[16]）。

不法滞在者の男性労働者は、工場以外に森林伐採やゴムの大農園で働く場合も多いが、雇用者による入国管理局への通報により彼らが給料をもらわないまま逮捕されることもある。通報日は給料の支払い日の前日が多い。逮捕された彼らはマレーシアの法律に従い、むちうちの体罰を受け、また、数カ月留置所に入らなければならない。ある証言者によれば、留置所の住環境がひどく、食料品と水が不足していて、また換気の状態がよくないため、多くは皮膚病や伝染病などにかかってしまう。彼らはフィリピンに船で強制送還されるが、人数は多いため時間がかかり、場合によっては数年間留置所で過ごす人もいる。

　では、ザンバスルタ地域の政府機関や自治体、NGOは人身取引の課題に対してどのように対処しているのだろうか。この地域では、海上対人身取引特別委員会（Sea-based Anti-Trafficking Task Force SBATTF）が設置され、反人身取引の活動の中心となっている。この委員会は地域の政府機関（法務省、社会福祉開発省、入国管理局、労働省、外務省、フィリピントランスナショナル犯罪センター、海上保安部隊、警察など）、NGOおよびフェリー会社によって構成され、主な仕事は港での出国前審査、取り締まりと被害者の保護である。

　委員会は港でタスクフォースデスクを設置し、そこで特に人身取引の被害を受けるリスクの高い搭乗者に対して彼らが持っている書類（パスポートやビザなど）が本物かどうかや、サバ州への渡航目的や現地での受け入れ先などについてインタビューを行う。偽物の書類や不法斡旋の疑いが強いものは入国管理局に報告され、場合によっては出国が許可されない。このような作業をすることによって、人身取引の被害を防ぎ、また、搭乗者自身にも人身取引の被害のリスクを実感させるきっかけともなるとも考えられる。

　被害者保護の業務に関しては、社会福祉開発省およびビサヤン・フォーラムザンボアンガ支部が担っている。社会福祉開発省は避難民処理センター（Processing Center for Displaced Persons）を持っており、サバ州から強制送還されたフィリピン人たちの一時的受け入れをしている。保護した人びとの

16）　被害者へのインタビュー。2012年12月2日ザンボアンガ市。

中には雇用者による給料の未払いや長時間労働、高額な斡旋料の徴収、児童労働、また、お客さんや外国人夫による性的虐待や身体的虐待を受けた人も少なくない。このセンターは彼らの数日間食費と宿泊を提供し、その間家族と連絡し迎えに来させ、それが困難な場合はお金を送ってもらい帰りの交通の手配を行っている。

　フィリピンで初めて人身取引法が適応され、犯罪者に対して有罪判決が下されたのはこのザンボアンガの裁判からである[17]。加害者（2名、1人逮捕、1人行方不明）は被害者（22歳、女性）にマレーシアでウェイトレスの仕事を約束したが、サンダカンに着いたら売春宿に「売られ」、毎晩強制的に3〜5人の男性客を相手させられた。拒否すれば、頭を壁にぶつけられたり、体に暴行を受けたりした。1か月後彼女は支援団体に救済され、ザンボアンガに戻った後、裁判を起こし2005年11月にその判決がおりた。加害者は終身刑と200万ペソの罰金が科されたが、加害者の1人は逃亡中である（Pajarito, D.[18]へのインタビュー）。この地域の反人身取引対策の取組みは国内でも最も大きな成果をあげていると思われるが、人身取引のターゲットになりやすい海外就労者が抱えている問題を十分理解し対処しなければ、フィリピンの人身取引の課題は解決されず、むしろ悪化するのであろう。このことは、ザンバスルタ地域だけでなく、フィリピン全国の状況に当てはまると言えるだろう。

　フィリピンでは、家族関係が特に若者の移動に関する決断に大きく影響している[19]。家族の1人が海外へ移動することに関して家族内の反対は少なく、むしろ、全員の生活がよくなると期待して家族は積極的である。ここでは、被害者グレースさん（仮名）のケースを紹介したい。彼女は空港で保護され

---

17) "People of the Philippines vs. Hadja Jarma Lally y Purih, Ronnie Aringo y Masion (convicted) and Nestor Relampagos (at-large)" 事件の詳細はフィリピン最高裁判所ウェブサイトを参照。http://sc.judiciary.gov.ph/jurisprudence/2011/october2011/195419.html（2016年6月10日アクセス）

18) 前掲注5)。

19) The New Economics of Labor Migration によれば、労働の国際移動の主体は個人ではなく家計である。詳しくはたとえば、Massey et al (2005)「Worlds in Motion: Understanding International Migration at the End of the Millenium」Oxford University Press を参照。

た時、彼女自身は被害者とは思っていなくて、今度こそぜひとも海外就労を成功させたいと思っていた。彼女に保護された当時の気持ちを聞くと、「ほっとした」よりも、「怒り」と「残念」な気持ちが強かったという。なぜなら、彼女は海外で働き、家族にお金を送金して、家族が田舎で楽な生活をしている夢を見ていて、出国が止められ、保護されたことはその夢の実現を「邪魔」していると考えたからである。彼女に自分をもので例えるとどのようなものと思うかを描かせると、彼女は「傘」と描き、自分は傘のように家族を強い日差しや雨から守る役であると説明する。同シェルターのソーシャルワーカーによると、被害者の中にはグレースさんと同じ気持ちを持っている人が多いようである（Mendones, E.[20]へのインタビュー）。

　もう1つ懸念すべきことは、被害者が一度被害にあったにもかかわらず、海外への再渡航と就労を諦めないことである。グレースさんの場合、お父さんが彼女の失敗を知った時に、「今回は仕方がない。次回は必ず成功させよう」と彼女を慰めた。実際、同じ手口で渡航して人身取引の被害に再びあってしまうケースも報告されている（Alcantara, J.[21]へのインタビュー）。ネネさん（仮名、18歳、女性、ミンダナオ島、マギンダナオ州コタバト市出身）はその1人である。彼女は14歳でクウェートに家事手伝いとして偽造パスポートで働きに行ったが、雇用主から虐待を受けて5か月不当監禁され、17歳の時にやっと雇用主から逃げることができて、マニラを径由して郷里に戻った。しかし、しばらくして、ヨルダンで働こうと以前と同じ偽造パスポートを使って出国しようとして、空港でIACATタスクフォースに止められ、ビサヤン・フォーラムに保護された。彼女はミンダナオ島に戻るつもりはなく、シェルターに住んで昼間は学校に通い、卒業してできれば家族のために海外にまた働きに行きたいと言う（ネネさんへのインタビュー・2010年8月）。

　これらの事例を見れば、フィリピン人の海外労働者をめぐる人身取引の問題の大きな背景にはフィリピン地方の貧困と家族の大きな期待が強くのしかかっていることが考えられている。

---

20) Mendones, Erika Emy, ビサヤン・フォーラム・ソーシャルワーカー；Bahay Silungan sa Paliparan・マニラ国際空港人身売買被害者シェルター・2010年8月23日。

21) Alcantara, Jerome, ビサヤン・フォーラム本部企画センター長・2010年8月23日。

5　むすび

　人びとの移動は、冷戦終決後、交通手段やITテクノロジーの発展、また、経済発展とともにますます盛んになり、全地球レベルでの拡がりを見せている。しかし、その負の側面として、人身売買はより顕著となった傾向があり、世界レベルで、この問題への取組みがなされている。

　フィリピンを例にとれば、アメリカ合衆国政府に促された側面を持ちつつ、人身売買に対して、法律を含むさまざまな対策と多くの人びとの努力がなされている。しかし、本章で述べた通り、人身取引を促進させるさまざまな社会的・文化的・経済的要因が依然として存在している。ある少女とそのお父さんが「こんどこそ成功する（させる）」と述べた言葉は重いものとして受け止めなければならない。

　現在の世界では、グローバリズムと称された現象に変化が起こりつつある。難民の問題に揺れるEUや各国のナショナリズムの高まり、経済の停滞に規定されつつ、次第に社会排外的な傾向が強くなりつつあるようである。こういった中で、人の移動にも大きな変化が起こることが予想される。そのため、人身取引の問題も変化が起こることが予測される。それは、単に減少するなどとは考えられずより陰湿でより隠蔽されることを恐れなければならない。このような現象の変化の可能性にも十分注意しつつ、今後さらに、世界的な取組みがなされなければならない。

（訳　青木理恵子）

〈参考文献〉

Ateneo Center for Human Rights (2012) "Trafficking in Women and Children in Zamboanga, Basilan, Sulu, and Tawi-Tawi (ZAMBASULTA)" United Nations Global Initiative to Fight Human Trafficking Vienna, Austria http://www.ungift.org/doc/knowledgehub/resource-centre/CSOs/CSO_Ateneo_Trafficking_in_Women_and_Children_in_ZAMBASULTA.pdf（2016年9月1日アクセス）

Nonato, V. (2014) "Philippines Poor in Prosecuting Trafficking Cases — US gov't

Vera Files Online Edition
http://trafficking.verafiles.org/philippines-poor-in-persecuting-trafficking-cases/（2016 年 8 月 21 日アクセス）

Pajarito, D.（2014）"Multilateral Perspective on Trafficking: The Way Forward to Singapore." Singapore

Pajarito, D.（2011）. "Best Practices in the Protection, Prevention, and Prosecution of Human Trafficking Cases in Zamboanga City." United Nations Asia and Far East Institute Japan

Philippine Official Gazette（2003）"Philippine Anti-Trafficking in Persons Act of 2003" Republic Act No. 9208.（26 May, 2003）. http://www.gov.ph/2003/05/26/republic-act-no-9208-s-2003/（2016 年 9 月 17 日アクセス）

—— （2013）"Expanded Anti-Trafficking in Persons Act of 2012" Republic Act No. 10364（6 February 2013）. http://www.gov.ph/2013/02/06/republic-act-no-10364/（2016 年 9 月 17 日アクセス）

US Department of State.（2005）"2005 Trafficking in Persons Report" http://www.state.gov/documents/organization/226844.pdf（2016 年 9 月 17 日アクセス）

—— （2006）"Report on Human Rights（Philippines）" http://www.state.gov/j/drl/rls/hrrpt/2005/61624.htm（2016 年 9 月 17 日アクセス）

—— （2013）"2013 Trafficking in Persons Report" http://www.state.gov/j/tip/rls/tiprpt/2013/（2016 年 9 月 20 日アクセス）

—— （2014）"2014 Trafficking in Persons Report" https://www.state.gov/documents/organization/226844.pdf（2016 年 9 月 17 日アクセス）

[4] 韓国の人身売買と対策の現段階
―移住女性人身売買の実態と人身売買関連法制を中心に―

車 恵 怜

1 はじめに

　人身売買を規制する代表的な国際規範である『国連国際組織犯罪防止協約を補充する人身売買、特に女性および児童の売買予防および抑止のための議定書（以下、「Palermo 議定書」）』は人身売買を「搾取を目的に威嚇、武力の行使または、その他の形態の強迫、拉致、詐欺、欺罔、権力または当事者の弱い立場の濫用、他人の統制力を持った者の同意を得るための報酬または恩恵の授受などの手段による人身の募集、運送、移転、隠匿、引受け」と定義している。

　韓国でも Palermo 議定書が定義した人身売買に関わるさまざまな事案が発生している。この報告では特に韓国社会で問題になる移住女性の人身売買を中心に検討する。まず移住女性人身売買の実態を3つの事例類型、性的搾取目的、労働搾取目的、強制結婚目的に分けて検討する。次に、人身売買を規制する韓国の現行法を人身売買処罰と人身売買被害者保護の内容などに分けて検討しながら、現行法が人身売買に対処するのに効果があるかどうか、無力ならばその原因が何かを検討する。最後に韓国の移住女性人身売買規制のために必要ないくつかの対策を提示する。

2 事例類型から見た移住女性人身売買の実態

(1) 性的搾取目的の人身売買[1]

　外国人女性が韓国を目的国として人身売買される代表的な事例は、芸術興行査証（E-6ビザ）を所持した外国人女性が韓国の性産業に流入する場合である。『出入国管理法施行令』[2]は外国人の滞在資格を37種に区分しているが（2011年11月現在）、その中でE-6ビザは収益を伴う音楽、美術、文学などの芸術活動、収益を目的とする演芸、演奏、演劇、運動競技、広告、ファッションモデルなどで出演する興行活動をする者に発給される。ところで問題はE-6ビザ所持者のうち、『観光振興法』が定めた外国人専用遊興飲食店業で公演や演芸活動をしようと入国した移住女性が、実際には公演の他に性的サービス提供や売春を行う場合が多く、送出国と目的国の企画会社またはプロモーターは、女性たちを募集する段階から公演目的でなく性的サービス提供や売春（性売買）を目的としている場合が多いという点である。

　E-6ビザを所持した移住女性が売春に流入する過程は概して次のようである。①送出国の仲介業者は送出国内で「韓国で歌手になれる」と宣伝して女性を募集する。②韓国の企画会社（派遣使用業者）は公演業者（外国人専用風俗店など）と公演契約を締結する。③韓国企画会社は映像物等級委員会に該当女性の「外国人国内公演」を推薦する。④女性は法務部出入国管理事務所の査証発給認証書を受けて、外交通商部在外公館にE-6ビザを申請して発給を受ける。⑤女性が韓国に入国すれば勤労契約の内容のとおり外国人専用風俗店などで歌や音楽演奏など公演をしなければならない。⑥しかし実際には女性が遊興接客員をしたり、性的サービスを提供し、さらには「2次会」または「バーファイン（bar fine）」[3]という名で売春をしたりもする。

　被害女性らを支援する団体の事例を調べれば、女性たちは売春、人身売買

---

[1]　この部分は、韓国NGOが2011年6月国連女性差別撤廃委員会に提出した『国連女性差別撤廃協約第7次韓国政府報告書に対するNGO反論報告書』から、報告者が移住女性人身売買に関して作成した部分を修正、補完したものである。
[2]　以下、本稿で引用する法令は特別な表示がなければ、韓国の現行法令を意味する。

被害を訴える以前に、事業所内での賃金未払い、旅券押収、暴力、頻繁な事業所変更、「ジュース割当制」[4]に対する心理的負担などを訴えて、相談と支援を要請して事業所を脱出しようとする。特に、女性たちは事業所での賃金搾取による貧困問題に深刻に苦しめられるので、E-6-2 ビザ喪失による、いわゆる「不法滞在」状態を甘受しながらも事業所から離脱している。

一方、E-6 ビザ所持外国人女性を雇用した韓国の使用事業主や派遣事業主を管理・監督するシステムは分散していて効果的に機能していない。E-6 ビザを所持した外国人芸能人派遣勤労業者の許可および勤労契約に関する業務は労働部、外国人専用遊興飲食店監督は保健福祉部、外国人公演推薦およびビデオ審査業務は文化観光部傘下の映像物等級委員会、査証発給および滞在管理業務は法務部出入国管理事務所、売春被害申告は警察と検察が担当している。関連業務の分散により、人身売買、売春の被害にあった移住女性の保護が効果的になされていない。

韓国内の外国人売春被害支援施設を含む４団体で、外国人売春および人身売買被害を受けて相談した被害者の国籍および滞在資格別現況は次の表１のとおりである[5]。この資料を見ると、公式の国内実態調査がない状態であるが、売春および人身売買被害をこうむった移住女性の現況を部分的ではあっても把握することができる。国籍別に見れば、大多数がフィリピン女性であり、滞在資格別に見ればE-6 ビザの所持者が大多数である。最近ではE-6 ビザの他にもオーバー・スティの移住女性労働者や結婚による移住女性が人身

---

3) 「fine（罰金、罰金を科する）」の元来の意味から、事業所の客が事業所に雇用されたダンサー、接客員、従業員などを事業所の外へ一定の時間連れて出す場合、事業主に支払う一種の「罰金」を指す。言い換えれば、事業主は客の要請どおり雇用人が客について事業所の外に出て行くのを許容する代わりに、その損失を客に罰金で払わせることを意味する。しかし実際に「バーファイン」は、営業時間内に事業所外で成立する２次会（売春を含む２次会）または、その「料金」を意味する用語として通用している。
4) 事業主が、女性たちが毎月売らなければならないジュースの割当を定めて、割当をすべて売った場合、ジュース販売額の 20～30％を女性に支給するシステム。女性が客に女性自身が飲むジュースを買ってくれという方式で販売する。女性たちは事業主から割当量を満たさなければならないという圧力を受けるだけでなく、割当量を満たせない場合、女性は何の収入も得られなくなるので、収入を補塡するために２次会（売春）をすることになる。
5) トゥレバン外国人売春被害女性支援施設『性産業に流入した外国人人身売買被害者支援のための法律ガイドブック』(2010 年) 34-35 頁。

表 1

年度	相談被害者総数	国籍別被害者数		滞在資格別被害者数	
2008	51	フィリピン	50	E-6-2	51
		ロシア	1	F-2-1	0
		ベトナム	0	C-3	0
		その他	0	その他	0
2009	116	フィリピン	114	E-6-2	112
		ロシア	2	F-2-1	3
		ベトナム	0	C-3	1
		その他	0	その他	0
2010 (7月現在)	65	フィリピン	65	E-6-2	62
		ロシア	0	F-2-1	2
		ベトナム	0	C-3	1
		その他	0	その他	0

売買ブローカーの斡旋によって売春に流入する事例も報告されている。

2009年の出入国管理事務所統計によれば、E-6 ビザの発給を受けるフィリピン芸能人は 2,505 人に達する（表 2 参照）。特記すべきことは、送出国のフィリピンと流入国の韓国政府が把握している芸能人の統計が一致しないという点である。フィリピン政府は韓国駐在フィリピン大使館内の海外労働事務所（POLO）の雇い主検証手続と、フィリピン海外雇用庁（POEA）の芸能人登録手続をすべて経てはじめて合法的な移住労働者と見なす。反面、韓国政府はフィリピン政府の厳格な「海外雇い主検証」や POEA 登録を通過しなかった韓国派遣業者にもフィリピン芸能人入国を許容しているから、このような不一致が発生する。

(2) 労働搾取目的の人身売買

労働搾取目的の人身売買には E-6 ビザを所持した移住女性に性的サービスや売春 [(1)項の事例] でなく、遊興酒場の遊興接客員（客と共に酒を飲んだり、歌や踊りで客の興を引く女性）が行う労務を提供させる目的で、女性を引き受ける類型、雇用許可制で入国した移住女性労働者（E-9 ビザ所持者）を

表2　フィリピン海外移住雇用労働庁（POEA）登録芸能人と韓国出入国管理事務所外国人芸能人入国者数

年度	全体入国者数(1)	フィリピン(1-1)	POEA登録 韓国入国フィリピン芸能人数(2)
2006	4,518	1,900	487
2007	4,185	2,048	1,350
2008	4,845	2,332	1,020
2009	4,577	2,505	865

＊　(1)、(1-1)は法務部外国人政策本部（出入国管理事務所）統計、(2)はフィリピンPOEA統計

本人の意思に反して労働させる目的で女性を引き受ける類型が含まれる。

(3) 強制結婚目的の人身売買

　強制結婚目的の人身売買は性的搾取目的の人身売買の特殊な形態と見なすことができる。韓国で結婚移住女性（F-2ビザ所持者）が急増する過程で、次のような国際結婚仲介形態の問題が現れた。まず、移住女性と結婚する韓国男性を募集する過程で、女性の人権を侵害する人種差別的、性差別的な国際結婚仲介広告が行われた（たとえば、「ベトナム女性は従順で逃げない」という広告）。次に、仲介業者などが結婚希望者を管理・統制する（たとえば、合宿生活、外出制限、借金隷属）。3番目に、配偶者決定過程で結婚する相手方に対し不正確で偏った情報を提供して（たとえば、相手方の年齢を欺いたり、障害状態を知らせないこと）、移住女性の自律的な配偶者決定権を侵害する方式（たとえば、美人コンテスト式の見合い）で配偶者決定される。4番目に、結婚以後にも仲介業者が移住女性の家庭生活に干渉したり、配偶者が家庭暴力にあったり、人権侵害が起きる事例が多数報告されている。

　特に組織的ネットワークを持った仲介業者などが女性を募集、管理、統制して移動させる点、女性が見合いを準備する時から結婚後、韓国に入国するまでの期間、仲介業者が運営する宿舎で生活して外出が制限される点、その期間に使った生活費を女性の借金として計算する点、このような借金による隷属で女性が見合いをやめたり、韓国男性の配偶者指定に対し拒否権を行使できないという点を考慮すれば、国際結婚仲介自体が「人身売買的性格」を

帯びているという分析には相当な説得力がある。

3 人身売買に関する韓国の現行法と問題点

(1) 人身売買に対する刑事処罰規定と問題点
(i) 刑法改正以前

　2013年4月5日に刑法が改正されたが、それ以前の韓国の法制は、人身売買を包括的に処罰する単一法体系でなく、人身売買犯罪に関わる刑事処罰規定がいくつかの法律に散在している体系であった。代表的な刑事処罰規定は次のようである。「刑法」は第2編第31章「略取誘引罪」の章で営利目的略取誘引罪（第288条第1項）、婦女売買罪（第288条第2項）、国外移送目的略取誘引売買罪（第289条）、結婚目的略取誘引罪（第291条）、略取誘引売買された者の授受隠匿罪（第292条）等を規定している。さらに「特定犯罪加重処罰などに関する法律」は刑法第288条、289条、292条第1項の罪を犯した者は無期または5年以上の懲役に処する加重処罰規定を置いている。また「売春斡旋など行為の処罰に関する法律」は売春目的の人身売買に対し（第18条第3項第3号）3年以上の有期懲役に処する別途の規定を置いている。

　しかし、上の刑事処罰規定は次のいくつかの理由のために、韓国で発生する大多数の移住女性人身売買事案に適用されていない。

　捜査機関（警察、検察）は移住女性人身売買犯罪を処罰するのに、上の犯罪規定を適用して執行することに消極的である。特に自分の意思と関係なく、または、誤った広告・募集によってだまされて性産業に流入したE-6ビザ所持女性たちが、自分を雇用した風俗店の事業主や外国芸能人派遣使用業者を『刑法』上「営利目的略取誘引罪」または『売春斡旋など行為の処罰に関する法律』上の「売春目的の人身売買罪」で告訴する場合、捜査機関は単純売春罪に焦点を合わせて捜査し、人身売買行為者などを売春斡旋罪だけで起訴して、人身売買犯罪に対しては不起訴処分にする場合が大部分である。法執行公務員たちは人身売買に対する認識が顕著に不足しているので、女性が出身国から韓国に移動することになった過程、その過程に関与した人々の行為を包括的な人身売買過程として把握できず、「売春」事件としてだけ扱って

表3 第1審裁判所に起訴された「略取誘引罪」処理現況

年度	接受	合計	有罪					無罪	公訴棄却	少年部送致	その他
			有期懲役	無期懲役	執行猶予	財産刑	宣告猶予				
2006	27	19	3	.	13	1	.	1	.		1
2007	23	25	7	.	14	1	1	.	1		1
2008	55	48	15	.	22	.	2	2	3		4
2009	54	47	14	.	26	.	3	1	.	2	1
2010	55	63	18	.	31	1	.	2	8		3

＊ 2006年-2010年大法院『司法年鑑』から抜粋して整理した。

いるのである。実際に第1審裁判所に起訴された「略取誘引罪」が処理された現況を大法院が発刊する『司法年鑑』2006年-2010年の資料（表3）で見てみると、「略取誘引罪」の章に属す犯罪で第1審裁判所において有罪判決を受けた事件数は、2006年17件、2007年23件、2008年39件、2009年43件、2010年50件にすぎない。ところで、刑法第2編第31章「略取誘引罪」に含まれる犯罪のうち、婦女売買罪（第288条第2項）、結婚目的略取誘引罪（第291条）はほとんど死文化した規定なので、適用例をほとんど見出すことができないという点、以上に見たとおり、捜査機関は営利目的略取誘引罪（第288条第1項）を人身売買事件に適用するのに消極的であるという点、「略取誘引罪」の章に属す犯罪のうち、実務上、主に活用される条項は未成年者略取誘引罪（刑法第287条「未成年者を略取または誘引した者」、すなわち搾取の目的のない誘拐犯を処罰する犯罪なので、厳格に言うならPalermo議定書が定義した人身売買犯罪に該当しない）程度である点を考慮すれば、移住女性の人身売買事件に刑法の略取誘引罪はほとんど活用されていないと言っても過言でない。

このように移住女性の人身売買事件のなかで、一部は現行法（当時）でも十分に処罰が可能であるにもかかわらず、一般刑事法の刑法でも、特別刑事法の『売春斡旋など行為の処罰に関する法律』でも処罰されていない実情がある。また、法規範自体の問題もある。現行刑事処罰規定はPalermo議定書が規定した人身売買の定義に相応する人身売買犯罪を全部包括していないがゆえに、強制的手段や欺罔的な手段の他に、当事者の弱い立場を利用する

形態の人身売買に対しては適正に対処することができていない。

(ii) 2013年4月5日、刑法改正以後

2013年4月5日、政府が発議した刑法改正案が国会で議決され、刑法の「略取と誘引の罪」の章が「略取、誘引及び人身売買の罪」の章に変わった。主な内容は次のとおり（表4）。

政府は、上記刑法改正について、2000年に韓国政府が署名したPalermo議定書を準備するための立法措置であることを明らかにした。しかし改正刑法は、「人身売買」という別途の概念定義なしに、「売買」という構成要件をそのまま使ったという点、当事者の弱い立場を利用する形態の人身売買の規

表4 刑法 第31章「略取、誘引、人身売買の罪」主要内容

犯罪構成要件			法的刑
略取・誘引	未成年者略取、誘引	287条	10年以下の懲役
	「醜行、姦淫、結婚、営利目的」の人身略取、誘引	288条1項	1年以上10年以下の懲役
	「労働力搾取 性売買と性的搾取、臓器摘出目的」の人身略取・誘引（新設）	288条2項	2年以上15年以下の懲役
	国外移送目的の人身略取・誘引略取・誘引された人身国外移送	288条3項	2年以上15年以下の懲役
人身売買	人身売買（新設）	289条1項	7年以下の懲役
	「醜行、姦淫、結又は営利目的」の人身売買（新設）	289条2項	1年以上10年以下の懲役
	「労働力搾取、性売買と性的搾取、臓器摘出目的」の人身売買（新設）	289条3項	2年以上15年以下の懲役
	国外移送目的の人の売買／売買された人身国外移送（新設）	289条4項	2年以上15年以下の懲役
障害／致傷	略取・誘引・売買・移送された人身に対する傷害／致傷	290条	3年以上25年以下の懲役／2年以上20年以下の懲役
殺人／致死	略取・誘引・売買・移送された人身に対する殺人／致死	291条	死刑、無期、7年以上の懲役／5年以上の懲役
その他	略取・誘引・売買・移送された人身、隠匿、募集、運送、伝達	292条	7年以下の懲役

定をしていない点、児童と障碍者に対する特別な構成要件を置かない点、被害者の同意が犯罪成立に影響がないという特別規定を置かない点、全般的に改正刑法第288条と刑法第289条で、搾取目的の（醜行、姦淫、営利、労働力搾取、性売買と性的搾取、臓器摘出目的）と行為（略取、誘引、売買）が重複して規定されているので、体系整備が不充分であるという点から、Palermo議定書を実行する立法と見るには、十分でないと言えよう。

(2) 人身売買被害者支援に関する特別規定と問題点
(i) 刑法改正以前

『売春斡旋など行為の処罰に関する法律』第11条は「外国人女性に対する特例条項」を置いて外国人女性売春被害者（売春目的の人身売買の被害者は売春被害者とされる）の捜査時、起訴可否を決めるまで、『出入国管理法』上の強制退去命令の執行を禁止して、『出入国管理法』上の保護の執行を禁止する。起訴後、検事は売春被害の実態、証言または賠償の必要性その他の情況を考慮して、出入国管理事務所長に強制退去命令の執行を猶予したり、または保護の一時解除を要請したりすることができる。一方、外国人女性は上の期間中、支援施設を利用することができる。『売春防止および被害者保護などに関する法律』第7条は、外国人女性支援施設が外国人女性の売春被害者を対象に3か月以内の範囲内で、内国人被害者に提供されるサービス（宿泊提供、相談および治療、医療支援、捜査機関の調査と裁判所の証人尋問への同行）の他に帰国支援ができるように規定している。

韓国の現行法上の人身売買被害者支援のための条項は、上の2つの条項がすべてである。ところで、上の2つの条項は人身売買罪として分類できる刑法上略取誘引罪の被害者に対しては適用されず、『売春斡旋など行為の処罰に関する法律』の「売春目的の人身売買」に対してだけ適用される。結局、韓国現行法上、すべての類型の人身売買被害者の司法的救済と社会復帰を支援する体系的で包括的なシステムは現在のところ設けられていないと見ることができる。また、上の特例は人身売買被害者が人身売買行為者処罰のための刑事司法手続に協力することを条件として、すなわち捜査または裁判のためにだけ臨時に滞在を許容するという根本的な問題点がある。

一方、人身売買被害者支援に関する特別規定が捜査と裁判の期間に限定して滞在を許容し、この特例期間では申告者の滞在資格が既存の滞在資格において原則的に就職活動をすることが許されない「その他のビザ」(G-1)に変更されるという点は、人身売買処罰の不確実性とあいまって、被害移住女性が捜査機関に申告を忌避する主要要因として作用している。

捜査や裁判過程にある売春被害者が、3か月以内の範囲の宿泊提供と帰国支援を受ける特例の適用を受けるためには、「売春被害者」として認められるべきなのに、(1)項で見たとおり、移住女性は韓国法上「売春被害者」に該当する強要や監禁による売春、売春目的の人身売買の被害者として認められるのが容易でなく、大部分は単純売春で扱われるがゆえに、被害者として認められるのがかなり難しい。したがって「売春目的の人身売買」をした者（人身売買行為者）を告訴した女性は、警察と検察の捜査期間の間は強制退去から保護されうるが、大部分の事件で検察が人身売買告訴事件に対して不起訴決定をしている現在の状況において、不起訴決定で捜査が終了すれば、女性は人身売買被害の救済を受けられないまま本国に帰国しなければならない。たとえ検事が「売春目的の人身売買」で起訴して裁判所が有罪判決を下すと仮定しても、臨時に強制退去が猶予された期間（捜査と裁判の期間）が有罪判決宣告で終了するので、女性は本国に帰国しなければならない。

また、他の重要な問題は被害者の生計維持のための就職活動である。売春目的の人身売買被害をこうむった移住女性は捜査または裁判期間の間、その他ビザ（G-1）を所持して臨時に滞在延長が可能であるが、G-1 ビザ所持外国者は原則的に経済活動をできない。法務部は 2008 年から「人権侵害にあった外国人は被害救済を受ける時まで国内滞在を許容して生計維持のための就職を許容している」としているが、実際に現場でシェルターを運営する相談員はこの事実を正確に知らず、就職して出入国管理法違反罪で罰金が賦課された事例が見られるなど、法務部の指針が一般的に適用されていないとみられる。

(ⅱ) 刑法改正以後

2013 年 4 月 5 日の刑法改正で人身売買罪が新設されたにもかかわらず、

人身売買被害者支援のための特別法は、今まで制定されていない（2014年10月29日現在）。国会では「人身売買等による被害者保護に関する法律案」（ナム・インスン議員代表発議）が提出されているが、法務部等の反対で議決されていないので、現在まで人身売買被害者保護のための体系的で包括的なシステムはできていないと見ていいだろう。

(3) 国際結婚仲介に関する現行法と問題点

　国際結婚仲介業に対する政府の介入が求められたことを背景に、2008年6月から『結婚仲介業の管理に関する法律』が施行されている。この法律は、国内結婚仲介業は「申告制」で、国際結婚仲介業は「登録制」であるので管轄地方自治体が指導・監督するようになっている。また、結婚仲介業者に対しは申告畢証を掲示する義務、名義貸与禁止、契約内容説明義務、標準契約書作成義務、外国現地法令遵守義務、虚偽誇張された表示広告および虚偽情報提供禁止義務、個人情報保護義務などを課している。

　しかしこの法の施行以後にも事前情報提供、現地法遵守、人身売買的仲介形態と関連した移住女性の被害事例は相変らず発生している。現行法の限界を示す代表的な3事例を検討する。

　まず2010年7月、精神疾患がある韓国人の夫によって結婚8日目にベトナム出身女性が殺害された事件である。夫の精神疾患が殺人犯行を引き起こしたが、女性は結婚当時、相手方配偶者の精神疾患の事実を知ることが出来ない状態だったことが明らかになった。『結婚仲介業の管理に関する法律』は国際結婚仲介業者が提供しなければならない相手方の身上情報に健康状態も含んでいるが、現実的な規範力を確保するには限界があることを示している。

　次に、2010年8月、ホーチミン警察がホーチミン市の住宅を急襲して、韓国男性たちが、現地結婚ブローカーが17人の女性たちを立たせて、その中から結婚相手を選択しようとする瞬間を摘発して、不法結婚ブローカーを含む韓国人3人と現地人女性通訳1人を検挙する事件が発生した。ベトナム政府は通常、不法国際結婚を仲介する韓国人や、配偶者の紹介を受ける韓国人に罰金を賦課して追放する措置を取ってきた。韓国の『結婚仲介業の管理

に関する法律』は外国の現地法令を遵守する義務を課しているが、現在の登録された国際結婚仲介業者が大部分営利目的の国際結婚仲介を不法であると規定する国家——ベトナム、フィリピン、カンボジアなど——の女性を婚姻相手として仲介している現実を黙認しているので、事実上、規制ができずにいる。

さらに、ベトナム女性を韓国男性と偽装結婚させ不法入国させた後、売春を強要した事件である。加害者は「客と売春をしなければ偽装結婚で入国した事実を警察に知らせる」と脅迫して売春させたり、韓国に入国するための1400万ウォンの前借金を課して、売春を強要した。しかしこの事件でも、女性を不法入国させた人々が人身売買でなく、売春斡旋容疑だけで立件された。

4　韓国の移住女性の人身売買の規制に必要な対策

(1)　立法的改善

国会には人身売買処罰と被害者保護に関する3件の新しい法律制定案（国会議員発議）が提案されたが、継続審議となり、2013年、刑法の「略取と誘引の罪」の31章が「略取、誘引及び人身売買の罪」となって「人身売買」条項のみが新設された（政府発議）。人身売買処罰に関しては、Palermo議定書に相応する水準で人身売買を定義して、すべての類型の人身売買犯罪を全部包括できる方向で立法されなければならないし、また、人身売買被害者支援に関しては、被害者支援プログラムの4つの軸である滞在、社会福祉サービス提供、十分な法的救済手続の提供、帰国支援を保障する方向での立法が必要である。このうち、滞在に関しては、人身売買犯罪処罰手続（捜査および起訴）に関係なく人身売買被害者として確認された人に滞在資格を保障し、このとき、人身売買被害者の必要と意思による選択権を尊重して、熟慮期間のための臨時滞在資格、熟慮期間経過後、本国に帰国しないで引き続き滞在を希望する被害者のための一定期間の滞在資格、その後、就職可能な永久滞在や帰化申請の可能性を保障しなければならない。

(2) 芸術興行ビザ制度の全面再検討

性産業に流入する移住女性人身売買問題に関しては、立法的改善以前に、または、これと並行して、芸術興行ビザ制度に対する再検討が急がれる。政府は外国人女性を公演でなく遊興接客員類似業務に従事するように幇助するE-6ビザ制度をその必要性から全面的に再検討し、このビザは移住女性が性産業に流入する手段として使われないようにしなければならない。ビザ制度の改善までは外国芸能人派遣業者と外国人女性を雇用した風俗店に対して実質的で厳格な管理・監督を実施しなければならない。また、政府はE-6ビザ所持移住女性が売春、人身売買被害をこうむって事業場を離脱した場合、犯罪被害、未支給賃金請求、滞在問題を相談できる単一化された窓口を設けなければならない。

(3) 人身売買処罰の確実性の担保

何より重要なのは人身売買犯罪に対する刑事処罰の確実性を担保することである。これまで考察したとおり、現在まで韓国で人身売買がきちんと処罰されない理由は根拠法律がないことではなく、捜査・裁判機関の人身売買に対する認識が不足し、処罰する意思が微弱で、現行法さえも消極的に適用しているためである。現在のような警察、検察、裁判所の態度が維持されるならば、立法的改善が行われても、人身売買犯罪を処罰して被害者を保護する道は前途遼遠であろう。捜査機関と裁判機関は移住女性の送出過程と移動、韓国入国過程を総体的に人身売買として把握して、積極的に法を解釈、適用、執行しなければならない。誰であれ人身売買行為をする者は必ず処罰されるということは、それ自体が目的であるばかりでなく、被害者保護の出発点であり、同時に人身売買が無くならねばならない犯罪であるという認識、人身売買被害者が社会に復帰できるように支援しなければならないという認識がすべての出発点となるのである。

[5]
中国における人身売買の規制および課題[*]

陳　根　発

1　はじめに

　本稿では中国における人身売買についての最近の状況を分析する。1970年代以来、人身売買が急激に増大し、その犠牲者（女性と子ども）が、2010年には、1万9000人に達すると報じられた。

　国家間や大陸間の人身売買はアジアやアフリカにおいても生じ、かつ、増える趨勢にあると見ることができるだろう。人身売買の被害者はいつも長い旅の末に労働と性サービスの市場に出会うことになる。これは幾世紀前に、長い旅を要したグローバルな奴隷貿易を想起させる[1]。日本において、「人身取引」や「人身売買」とは人間としての人格を認めず、人を商品として売買することを指し、その代表例が奴隷貿易である[2]。中国では「人身取引」という言葉は使われていないが、同じことを意味する表現や法律概念が幾つ

---

[*]　本稿は、2011年12月10-11日国際会議「東アジアにおける人身取引の実態と効果的対策」における報告に基づく。
1)　Louise Shelley, *Human Trafficking: A Global Perspective*, Cambridge University Press, Cambridge and New York, 2010, p.12.
2)　新村出編『広辞苑』（岩波書店、1991年）1334頁を参照。

かある。たとえば、「婦女児童誘拐売買」[3]、「売春」[4]、「買春」[5]、「強制労働」[6]などの用語がよく使われる。古代の日本や中国の法律には、多かれ少なかれ、「債務奴隷」、「債務監禁」という風習や法律があり、千年間にもわたって存在した[7]。現代になっても、こうした古くからの意識が依然として、日中両国における「人身売買」現象の思想的淵源の1つになったように思われる。

　中華人民共和国が成立した1949年10月から1960年代にかけて、「人身売買の現象はほとんどなくなった」と指摘された[8]。しかし、1970年代からこのような現象は再び現れ、年々成長する傾向にある。1983年に婦女児童誘拐売買の犯罪が頻発した状況に対して、司法機関は初めて全国的規模での第1回の「厳打」(厳重に取締まる運動)を行い、この種の犯罪活動はある程度、低下した。しかし、2007年の「黒レンガ窯事件」[9]や2009年の「蘇賓得案件」[10]などによって、婦女児童売買の問題が再び、時代とマスコミの話題になった。

---

3) 中国の刑法第240条は、婦女児童を誘拐売買する者は5年以上10年以下の懲役に処し、情状が非常に過酷な場合は、10年以上の懲役または無期懲役と罰金、合わせて財産没収に処すると定める。
4) 中国の刑法第358条は、他人を組織し、または他人を強制して売春させる者は、5年以上10年以下の懲役と罰金に処し、情状が重大な場合は、10年以上の懲役または無期懲役と罰金もしくは財産没収に処すると定められている。
5) 中国の「治安管理処罰法」第66条は、「売春」と「買春」に携わった者は、10日以上15日以下の拘留と5000元以下の罰金に処し、情状が軽微な場合は、5日以下の拘留と500元以下の罰金に処すると定める。
6) 中国刑法第244条は、会社が労働管理法に違反し、労働者の自由を制限することによって強制労働をさせ、その情状が重大な場合は、直接の責任者を3年以下の懲役あるいは拘留、罰金などに処すると定める。
7) 陳根発「債務監禁の禁止と人権の保護」顔厥安・羅昌発編『グローバル化、正義と人権』台湾元照出版会社、2009年) を参照。
8) 張紅「婦女児童誘拐売買罪についての反省」西部法律評論2010年第4期を参照。
9) 2007年5月に山西省洪洞県にレンガを焼く窯で労働者を虐待した事件が摘発された。窯から31人が救出され、その一部は少年工であった。この事件は中央政府を驚かせ、国家主席の胡錦濤が事件処理についての指示を与えた。やがて、その窯の親方が逮捕された。山西省・省長於幼軍はこの事件に謝罪した。山西省高等裁判所はこの事件に関連する29人の容疑者を審理し、2007年7月17日に判決を下した。傷害罪で趙延兵が死刑、親方の衡庭漢が無期懲役を科された。この事件はメディアにより「黒レンガ窯事件」と称される。

わが国の法律は「婦女児童誘拐売買」、「売春」、「買春」、「強制労働」などの違法行為を厳しく禁じているが、「人身売買」の現象は依然として存在し、近年は拡大する傾向にあるということができる。2008年に全国の裁判所が判決した婦女児童誘拐事件は1353件、判決の効力が生じたものは2161人、この中で、5年以上の懲役、無期懲役、死刑を科されたものは1319人であった。2009年に判決があった婦女児童誘拐事件は1636件、判決の効力が生じたものは2413人、その中で、5年以上の懲役、無期懲役、死刑を科されたものは1475人であった[11]。2010年の1年間に、全国で誘拐売買された婦女児童の人数は1万9千人にのぼり、婦女児童誘拐売買で判決を受けた犯人は3679人に達した[12]。2011年3月11日、最高人民検察庁の曹建明検察長は、婦女児童誘拐売買を含む犯罪を徹底して取り締まることにもっと力を注ぐべきだと第11回全国人民代表大会第4回会議で表明した。そして、2010年から2014年までに全国各レベルの裁判所で裁判が終わった婦女児童誘拐売買の案件は7719件であった。その中で、1万2963名の容疑者が刑罰を言い渡され、7336人が5年以上の有期懲役ないし死刑を言い渡された。このような継続的な厳重処罰の態勢がとられることによって、この種の犯罪案件の数が、2012年から年ごとに下がってきた[13]。

2　婦女児童誘拐売買に対する処罰

　日本では、しばしば法律の未整備などが人身売買行為の原因と指摘されたが、それと違って、新中国では、一貫として法律の制定と執行の面において

---

10)　容疑者蘇賓得は1982年に生まれ、2005年9月から2006年7月まで、河南省、河北省の道端で、すきをみて、自転車に乗った子どもを奪い取り、河南省、山東省で売った。蘇は2009年11月26日に邯鄲市中級裁判所により死刑判決をうけた。

11)　http://www.chinanews.com/gn/news/2010/04-02/2205902.shtml（2011年10月28日アクセス）

12)　陳麗平「全国で昨年誘拐された婦女と児童の1.9万人が救出された」法制日報2011年2月17日を参照。

13)　羅沙「2014年に全国裁判所が裁判し終わった婦女児童売買の案件は978件」http://news.xinhuanet.com/2015-02/27/c_1114457048.htm（2015年9月19日アクセス）。

「婦女児童誘拐売買」や「売春」などの行為を厳重に取締まり、厳しい治安・刑事政策を取ってきた。政府のこの意志は最近の数十年の立法からも見ることができる。人身売買犯罪について、現行刑法140条と241条は、それぞれ婦女児童誘拐売買の罪名と誘拐された婦女、児童を買う罪名を定めている。立法上の変化から見れば、1979年に実施された旧刑法は第142条において「人口誘拐売買罪」を規定していた。その後、人口誘拐売買の犯罪に対する取締りを強めるため、1991年9月4日、全国人民代表大会常務委員会で、『婦女児童誘拐売買の犯罪を厳しく処罰することに関する決定』(以下『処罰決定』と略)が採択され、婦女児童誘拐売買罪、婦女児童拉致罪、誘拐された婦女児童売買罪、群衆を集め誘拐された婦女児童の救出を妨害する罪、職務を利用し誘拐された婦女児童の救出を妨害する罪などがあらたに書き入れられたが、「人口誘拐売買」の罪名は依然として残された。1997年の新刑法は人身売買について、『処罰決定』のもとに、前述の3つの罪名、すなわち婦女児童誘拐売買罪、婦女児童拉致罪、誘拐された婦女児童売買罪を取り入れ、旧刑法が規定した「人口誘拐売買」の罪名を廃止した。現行の刑法は、ただ一部『処罰決定』だけを継承し、不十分な改革であると言われた。しかも、それに関する理論研究はその後あまり展開されなかった。その結果、裁判で人身売買犯罪の認定と処理において、問題が多く生じた。たとえば、1994年4月に第一審と第二審の量刑が大きく違ったことが発生した。事件の経緯は下記のとおりであった。

　1994年4月に、黄振儀は広西省柳州市駅で仕事仲介の口実で田舎から出稼ぎに来た女性の劉さんと黄さんを誘拐し、劉景勝の家に拉致した。劉景勝は黄さんを男の王に売った後、劉さんを別の歳を取った男に売ろうとしたが、劉さんが激しく抵抗したため、売れなかった。その後、劉景勝は被告人の李邦祥と取引して、劉さんを愛人として李邦祥に売り、後でお金を払ってもらうことにした。李邦祥は劉さんを連れて帰ったが、妻に強く反対されたうえに、劉さんが結婚し、子どももいるとわかったので、劉さんを故郷に送還するか、または劉景勝のところに返すかを考えた。ところが、劉さんは、黄さんと一緒に出稼ぎに来たのに自分だけが帰ることはできず、その責任を負わなければならないと考え、また、劉景勝のところに返されれば必ず殴られる

し、李邦祥に自分を他の誰かに売るよう依頼した。すると、李邦祥は1800元で劉さんを他の男に売った。李邦祥はこの取引から得た1800元から1700元を劉景勝に払い、残る100元を自分のものにした。

　この事件の裁判において、広西省玉林市中級裁判所の第一審は、李邦祥が婦女誘拐売買罪を犯し、懲役5年と1000元の罰金を言い渡した。終審の広西省高級裁判所は、李邦祥は婦女誘拐売買罪を犯したが、刑事処罰を免除する判決を言い渡した。同終審判決が下った後、「誘拐された婦女の要請に応じ、他人に売った行為に対してどのような処罰が適切なのか」をめぐって、専門家たちの間で異なる見解が生まれた。一部の学者は、婦女誘拐売買罪を認める必要はあるが、具体的に量刑するときに、被害者の意思や李邦祥が劉さんを買った後、彼女を故郷に送還するかを考えたことを量刑に取り入れ、処罰を軽減すべきだと主張した。したがって、終審の裁判所が上訴人の李邦祥に対する刑事処罰を免じることは罪刑一致の原則に相応し、適切であると考えた[14]。しかしながら、他の一部の学者は、このような判決と意見に納得しなかった。彼らの議論によれば、婦女誘拐売買の法益は個人を超える法益であり、たとえ被害者が同意しても、罪が依然として成立し、量刑の旧法と軽法優先原則により、この事件は『処罰決定』を適用したうえで、被害者の自由意志などをも考量に取り入れるべきであり、よって3年の懲役が適当だとした[15]。

　婦女児童誘拐売買の犯罪を効率的に取り締まるため、2011年3月23日に中国最高裁判所は、3つの婦女児童誘拐売買事件を典型的な裁判事例として公表した。それが邵長勝の婦女誘拐売買事件、肖遠徳と肖遠富の児童誘拐売買事件、蔡順光が誘拐された女性を買った事件である[16]。

　邵長勝は2008年から2009年に仲間と一緒に何度も婦女を誘拐した。2008年10月29日の夜、邵長勝は仲間と一緒に、インターネット仲間の共犯者の

---

14)　最高裁判所刑事法廷第一庭、第二庭編『刑事裁判参考2003(1)』（法律出版社、2003年）71頁以下参照。

15)　陳洪兵、銭嘉禾、安文録「人身売買犯罪の司法適用および立法分析——最高裁判所が公表した二つの事例の分析」河南科技大学学報（社会科学版）2005年第23巻第1期を参照。

16)　http://www.legaldaily.com.cn/index_article/content/2011-03/23/content_2540358.htm?node=5955（2011年10月28日アクセス）

1人に会いに来た女性劉さんを浙江省永嘉県渓南村の畑で誘拐し、劉さんの170元の現金を奪ったほか、劉さんを殴り、猥褻行為を行い、強姦した。そして、翌日に劉さんを5000元で売った。同年12月13日、邵長勝は他の共犯1名とともに、インターネットで遊びに誘い出した友達の李さんを永嘉県渓南村のある林地まで誘拐し、李さんの携帯電話機を奪って、順番に李さんを輪姦し、翌日に5000元で李さんを売った。これらの共同犯行の中で邵長勝は8人を誘拐し、被害者を殴ったり、脅迫したり、強姦したりしたほか、他の共犯者を組織して、買う人を探したり、値段を決めたりした。また、6人の被害者から略奪した。

裁判において、共犯の中で、邵長勝の一番罪が重く、犯行が特に重大で、その悪影響が社会安全を脅かしたと認定し、婦女誘拐売買罪で邵を死刑、公民権の終身剥奪、個人財産の全没収を科し、また略奪罪で懲役12年、公民権剥奪3年、罰金5000元を科し、合わせて、死刑執行、公民権の終身剥奪および個人財産全没収の判決を言い渡した。最高裁判所の認定を経て、2011年2月23日に邵長勝は処刑された。

肖遠徳と肖遠富の児童誘拐売買事件では、2人が両親たちの注意を外に引いて、子どもを盗み、売りとばした。その一例として、2008年10月21日午後4時ころ、肖遠徳、肖遠富と厳茂生の3人はバイクで広東省河源市源城区高塘工業団地あたりを回り、犯行の目標を探して、205国道付近にある八百屋で2歳の男の子黄を見つけた。肖遠徳が果物を買うふりをして、黄の母親の注意を引き、厳茂生が黄を抱き上げ、肖遠富のバイクに乗って逃げた。その後、肖遠徳と厳茂生は2万6000元で黄を広東省連平県に売った。肖遠徳と肖遠富は共同で子ども3人を誘拐した。結局、肖遠徳は無期懲役、公民権の終身剥奪、個人財産の全没収を言い渡され、肖遠富は懲役13年および罰金3万元を言い渡され、厳茂生は懲役6年および罰金1万元を言い渡された。

以上の2件と違い、蔡順光の事件は、蔡順光被告人が誘拐された女性を買った行為に対する判決である。2008年に福建省霞浦県の蔡順光は3万3000元で被害者の王さんを買い、警察が王さんを救いに来た際に、王さんを隠した。裁判所は、蔡順光が王さんの誘拐を知っていたにも関わらず、王さんを

買い、隠した行為が被害者救出の妨害であったと判断した。しかしながら、蔡順光は王さんを買った後、虐待などを行わず、王さんと婚姻家庭の関係を築こうとしていたので、処罰を軽減し、結局、懲役8か月を言い渡した。

　わが国の現行刑法は、人身売買の処罰について、基本的には『処罰決定』を継承し、また我が国での人身売買犯罪の特別な状況も考えに入れたといえる（たとえば、婦女児童という特別な人間に対する配慮が見られる）[17]。しかしながら、それを国際的な規定と比べると、まだその国際基準に乗っていないことがわかる。2000年11月15日に第55回国連総会で採択された「国際的な組織犯罪の防止に関する国際連合条約を補足する人（特に女性及び児童）の取引を防止し、抑止し及び処罰するための議定書」と対照すれば、人身売買の犯罪は婦女児童誘拐売買だけでなく、婦女児童売買輸送や成人男性を売買し、輸送する犯罪をも含むべきである。したがって、わが国の婦女児童売買罪は、人身売買罪或いは人身売買輸送罪などに変えるべきである。というのは、世界各国の人身売買を禁止、処罰する立法の潮流は、人身略奪、誘拐、売買、輸送などの犯罪を処罰する方向に向って進んでいるからである。

3　「売春」と「買春」に対する処罰

　わが国では、「売春」と「買春」に対して欧米地域などとは違う特別な規則が定められている。すなわち、「売春」と「買春」の行為は主に「治安管理処罰法」によって処罰される。しかし同時に、売春を組織し、強制・誘惑・紹介し、情状が重大な場合は犯罪になるとされている。世界において、このモデルを採用する国は非常に少ないので、これは「売春」と「買春」処罰の中国モデルとも言えよう。このモデルは司法行政機関である公安局を通して、「治安管理処罰法」によって「売春」と「買春」に処罰を与えるという特徴があり、「売春」と「買春」の減少や禁止などを目的としている。

　わが国の「治安管理処罰法」第66条によれば、「売春」と「買春」に携わる者に対しては、10日以上15日以下の拘留と5000元以下の罰金に処する

---

[17]　楊金彪「婦女児童誘拐売買罪に関する幾つかの問題」現代法学 2004年第5期を参照。

ことが出来、情状が軽微な場合は5日以下の拘留と500元以下の罰金に処し、公共の場所で客引きをする場合は、5日以下の拘留または500元以下の罰金に処すると定める。また、同法第67条は、他人を誘導、紹介し買春をさせる者は10日以上15日以下の拘留に処するとする。

わが国の「刑法」は売春を組織、強制、誘惑、紹介し、このような犯罪をおかす者にそれぞれの処罰を定めている。第358条の規定によれば、他人を組織し、或いは他人を強制して売春をさせる者に5年以上10年以下の懲役と罰金を科し、以下の1つの状況に該当する場合は、10年以上の有期懲役または無期懲役と罰金を科す。すなわち、(1)他人を組織し売春をさせ、情状が重大な場合、(2)14歳未満の幼女を脅迫して売春させる場合、(3)数人を脅迫し、または数回にわたり他人を脅迫して売春させる場合、(4)強姦の後、売春を強制させる場合、(5)脅迫して売春をさせた人に重傷、死亡または厳重な結果をもたらした場合である。さらに、上記の情状の1つに該当した場合で、その情状が非常に重大な場合は、無期懲役または死刑、そして財産の全没収を科す。他人を組織し売春させることに協力する場合は懲役5年以下および罰金を科し、その情状が非常に重大な場合は懲役5年以上10年以下および罰金を科すると定める。

第359条は、他人の売春を誘導、収容、紹介する場合に5年以下の懲役、拘留または拘禁、併せて罰金を科するが、その情状が非常に厳重な場合には、5年以上の懲役および罰金を科し、14歳以下の幼女を売春に誘導する場合は、5年以上の懲役と罰金を科す。第360条は、自分が梅毒、淋病などの伝染病にかかっていることを知っているのにもかかわらず売春、買春をする場合は5年以下の懲役、拘留または拘禁、併せて罰金を科し、14歳未満の幼女と性交する場合は5年以上の懲役と罰金を科すると定める。また、第361条は旅館業、飲食サービス業、文化娯楽業、タクシー業などの人が職務を利用して、他人の売春を組織、脅迫、誘導、収容、紹介する場合は第358条、第359条に基づいて刑を科す、と定める。

上述した規定から見れば、多数の国家が推進している「売春非罪化」や「売春合法化」よりは、中国では「売春」に対する処罰が非常に厳しいといえる。だが、歴史上、元の東欧社会主義国家がかつて実施した「売春の犯罪

化」[18]と比べれば、ある程度の「軽減化」と「寛容」が見られるだろう。

　2010年6月22日に、中国の警察署が全国において売春や買春の取締り運動を繰り広げ、各地方の警察署もすぐこれに応じた。しかし、一部の地方警察署は取締りの方法に注意を払わなかった。2010年7月に、広東省東苑市清渓鎮の三中派出所は、逮捕された売春婦に手錠や縄をかけ、素足で町に引き回させた。その写真がマスコミにより公表された。また、湖北省武漢市警察署洪山街の派出所は売春者の名前、年齢と処罰を書かれた公告を貼り出した。上記の情報が流出した後、社会から強い反応が生じ、大衆が警察署のやり方が適切ではないと、これを強く疑問視した。インターネットでは、そのようなやり方が売春者の人権を損害したのではないかと厳しく非難された。2010年7月に、警察庁が通知を下し、各地方の警察署に対して、売春者などの人格尊厳を損害するやり方を厳しく禁じた。

　日本の「売春防止法」の第3条は売春を禁じるが、現実にはただ公共の場所での客引き、売春を紹介し、助け、経営する行為だけに刑事処罰を与えるに過ぎなく、普通のあるいは単なる売春、つまり売春自身は処罰されないことがわかる。なお、日本の「売春防止法」第4条には、「この法律の適用にあたっては、国民の権利を不当に侵害しないように留意しなければならない」ことが明確に規定されている。日本と比べれば、わが国は売春や買春の処罰を規定するときに「国民の権利を不当に侵害しないように留意しなければならない」に類似する法律規定はいまだ定められていない。

　売春と買春は、改革開放後の国の取締りの重点となっていた。警察署は絶え間なく厳重に処罰しまたは取り締まる運動を施したが、その効果が微々たるものであった。特別な取締りを行っても、性サービス業はすぐ再び盛況を呈した。従って、これらの現象に対して、深く反省する必要があると思う。今の中国では、売春と買春や他の不正行為を含む大規模の「地下性産業」が形成されている。一部の学者が指摘したように、売春と買春の行為は実に「体と魂の分離」の1つの現象であり、売春と買春に対する態度も「体と魂

---

[18]　たとえば、ルーマニア旧刑法典第328条は、自分の生活品または主な生活品を獲得するために他人と性交を行った場合は、3か月から3年の懲役を科するとされていた。

の分離」への態度によって決められるだろう。このような売買に従事している従業員つまり売春者は普通の労働者と違いがない。したがって、理性的に分析した上で、売春者に過剰な取締りを採用すべきではなく、寛容に対処し、人間の尊厳を傷つけることのないよう、適切に処理することは当面の急務ではないかと思う。

4 「強制労働」に対する処罰

　日本の研修制度が設立された目的は外国の若い労働者を受け入れて、日本の企業で先進的な技術と技能を勉強させ、そして、技術を持つ労働者の帰国を通して、他国での技術者育成を達成することであった。しかしながら、時間が経つにつれ、この研修制度は最初の意図から逸脱し、主に安い労働力を取り入れる方法となり、人権を侵害する温床ともなった。2008年、アメリカの国務省は、世界の人身売買に関する報告書の中で日本政府がまだ労働搾取を解決していないという問題を厳しく批判した[19]。2010年3月に国連の移民人権調査局の調査員も日本の研修生の待遇を考察し、研修制度を批判した。彼は日本の外国人研修制度が安い労働力を搾り取り、さらに奴隷性質を持っているため、廃止すべきだと提案した[20]。研修制度が設置されたとき、研修生には労働保護法が適用されず、日本の「労働基準法」の適用対象にされなかった[21]。ある学者は、日本の研修生問題が中国の「血汗工場」（sweatshop）に相当するのではないかと鋭く指摘している[22]。「血汗工場」には、娯楽施設、企業文化などがないし、福利、医療保険と作業環境の整備も通常の普通の企業に追いついていない。厳しい労働管理制度のみがあって、労働者が苦労しても、少額のお金しか稼げなかった。

　中国では日本のような「労働研修制度」が設置されていない。強制労働や

---

19)　U.S. Department of State, Trafficking in Persons Report 2008. http://www.state.gov/g/tip/rls/tiprpt/2008（2011年11月22日アクセス）
20)　徐恵芬「日本の研修生制度が奴隷性質を持っている」新聞晨報 2010年4月2日を参照。
21)　劉炳君「日本の研修生制度と対日研修生派遣についての法律思考――国内労働法と司法に無視された法律範疇と社会群体」政法論叢 2010年第5期を参照。
22)　邱敏・菅向栄「中国の駐日研修生の生存状況調査」広州日報 2008年1月2日を参照。

奴隷的な酷使などの犯罪を取り締まるために、わが国は1997年に刑法を改訂したときに、強制労働罪を書き入れた。2000年11月15日、第55回の国連総会で「国際的な組織犯罪の防止に関する国際連合条約」と「国際的な組織犯罪の防止に関する国際連合条約を補足する人（特に女性及び児童）の取引を防止し、抑止し及び処罰するための議定書」が採択された（以下「補充議定書」と略称）。「補充議定書」は締約国が搾取を目的に労働力の獲得、輸送、引き渡し、蔵匿または収受する行為を刑事犯罪として取り締まる。その中の「搾取」の意味は広く、強制労働とサービス、酷使およびこれと似た行為、他人の売春から利益を得る行為、労役と臓器の除去なども含まれている。

　2009年12月、全国人民代表大会常務委員会は上述した条約と「補充議定書」に加入することを決めた。国務院は「補充議定書」に加入する提案の中で、中国はすでに2007年において『中国における婦女児童誘拐売買を反対する計画（2008-2012年）』を作成し、「補充議定書」の内容は中国法律の基本原則および精神と一致し、「補充議定書」に加入することは『中国における婦女児童誘拐売買を反対する計画（2008-2012年）』の実施において大いに役立つと説明した。

　とはいえ、中国の強制労働罪に関する規定を「補充議定書」と比べると、大きなギャップがあると思われる。中国の刑法は従業員を強制労働させる行為だけを犯罪とし、搾取するための労働力の獲得、輸送、引き渡し、蔵匿または収受する行為は強制労働罪の範囲に含まれていないし、また犯罪の主体も直接的な責任者だけに限定し、したがって、罪になる範囲が「補充議定書」より狭い。日本への研修生派遣には、中国の派遣会社や日本の受入れ会社の違法行為がたくさん存在し、「補充議定書」の人身売買の処罰対象に該当する。したがって、研修生を含む海外労働者の合法的な権益を保護し、効果的に国際義務を履行するために、わが国は「補充議定書」を参照して、強制労働罪の条項を改正しなければならない。

　その他に、海外派遣に関する行政と民事分野の立法をも強化する必要がある。現在、わが国におけるこの分野の主な立法は、1993年の『対外労務協力暫定措置』と2004年の『対外労務協力経営資格の管理措置』しか出されていない。これらの規則は派遣会社の経営管理に焦点を合わせているが、海

外労働者の権利保護を軽視し、回避している。海外派遣の規制を強化するために、国務院は2009年6月に『対外労務協力管理条例（ドラフト）』を公表し、現在、各方面の意見をまとめて『対外労務協力管理（草案）』を作成している。

海外における労働者の権利保護においては、海外で発生した労働事件の解決メカニズムの選択や外国法の調査やわが国の判決に対する外国裁判所の承認および執行などの多くの問題があり、また、裁判制度の問題にも関わり、国務院が定めた行政法規のレベルでは、非常に不十分だと思われる。立法部門ができるだけ早く『労務派遣法』の作成を始めるべきだと指摘されている。近年にわが国の労働争議が急増し、司法機関がその対処に苦労している。一部の専門家は労働争議事件を審理する特別な民事法廷を作ろうと主張し、一部は労働裁判所をつくることも主張している。

日本は中国の労務輸出において、研修生の人数がもっとも多い国である。2006年までに日本が受け入れた外国人研修生48万4313人の中に中国人が34万3716人で、71％を占めた[23]。近年の関係データによると、日本の約10万人の研修生の中で中国人が80％を占め、ある研修生は3年間で平均約300万円を搾り取られた[24]。日本に派遣された労働者の権利・利益を保護するために、できるだけ早く日本との商事条約や外国裁判の承認および執行に関する条約を締結すべきだと思われる。これらの条約が結ばれる前に、日本における中国大使館や領事館などが研修生に対する法律支援を提供すべきである。研修生が日本で権利を主張する場合は、公正な地方政府や公共団体や友好な人士に助けを求めるべきであると思う。従来の事例から見れば、研修生の成功した権利維持の活動は、多くの場合に、日中両国の友好人士および組織の努力にかかっていた。この点は、李紅慧など3人の女性研修生が日本で自分の権利を守ることに成功した事件が公表され、大きな影響力を及ぼした[25]。この事件の経緯はこうだった。

---

23) 廖小健「対外労務協力と海外労働者の権益保護——中国人研修生を例として」亜太経済 2009年第4期を参照。
24) 邱敏・嘗向栄「中国の駐日研修生の生存状況調査」広州日報 2008年1月2日を参照。
25) http://blog.sina.com.cn/s/blog_530318140100a9rx.html（2011年11月2日アクセス）

江蘇省泰興市の仕立職人李紅慧さんは、2004年に上海対外経済集団靖江市五洲対外経済技術合作株式会社（以下「靖江会社」と略称）の試験に合格し、日本へ研修に行った。李さんは、江蘇省の北部から来た研修生の沈暁梅、繆秀琴と一緒に広島県福山市のDNS株式会社に配属された。李さんの話によると、DNSで働いた期間中、夜も昼もなしに残業し、よく寝られなかったし、トイレに行く時間さえ制限された。2007年1月1日、李さんが福山市役所に在留手続を取るときに、中国語で書かれた「日本で何かのトラブルに出会ったら、この電話をかけてください」という掲示を見た。李さんはこの電話番号を書き留めて家に帰った。福山市の外国人相談員細谷雪子は電話で李さんからの連絡を受け、大いに驚いた。李さんは細谷さんからほかの研修生と一緒に雇い主と交渉するように励まされた。しかし、李さんの呼びかけに対しては沈暁梅と繆秀琴2人しか応じてくれなかった。雇い主はこのことを知って、仲介の靖江会社に彼女らを中国へ連れ戻させようとした。李さんたち3人は細谷さんの助けを借りて、工場から逃げ出し、福山市タンポポ労働組合の事務局長を務めていた武藤貢さんに会い、武藤さんなどの助けを借りて、3人は雇い主の中山貴史と厳しい交渉を始めた。そして、会社およびボスの違法雇用や強制労働や残業の搾り取りなど10点の違法行為を摘発し、損害賠償を求めた。交渉を何度も失敗したが、武藤さんは3人を連れて福山市で記者会見を開き、李さん達がDNS会社で被った権利侵害などの事情を公表した。最終的に雇い主が過ちを認め、3人に400万円以上の残業手当を返済し、また、広島から上海までの航空券費用も負担した。

　李さん達3人の闘争事件は日本において強い反応が引き起こし、日本の研修制度に対する批判も再び高まった。NHKや朝日新聞などのメディアもこの事件について長いルポを報道した。しかしながら、李さん達3人が国に帰った1週間後の2007年6月に各人はそれぞれ裁判所から召喚状を受け取ったのである。それは仲介の靖江会社が3人に対して、契約に基づいて20万元の損害賠償を請求する訴訟を提起したからである。2007年9月6日に靖江市裁判所が判決を下し、原告である靖江会社の訴訟請求を却下した[26]。

---

26)　http://bbs.my0511.com/viewthread.php?tid=1496814（2011年11月2日アクセス）

5 むすび

　人身売買は世界各国に共通する犯罪であり、国家と社会制度を超える共通の特徴を持っている。とはいえ、各国が直面する厄介な問題およびその根源にはそれぞれの原因がある。ルイーズ・シェリー（Louise Shelley）教授が指摘したように、人身売買は今や成長するスピードがもっとも速い国際犯罪の1つとなっている。この成長は、何時も安価な労働力に対するニーズと取引からの莫大な利潤、売買される者が即座に供給される（the ready supply of people ready to be trafficked）ためだと解釈されている[27]。その中で、暴利が人身売買の直接的で、主たる原因であるかもしれない。世界において人身誘拐売買で得られた利潤は170億ドルに達し、麻薬販売と武器密輸に次いで、第3位に入っている[28]。中国では、人身売買犯罪は深刻な社会的、経済的、文化的、イデオロギー的な背景を持っている。中国はいま激変の時代的岐路に立っているが、新しい文化と古いもの、また、多様なイデオロギーが絡み合って衝突し、伝統的な文化思想にも近代的な文化思想にも不良な要素が大量に繁殖している。たとえば、2011年11月に上海市検察庁が明らかにした「中学生少女売春事件」はその典型的なケースだと思われる。この売春事件に関わった20人は全員が未成年の少女で、その多数は中学生であり、その中の2人はまだ14歳未満の幼女であった。これらの女子中学生は裕福な家庭に生活しているにもかかわらず、売春と売春紹介を行った。それは多くの原因がもたらした結果であるかも知れないが、日本の「援助交際」の影響もあったと指摘されている[29]。

　そのほかに、中国の多くの農村地域では特に辺鄙な地区において、「代々血統を継ぐ」、「男尊女卑」という観念が根強く存在し、婚姻売買の現象もた

---

27) Shiro Okubo & Louise Shelley, Human Security, Transnational Crime and Human Trafficking, Routledge, London and New York, 2011, p.135.
28) 祝宴濤・孫勁峰「国際誘拐罪の新しい動向」人民警察 2000年第12期を参照。
29) 喬子鯤「女子中学生売春の社会検討」http://news.online.sh.cn/news/gb/content/2011-11/08/content_4939771.htm（2011年11月8日アクセス）。

くさん存在している。この社会の現実と観念はかなりの程度でわが国の人身売買の直接的な原因となっている。したがって、人身売買犯罪を抑制するためには、国際的な協同活動を強めて、各国の立法と司法をグローバル化に対応すべきだけでなく、各国の人身売買犯罪の特性と特別な原因をも重視すべきである。いずれにしても、国際社会と先進国の指導や協力が必要だと思われる。

　中国における人身売買の規制にはユニークなものがあるが、直面する課題も多いと言えよう。その中の一番大きな課題は、いかにして異なる体制を持つ米国、日本および国際組織などと協力し合って共通な規制および行動を取るかであると思われる。

[6]
日本における人身取引対策の現段階[1]

大野聖良

1 はじめに

　今日、人身取引は甚大な人権侵害を引き起こす国際組織犯罪として認識され、廃絶にむけた国際的な取組みが行われている。2000年に国連で「国際組織犯罪防止条約」、条約を補完する三議定書の1つとして「人身取引議定書」が採択された[2]。同議定書は人身取引を包括的に定義づけた初めての国際法であり、人身取引の取締り、防止、被害者の保護を締結国に求めるもの

---

1) 本稿は、大野聖良「移動の視角からみた日本の人身取引対策の意味――人身取引問題の新局面として」ジェンダー研究13号（2010年）47-72頁、「日本における〈人身取引〉言説の生成と展開――外国籍移動女性をめぐるポリティクス」（お茶の水女子大学大学院　人間文化研究科ジェンダー学際研究専攻、社会科学博士　学位論文、2012年）を大幅に加筆修正したものである。なお、前者は公益財団法人東海ジェンダー研究所「第13回個人研究助成」による研究成果であり、加筆については JSPS 特別研究員奨励費 14J11387 の助成をうけたものである。
2) 正式英語名は「国際組織犯罪防止条約　the United Nations Convention against Transnational Organized Crime」「人身取引議定書 the Protocol to Prevent, Suppress and Punish Trafficking in Persons, Especially Women and Children, supplementing the United Nations Convention against Transnational Organized Crime」。「国際組織犯罪防止条約」は2003年5月、同条約三付属議定書のうち「人身取引議定書」「密入国議定書」は2005年6月に国会の承認を得たが、国内法が未整備であるため2016年9月現在締結に至っていない。「銃器議定書」については国会未承認である。

である。

　日本政府は同条約および付属議定書を批准するため、2004年4月内閣府官房に「人身取引対策に関する関係省庁連絡会議」を設置し、同年12月に「人身取引対策行動計画」（以下、「行動計画」）、その改訂版として2009年に「人身取引対策行動計画2009」（以下、「行動計画2009」）、2014年に「人身取引対策行動計画2014」（以下、「行動計画2014」）を策定・実施してきた。2014年12月には犯罪対策閣僚会議の下で「人身取引対策推進会議」を開催し、翌年5月に同会議は年次報告書「人身取引対策に関する取組について」を初めて作成・公表した。

　1980年代後半以降、東・東南アジア諸国から来日した多くの女性が風俗・性風俗産業で搾取されている状況を、メディアや市民運動が「人身売買」問題として明らかにしてきた。しかし、行政は女性たちの状況を一部認識しつつも対策を積極的に講じることはなかった。そのことは、現在人身取引対策の重要なアクターである警察庁、法務省入国管理局、内閣府男女共同参画局における当時の問題認識からうかがえる。

　警察行政は1980年代「いわゆる、じゃぱゆきさん」と呼ばれる外国籍女性による「売春事犯」を違法な雇用主・ブローカー、暴力団が関与する問題として指摘してきた。1990年代に米国を中心とした国際社会で国際組織犯罪根絶という機運が高まると、2000年前後から、そのような「売春事犯」はブローカーに「だまされて我が国につれてこられ、…（中略）…入国費用等の名目で多額の借金を背負わされた上、旅券を取り上げられ、売春を強要され、また賃金を搾取されるなどの被害に遭う事案」だとしながら、その対応は「来日外国人犯罪」や国際犯罪組織の摘発が中心であった[3]。

　一方、入国管理局行政では1970年代中盤から資格外活動事件の中で風俗・性風俗産業における外国籍女性の状況が言及され、1980年代になると資格外活動事犯や不法在留事犯として女性たちは取締り対象とみなされた。ところが1988年に不法就労者事犯の3分の2以上を男性が占めるようになると、その関心は外国籍男性の不法就労問題と未熟練労働者受け入れの是非

---

[3]　警察庁編『平成11年警察白書』（1999年）2頁。

に移行し、外国籍女性の問題はほとんど言及されなくなった。

　また、男女共同参画行政は1999年男女共同参画社会基本法制定と2001年内閣府男女共同参画局の設置によって開始されたが、1990年に男女共同参画会議の前身である総理府の売春対策審議会は日本の風俗・性風俗産業に従事する東南アジア諸国女性の窮状に注目し、女性たちの相談窓口の充実や援護体制の強化などを盛り込んだ要望書を当時の首相に提出した[4]。ところが、その後に具体的な対策が講じられることはなく、内閣府男女共同参画局への改組後も男女共同参画行政の中心は「日本人」女性に関わるイシューであり、外国籍女性がその範疇に入ることはなかった[5]。

　このように外国籍女性が直面してきた問題は、行政において「不法就労」や違法組織の根絶という中で長年議論されてきたが、それは必ずしも女性たちが被った搾取の根絶にはつながらなかった。だからこそ、被害者保護や防止を組み込んだ「行動計画」策定は日本社会にとって大きな転機であったといえる。その背景には、人身取引被害者を長年支援してきた草の根の民間支援組織やこの問題への政策提言を行ってきたNGOの存在があり、彼ら彼女らはロビーイング活動等を通じて人身取引対策策定にも積極的に関わってきた[6]。

　しかし、人身取引対策開始から12年たった2016年現在でも人身取引の被害は報告されており、新たに対応しなければならない事案も少なくない。またNGO側は人身取引対策に一定の評価を与えるもののその実効性に疑問を呈し、特に被害者認知・保護に関して改善を求め続けている。つまり、人身取引対策の開始は、即ち人身取引問題の解消を意味したわけではなかったはずで、このような事態は縦割り行政の弊害などの制度的限界のみでは説明できない。そもそも日本社会において人身取引対策は一体誰のために・何のために策定・機能してきたのかという視点から再考する必要があるのではない

---

4)　「アジア女性の入国で要望書」朝日新聞1990年4月10日付朝刊。
5)　大野・前掲注1)両論文。
6)　たとえば人身売買禁止ネットワーク（JNATIP）は2003年に発足し、関連団体は2016年4月現在30団体にのぼる。全国の民間シェルターや草の根支援組織の協力を得て2005年に初めて被害実態を調査・公表し、調査や支援実務の経験に基づいて具体的な政策提言活動を行っている（http://jnatip.jp/　2016年4月30日アクセス）。

か。

　本章では、人身取引が政策課題となった過程を踏まえながら、「行動計画」「行動計画2009」「行動計画2014」を中心に、日本の人身取引対策では問題解決がどのように図られ、何によってそれを達成しようとしたのかを考察し、同対策がもつ問題を明らかにする。

　なお、人身取引は「人身取引議定書」によって性的搾取・労働搾取・臓器摘出という3つの搾取目的で定義されている。前述のとおり、日本では東・東南アジア女性に対する性的搾取目的での被害がNGOの実態調査で多く報告されてきたため、本稿ではまず性的搾取目的を念頭におく。しかしながら「行動計画2014」は労働搾取目的も視野に入れており、行政が認定した被害も多様化している。本稿では必ずしも性的搾取目的に限定せず、政策面で人身取引問題の位置づけがどのように変化しつつあるのかにも注目してゆきたい。

2　日本における人身取引対策への求心力──米国務省『人身取引年次報告書』

　行政において人身取引問題は長らく犯罪組織を摘発するためのイシューや、非正規就労など外国籍女性の違法性の問題に矮小化されてきたが、2004年「行動計画」策定を皮切りに政府は積極的にこの問題に対応してきた。このような政策転換について、「国際組織犯罪防止条約」および「人身取引議定書」批准と米国務省発行『人身取引年次報告書 Trafficking in Persons Report』（以下、『TIPレポート』）などの外圧が推進力として働いたといわれている[7]。

　2000年にクリントン政権下で「2000年人身取引被害者保護法 the Trafficking Victims Protection Act of 2000」が制定された。同法は世界各国の人身取引の動向やそれに対する取組みを調査し、米政府が設けた最低基準「3Ps」（加害者訴追 Prosecution、被害者保護 Protection、被害防止 Prevention）

---

[7]　平井佐和子「刑事法の脱構築3　人身売買問題の現在」法と民主主義437号（2009年）43-47頁。

で評価することを義務付けている。2001年以降、米国務省はそのデータを『TIPレポート』として毎年公表し、諸外国における人身取引の深刻さと対策の必要性を提示してきた[8]。同レポートによって、2001年から2003年まで日本は「3Ps」を満たしていないとしてTier 2に格付けされ、2004年に監視対象国リストWatch Listが新設されると、日本の取組みは4段階中3段階目であるTier 2および監視対象国に格付けされた[9]。

この報告書が画期的であった点は他国と日本の状況が比較可能になったことであり、Tier 2および監視対象国に格付けされた国が「主要先進国」G8で日本とロシアだけであることが判明すると、メディアだけでなく国会でもこの評価が大きく取り上げられた[10]。

人身取引対策関連での国会審議では、複数の国会議員が「TIPレポート」について言及し、日本の格付けの低さがいかに問題であるかがたびたび論じられた。当然のことながら、答弁において政府は同レポートの信憑性に懸念を示し、一部報道でも格付け基準の不透明さが指摘されてはいた[11]。しかしながら「監視対象国」という格付けは、次の国会議員の発言が示すように、政府の対応の遅れを追及し人身取引対策の意義を示すための唯一のデータとして国会で利用された。

　林久美子委員 「さらに我が国は、アメリカ国務省が昨年6月に発表した人身売買年次報告書において、人身取引への対策が不十分であるとして、わが国は

---

8) 各国の大使館・領事館、政府機関、NGO、国連機関、研究者、ジャーナリスト、被害者等からの情報収集をもとに各国を以下に格付けしている。
　Tier1：人身取引根絶のための最低基準を満たし、その努力も認められる。
　Tier2：人身取引根絶のための最低基準を満たしていないが、その努力は認められる。
　Tier3：人身取引根絶のための最低基準も満たしておらず、その努力も講じられていない。
　なお、2003年からTier3に格付けされた国は経済制裁の対象とされた。
9) 階層が上がって間もない国やTier 2に格付けされた国のうち、被害者数が多い・増加傾向にある国、取組みの改善に確証が得られない国が監視対象国とされた。
10) 「人身売買 日本を監視リストに G8最低レベル 米国が04年版報告書」毎日新聞2004年6月15日付夕刊など。
11) 第162回参議院法務委員会会議録第12号（2005年4月14日）3頁より、大林宏政府参考人（当時外務省大臣官房国際社会協力部長）の発言。「人身売買、日本が監視対象　政府対応、待ったなし」毎日新聞2004年6月21日付朝刊。

監視対象国という大変に厳しい評価をうけました。主要八か国の中で監視対象国とされたのは日本とロシアだけでした。…（中略）…外国から名指しで批判されるまで実効性のある人身取引対策を取らずに事態を放置してきたことは、余りにも人権感覚に乏しく、我が国の良識を疑われることになりかねません。」（第 162 回参議院会議録第 15 号（2005 年 4 月 8 日）1-2 頁）

『TIP レポート』について、国際政治の視点から土佐弘之は「文明的な国際社会」による「法外な社会」への介入であり、「文明の基準」を遵守できない国はガバナンスに問題があるとされるだけでなく、「健全なマスキュリニティ」を欠如した駄目な社会としてフェミナイズされるという問題を引き起こすと指摘する[12]。たとえ客観性が十分に担保されてなくても、米政府による格付けは否が応にも人身取引問題を介して各国を〈先進国／途上国〉という秤にのせる行為といえる。事実、この格付けによって、国会内では人身取引問題が国際社会における日本のプレゼンスの問題として位置づけられ、G8 の中で取り残されたことへの危機感が煽られている。

政府もこれに呼応するように、人身取引について「在京の大使館等でも非常に大きく取り上げられており、言わば日本国の非常に恥ずかしい、そして絶対に直さなければならない」問題と国会審議で答弁しており、日本において人身取引問題は単なる滞日外国籍女性の問題から「先進国」、つまり土佐のいう「文明国」か否かを問われる政治・外交問題へと転換したのである[13]。それは同時に、日本の人身取引対策が米国を中心とした国際社会に向けて、国家としての統治力を示す証拠として差し出されるものになったともいえる。このような姿勢は、人身取引対策における個々の取組みにも通底している。

---

12) 土佐弘之「グローバリゼーションと人の移動——国境の風景はどう変わりつつあるのか」法律時報 77 巻 1 号（2005 年）49 頁。
13) 第 161 回参議院内閣委員会会議録第 4 号（2004 年 11 月 4 日）14 頁より　細田博之国務大臣（当時内閣官房長官）の発言。

3 「人身取引対策行動計画」における人身取引の問題構成

(1) 人権侵害としての人身取引──被害・被害者の可視化と刑法「人身売買罪」

　2002年12月、日本政府は「国際組織犯罪防止条約」および「人身取引議定書」等付属議定書に署名し、翌年12月第2回犯罪対策閣僚会議で初めて人身取引対策の必要性について言及した。2004年4月には同会議のもと、内閣官房を議長に警視庁生活安全局長、法務省刑事局長、同省入国管理局長、外務省国際社会協力部長、厚生労働省雇用均等・児童家庭局長を構成員とする「人身取引対策に関する関係省庁連絡会議」(以下、「人身取引対策連絡会議」) を設置し、海外政府機関や NGO との意見交換を経て同年12月に加害者訴追・被害者保護・防止を3本柱とする「人身取引対策行動計画」が策定された (資料1)[14]。「行動計画」では4年毎に実施状況の確認と評価が行われ、後に「行動計画2009」(資料2)、「行動計画2014」(後述) へ改訂された。

　「行動計画」の注目すべき点は人身取引を重大な人権侵害、その被害者を保護対象として前文に明記したことであり、行政において人身取引による被害の可視化と被害者という法的地位の付与が初めて行われた。まず、警察庁、法務省入国管理局、厚生労働省を中心に被害実態の統計が初めて作成・公表された (表1)[15]。次に被害者保護施策として、人身取引被害者と認定された場合、非正規状態にある外国籍女性には上陸特別許可や在留特別許可を与えるよう出入国管理及び難民認定法 (以下、入管法) が改正され (入管法12条1項2号、50条1項3号)、警察や法務省入国管理局等を窓口に婦人相談所等

---

[14]　久木元伸「特集1　人身取引に関する刑法改正　人身の自由を侵害する行為の処罰に関する罰則の整備についての要綱 (骨子)」ジュリスト2005年3月15日号 (No.1286) 2-8頁。その後、内閣府男女共同参画局長、法務省人権擁護局長、外務省総合政策局長、同省領事局長、文部科学省生涯学習政策局長、厚生労働省労働基準局長、同省職業能力開発局長、海上保安庁次長が構成員に加わった。

[15]　業務の性質や同一事案でも各機関が対応した時期によって、法務省入国管理局と警察庁が各々認知した被害者人員・件数は異なる。各省庁からあげられた被害者数を精査したデータは2015年年次報告書で初めて公表されたが、2016年現在も被害者の国籍、年齢、性別、在留資格と被害の様相が統合された被害実態データは公表されていない。

資料1「人身取引対策行動計画」概要

Ⅰ　人身取引対策の重要性

○人身取引は重大な人権侵害であり、人道的な観点からも迅速・的確な対応の必要	○被害者を保護の対象として位置付け、きめ細かな対応
○総合的・包括的な対策を早急に講じるための行動計画の策定	○刑罰法令の整備と取締りの強化
	○人身取引を許容する要因となっていた諸制度の改正も含む人身取引の防止

Ⅱ　人身取引の実態把握の徹底

⇩

Ⅲ　総合的・包括的な人身取引対策

1　人身取引議定書の締結	5　留意事項
	○内外の関係機関等(外国関係機関、NGO等)との連携　○社会啓発・広報活動
	○人身取引対策に関係する職員に対する研修・訓練　○行動計画の検証・見直し

2　人身取引を防止するための諸対策	3　人身取引を僕滅するための対策	4　人身取引被害者の保護
○出入国管理の強化	○刑事法制の整備	○被害者の認知
○旅行関係文書のセキュリティ確保	＊刑法改正による人身売買行為の犯罪化	○シェルターの提供
○「興行」の在留資格、査証の見直し	○取締りの徹底	・婦人相談所の活用
＊外国機関認定資格のみによる基準充足要件の削除	○旅行文書等に関する情報交換の推進	・民間シェルター等への一時保護委託
○偽装結婚対策	○諸外国の捜査機関等との連携強化及び情報交換の推進	○カウンセリング、相談活動等の実施
○不法就労防止の取組み		○交番等に駆け込んだ被害者の保護
○売春防止対策		○被害者の在留資格の取扱い
		(在留特別許可の付与)
		○被害者の安全の確保
		○被害者の帰国支援
		(国費送還、IOMを通じた帰国支援)

第4回犯罪対策閣僚会議「人身取引対策行動計画の概要」http://www.kantei.go.jp/jp/singi/hanzai/dai4/4siryou3-1.pdf（2016年4月30日アクセス）より筆者作成

で一時保護されることになった。

　加えて、同計画の刑法226条の2「人身売買罪」新設（2005年施行）は特筆すべきである[16]。これは既存の法律（刑法220条—229条「略取・誘拐罪」、同法220条「逮捕・監禁罪」、職業安定法、労働基準法、売春防止法、入管法、児童福祉法、児童買春・児童ポルノ処罰法等）では罰することができなかった金銭を介する人の売買を処罰対象にしたものであり、外国籍女性が入管法違反者ではなく犯罪被害者だという論調を形成する上で重要であった。

16）　刑法226条の2「人身売買罪」にて、人を買い受けた者は3か月以上5年以下の懲役、未成年者を買い受けた場合は3か月以上7年以下の懲役、営利、わいせつ、結婚または生命もしくは身体に対する加害の目的で人を買い受けた場合は1年以上10年以下の懲役に処されることになった。なお、売り渡した者も同様である。また、所在国外への移送目的での人の売買では2年以上の有期懲役に処される。

資料2「人身取引対策行動計画2009」概要

```
現行計画（平成16年12月策定）
  在留資格「興行」に係る上陸許可基準の見直し、人身売買罪の創設、取締りの徹底、被害者への在留特別許可の付与を可能と
  する入管法の改正等各種施策を着実に実施⇒我が国の人身取引対策は大きく前進（人身取引事犯の減少、適切な被害者保護等）
```

国内情勢	国際的な関心の高さ
被害者の在留資格について、「日本人の配偶者等」の割合が増加するなど、人身取引手口が巧妙化・潜在化しているとの指摘	国連特別報告者の見解「日本が多くの人身取引被害者の目的地国となっている」

⇒内外からの指摘を踏まえ、人身取引を取り巻く情勢に真摯に対応する必要

人身取引の実態把握の徹底

総合的・包括的な人身取引対策

1　人身取引の防止
(1)潜在的被害者の入国防止
　○出入国管理の強化
　○偽変造文書対策の強化
(2)在留管理の徹底を通じた人身取引の防止
　○厳格な在留審査による偽装滞在・不法滞在を伴う人身取引事犯の防止
　○不法就労対策を通じた人身取引の防止（※）

3　人身取引被害者の保護
(1)被害者の認知
　○潜在的被害者に対する被害者保護施策の周知
　○取締り過程における被害者の発見（※）
(2)被害者保護の徹底
　○被害者としての立場への配慮　○被害者の法的地位の安定
(3)シェルターの提供と支援
　○婦人相談所における母国語による通訳サービス
　○被害者に対する法的援助に関する周知等
(4)被害者保護施策の更なる充実
　○中長期的な保護施策に関する検討等
　○男性被害者等の保護施策に関する検討
(5)帰国支援の推進
　○被害者の帰国に際しての安全確認の実施

2　人身取引の撲滅
(1)取締りの徹底
　○人身取引事犯の取締りの徹底
　○売春事犯等の取締りの徹底
　○児童の性的搾取に対する厳正な対応
　○悪質な雇用主、ブローカー等の取締りの徹底（※）
(2)国境を越えた犯罪の取締り
　○外国関係機関との連携強化
　○国際捜査共助の充実化

4　人身取引対策の総合的・包括的推進のための基盤整備
(1)国際的取組への参画
　○人身取引議定書の締結
(2)国民等の理解と協力の確保
　○人身取引に関連する行為を規制する法令の遵守の促進等
　○性的搾取の需要側への啓発
(3)人身取引対策の推進体制の強化
　○関係行政機関職員の知識・意識の向上
　○関係行政機関の連携強化・情報交換の推進
　○外国人施策の推進・検討のための枠組みとの連携

注：網かけ部分は、新規に講ずる施策。※については、現行計画も盛り込まれているが、内容の見直しを行ったもの。

人身取引対策連絡会議「人身取引行動計画2009の概要」http://www.cas.go.jp/jp/seisaku/jinsin/kettei/2009gaiyou.pdf（2016月4月30日アクセス）より筆者作成

　ただし、断片的に公表される加害者訴追の実施状況をみると、刑法「人身売買罪」で起訴・有罪判決を受ける者はほんの一握りに過ぎない。2005年から2008年9月までに36件が同罪で起訴され、一審判決をうけた31名のうち20名が実刑判決を受けた[17]。だが、人身取引対策推進会議の年次報告書によると、2014年人身取引事犯で33人が検挙され、そのうち起訴された者が27人、翌年3月までに有罪が確定した者は18人であった。その多くが売春防止法違反、児童福祉法違反、職業安定法違反、入管法違反、風俗営業

---

17)　人身取引に関する関係省庁連絡会議「人身取引対策行動計画の進捗状況」（2008年）http://www.cas.go.jp/jp/seisaku/jinsin/shincyoku/index.html（2016年4月30日アクセス）。警察庁によると、2005年から2008年までに人身取引事犯で229件・235人が検挙された。

表1 警察庁、法務省入国管理局、婦人相談所等で保護された被害者数（2001年-2015年）

年	警察による被害者数	入国管理局による被害者数			人身取引対策推進会議による被害者数	婦人相談所等での保護被害者数
		総数	正規在留者	不法入国・不法残留者**		
2001	65					1
2002	55					2
2003	83					6
2004	77					24
2005	117	115	68	47		117
2006	58	47	20	27		36
2007	43(1)*	40	27	13		36
2008	36(2)	28	11	17		39
2009	17(2)	20	9	11		14
2010	37(12)	29	23	6		33(4)
2011	25(4)	21	6	15		35
2012	27(11)	9	8	1		13
2013	17(10)	12	8	4		5
2014	24(12)	9	5	4	25(12)	28(3)
2015	49(13)	26	15	11	54(13)	
総数	730(67)	356	200	156	79(25)	389(7)

＊（ ）は日本人数　＊＊全員在留特別許可取得　空欄は2016年9月時点で未報告
警察庁、法務省入国管理局の広報資料、人身取引対策推進会議「人身取引対策に関する取組について」（2015年・2016年）および厚生労働省雇用均等・児童家庭局「婦人相談所等における人身取引被害者の保護状況」より筆者作成

等の規制及び業務の適正化等に関する法律（以下、風営法）違反等での起訴であり、執行猶予付き有期刑や罰金刑に処された。他方、刑法「人身売買罪」での起訴は4人、うち1人に有罪判決が下された[18]。2015年人身取引事犯でも同様の違反で42人が検挙され、26人が起訴うち20人に有罪判決（公判係属中5人）が下ったが、刑法「人身売買罪」での起訴はない。

　警察庁で毎年公表する人身取引事犯の検挙事例のうち、刑法「人身売買

---

18) なお、罪名は「わいせつ人身買受け」で懲役3年執行猶予5年の判決が下り、他3人は2015年3月において公判係属中である。

資料3 刑法「人身売買罪」での検挙事例（2011年）

検挙事例：タイ人女性被害に係る人身売買等事件（長野県警察）

　長野県警察では平成23年11月までに、匿名の者からの通報を端緒にタイ人による売春スナックの経営者等4人（A、C、D、E）を風営法違反で逮捕するとともに、同店で稼働していた売春婦3人を保護した。その捜査の過程で、逮捕者のうち1人(A)が、自分はブローカーであることや、三重県内の別のブローカーへ、売春婦であるタイ人女性を代金200万円で売り渡したことを自供したことから、三重県内の風俗店において、人身売買被害者を保護するとともに、ブローカー（甲）を人身買い受け罪で逮捕した。また、同売買に関与した共犯者(B)も人身売渡し罪で逮捕し、三重県内の風俗店経営者（乙）についても売春防止法違反等で検挙した。

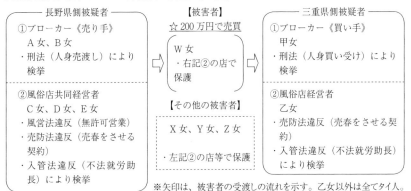

警察庁保安課「平成23年中における人身取引事犯について」http://www.npa.go.jp/safetylife/hoan/h23_zinshin.pdf（2016年4月30日アクセス）より筆者作成

　罪」での事案（資料3）とそれ以外のものと明確に異なることは、二者の間で被害者を移動させる際に金銭授受があったことを証明した点であり、実務で同罪の適用が少ないことはその証明が容易でないことを示している。

　また無罪判決が下された人身売買事件を法学の視点から分析した米田眞澄は、売渡人と買受人との間で被害者に対する「不法な支配」の移転があるかという同罪の成立要件が厳しく、脅迫などの明らかな心理的圧迫や逃亡不可能な物理的制約下にあるなど、きわめて限定的な「支配」概念で解釈されたと指摘する[19]。

　このように、警察行政や司法における人身取引（人身売買）の加害（者）と被害（者）の対象範囲は依然として狭い。人身取引対策を通じて、

---

19) 米田眞澄「人身売買罪の新設で何が変わったか」女性学評論28号（2014年）69-86頁。

国家が禁ずべき行為として新たに定めた「人身売買」は局所的であり、多くは既存の法制度を運用するに留まっている。その結果、人身取引と呼ばれる状況をうみだす外国籍女性の就労内容や滞在環境への法的アプローチは限られ、女性を取り巻く構造は策定前と変わらず温存されたといっても過言ではない。刑法「人身売買罪」新設は実務や学術で最も関心を集めた施策であったが、これをもって加害者訴追という目的が達成されたというには疑問が残る。

(2) 被害者保護──帰国という「選択」・加害者訴追のため保護

「行動計画」では被害者保護の取組みとして、婦人相談所等での一時保護や民間シェルター等への一時保護委託（厚生労働省）、帰国支援（法務省入国管理局・外務省・国際移住機関IOM）、在留特別許可制度の弾力的運用（法務省入国管理局）、ODAを通じた諸外国における人身取引対策に資する取組みへの支援（外務省）を挙げ、「行動計画2014」でもそれらは継続されている。とりわけ、売春防止法を根拠とする婦人保護事業を活用しながら被害者の帰国を促すことに主眼が置かれた点は特徴的である。

厚生労働省は、2006年に被害者保護の担い手である全国の婦人相談所に向けて『婦人相談所施における保護手引き』を発行・配布したが、「行動計画」策定当初、人身取引被害者の保護が一時保護の範疇（原則2週間程度）を越えることを懸念していた。後に入管法改正により被害者が在留特別許可対象になったことで厚生労働省の態度はある程度軟化したが、非正規滞在である被害者の保護には法務省入国管理局（以下、入管）が重要な役割を担うようになった[20]。

在留特別許可とは非正規滞在状態の外国籍者が法務大臣の裁量によりその在留を特別に許可される制度であり、退去強制手続上の1つの救済措置である。2005年入管法改正により、人身取引の被害者であれば退去強制に対する異議申出に理由がない場合でも在留特別許可を受けられることになった。

---

[20] 雇児福発第0726002号厚生労働省雇用均等・児童家庭局家庭福祉課長発「『刑法等一部を改正する法律』の施行等に伴う人身取引等被害者への対応に係る留意事項について」（2005年7月26日付通達）。

このような対応は、人身取引対策の被害者保護に関する入管局長の国会答弁が示すように、婦人相談所等による一時保護終了後の被害者の行き先が「帰国」であることと密接に関係している。

> 三浦正晴（筆者：当時法務省入国管理局長）政府参考人「これらの人（筆者：オーバーステイ状態の被害者）につきましては、合法的な形で日本に在留していただいた後、帰国手続が取れるようにというふうに考えております。したがいまして、在留の特別許可を付与いたしまして、滞在が合法になるようにいたしまして、（…中略…）IOM は機関の性質上合法の滞在者の方にしか帰国支援がなかなか難しいというふうにも聞いておりますので、そういう形で支援を、連携を図っていきたいと思っております。」（第 162 回国会内閣委員会会議録第 2 号（2005 年 3 月 10 日）25 頁）

資料 4 をみると、被害者保護の実質的な終着地点は被害者を IOM によって早期に出国させることにあり、「行動計画 2014」で「外国人被害者の自主的帰国支援・社会復帰支援」（傍点筆者）と表現されたことが象徴するように、人身取引対策では帰国が被害女性にとって最善の選択であるかのような方針が展開されている[21]。厚生労働省の報告によると、2005 年から 2015 年までに婦人相談所等に保護された被害者総数は 389 人（うち日本国籍者 7 人）、外務省の報告では政府は IOM に毎年約 12 万ドルから 32 万ドルを拠出し、2005 年 5 月から 2015 年までに IOM の帰国支援を受けた者は 276 人で、被害者の約 7 割が帰国したことになる。

帰国後には外務省や IOM による社会復帰支援が提供されるものの、被害者女性の出国を促す要因であった送り出し本国での社会的・経済的状況は依然として変わらぬままである。女性たちにとって「帰国」はスタートライン

---

21) たとえば「行動計画 2014」（11-12 頁参照）は、被害者支援として①婦人相談所等における一時保護・援助等の一層の充実　②捜査過程における被害者への情報提供　③被害者に対する法的援助の実施とその周知　④外国人被害者の自主的帰国・社会復帰支援を挙げている。②③は刑事裁判・民事裁判（損害賠償請求）など司法手続に関わる被害者のため支援であり、①④が被害者全般に向けた主要な支援となる。外国籍被害者は、原則、①の一時保護終了後は④で帰国するしかないにもかかわらず、本文では「本国への帰国を希望する外国人被害者の帰国を更に円滑にするため」と帰国が被害者本人の選択であることが強調されている。

に戻ることにほかならず、根本的解決を提示するものではない。また、帰国後も自国ではやはり社会的・経済的閉塞感を打開できないとして再び海外へ向かう中で人身取引の被害に遭う可能性も否定できない。

　政府は帰国支援を打ち出しつつも「帰国することのできない」被害者に対しては就労可能な在留資格へ変更を認めているが、そのような措置をうけた被害者は多くはない[22]。「行動計画」「行動計画2009」では就労可能な在留資格をもつ被害者への就労支援が明記されたが、「行動計画」フォローアップで「殆どが帰国希望であり、就職相談を必要とする者はいなかった」とその後も実績は報告されず[23]、「行動計画2014」では就労支援が言及されなくなった[24]。つまり、日本に留まる＝生活するという選択肢が被害者に対して実質的に保証されているわけではない。それは民間の支援現場でもあらわれており、行政は日本への定住を望む被害者のための系統的支援を用意しておらず、宗教組織をはじめとした民間支援組織がその役割を担わざるを得なかったことが報告されている[25]。

　他方、被害者への法的地位の付与は早期帰国のためだけではなく、被害者が加害者を摘発・処罰するための重要なリソースでもあることにも留意すべきであろう。

---

22) たとえば、人身取引対策推進会議によると、2014年の外国籍被害者13人中1人が就労可能である在留資格「定住」（1年）へ変更され、2015年には外国籍被害者41人中8人に就労可能な中長期の在留資格が付与された。米国務省『TIPレポート』では、2012年時点で長期滞在が可能な在留資格を得た被害者が過去1人いたと報告している。
23) 人身取引対策に関する関係省庁連絡会議・前掲注17)。
24) 「行動計画2009」で取りまとめられ、「行動計画2014」でも添付された別紙「人身取引事案の取扱方法（被害者の保護に関する措置）」（平成23年7月1日人身取引対策に関する関係省庁連絡会議申合せ）では、「⑽ 帰国することができない被害者については、入国管理局は、本人の意思を尊重しつつ、個別の事情を総合的に勘案した上、必要に応じて就労可能な在留資格を認める。また、関係行政機関は、我が国で就労可能な在留資格が認められた被害者について、就労の希望等を勘案し、必要に応じて就労支援を行うように努める」とある。これは一時保護終了後に被害者が日本で生活を営む余地を与えるものだが、帰国が前提であることには変わりない。帰国を望まない被害者が必ずしも「帰国することができない」被害者と判断されるわけではなく、入管の認定が被害者の処遇を大きく左右すると推察できる。
25) 藤本伸樹「『外国人材』の受け入れ政策を検証する──移住女性の人権問題を中心に」Migrants Network165号（2016年）7-9頁、ビスカルド篤子「日本が第二の故郷となるように──避難から定住へ」Migrants Network165号（2016年）10-11頁。

[6] 日本における人身取引対策の現段階　203

資料4　人身取引被害者保護の流れ

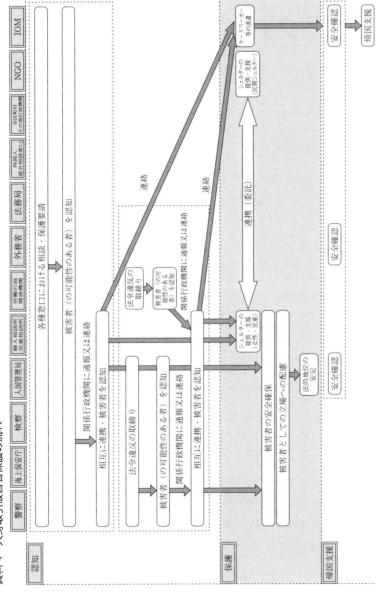

人身取引対策に関する関係省庁連絡会議「人身取引事案の取扱方法（被害者の認知に関する措置）について」（2010年6月23日付）http://www.cas.go.jp/jp/seisaku/jinsin/100623jian.pdf（2016年4月30日アクセス）より筆者作成

被害者への対応に関する警察庁の通達では「人身取引事犯の被害者は、通常出入国管理及び難民認定法違反等の被疑者であり、しかも、それらの犯罪を捜査して、初めて被害者であることが判明することが多いという特殊性があ」り、「人身取引事犯の捜査に当たって、被害者からの長期にわたる事情聴取を要する場合には、被害者の意見を確認のうえ、…必要な期間の滞在が可能となるよう適切に対処する」とし、被害者は犯罪捜査対象またはそれと隣り合わせの存在であり、加害者訴追に必要不可欠な存在でもある[26]。ただ、被害者が捜査協力に応じたとしても生活者としての権利が約束されたわけではなく、最終的に帰国が唯一の道なのである。

人身取引対策における人身取引＝人権侵害という枠組みによって、「被害者」という法的地位が初めて確立した。しかし、それは結果として加害者処罰を円滑に進めるための手段や被害者に帰国を「選択」させる手段として機能し、被害者である女性自身の人権が包括的に支援されているわけではない。

(3) 防止

(i) 外国籍女性の入国制限

「人身取引対策行動計画」における人身取引の防止策は入国管理政策が中心である。非正規滞在・就労（「不法滞在・就労」）、特に性風俗産業におけるそれらが人身取引の温床であるとされ、その取締りはもちろんのこと、非正規滞在・就労を生みださないための水際対策が実施されている。具体的には、旅券の偽変造や不正使用の防止強化として顔画像を記録した IC 旅券の導入、第二バイオメトリクスを搭載した次世代 IC 旅券導入の検討、日本での超過滞在者が多い出身国別データを用いた上陸審査の強化や不法入国者が多く出発する外国の空港へ偽変造文書鑑識の専門家派遣、興行の在留資格・査証の見直し、偽装結婚対策（在留資格取消制度の活用・疑いのある婚姻の追跡調査）、「不法就労」防止の取組み（特に性風俗関連特殊営業）、売春防止対策が挙げ

---

[26] 警察庁生活安全局長発「人身取引事犯に対する対応について」（2004 年 11 月 15 日付通達）、警察庁生活安全局生活環境課長発「刑法等の一部を改正する法律の施行に伴い、人身取引事犯の取り締まり及び被害者保護に当たって留意すべき事項について」（2005 年 7 月 11 日付通達）より。

られる。同計画の防止は人身取引の加害者に対してではなく、被害者になりうる者に向けられた取組みであり、その対象地は日本の歓楽街から国内の空港、送り出し側である諸外国の空港や在外公館にまで広がる。

本節では、潜在的被害者に向けた防止の取組みであるエンターテイナー、日本人男性の妻（配偶者）、日本国籍を取得する子どもとその母親に対する入国規制と、女性たちが被害をうける場とされる性風俗産業に対する規制について取り上げたい。

入国規制でさまざまな業界に論争を巻き起こしたのが、在留資格「興行」の上陸許可基準に関する法務省令（入管法7条1項2号の基準を定める省令、2005年施行）の改正である。従来、同資格での入国には送り出し国政府発行の「芸能人証明書」などの認定資格が必要であったが、「行動計画」ではそれを上陸許可基準から削除し実質的審査のみを基準にするという方針を打ち出した。

「行動計画」で「特にフィリピン政府が発行する芸能人証明書の所持により上陸許可基準を満たすとして入国したフィリピン人に芸能人としての能力がなく人身取引の被害者となる者が多くいると認められる」と記されているように、在留資格「興行」でエンターテイナー（芸能人）として来日する者の多くがフィリピン女性であったことがこの改正の背景にある[27]。

女性たちは歌手やダンサーとして来日したものの、実際はホステスなど接客業に従事していたという在留資格と就労実態の乖離や就労における性的搾取、来日にあたり必要であったフィリピン政府発行「芸能人登録手帳（Artist Record Book: ARB）」の形骸化やARB取得過程での業者による中間搾取の問題など、在留資格「興行」は日比のNGOに長年問題視されてきた[28]。行政もこのような問題を把握しており、1995年に入管は在留資格「興行」で入国した者の出演先とその活動状況の調査を実施している。その

---

27) 人身取引対策に関する関係省庁連絡会議「人身取引対策行動計画」（2004年）http://www.cas.go.jp/jp/seisaku/jinsin/kettei/041207keikaku.html（2016年4月30日アクセス）。

28) 人身売買禁止ネットワーク（JNATIP）・お茶の水女子大学21世紀COEプログラム「ジェンダー研究のフロンティア」（F-GENS）『日本における人身売買の被害に関する調査研究』報告書』（JNATIP、2005年）、小ヶ谷千穂『移動を生きる――フィリピン移住女性と複数のモビリティ』（有信堂高文社、2016年）。

結果、約9割が入管法違反、その就労実態がホステス業や売春であったことが判明し、1990年代半ばから主に招聘・受け入れ業界に対する措置が展開されてはきた[29]。しかし、芸能人であるかを見極める実質的審査で入国を判断するという2005年の改正は、エンターテイナーとしての出国・来日の機会自体を狭めるという点で、両国の関係業界はもとより来日を希望する女性への影響が最も大きく、この施策の是非をめぐって深刻な摩擦をうんだ。

たとえば、フィリピンショーは日本の大衆芸能、フィリピンパブは健全な遊び場かつフィリピン女性に労働の機会を提供する国際援助の場でもあるとして、外国籍芸能人を招聘する業界団体や一部自民党議員から強い反発が起こり[30]、法務省のパブリック・コメントでも反対意見が圧倒的に多い結果となった[31]。他方フィリピンでもエンターテイナーや関係業者がこの改正に反対するデモがマニラの日本大使館前で行われた[32]。しかし、法務省は外国政府の認定を鵜呑みにして入国を認めてきたのは不適切だったとし、在留資格「興行」の「適正化」のために反対勢力を抑えこむ形で改正が推し進められた。

2005年の改正によって在留資格「興行」での来日状況は一変し、2004年に同資格の入国者数は約13万5千人であったのが2010年には約2万8千人に減少し、特にフィリピン国籍の者については2004年約8万7千人が2010年には約1500人へと激減した。

また、人身取引対策では興行という就労目的だけではなく、在留資格「日本人の配偶者等」での来日や「日本人の子」とその母の入国にも規制をかけた。

「行動計画」は日本人男性の妻と偽って入国し、ホステスや性風俗産業に従事するという「偽装結婚問題」も人身取引の温床であると問題視し、警視庁と東京入国管理局による合法滞在を装う者を取り締まるための調査・捜査

---

[29] 明石純一『入国管理政策——『1990年体制』の成立と展開』(ナカニシヤ出版、2010年)。
[30] 「人身売買批判に異論 興行ビザ厳格化『困る』」朝日新聞2004年12月14日付朝刊。
[31] 法務省ホームページで在留資格「興行」に関する上陸審査基準の厳格化に関するパブリック・コメントが2004年12月3日から翌年1月4日まで募集され、賛成65、反対1924、その他139という結果であった。
[32] 小ヶ谷・前掲注28)。

プロジェクトに人身取引対策が組み込まれた。これは入管法違反「資格外活動」では取締まれない婚姻関係にも監視の目が向けられたことを意味する。

「行動計画2009」では婚姻を理由に入国する者だけではなく、2008年の国籍法改正によって新たに日本国籍を取得する子とその母親の入国、特にフィリピンとタイからの来日者が人身取引の被害にあう可能性が高いとして注意が向けられた[33]。実際、警察庁が公表した2015年度中の人身取引事犯ではそのような母子の被害が初めて報告され、JFC（Japanese Filipino Children 日比国際児）とその母親24人が日本国籍取得支援や就労斡旋などJFC支援を装う団体によって搾取されていたという[34]。

この問題については単にタイやフィリピンの被害者数が多いというだけではなく、1970年代の海外買春ツアー、1980年代の「ジャパゆきさん」現象の中で日本人男性が両国の女性の女性性を「買った」という歴史的文脈を忘れるべきではない。しかし、人身取引対策はそのような文脈を顧みることはなく、JFCの事案を皮切りに、人身取引発生を防ぐために日本国籍取得目的での未成年や女性の来日が今後ますます厳しくなるであろう。

日本の人身取引対策では人身取引の防止、つまり加害行為の防止には潜在的被害者へのアプローチが有効とされ、エンターテイナー、日本人の妻、日本人の子とその母親、特に女性性をもって来日・滞在しようとする者の入国抑制が図られた。これは一見合理的な策にみえるかもしれない。しかし、被害を未然に防ぐためには来日女性を脆弱な状況に追いやる受け入れ国社会への取組みが一層必要となる。東・東南アジア諸国の女性に対する搾取を引き起こす日本社会にはどのような防止策が展開されているのだろうか。

---

33) 国籍法第3条改正により、日本国籍の父と外国籍の母の間の子は、父母が法律上婚姻関係を結んでいない場合でも父親による出生後の認知によって日本国籍を取得できるようになった。改正前は父の認知と父母の婚姻が国籍取得の要件であった。

34) 警察庁保安課「平成27年中における人身取引事犯の検挙状況等について」（平成28年2月18日）https://www.npa.go.jp/safetylife/hoan/h27_zinshin.pdf（2016年5月31日アクセス）。JFC支援を装う団体がJFC母子に日本国籍取得や日本での就労斡旋をもちかけて短期滞在の資格で来日させ、女性たちは3、4年間ホステスに従事するよう強要され、厳しい売り上げノルマを課せられていた。

(ii) 風俗・性風俗産業における「不法就労」根絶

　日本社会に向けた防止は「不法就労」根絶を通じて人身取引の被害者を見つけ出すことに終始している。これは被害者がしばしば「不法就労」状態にあり、「不法就労」を助長する者は人身取引の加害者である可能性があることから、それらを取締まることで人身取引の芽を摘むことを意図している。たとえば、警察および入管で既に実施されていた「来日外国人犯罪対策及び不法滞在・不法就労防止のための活動強化月間」での摘発強化が人身取引の防止という観点からも実施された。

　この防止策は風俗・性風俗産業に力点が置かれ、風営法改正（外国籍者を接客業者として雇用する場合に、風俗営業等を営む者に在留資格等の確認義務を課す規定を追加）や警察行政による「風俗関係事犯等取締強化月間」での取締り強化が行われた。前者については在留資格の確認によって違反者＝潜在的被害者を発見するなど、搾取を生みだす環境を改善する一歩にはなる。しかし、それはセンシティブな問題をはらんでいる。

　1967年に外国籍単純労働者を受け入れない政策方針が閣議決定されて以降、来日した外国籍者の多くはその労働力を日本社会で需要されていたにも関わらず、非正規就労せざるを得なかった。なかでも、日本の強固な性別役割分業と性の二重基準というジェンダー構造下に身を置くことになった東・東南アジア女性にとって、風俗・性風俗産業は日本における数少ない「就労先」であり続けてきた[35]。彼女たちの中には、肉体的・精神的暴力にさらされ人身取引被害者としか形容できない悲惨な状況に直面した者もいれば、法外な借金を負わされたり暴力を振るわれたりしない「ソフトな管理」のもとに留まる者もおり、女性たちの自己認識も含めて彼女たちが人身取引の被害者かどうかという線引きは容易にひけるものではない[36]。

　人身取引対策の一環として警察行政が実施した「風俗営業の健全化と風俗

---

35) 大野・前掲注1)「日本における〈人身取引〉言説の生成と展開」。
36) 人身売買禁止ネットワーク (JNATIP)・お茶の水女子大学21世紀COEプログラム「ジェンダー研究のフロンティア」(F-GENS)『人身売買被害者支援の連携の構築地域、国境を越えた支援に向けて」調査および活動報告書』（トヨタ財団2005年度地域社会プログラム助成事業）(JNATIP事務局、2007年)。

環境の浄化」という取組みでは2004年には1398人、2005年には1571人の外国籍女性が風俗関係事犯の被疑者または参考人として検挙され、そのうち人身取引被害者として保護された者は各々77人、117人であった[37]。確かに風俗・性風俗産業に従事する外国籍女性の検挙は人身取引被害者の認知と保護に有用ではあるが、検挙対象かつ「被害者ではない」と判断された女性の数は少なくない。もし女性たちが人身取引の被害者と行政に認定されず、なおかつ非正規滞在・就労の状況にあれば、入管法の違反者として退去強制となる可能性はきわめて高い。なぜ女性たちは風俗・性風俗産業にしか居場所がなかったのか、なぜそのような場で搾取が発生してしまうのかという背景を考慮することなく人身取引の防止として取締りを強化するのであれば、外国籍女性にさらなるリスクを負わせる結果となる。

(4) 人身取引対策から取り残される女性たち

日本の人身取引対策において人身取引自体は人権侵害問題とされながらも、その取組みは必ずしも被害者の人権回復に関心を寄せたものではないことは冒頭で述べたとおりである。そもそも同対策は2003年に発表された「世界一安全な国、日本」の復活を目指す「犯罪に強い社会の実現のための行動計画」で政策課題化したことに端を発する。

人身取引問題への対応の必要性が「国境を越える脅威」への対応、とりわけ「不法入国・不法滞在」対策の推進で言及され、国際社会における国際組織犯罪根絶への高まりや、「人身取引議定書」に加えて移民の密入国防止を目的とする「密入国議定書」の批准も検討されていたことがその背景にある。

日本の人身取引対策は、風俗・性風俗産業における外国籍女性に対する搾取を人身取引問題として可視化したという点で評価しうる。しかし、被害者という地位が付与され保護されることは、日本社会で十分な社会的・経済的支援が約束されたことと同義ではなかった。というのも、日本の人身取引対策は、被害者となりうる者が抱える脆弱性を「不安全なもの」として捉えて

---

[37] 警察庁「一般分野の政策を対象とする政策評価（実績評価方法）」(2006年) 33-34頁 http://www.npa.go.jp/seisaku_hyoka/jigo_hyoka/jisseki_hyoka/17honbun.pdf#page=34 (2016年4月30日アクセス)。

いるからだ。この問題が行政において「不法入国・不法滞在」問題から始まったことが示すように、人身取引対策の個々の防止策はテロ対策（「テロの未然防止に関する行動計画」）や地域の安全化を目指す施策（「安全・安心なまちづくり全国展開プラン」）の取組みと重複しており、日本の治安政策と密接に連動している[38]。

加えて、防止は anti-immigration（反移民）という方向性に拍車をかけていることも見過すべきではない。外務省では来日外国人犯罪対策や人身取引等国際組織犯罪防止のため、2006年にすべての日系人、短期滞在を目的とするロシア人女性、興行・短期滞在を目的とするインドネシア人女性等に対して査証審査の厳格化を実施した[39]。これは、人身取引問題が着火点となり女性の入国・滞在に監視の目が向けられたことを示している。

人身取引対策は人権侵害への対応という枠組みを越え、風俗・性風俗産業における外国籍女性を「（潜在的）被害者」として保護・管理することで、「不安全なもの」を効率的にみつけ本国へ戻すシステムと化したといえる。つまり、女性たちの被害が日本の治安維持・改善へと活用され、女性がその役割を果せば渡航前と何も状況が変わらない本国に帰国することが最善だと判断され、女性たち自身にもそのように「選択」させるプロセスである。

日本の人身取引問題は外国籍女性の性的搾取問題として出発し、ジェンダー化された問題として構成されてきた。しかしながら、このようなプロセスは必ずしもジェンダー・センシティブな視点を持ち合わせたものではなく、外国籍女性の性を含めた労働力を需要し続けてきた日本の社会構造自体へのアプローチは視野の周辺に留まっている。行政において人身取引問題はもはや女性の人権問題にとどまらず、「脆弱な外国籍女性」を入り口にした日本社会のセキュリティー問題へと変容したといえる。

---

[38] 大野・前掲注1) 両論文。
[39] 内閣府犯罪対策閣僚会議「『犯罪に強い社会の実現のための行動計画』（平成15年12月18日決定）における主要な取組について（平成18年1月-平成19年6月）」(2006年) http://www.kantei.go.jp/jp/singi/hanzai/dai9/9siryou4.pdf（2016年4月30日アクセス）。

4　新たな人身取引問題

　前述のとおり、日本において人身取引問題は東・東南アジアから来日した女性に対する性的搾取に焦点がおかれてきたが、「行動計画」策定から12年経過し、政策の位置づけや問題の様相は変化しつつある。たとえば、「行動計画2014」（資料5）では、2020年開催予定のオリンピック・パラリンピック東京大会に向けた「世界一安全な国、日本」を築くことが人身取引根絶の目的として強調され、人身取引対策の担い手は関係省庁局長を構成員とした「人身取引対策に関する関係省庁連絡会議」から、関係閣僚からなる「人身取引対策推進会議」へと格上げされた。その中で新たに射程に入った問題が「日本人」の被害と労働搾取目的での人身取引、特に技能実習生に対する搾取である。本章では「行動計画2014」と近年警察庁や人身取引対策推進会議によって公表された人身取引事犯から、日本における人身取引問題の新たな局面について言及したい。

(1)　「日本人」被害者

　警察庁は人身取引事犯の検挙状況を毎年公表し、2001年から2015年まで国籍別被害者数を報告している（表2）。それによるとタイ、フィリピン、インドネシアの被害者が目立つ中、2007年から「日本人」の被害が報告され、その数はここ数年増加傾向にある。

　検挙事例全体は明らかにされていないものの、未成年女性がホストクラブへの「借金」返済のために売春を強要される事案や、児童が出会い系サイト等を利用した売春を強要される事案が人身取引事犯として公表されており、行政において人身取引問題は児童買春や日本人若年女性に対する性的搾取も含むものになっている。

　「行動計画2014」でも日本女性の被害は注目されており、人身取引対策の適切な運用が安倍内閣の推進する「女性活躍促進」、つまり「女性が安心して活躍してゆける」社会につながると期待されている[40]。しかし、そのような期待は「日本女性」に向けられたものであり、最終的に帰国を求められる

資料5　人身取引対策行動計画　2014概要

人身取引を巡る情勢

○我が国の人身取引対策への取組状況に対する国際社会の関心
○外国人材の活用、外国人の往来の増加、女性の活躍促進等を進める中、「世界一安全な国、日本」創造に向けた人身取引対策強化の重要性

人身取引対策行動計画2014の構成

①人身取引の実態把握の徹底

②人身取引の防止

○入国管理・在留管理の徹底を通じた人身取引の防止
○労働搾取を目的とした人身取引の防止
・外国人技能実習制度の抜本的見直しによる制度の適正化
・外国人技能実習生に対する法的保護等の周知徹底
・労働基準関係法令の厳正な執行

③人身取引被害者の認知の促進

○各種窓口の連携による適切な対応
○潜在的被害者に対する被害申告先、被害者保護施策の周知
○外国語による窓口対応の強化
○在外公館等による潜在的人身取引被害者に対する注意喚起

④人身取引の撲滅

○人身取引対策関連法令執行タスクフォースによる関係行政機関の連携強化
○人身取引取締りマニュアルの活用による取締りの徹底
○国境を越えた犯罪の取締り

⑤人身取引被害者の保護・支援

○保護機能の強化
・男性も含む人身取引被害者に対する一時保護機能の提供
・外国人技能実習生の保護強化
○被害者への支援
・捜査過程における被害者への情報提供
・被害者に対する法的援助の実施とその周知
・外国人被害者の自主的帰国支援

⑥人身取引対策推進のための基盤整備

○人身取引議定書の締結
○国民等の理解と協力の確保
○閣僚級会議の設置
○人身取引に関する年次報告の作成

注：網かけ部分は、新規に講ずる施策（現行計画にも盛り込まれているが、内容の見直しを行ったものを含む。）
人身取引対策推進会議「人身取引対策行動計画2014概要」http://www.cas.go.jp/jp/seisaku/jinsin/kettei/keikaku2014gaiyou.pdf（2016年4月30日アクセス）より筆者作成

表2　警察庁発表　国籍別人身取引被害者数（2001年-2015年）

	13年	14年	15年	16年	17年	18年	19年	20年	21年	22年	23年	24年	25年	26年	27年	合計
タイ	39	40	21	48	21	3	4	18	8		12	3	6	1	8	232
フィリピン	12	2		13	40	30	22	7	4	24	8	11	1	10	28	212
インドネシア	4		3		44	14	11									76
コロンビア	3	6	43	5	1											58
日本							1	2	2	12	4	11	10	12	13	67
中国（台湾）	7	3	12	5	4	10		5	1			1	1			49
韓国				3	1	1	5			1		1				12
中国		4	2					1						1		8
ルーマニア					4											4
中国（香港）									2							2
中国（マカオ）								2								2
ロシア				2												2
カンボジア		2														2
バングラデシュ								1								1
オーストラリア					1											1
エストニア					1											1
ラオス				1												1

警察庁保安課広報資料「平成27年中における人身取引事犯の検挙状況等について」より転載。
https://www.npa.go.jp/safetylife/hoan/h27_zinshin.pdf（2016年4月30日アクセス）

　外国籍女性は政府が日本で活躍してほしいと願う「女性」ではない。人身取引問題の拡張を救済対象の拡大と評価するのは性急であり、被害者女性が「日本人」であるか否かが被害者という社会的・法的地位や今後の人身取引対策の方向性にどのような影響を与えるのか検討すべきであろう。

　また、「日本人」という枠組み自体にも限界がある。3(3)で挙げたJFC母子の被害事例を踏まえると、日本国籍を取得したJFCなどの被害者は「日本人」と統計上計上されることになる。JFC母子支援を行うJFCネットワ

---

40)　内閣府犯罪対策閣僚会議「人身取引対策行動計画2014」（2014年）3頁　http://www.cas.go.jp/jp/seisaku/jinsin/kettei/keikaku2014.pdf（2016年4月30日アクセス）。

ークによると、JFC母子は経済的自立のために仲介業者による渡航費貸付・就労先斡旋を利用して来日するが、国籍取得費用や渡航費等を返済するために介護施設、工場、パブ等で働き、それがしばしば搾取的な状況であること、またJFC母子への搾取が人身取引と行政に認知されたとしても、JFCの多くは日本国籍を、その母親は定住者として安定した在留資格を持つため、帰国を終着点とする従来の人身取引対策では不十分であるという[41]。JFC母子は日本国籍をめぐる特有の脆弱性を持っており、「日本人」か「フィリピン人」かという視点では掬い取れない問題の構造が横たわっている。国籍別に被害を把握することの意味を再考すべきであろう。

(2) 労働搾取――「技能実習生」問題を中心に

2004年の対策開始以降、人身取引事犯の認知件数が減少する中、「行動計画2009」では「潜在的被害者」の認知が新たな課題となった。特に労働搾取目的での人身取引への対応が検討され、警察庁や入管によって労働搾取による被害が認知され始めている。たとえば、2015年には前述のJFC母子の事例以外にも土木作業、農作業、ベビーシッター、飲食業などでの被害が報告されており、被害者54人中労働搾取の被害が7人、うち4人が男性被害者であった。

ここ数年、労働搾取目的での人身取引として最も注目されているのが「技能実習生」問題、つまり外国人技能実習制度のもとで来日した者が直面する虐待や低賃金長時間労働等の人権侵害である。技能実習生の惨状は市民運動やメディアによって告発され[42]、2006年以降NGOや研究者らが彼ら彼女らの身に起こっている問題も人身取引だという主張を展開してきた[43]。

---

41) NPO法人JFCネットワーク『2013年度パルシステム東京市民活動助成調査報告書〔改訂版〕「改正国籍法施行以後のジャパニーズ・フィリピノ・チルドレンの来日と就労の課題」』（2014年）http://migrants.jp/wp-content/uploads/2015/07/1b84fa06608ac2495341d0251f36fea8.pdf（2016年4月30日アクセス）。

42) たとえば「リポート岐阜 中国人実習生、賃金未払い――徹夜の残業 室温10度、『稼げると聞いたのに』」朝日新聞・岐阜 2008年3月9日付など。2010年の制度改正で研修生は実務作業を伴わない研修や公的機関の運営による事業に従事することになり、搾取問題は技能実習生に集中するようになった。

他方、政府や外国人技能実習制度の監視団体である国際研修協力機構JITCO は、これらの問題を制度上の欠陥によるものではなく「制度を理解しない一部の不心得者によるもの」として個別対応すべき問題とみなしてきた[44]。そのような姿勢に変化の兆しを与えたのが、2009 年 7 月に行われた人身取引（特に女性と子ども）に関する国連特別報告者ジョイ・ヌゴジ・エゼイロ Joy Ngozi Ezeilo の訪日調査である。調査直後に日本政府への暫定的報告が発表され、「技能実習生」問題について「人身取引に相当しかねない条件での搾取的な低賃金労働に対する需要を刺激する」ケースが多々あり、人身取引に繋がる緊急性の高いイシューと指摘された。政府は「行動計画2009」で同制度がはらむ問題性を間接的に認めるに至った[45]。

　ところが、「行動計画 2014」では従来の消極的態度は一変し、技能実習生への人権侵害問題を労働搾取目的での人身取引として対応することが明記され、国際貢献を目的とする趣旨を徹底するための外国人技能実習制度の抜本的見直しが挙げられた。諸外国では建設業や漁業等における男性への労働搾取も性的搾取の被害と同様深刻とされ、男性被害者専用保護施設が開設されている[46]。政府が労働搾取問題にも視野に入れることで今後日本でも男性被害の認知が進むかもしれない[47]。

---

43) 外国人研修生問題ネットワーク『外国人研修生——時給 300 円の労働者 2』（明石書店、2006年）、川上園子「第 6 回外国籍研修・技能実習制度——もう 1 つの人身売買？　2006 年 6 月 19日」IMDR-JC 編『講座人身売買　さまざまな実態と解決への道筋』（IMDR-JC、2007 年）100-120 頁、竹信三恵子「人身売買としての研修生問題」女たちの 21 世紀 51 号（2007 年）4-5 頁など。

44) 第 186 回国会衆議院法務委員会議事録第 19 号（2014 年 5 月 23 日）9 頁。

45) 人身取引対策に関する関係省庁連絡会議「人身取引対策行動計画 2009」(2009 年) http://www.cas.go.jp/jp/seisaku/jinsin/shincyoku/index.html（2015 年 2 月 15 日アクセス）2-3 頁。国際連合広報センター「人身取引に関する国連専門家、訪日調査を終了」（2009 年 7 月 23 日付プレスリリース 09-034-J）http://www.unic.or.jp/news_press/features_backgrounders/2753/（2016年 4 月 30 日アクセス）。

46) 佐々木綾子「男性人身取引被害者保護システムの確立にむけて」一橋社会科学 4 巻（2012年）40-47 頁。

47) しかし、労働搾取の可視化＝男性被害者の可視化とは一概に言えない。2001 年から 2013 年まで男性よりも女性が多く技能実習生として来日しており、女性は男性よりも低賃金かつ労働・生活面で劣悪な状況に置かれがちであるという。また支援 NGO への相談も女性の方が多い（早崎直美「技能実習制度のなかの女性」Migrants Network165 号（2016 年）12-13 頁）。

一方、日本社会で外国人技能実習制度の問題が人身取引問題に包摂されることにはより慎重であらねばならない。人身取引対策の一環として技能実習生の受け入れ先の是正が図られるとなれば、彼ら彼女らの就労環境が改善されるであろう。しかしながら、同制度をあくまで「国際貢献」と位置付け、技能実習生の労働者性を過小評価する政府の立場は変わらぬままである。

日本政府は外国籍単純労働者を公式に受け入れないという態度を固持してきたが、多くの研究者やNGOが指摘するように、1990年入管法改正により入国・就労規制が緩和された中南米諸国の日系2世・3世、研修生・技能実習生、そして政府方針により「不法就労」せざるを得なかった多くの非正規滞在者が、安価でかつ大量の労働力となって日本経済を下支えしてきた。外国人技能実習制度の問題を労働搾取目的での人身取引として対応することで、外国籍者への搾取を生みだす構造に日本政府や日本社会がいかに加担してきたかという問いが立てづらくなる。

さらに、同制度を入り口として、実質的な「労働者」として来日を許可されたわけではない者の労働力を安定かつ合理的に確保・選別する仕組みが成立する可能性も否定できない。実際、人身取引対策は同制度の「適正化」の流れを後押ししている。法務省および厚生労働省は2014年6月に閣議決定された安倍内閣の経済成長戦略である「『日本再興戦略』改訂2014」を踏まえ、「外国人の技能実習の適正な実施及び技能実習生の保護に関する法律案」を2015年3月6日第189回国会に提出し、翌年11月18日に可決され同月28日に公布された。

外国人技能実習制度だけにとどまらず、「行動計画2014年」は「外国人材のさらなる活用」、つまり2020年オリンピック・パラリンピック東京大会開催に向けて「緊急かつ時限的措置としての」外国人建設就労者受け入れ事業や、「『日本再興戦略』改訂2014」の「女性の活躍促進」で打ち出された「外国人家事支援人材」受け入れの「適切な」制度運用も人身取引防止に資するものとして掲げている[48]。労働搾取目的での人身取引問題と外国籍労働者問題が接合することで、人身取引という人権問題が治安（安全）回復・強化の手段となるだけでなく、アベノミクス成長戦略という「新自由主義」なるものへの布石にもなりつつあるのではないか。人身取引問題の拡張にくわ

えて、人身取引対策がもつ視野の広がりも今後議論を要するだろう。

5　おわりに

　本稿では、日本の人身取引対策策定に至るまでの推進要因を踏まえながら、同対策が日本社会にもたらしてきた意味や被害実態の多様化による政策上の変化について考察した。

　風俗・性風俗産業における外国籍女性の窮状について、1990 年代までに行政で認識されてはいたものの、それは緊急を要する国内問題ではなかった。2000 年に入り、「国際組織犯罪防止条約」および「人身取引議定書」批准や米国務省『TIP レポート』という外圧によって、人身取引は国際社会での日本のプレゼンスに影響する問題として政策課題化した。

　しかし、「行動計画」の具体的取組み、特に被害者保護と防止から浮かび上がるのは、被害にあった外国籍女性の人権回復ではなく、外からの「脅威」に立ち向かい国内のリスクをいかに除去するかというセキュリティー問題に対策が収斂した点である。日本は人身取引の受け入れ国（目的国）であるがゆえ、人身取引という不安全を背負う者を国内に入れない・留まらせないことが最も効果的な解決方法であるとされた。

　人身取引は送り出し国と受け入れ国双方の社会・経済・政治的要因と歴史的背景が複雑に絡み合いながら生じる問題であり、双方の社会がこの問題を引き起こす要因をもつ。受け入れ国・日本については外国籍の者、より明確にいうのであれば「主要先進国ではない」とされる国籍をもち、政府が求める「高度人材」ではないとされる人々の来日を抑制しながらも、彼ら彼女らの性・労働力を求め続けるという相反するベクトルの中に問題の根幹が表れている。しかし、日本の人身取引対策を見る限り、人身取引を生みだす需要に切り込む取組みはほとんど講じられていない。

48）　内閣府犯罪対策閣僚会議「人身取引対策行動計画 2014」（2014 年）http://www.cas.go.jp/jp/seisaku/jinsin/kettei/keikaku2014.pdf（2016 年 4 月 30 日アクセス）。なお、「外国人家事支援人材」受け入れ問題については、『女たちの 21 世紀 特集 新たな「移民政策」と女性』83 号（2015 年）が詳しい。

「行動計画2014」からは、治安回復を目的に外国籍女性に対してanti-immigrationの姿勢をとっていた従来の人身取引対策とは別の側面を垣間見ることができた。経済成長という名のもとに「外国人材の活用」が求められる中で、技能実習生に対する搾取は人身取引問題としても対応されることになり、人身取引防止のための「制度の適正化」が図られている。技能実習生の問題が政策課題になったことは評価すべきだが、彼ら彼女らを「労働者」ではなく「労働力」として見なし続ける外国人技能実習制度の根本的問題が不可視化されるだけに留まらず、「制度の適正化」を通じて制度自体を正当化したに等しい。つまり、現在の人身取引対策はanti-immigrationを維持しつつ、日本社会に必要な労働力を海外から安定的に確保するツールとしても機能しているのではないか。今後日本が受け入れる「外国人材」について、人身取引対策が彼ら彼女らにとってのセーフティーネットになりうるのかを十分精査する必要がある。

新たな被害の対象となっているJFC母子について、現行の人身取引対策では潜在的被害者である彼ら彼女たちの入国制限が主たるものであった。JFCが日本国籍を取得し法的に「日本人」になったとしても、JFC母子は日本できわめて不安定な就労に従事せざるを得ず、人手不足の業界を支えてきた南米出身の日系2世・3世と同様、またはより搾取の度合いが強い状況にあると指摘されている[49]。日本国籍取得が誘発するJFC母子への搾取に対して今後も入国制限という方法を採用するのか。それとも、JFC母子を「日本とのつながり」をもつという意味で「外国人材」とは異なる新たな労働力として受け入れ、管理してゆくのか。JFC母子の問題が人身取引対策を通じてどのように展開するのか注目してゆくべきだろう。

日本の人身取引問題は性的搾取問題から労働搾取問題へ、外国籍の問題から日本人を含む日本をルーツに持つ者の問題へと移行しつつある。対象の拡大はこの問題が「国際組織犯罪」であるという以上に、日本社会自体が生みだす搾取の問題、特に外国籍の人々に対するそれであることを示している。人身取引を人権問題の単なる各論としてではなく、外国籍の人々に関する政

---

49) NPO法人JFCネットワーク・前掲注41)。

策と連関する広義の問題として捉えるべきであり、人身取引廃絶は日本社会にとって重要な論点を提示している。

〈その他参考文献・資料〉
外務省「国際組織犯罪に対する国際社会と日本の取組——人身取引」(2015 年) http://www.mofa.go.jp/mofaj/gaiko/jinshin/index.html（2016 年 4 月 30 日アクセス）
国際連合、反差別国際運動 IMADR 訳「人権理事会第 14 会期　議題項目 3　人、とくに女性と子どもの人身売買に関する特別報告書　ジョイ・ヌゴジ・エゼイロ提出の報告書」(2010 年) http://imadr.net/wordpress/wp-content/uploads/2012/09/T4-2-X7.pdf（2016 年 4 月 30 日アクセス）
法務省出入国管理局編「入国管理局『人身取引対策への取組』トップページ」www.immi-moj.go.jp/zinsin/index.html（2016 年 4 月 30 日アクセス）
——「『人身取引対策行動計画 2009』フォローアップ」(2014 年) http://www.cas.go.jp/jp/seisaku/jinsin/pdf/jinsinkeikaku2009.pdf（2016 年 4 月 30 日アクセス）
人身取引対策推進会議「人身取引対策に関する取組について」(2015 年) http://www.kantei.go.jp/jp/singi/jinsintorihiki/pdf/honbun1.pdf（2016 年 4 月 30 日アクセス）
——「人身取引対策に関する取組について」(2016 年) http://www.kantei.go.jp/jp/singi/jinsintorihiki/dai2/honbun.pdf（2016 年 6 月 3 日アクセス）
厚生労働省雇用均等・児童家庭局編『婦人相談所における人身取引被害者支援の手引き』(2006 年)、厚生労働省雇用均等・児童家庭局
——「婦人相談所等における人身取引被害者の保護の状況」(2016 年) http://www.mhlw.go.jp/file/06-Seisakujouhou-11900000-Koyoukintoujidoukateikyoku/0000065115.pdf（2016 年 4 月 30 日アクセス）
内閣府犯罪対策閣僚会議「犯罪に強い社会の現実のための行動計画」(2003 年) http://www.npa.go.jp/cyber/policy/sec_taikei/shiryou/actionplan.pdf（2016 年 4 月 30 日アクセス）
——「安全・安心なまちづくり全国展開プラン」(2005 年) http://www.kantei.go.jp/jp/singi/hanzai/dai5/5siryou1-4.pdf（2016 年 4 月 30 日アクセス）
島戸純「特集・第 162 回国会成立警察関係法律の解説『刑法等の一部を改正する法律』について——人身売買罪の新設等、人身取引その他の人身の自由を侵害する犯罪に対処するための法整備」警察公論（立花書房）2005 年 9 月号 22-30 頁
U.S. Department of State *Trafficking in Persons Report*（2001 年 -2015 年) http://www.state.gov/j/tip/rls/tiprpt/index.htm（2016 年 4 月 30 日アクセス）

[7] 人身取引法の刑法解釈学的検討

安達光治

1 はじめに

　人身取引（以下、国際的な用例に合わせて「ヒューマン・トラフィッキング」と呼ぶこともある）とは、売春をはじめとする性風俗産業やその他の強制労働など、不法な就労等を行わせる目的で人身を取引することをいい、かねてより日本でも問題とされている[1]。

　ヒューマン・トラフィッキングを個人で実行することは困難であり、多くは組織的に行われる。その意味で、ヒューマン・トラフィッキングは組織的な犯罪といえ、暴力団組織の介入が指摘されている[2]。被害者の多くは女性

---

[1] 本稿は、大久保史郎（編）『人間の安全保障とヒューマン・トラフィッキング』（日本評論社、2007年）に所収の拙稿（安達光治「人身取引の刑法解釈論的考察——日独の2005年改正規定を中心に」〔以下、「人間の安全保障」所収論文、と呼ぶ〕）につき、2005年刑法改正までの刑法的対応および同改正を受けた解釈学的対応等の検討を加え、再整理したものである。人身取引をめぐる現状については、本書所収の各論文を参照されたい。

[2] アメリカ国務省が毎年公表するヒューマン・トラフィッキングに関する報告の2007年版によると、日本におけるヒューマン・トラフィッキング行為者は、たいていが暴力団構成員（やくざ）である旨が言及されていた（see, Trafficking in Persons Report 2007, p.124.〔http://www.state.gov/documents/organization/82902.pdf〕〔2017年1月23日アクセス〕）。

や児童など弱い立場にあるものであり、その搾取によって、表面的には行動の自由や性的自己決定権が侵害されるが、より本質的には彼・彼女らの人間の尊厳に対する重大な侵害というべきである。これらの事柄の本質に鑑みるなら、ヒューマン・トラフィッキング対策には、国家間の協力が不可欠であり、そのような見地から、2000年には国連国際組織犯防止条約（国際的な組織犯罪の防止に関する国際連合条約―以下、組織犯罪防止条約）とともに、人身取引に関する議定書（国際的な組織犯罪の防止に関する国際連合条約を補足する人、特に女性及び児童の取引を防止し、抑止し及び処罰するための議定書―以下、人身取引議定書）が採択された[3]。

　人身取引議定書については、わが国の政府も署名しており、また2005年6月8日には、その締結について国会承認されている。そして、人身取引議定書に対応する目的で、わが国では、2005年に刑法や組織犯罪処罰法の関係法令が改正され、国外移送目的拐取罪（刑法226条）が「所在国外移送目的拐取罪」とされ、その処罰範囲を拡大した他、人身売買に関する一般的な処罰規定（刑法226条の2）が設けられるなど、ヒューマン・トラフィッキングについて、一定の範囲で犯罪化するための立法が行われた。もちろん、ヒューマン・トラフィッキング行為は、被害者を拉致したり、詐術や甘言を弄して連れてくるなどして行われることも多く、これらの場合には、略取・誘拐の罪として把握することが可能であった。これにつき、2でみるように、すでに刑法全面改正の作業においても、婦人や子どもの人身売買禁止のための国際条約への加入に対応すべく、略取・誘拐の罪について改正案が提起されてきたという経緯を有する。

　性風俗産業や強制労働などに従事させることによる被害者の搾取は、刑法典にとどまらず、売春防止法上の売春周旋罪（売春防止法6条）や管理売春罪（同法12条）、風俗営業法上の無許可営業の罪（風俗営業法3条1項、49条1号）、入管法上の不法就労助長の罪（入管法73条の2第1項1号および2

---

[3] その他、「密入国」に関する議定書（国際的な組織犯罪の防止に関する国際連合条約を補足する陸路、海路及び空路により移民を密入国させることの防止に関する議定書）、および「銃器」に関する議定書（国際的な組織犯罪の防止に関する国際連合条約を補足する銃器並びにその部品及び構成部分並びに弾薬の不正な製造及び取引の防止に関する議定書）が採択されている。

号）ないしはその斡旋の罪（同法73条の2第1項3号）、あるいは労働基準法上の強制労働禁止違反の罪（労働基準法5条、119条1号）等により、処罰することが可能である。その意味では、ヒューマン・トラフィッキング行為は、従来の法的な枠組みにおいても、ある程度必要な範囲で処罰の対象とされていたといってよい。このような法状況を踏まえつつ、人身取引に関する刑法解釈学的考察を行うにあたっては、従来の法的枠組にはどのような問題があったのか、そして改正法はこれに十分対応するものといえるのか、法解釈論的な観点からの検討が必要であろう。そこで本稿では、以上のような問題関心から、まず、2において従来の刑法的対応について確認したうえで、3においてヒューマントラフィッキングの概念について人身取引議定書を手掛かりに分析を行い、最後に、4において人身取引の被害者への対応につき簡潔に確認することで結語に代える（これについては、本書の他の章で詳細に検討されることであろう）。

2　人身取引に対する従来の刑法的対応

(1)　旧刑法の規定

　旧刑法では、人身取引に関連する犯罪類型として、第3編第1章第10節に「幼者を略取誘拐する罪」が規定され、12歳未満の幼者を略取・誘拐して自ら蔵匿し若しくは他人に交付する行為（341条）、12歳以上20歳未満の幼者を略取して自ら蔵匿し若しくは他人に交付する行為または12歳以上の20歳未満の幼者を誘拐して自ら蔵匿し若しくは他人に交付する行為（342条）が処罰の対象とされていた[4]。さらに、略取誘拐された幼者であることを知って自己の家属僕婢となし、またはその他の名称をもって収受した者も、前2条の例に照らして各一等を減じた処罰がされる（343条）。なお、これらの罪は被害者またはその親族が告訴権を有する親告罪であったが、略取誘拐

---

[4]　法定刑はそれぞれ異なっており、12歳未満の幼者の略取・誘拐については2年以上5年以下の重禁錮で10円以上100円以下の罰金の附加、12歳以上20歳未満の幼者の略取については1年以上3年以下の重禁錮で5円以上50円以下の罰金の附加、12歳以上20歳未満の幼者の誘拐については6月以上2年以下の重禁錮で2円以上20円以下の罰金の附加である。

せられた幼者と適式に婚姻をなした場合には告訴の効力はないとされていた（344条）。この規定は、現行刑法229条とほぼ同趣旨のものといえる。さらに、20歳未満の幼者を略取誘拐して外国人に交付した者は、親告罪ではなく、軽懲役とされていた（345条）。

最後に挙げた外国人への交付罪は、国外に被拐取者を移送することを想定しており、その意味で、狭い意味での人身取引の防遏にかかわるものである。しかるに、外国人への交付というだけでは、国内にいる外国人に対するものも考えられ、それだけでは国外への移送に伴う危険性はないのに対し、国外にいる内国人への交付の場合にはその危険性があるはずであるのに、外国人への交付だけに重罰を科すのは不合理であるとの批判があった[5]。そのため、後述のとおり、現行刑法では被拐取者ないしは被売者の国外移送そのものを処罰の対象とし、その前段階の行為である国外移送目的での拐取や人身売買をも可罰的行為とした。

(2) 現行刑法への改正に関する概要

「刑法改正政府提出案理由書」では、現行刑法では旧刑法からの主たる改正点として、以下の3点が示されている[6]。すなわち、(i) 20歳未満の幼者を保護する規定としていたのを改め、ひろく人を略取誘拐する罪とし、成人も保護の対象に加え、(ii) 12歳以上と12歳未満とで刑の区別をしていたところ、そのような区別の必要性は認められないため、裁判官の裁量に委ね、(iii) 略取と誘拐との刑の区別を廃止したことが挙げられている[7]。個別の規定に

---

5) 岡田朝太郎『刑法講義　全（刑法各論）』（明治法律学校出版部、1903年）264頁（有斐閣オンデマンド版（2002年）より引用）。
6) 明治23年草案でも、被拐取者の外国人への交付がなく、未遂犯処罰規定が設けられているほか、自由に対する罪と位置付ける点を除き、旧刑法の枠組みがほぼ踏襲されている。明治34年草案では、略取誘拐の罪は自由に対する罪に位置付けられ、未成年者の拐取の他、営利、わいせつまたは結婚の目的による人の拐取の処罰や国外移送目的の人の拐取や人身売買が処罰されるなど、むしろ現行刑法の枠組みに近くなっている（もっとも、未成年者の拐取の成否につき、父母またはその他の監督者の承諾が要件となる点や、拐取の手段として偽計または威力とする類型があるなどの相異もある）。明治35年草案もこれとほぼ同様といえる。
7) 倉富勇三郎・平沼騏一郎・花井卓蔵（監修）（松尾浩也（増補解題））『増補　刑法沿革綜覧』（信山社、1990年）2206頁。

ついてみると、未成年者拐取罪（224条）では、先述のように年齢による区別を廃したほか、自ら蔵匿しまたは他人に交付するという要件について必要性が認められないため削除された。また、営利目的等の拐取罪（225条）が新設された。これは営利、わいせつまたは結婚の目的で未成年者または成年者を拐取する規定であり、前条に比して情状が重いため法定刑も重くしたとされる。国外移送目的拐取罪、同目的人身売買罪および被拐取者国外移送罪（226条）は、旧刑法345条の規定を修正したものであり、同規定は狭きに失するためその趣旨を拡張したものとされる。拐取者幇助目的での被拐取者収受および蔵匿・隠避罪（227条1項）は新設であるが、「実際の必要上已むを得ざる規定」と説明される。対して、営利・わいせつ目的での被拐取者収受罪（同条2項）は、旧刑法343条の収受罪の規定を修正したもので、「家属僕婢と為し」云々の文言で収受の目的を示そうとしたものであるが、頗る明瞭を欠くため現行刑法のように改めたとのことである[8]。

　現行刑法への改正で、成人に対する略取・誘拐が対象に含まれ、また、営利、わいせつ、結婚目的の略取・誘拐、および国外移送目的の略取・誘拐および人身売買、国外移送が処罰化されることになり、人身取引への刑法的対応につき、当時としては十全を尽くしたものと評価し得る。

(3)　刑法全面改正作業における人身取引の取り扱い

　戦後の刑法全面改正においては、略取・誘拐の罪についても俎上に載せられていた。その契機が人身売買の禁止にかかる国際条約であるという点で、状況は現代と類似している。

　婦人・児童の人身売買撲滅に向けた国際的な取り組みとして、すでに1904年に「醜業を行わしむるための婦女売買取締に関する国際協定」が欧州で締結されていたが、1910年には「醜業を行わしむるための婦女売買禁止に関する国際条約」（大正14年条約第18号）が締結され、日本もこの条約に加入したことで前者の国際協定にも当然に加入したこととなり、さらに1921年の「婦人及び児童売買禁止に関する国際条約」（大正14年条約第17

---

8)　倉富他（監修）（松尾増補改題）・前掲注7) 2206頁以下。

号）にも加入したため、条約上の義務履行に不十分と認められる点を補充する必要があったとされる。また、戦後には、1949年の「人身売買及び他人の売春からの搾取の禁止に関する条約」（昭和33年条約第9号（いわゆる人身売買禁止条約））にも1958年に加入しており、これらの国際条約上の要請が考慮されている[9]。

　刑法全面改正作業の到達点として、1974年に改正刑法草案が公表されたが、そこでの略取・誘拐の罪に関する改正のポイントは、次の5点である。すなわち、(i)営利目的のほかに、売春をさせその他のわいせつな業務につかせる目的による略取・誘拐に関する規定を設けたこと、(ii)国外移送目的による略取・誘拐ないしは人身売買につき、この種の国外犯を世界主義的な見地で処罰することとしていること（草案7条6号）に対応し、移送目的を「日本国外」から「居住国外」にあらためたこと（国外移送罪についても、同様の修正がなされている）、(iii)被拐取者ないしは被売者の収受等の罪の対象に「移送された者」を加え、また、加重収受についてはその要件として、営利目的のほかに、売春をさせその他わいせつな業務につかせる目的および居住国外に移送させる目的を加え、わいせつの目的を削ったこと、(iv)予備罪の対象として、身代金目的略取・誘拐に加え[10]、国外移送目的略取・誘拐・売買および国外移送の目的を入れたこと、(v)営利目的の略取・誘拐、国外移送目的の略取・誘拐、国外移送および営利目的等による加重収受の罪およびこれらの罪の未遂罪について、裁量による罰金併科の規定を新設したことである。また、適宜の法定刑の引き上げも行われている[11]。

　1921年の「婦人及び児童売買禁止に関する国際条約」では、人身売買の予備処罰がいわれており、国外移送目的略取・誘拐等の予備罪を設けた点はこれに対応したものといえる。また、国外移送目的略取・誘拐の「国外」について、「居住国外」とした点は、後でみる2005年の刑法改正が「所在国

---

9)　刑法改正準備会『改正刑法準備草案　附同理由書』(1961年) 278頁［中野次雄執筆］、法務省『法制審議会　改正刑法草案　附同理由書』(1974年) 236頁。
10)　周知のとおり、これは身代金目的の略取・誘拐等の罪を新設した1964年の刑法改正により新設されていたものである。
11)　法務省・前掲注9) 236頁以下参照。

外」としているのと比較するとやや狭いが、人身取引が被拐取者・被売者の日本国外への移送だけでなく、国際間の問題とされている現況に鑑みると、適切な対応と評価されてよい。もっとも、このような視点でみた場合、人身売買罪に関しては、（居住国外として対象がかなり広がったにせよ）国外移送目的に限定されており、現在の視点からみた場合には、依然として範囲が狭いものとなっている。これらの点において、改正刑法草案の略取・誘拐に関する規定は、人身取引につき妥当な処罰範囲を画するという意味で適切なものであったと評価してよいと思われるが、周知のとおり、改正刑法草案が刑法全面改正という形で結実することはなかった。しかしながら、すでに日本においても、人身取引議定書の調印・国会承認の以前から、ヒューマン・トラフィッキングに関する国際問題に対応するための刑法改正作業が進められていた歴史を有することは、積極的に評価されてよいのではないだろうか。

3　ヒューマン・トラフィッキングの概念とその処罰化

(1)　概念内容の明確化とその本質

　翻って、人身取引、すなわちヒューマン・トラフィッキングとは、具体的にはどのような行為を意味するのか。ヒューマン・トラフィッキングを犯罪化するにあたり、その概念内容を明確にすることは、罪刑法定主義の要請に鑑みると、きわめて重要な課題といえる。また、人身売買に関する包括的な研究を行った木宮高彦は、「いかなる予防対策も爾後措置も、対象である人身売買の意義そのものが不明確であっては、とうていその効果を挙げ得ないことはいうまでもないことであろう」[12]と述べるが、正当な認識といえよう。刑罰法規の概念内容を明らかにし、処罰の対象の明確化を図ることは、市民の行動の自由の保障のみならず、法執行機関の効果的な取締活動、さらには被害者の保護にも資するものである。

　ヒューマン・トラフィッキングとは、基本的には、金銭などの対価の提供を伴った人の取引という形で一般化することが可能かもしれない。しかしな

---

[12]　木宮高彦『特別刑法詳解　第二巻（売春・人身売買）』（日本評論社、1962 年）92 頁。

がら、たとえば、プロ野球でしばしばみられる「金銭トレード」のように、ある組織間で金銭などを対価として、選手などその支配下にある人物を取引の対象とすることは、われわれの社会においてごく普通にみられる事柄であり、これを当罰的な「人身取引」と考えることはできないであろう。というのも、前者では、選手など組織の支配下に置かれている人物は、基本的に、自らが意図した活動に従事しており、活動実績に見合った相当な報酬を得ており、また離脱の自由が確保されているのに対して、管理売春や強制労働に典型的に見られるように、後者においては、自由かつ健全な労働の根幹をなすともいうべき上記の3点に関して、基本的に保障がないという点で、両者は本質的に異なるからである。これらの事実に徴するなら、ヒューマン・トラフィッキングの概念には、本質的に、対価を伴う性的行為や強制的で悪条件での労働などの従事のような「搾取」の要素が含まれるといってよいように思われる。実際、人身取引議定書の前文では、「人、特に女性および児童に対する搾取と戦う」という目的について言及があり、また、次にみるように、ヒューマン・トラフィッキングの犯罪化を、搾取目的がある場合に限って求めている。実際、ドイツ刑法のように、「人身取引の罪」という表題の下で、性的搾取や労働力の搾取そのものを処罰の対象としている立法例も存在するのである（これについては、「人間の安全保障」所収論文において、すでに論じた）。

　以上のような観点から、以下では、ヒューマン・トラフィッキング概念の確立において指導的な役割を果たしたといえる人身取引議定書における定義をみた上で、その具体化とされるわが国の2005年刑法改正について検討する。

(2) 人身取引議定書における定義

　人身取引議定書では、3条で人身取引について定義し、5条1項において、3条に規定された行為を犯罪化するために、必要な立法その他の措置をとることを求めている。3条の「人身取引」に関する定義規定は次のようなものである[13]。

第3条（定義）
(a) 「人身取引」とは、搾取の目的で、暴力その他の形態の強制力による脅迫若しくはその行使、誘拐、詐欺、欺もう、権力の濫用若しくはぜい弱な立場に乗ずること又は他の者を支配下に置く者の同意を得る目的で行われる金銭若しくは利益の授受の手段を用いて、人を獲得し、輸送し、引き渡し、蔵匿し、又は収受することをいう。搾取には、少なくとも、他の者を売春させて搾取することその他の形態の性的搾取、強制的な労働若しくは役務の提供、奴隷化若しくはこれに類する行為、隷属又は臓器の摘出を含める。
(b) (a)に規定する手段が用いられた場合には、人身取引の被害者が(a)に規定する搾取について同意しているか否かを問わない。
(c) 搾取の目的で児童を獲得し、輸送し、引き渡し、蔵匿し、又は収受することは、(a)に規定するいずれの手段が用いられない場合であっても、人身取引とみなされる。
(d) 「児童」とは、十八歳未満のすべての者をいう。

さらに、人身取引議定書5条2項では、締約国に対し、これらの行為の犯罪化に加え、次のような行為の犯罪化に必要な立法その他の措置をとることを求めている。

(a) 自国の法制の基本的な概念に従うことを条件として、1の規定に従って定められる犯罪（第3条で定義された行為の犯罪化のために第5条第1項の規定に従い、国内の立法で犯罪化された行為—引用注）の未遂
(b) 1の規定に従って定められる犯罪に加担する行為
(c) 1の規定に従って定められる犯罪を行わせるために他の者を組織し、又は他の者に指示する行為

上記の定義から明らかなように、人身取引議定書は、ヒューマン・トラフィッキングにつき、対価を伴う人身の取引一般とするのではなく、前提として、搾取目的でなされることを必要としている。さらに、手段の面においても、暴力その他の形態による強制力による脅迫ないしその行使、誘拐、詐

---

13) 翻訳は外務省ホームページに掲載されている和文テキスト（http://www.mofa.go.jp/mofaj/gaiko/treaty/pdfs/treaty162_1a.pdf〔2017年1月23日アクセス〕）に拠った。

欺、欺もう、権力の濫用ないしは対象者のぜい弱な立場に乗じること、および他の者を支配下に置く者の同意を得る目的で行われる金銭ないしは利益の授受、という形で限定を付し、またこれらの手段が用いられる場合には、被害者が搾取について同意しているか否かを問わないとする。これは、上述のような強制ないしは欺もう的手段の行使による被害者の意思欠缺または瑕疵ある意思に基づくもののように思われる。すなわち、このような強制ないしは欺罔的手段が講じられた結果として、被害者がそのもともとの生活地を離れ、売春や強制的労働に従事することは、類型的に被害者の意に沿わないものであると解することができる[14]。

18歳未満の児童に関しては、その判断能力の未熟さから、強制や欺罔手段が用いられなくとも、売春ないしは強制的労働への従事そのものが類型的に意に沿わないものと解することできるばかりでなく、そもそも児童をこれらの不当な活動に従事させること自体が、人道上、包括的な禁止の対象となると考えるべきである。したがって、ヒューマン・トラフィッキングの問題を考える際には、児童に対する場合と成人に対する場合とでは、異なった考慮が必要であると思われる。

行為に関しては、人の獲得、輸送、引き渡し、蔵匿、および収受が犯罪化されるべき行為の対象とされており、「搾取」行為そのものは入っておらず、搾取はあくまでこれらの人身取引に関する一連の行為の目的として措定されていることに留意すべきである。それゆえ、搾取行為そのものを人身取引として正面から処罰し、上記の一連の行為は、これを助長する行為として処罰の対象とするという意味において、先に触れたドイツの2005年改正刑法は、特色のあるものといえよう。

(3) わが国における2005年の刑法等の改正

1で述べたように、わが国の政府は、人身取引議定書に署名し、2005年

---

[14] 佐久間修『刑法各論〔第2版〕』（成文堂、2012年）107頁（注27）は、人身買い受け罪に関して、「暴行・脅迫を用いた支配があった場合はもちろん、かりに売春などの合意があったとしても（人身取引議定書3条(b)にいう「搾取についての同意」にあたる）、自由の侵害に対する真摯な同意はないと考えられる」と説く。

6月8日、締結について国会承認された。そして、とりわけ先に取り上げた人身取引議定書3条の人身取引につき、必要な範囲で犯罪化を行うため、2005年6月に第162回通常おいて「刑法の一部を改正する法律」が成立し、公布され、同年7月から施行された（以下、本法を2005年改正法という）。改正の内容は多岐に渡るが[15]、とりわけヒューマン・トラフィッキングの犯罪化にとって重要であるのは、刑法第2編第33章の改正であり、「略取、誘拐及び人身売買の罪」と表題も改められた。

(i) 従来の法的枠組での対応

ところで、先に述べたように、ヒューマン・トラフィッキングに関連する行為については、従来のわが国の法的な枠組みにおいても、一定の範囲で可罰的とされていた。それは以下のような枠組みにおいてである。

まず、刑法典に関しては、すでに2で詳細に述べたところでもあるが、「人をその生活環境から不法に離脱させ、自己又は第三者の事実的支配に置くことを内容とする略取・誘拐の罪（刑法224条以下）」として、具体的には、①未成年者略取・誘拐罪（224条）、②営利目的等略取・誘拐罪（225条）、③国外移送目的略取・誘拐罪等（226条）、④被拐取者収受罪（227条）がこれにあたるとされた他、「不法に人を逮捕し、監禁する罪」として、⑤逮捕・監禁罪（220条）が挙げられている[16][17]。

(ii) 人身取引議定書3条との関係

人身取引議定書との関係で、2005年改正法およびその後の解釈学上の議

---

[15] 立案担当者による詳細な解説として、久木元伸・島戸純・谷滋之「『刑法等の一部を改正する法律』について」法曹時報57巻11号（2005年）3231頁以下、久木元伸「『刑法等の一部を改正する法律』について」警察学論集58巻9号（2005年）84頁以下がある。その他、改正法の骨子および法制審議会での議論経過の解説として、久木元伸「人身の自由を侵害する行為の処罰に関する罰則の整備についての要綱（骨子）」ジュリスト1286号（2005年）2頁以下、要綱骨子を踏まえた上での理論的問題に関する検討として、佐久間修「人身の自由に対する罪の法整備について」ジュリスト1286号（2005年）9頁を参照。
[16] 久木元・島戸・谷・前掲注15) 3239頁。
[17] 特別法に関しては、久木元・島戸・谷・前掲注15) 3239頁以下。

論がどのような対応をとったが問題となる[18]。先に見たように、人身取引議定書3条によるヒューマン・トラフィッキングの定義は、行為の目的、手段、行為に分けられるので、それぞれにつき確認する。

まず、人身取引の目的に関しては、議定書に規定された売春のその他の性的搾取目的は、225条の「わいせつの目的」と重なるし、被拐取者に売春をさせることによって、拐取者または第三者が利益を得ているのであれば、「営利目的」にも該当するといえる。また、そもそも「営利の目的」とは、「強制的な労働をさせること等によって被拐取者の自由を侵害し、それによって自己または第三者に財産上の利益を得させる目的」をいうから[19]、強制的な労働若しくは役務の提供の目的は、「営利の目的」の一種と解することが可能であろう。奴隷化若しくはこれに類する行為について、このような奴隷的拘束は通常、対象者の使役により利益を得ることを目的に行われるであろうから、その場合には、同様に「営利の目的」とみてよい。

これに対し、「臓器摘出の目的」に関しては、「営利目的」に含まれない限り、従来の略取・誘拐の罪の枠組みにおいて対応しうるものはなかったといってよい。そこで、2005年改正法では、225条に新たに「生命若しくは身体に対する加害の目的」（以下、生命・身体加害目的と呼ぶ）が加えられた。しかしながら、ここでは文言上、生命・身体加害目的一般が要件とされており、必ずしも臓器摘出目的に限定されているわけではない。学説においても、相手方の身柄を確保した上で暴行・傷害、殺人行為に及ぶ場合とか[20]、自己または第三者による被拐取者の殺害、傷害ないしは暴行目的などと解されており[21]、臓器摘出目的以外を排除するものではないとされる[22]。裁判例でも、（臓器摘出目的でない）暴力による虐待目的で被害者を略取した行為につき、身体加害目的略取罪の成立を認めたものがある（神戸地判平成27年3月18日

---

18) もっとも、佐久間・前掲注14) 97頁が指摘するように、2005年改正法の目的には、人身取引議定書への対応のみならず、人身取引関連以外の略取誘拐などにおいても、わが国の犯罪情勢が悪化している点がある。
19) 松宮孝明『刑法各論講義〔第4版〕』（成文堂、2016年）105頁。曽根威彦『刑法各論〔第5版〕』（弘文堂、2012年）60頁以下も同旨とみられる。
20) 佐久間・前掲注14) 101頁。
21) 曽根・前掲注19) 61頁、井田良『講義刑法学・各論』（有斐閣、2016年）134頁。

判時 2274 号 123 頁（尼崎連続殺人事件地裁判決））。たしかに、文言の形式からは、臓器摘出目以外の殺害、傷害ないしは暴行目的も生命・身体加害目的に含み得ることになろう。しかし、このような拐取に関する目的の広範な拡張は、殺人予備の一部につき刑の大幅な加重となることを意味し、さらに、原則的に不可罰である暴行ないしは傷害の予備の一部を可罰的とするものでもある。人身取引議定書を受けたものという 2005 年刑法改正の立法趣旨に鑑みるなら、生命・身体加害目的を有する略取・誘拐一般を処罰するものであるとする立場には疑問がある[23]。人身取引議定書との関係では、被拐取者に対する搾取の一形態としての臓器摘出目的を主軸に据えるべきであろう[24]。

　手段に関しては、2005 年改正法の立案担当者によると、人身取引議定書に規定された「暴力若しくはその他の形態の強制力による脅迫もしくはこれらの行使」に関しては、刑法の略取罪の手段である暴行、脅迫等に含まれる。同様に、「誘拐、詐欺、欺もう」に関しては、誘拐罪の手段である欺もう、誘惑等に含まれる。また、「権力の濫用若しくはぜい弱な立場に乗ずること」とは、「これらを合わせた全体として、自己の法的若しくは事実上の地位又は被害者との地位の差を利用して、不法に有形力を行使し、又は害悪を告知するなどしながら、従う以外に途のない同人を意のままにすることを指」すことから、刑法の略取罪の手段である暴行、脅迫等に含まれるとされる[25]。これに対して、「他の者を支配下に置く者の同意を得る目的で行われる金銭若しくは利益の授受」に関しては、これまでの略取・誘拐の手段とし

---

[22]　山中敬一『刑法各論〔第 3 版〕』（成文堂、2015 年）150 頁以下。中森喜彦『刑法各論〔第 3 版〕』（有斐閣、2011 年）50 頁は、「臓器摘出目的、やくざの暴行目的の場合などが想定されている」とする。また、西田・前掲注 19）80 頁は、暴力団員が他の成員に暴行を加える目的での拐取も含まれるとする（松原芳博『刑法各論』（日本評論社、2016 年）103 頁も、暴力団員が制裁・復讐のために暴力を加える目的も含まれるとする）。

[23]　山口厚『刑法各論〔第 2 版（補訂）〕』（有斐閣、2012 年）96 頁は、「人身取引議定書が処罰を求める臓器摘出の目的を拡充して、暴行を加える目的で人を拐取するような事例までを取り込むものである」とするが（高橋則夫『刑法各論〔第 2 版〕』（成文堂、2014 年）111 頁も、人身取引議定書の要請を超えて、暴行や傷害の目的で人を拐取する場合を含むとする。西田・前掲注 19）80 頁も同旨）、立法趣旨としてそのような拡充の正当性如何が問われるであろう。

[24]　これにつき、松宮・前掲注 19）106 頁は、「主として、移植のための臓器・組織の摘出を目的とした人の略取・誘拐を念頭に置いたものである」とする。

て想定されるものでなかったことから、新たに買受罪（対価を払って現実に人身に対する不法な支配の引き渡しうける罪）および売渡罪（対価を払って現実に人身に対する不法な支配の引渡しを受ける罪）が新設された（226条の2）[26]。なお、ここでいう「対価」とは、必ずしも金銭に限られず、金銭以外の財物ないしは利益の提供（たとえば、買主に対する債務の免除、弁済の猶予なども含む。）がこれにあたる。

　ところで、人身取引議定書は、人の売買行為のうち、「搾取の目的」による場合のみを犯罪化の対象としているが、新設された226条の2では目的を問わず、人の買受け、売渡し一般を処罰の対象とした。その理由について、立案担当者は次のように説明している。すなわち、「まず、売買行為のうち、売渡行為については、その対価を得る以上、常に営利目的が存することになるので、常に重い処罰の対象とすべきものと考えられる。そして、この売渡行為を処罰していくためには、これと必要的共犯（対向犯）の関係に立つ人身買受行為についても、当然、捜査の射程に捉え、取り締まっていく必要がある。買受けは、自らの出捐により他人の支配状態を取得する行為であって、買受者において、被害者の自由を拘束する強い動機に基づく者であることから、被害者に対する更なる法益侵害の危険性も高い。したがって、買受行為についても、その目的を問うことなく処罰の対象とすることは、人身取引の撲滅に資するものであり、人身取引議定書の趣旨に沿ったものであると考えられる」[27]、と。たしかに、人を売り渡す行為は、それによって対価を得る目的でなされることから、つねに営利の目的を伴うものといえる。また、買主においても、通常は買い受けた者を使役し、あるいはさらに譲渡するなどして不正な利益を得る目的があるものと思われる。その意味では、人身売買

---

25) 久木元・島戸・谷・前掲注15) 3245頁。もっとも、3つ目の類型に関しては、人身取引議定書の予定する目的の範囲は、たとえば、相手方から過去に恩恵を受けたなどの「借り」があって、立場上断れないような場合も含まれると解され、略取の手段としての脅迫よりも広いものが想定されているようにも思われる。立案担当者の主張がこれを刑法の略取罪の手段と同程度のものにまで限定する趣旨であるのなら、それは正当な方向性を有すると考えるが、両者の関係については、いま一度、立ち入った検討が必要かもしれない。
26) 久木元・島戸・谷・前掲注15) 3245頁。
27) 久木元・島戸・谷・前掲注15) 3256頁以下。

の多くは、搾取目的でなされるものといってよいかもしれない。しかしながら、先に述べたように、対価の提供を伴う人の譲渡はわれわれの社会においてごく普通に行われるのであり、議定書はそのすべての犯罪化を求めているわけではない。たとえば、先に触れたプロ野球選手の「金銭トレード」や、対象者に対する拘束がより強いケースとして、里子を引き受けるのに謝礼を支払う場合などが考えられる。立案担当者による解説では、取引の対象は「人身に対する不法な支配」[28]であり、上記のようなケースは「不法な支配」が認められない限り、人身売買の罪は成立しないとされる[29]。しかし、このような隠れたメルクマールにより妥当な処罰範囲を画そうとするのではなく、人身取引議定書が求めるように、搾取目的での売買に限定した方が、処罰範囲の明確化を図るという人権保障目的に資するだけでなく、ヒューマン・トラフィッキングの根底にある人、とりわけ女性や児童など弱い立場にある人からの搾取の問題を人びとに明確に意識付け、ひいては効果的な取締りと被害者保護にもかなったものとなるのではないか。

また、ヒューマン・トラフィッキングは国境を越える犯罪であるが、従来の国外移送目的拐取罪（旧226条1項）のように、日本国内から日本国外への移送目的による拐取だけを処罰の対象とするのでは、議定書との関係で十分処罰が図れない。そこで、2005年改正法は、「国外移送目的」を「所在国外移送目的」とし、目的の拡大を図った。これにより、わが国から海外に移送する目的だけでなく、海外からわが国に移送する目的である場合や、また、被害者が日本国民である場合には、その所在する外国から別の外国に移送する場合にも、226条により処罰されることとなった[30]。

行為に関しては、獲得および収受は、それぞれ、略取・誘拐の行為および被拐取者の収受行為として、従来の略取・誘拐の罪において処罰の対象となっていた。これに対して、「輸送」「運搬」「蔵匿」に関しては従来の刑法の規定では対応できなかったとされ[31]、新たに処罰規定が設けられた（227条1項～3項）。

---

28) 久木元・島戸・谷・前掲注15) 3257頁。
29) 久木元・島戸・谷・前掲注15) 3259頁以下。

なお、児童の取引については、(i)でみたように、すでに従来の法的枠組によって、人身取引議定書3条に規定された行為の可罰性は確保されているといえる[32]。

(iii) 犯罪収益の規制、国外犯処罰

人身取引議定書5条によって犯罪化が義務付けられる人身取引については、国際組織犯罪防止条約に従って定められる犯罪とみなされ（人身取引議定書1条3項）、その結果、人身取引による収益の資金洗浄行為等の犯罪化の義務が生じることになる（人身取引議定書6条1項）。これに対応するため、組

---

[30] その処罰根拠について、立案担当者は次のように説明している。すなわち、「今日、国境を越える人の移動がますます活発化する中で、このような中にあっても、人が、現に所在する国からその国外に出されると、もとの所在地に戻ることが困難になるほか、生活様式、行動様式が異なる地での生活・行動を余儀なくされる上、国家から受けられるべき庇護の内容も異なることになる。このことからすれば、現に所在する国に引き続きとどまる自由、あるいは、現に所在しているという事実状態自体について、人身の自由の重要な側面として保護する必要性が高く、これを侵害する行為は、国内での移送にとどまる場合よりも重く処罰すべきものと考えられる。そして、このことは、日本国内から日本国外に移送される場合に限られず、当該対象者が現に所在する国からその国外に移送される場合についても同様である。（原文改段―引用者）実際にも、現在我が国をめぐる人身取引として指摘されているのは、諸外国から我が国へ対象者を移送してくる行為がほとんどである上、たとえば、日本人が海外旅行先で他人の支配下に置かれ、第三国に移送されるという事案も容易に想定されるところである」、と。また、2005年4月14日参議院法務委員会において、「御指摘の改正刑法草案が議論された時代と現在とを比較いたしますと、日本国民の出国者数が飛躍的に増加したのに伴い、日本国外において日本国民が犯罪の被害に逢う事案も大きく増加しております。平成15年の刑法改正により、国民が被害者となった場合の国外犯処罰を規定した刑法3条の2が新設されるに至ったのも、このような情勢の推移について国会ひいては国民の理解を前提とするものと考えられるところでございます。このような情勢を背景として、海外旅行中の日本人が他人の支配下に置かれ第三国に移送されるといった事案の発生がより容易に想定されるようになっており、これに適正に対処すべきことは論をまたないものだと考えております。また、人身取引事案においても、居住国からの移送の場合しか処罰できないといたしますと、被害者の保護に欠ける結果となることが予想されます。これらにかんがみますと、居住国でなくても、人がある国にとどまる自由や現に所在しているという事実状態を保護する必要性が格段に高まっており、所在国外移送等の行為を処罰することとする必要性は十分に認められると考えております」との政府答弁がなされている。特に、後者の政府答弁においては、海外において日本人が略取・誘拐の被害に会う機会が増えている点が強調されているに留意すべきであろう。

[31] 久木元・島戸・谷・前掲注15) 3243頁。

[32] 久木元・島戸・谷・前掲注15) 3246頁以下参照。

織犯罪処罰法が改正され、人身取引に関する罪は、犯罪収益規制の前提犯罪とされるようになった（組織的犯罪処罰法2条2項1号、同条にかかる別表のうち二カ）。

また、人身取引犯罪につき国民の国外犯を処罰することが要求されるため（国際組織犯罪防止条約15条、16条）、今回新設された人身売買の罪（刑法226条の2）も含め、略取誘拐の罪を刑法3条の国外犯処罰規定に列挙され（3条11号）、また、日本国民が被害者となった場合に対応するために、刑法3条の2にも同様に規定された（3条の2第5号）。

(4) 人身取引議定書からみた 2005 年改正法の評価

以上みてきたように、人身取引議定書で求められたヒューマン・トラフィッキングの犯罪化を行うための立法措置として、2005年改正法により、刑法第2編第33章をはじめとする関係法規が改正された。その内容は、概ね人身取引議定書の内容を国内法において具体化するものであったといっていいが、営利目的等拐取罪に見られるように、議定書の要請を超える規定を設けたケースも存在しており、先述のように、これに関しては、原則的に不可罰ないしは比較的軽い処罰にとどまっていた予備にあたる行為を重罰化する作用を有しており、実際、判例、学説も広い解釈を容認する結果となっていることから、立法化においては、慎重な検討が必要であったように思われる。

また、人身取引議定書との関係では、人身売買罪（226条の2）に搾取目的を加えなかった点については、妥当な処罰を確保するために、かえって処罰範囲が不明確になる危険性や、ヒューマン・トラフィッキングの根底にある搾取の問題の意識付けの点で問題があると思われる。もっとも、2005年改正後の裁判例には、支配の要件が欠けるとして人身売買の成立を否定したものもあり（東京高判平成22年7月13日東高刑集61巻1〜12号167頁）、実務では人身売買について一定の限定を図っているとはいえる。

なお、すでにみたように、搾取そのものは、改正前の法的枠組みにおいて対応可能であると考えられる。これに対し、先に触れたように、わが国と同年（2005年）に改正されたドイツ刑法におけるヒューマン・トラフィッキングの規定は、その表題の下搾取に相当する行為そのものを可罰的としている

点で特徴がある（先述のとおり、これについては、旧稿にてすでに検討した）[33]。

4　むすびに代えて

　以上、刑法解釈論の視点からヒューマン・トラフィッキングをめぐる問題を簡単に検討してきた。そこでの現段階での筆者の私見は、各所において整理した。

　しかしながら、ヒューマン・トラフィッキングの問題は、刑法典上に処罰規定を設けるだけで解決されるわけでないことはいうまでもない。被害者の適切な保護、およびヒューマン・トラフィッキングの効果的な防止について考究していく必要がある。特に後者に関しては、行為者の処罰で終わるものではなく、ヒューマン・トラフィッキングが行われる社会的・経済的な原因を分析し、それを除去していく必要があろう。

　後者に関しては、昨今の被害者保護の必要性の高まりに比して、わが国の被害者研究は必ずしも十分とはいえず、今後の研究進展が期待されるところである。また、実践的な面においても、関係機関の努力にもかかわらず、わが国のヒューマン・トラフィッキング対策は、必ずしも国際的にそれほど高い評価を受けているわけではない[34]。それでは、わが国において実践面として具体的に何が求められているのであろうか？　ヒューマン・トラフィッキングに関するアメリカ国務省のレポートでは、まず、被害者として認定され、保護ないしは支援される者が少ないことが指摘されている。そして、その原因としては、トラフィッキング行為者たちの多くがアンダーグラウンドで活動しており、また被害者保護・支援に携われるNGOの主張として、性的産業に従事する外国人女性のような攻撃を受けやすい者の中での被害者保護に、政府が積極的でない点が言われてきている[35]。被害者の多くは、売春や性風

---

33)　「人間の安全保障」所収論文310頁以下。
34)　アメリカ国務省が毎年公表するヒューマン・トラフィッキングに関する報告においても、2001年から2017年に至るまで、わが国は常に第2分類（アメリカ合宿国の「人身取引及び暴力の犠牲者保護法」に定められる最低基準を満たしていないが、基準の達成に向けた努力を行っている国）に格付けられてきた。

俗などの違法な活動に従事するものであり、本国への帰還を強制され、また場合によっては処罰を受けることをおそれ、被害者として名乗り出ることをためらう傾向にあることが指摘されている。このような事態に対応するために、2005年に、刑法等の改正と同時に、入管法が改正され、人身取引の被害者については、一部の上陸拒否事由および退去強制事由から除外され、また人身取引の被害者であることを上陸特別許可事由および在留特別許可事由に加える旨が、明文で規定された（入管法2条7号、5条7号、12条1項2号、24条4号イおよびヌ)[36]。

　人身取引の問題への対応として、まずは、われわれ自身が被害者に対し、性風俗産業等の不当な就労を行う来日外国人として差別的な視線を向けるのではなく、搾取による「被害者」として的確に認識する必要がある。法執行機関で職務に従事する者だけでなく、われわれ一般市民が被害者に対する認識を新たにすることが、被害者対策の第一歩であるように思われる[37]。

---

35) Trafficking in Persons Report 2007, p.125.
36) 改正法の立案担当者による解説として、保坂直樹「『出入国管理及び難民認定法』の一部改正について」警察学論集58巻9号（2005年）112頁以下参照。
37) 先にも触れたが、その意味でも、人身売買の罪において、搾取目的を明文化しなかったのは、失当であったように思われる。

[8] フィリピンからの移住女性と人身取引
—エンターテイナーからジャパニーズ・フィリピノ・チルドレン(JFC)—

藤本伸樹

1 人身取引大国ニッポン——米国務省報告の衝撃

(1) 日本が監視リストに

　国境を越えて繋がるブローカーなどによって外国人女性が日本に送り込まれ、売春の強要や劣悪な条件で働かされるといった深刻な人権侵害が1970年代後半から認識されはじめた。日本が経済大国へと躍進した時期と重なる。問題は徐々に拡大していったにもかかわらず、政府は2000年代半ばになるまで具体的な対策をほとんど講じてこなかった。それどころか、警察や入国管理局は、被害者であるはずの女性たちを「不法滞在」「不法就労」の外国人として摘発し、「犯罪者」として退去強制していたのである。そのような日本政府の姿勢は、とりわけ国際社会から長年にわたり批判の的となっていた。

　そうしたなか、米国務省が2004年6月に発表した世界の人身取引（トラフィッキング）の実態を国別にまとめた「2004年人身取引報告書」[1]において、

---

1) U.S. Department of State, Office to Monitor and Combat Trafficking in Persons 'Trafficking in Persons Report, June 2004' http://www.state.gov/g/tip/rls/tiprpt/2004/ （2016年12月31日アクセス）

日本は国際的な人身取引への対応が不十分だとして、3階層4段階ある評価のなかで第2階層に分類され、そのなかでもランクの低い「監視リスト」（Watch List）にあげられたのである。下から2番目の評価となった。

　この報告書は、米国で2000年に制定された「人身取引被害者保護法」（TVPA）に基づき2001年以来、世界各国の人身取引の現状と各国の対策について年次報告書としてまとめられているものだ。

　2004年の報告では、「日本は、アジアやラテン・アメリカ、東欧の女性や子どもたちが強制労働や性的搾取を目的に売買される目的地となっている」とし、「日本の人身取引は大きな問題であり、国際的に活動している組織犯罪集団（ヤクザ）が関与している」と指摘した。そのうえで、「人身取引を撤廃するための法整備や加害者処罰、被害者保護のための最低基準を日本は十分に満たしていないことから、日本政府は人権に関わるこの深刻な犯罪に対処するために十分な人的資源・資金を投入しなければならない」と促している。

　日本は初回の2001年から第2階層と認定されていたが、第2階層が2つに区分された2004年、その下位にあたる「第2階層・監視リスト」に分類されてしまったのである。監視リストには42か国があげられたのだが、主要8か国（G8）のなかでは日本とロシアのみで、他の国はいずれも最上位の第1階層に評価されていた。

　「報告書」の序文には、いくつかのコラムが挿入されているが、その1つが「『芸術』、あるいは『興行』ビザの悪用」についての報告が掲載されている。適法なプロセスを経て、エンターテイナーとしての就労許可を得て入国したものの、雇用者からパスポートを取り上げられ、性的搾取や債務奴隷のような状態に置かれる女性たちが多数存在するとしている。そして、スイス、スロベニア、キプロス、日本がそのようなビザを多く発給しており、とりわけ日本は2003年に55,000人ものフィリピン人女性に「興行ビザ」を出し、そのうち多くが人身取引の被害者となった疑いがある、としている。

　また別のコラムでは、ブローカーによってタイから日本へ騙されて連れてこられ多額の「借金」返済を押し付けられるとともに、レイプされたあげく売春を強制された15歳の少女の体験が紹介されている。世界各国に関する

現状報告のなかにあって、「人身取引大国」としての日本が浮き彫りになる報告書となった。

　日本政府は敏感に反応した。それまで国連の人権条約監視機関をはじめNGOなどが繰り返し実効性のある対策を求めてきていたにもかかわらず微動だにしなかったのだが、米国の一喝で「不作為」という重い岩が一気に動き始めたのである。

(2) 対策に着手した日本

　ただ、「報告書」の公表に先立つ2004年4月、日本政府が「人身取引の撲滅と被害者の保護」を目的に、内閣に「人身取引対策に関する関係省庁連絡会議」を設置していたという経緯は留意するに値する。「関係省庁連絡会議」は、議長に内閣官房副長官補（外政と内政）を据え、警察庁生活安全局、法務省刑事局、法務省入国管理局、外務省国際社会協力部、厚生労働省雇用均等・児童家庭局の局長・部長クラスという幹部で構成されたものだ。政府としての対策を打ち出す準備が整い始めていたのも確かな事実であった。

　対応は早かった。同連絡会議は、3回の会合開催やフィリピンとタイへの政府調査団を派遣するなどを経て、同年12月に「人身取引対策行動計画」[2]を策定したのである。それに基づき、2005年6月、刑法改正を行って「人身売買罪」を新設し、加害者への罰則を設けるとともに、「出入国管理及び難民認定法」（入管法）を改正し、被害者保護を打ち出したのである。

　本稿では、フィリピンから「興行」の在留資格で「エンターテイナー」として来日するも、バーで「ホステス」として働くよう求められる女性たちに対する搾取の問題、政府の人身取引対策の取り組み、そしてそのもとで徐々に変容をとげる人身取引の形態を明らかにしたい。人身取引対策の初期に中心的な課題として据えられたこの問題について、何が解決し、何が残された課題なのか、また新たに浮上している問題を検証していく。

---

[2]　内閣官房のウェブサイト http://www.cas.go.jp/jp/seisaku/jinsin/kettei/041207keikaku.html（2016年12月31日アクセス）

2 在留資格「興行」に象徴された日本の人身取引

(1) 「エンターテイナー」という名の「ホステス」

　フィリピンやタイを始めとするアジア諸国から日本の性風俗産業に送り込まれる女性たちが徐々に増加するようになったのは1970年代後半から80年代にかけてのことだ。今日的形態の人身取引はこの時期から始まったといえよう。その同じ時期に、日本人男性が韓国や東南アジアに買春ツアーにこぞって向かう「ブーム」が起きていた。

　フィリピンからのエンターテイナーの受け入れは第2次世界大戦直後に遡る。1950年代から60年代にかけてとりわけ在日米軍基地の周辺では主に男性からなる「フィリピン・バンド」と呼ばれるミュージシャンが演奏活動をしていた。それが、しだいに女性エンターテイナーの受け入れが増加し、日本人男性が顧客となる業態へと変化を遂げたのである。とはいえ、その初期である1970年代は、店のステージで歌や民族舞踊を演じることが女性たちの主要な業務であったという。しかし、男性客をもてなす「ホステス」としての仕事へと徐々に変容していったのである。本来、在留資格「興行」（いわゆる興行ビザ）は、外国の歌手やダンサーなど芸能活動従事者やスポーツ選手などに付与される資格である。

　全国各地にフィリピン人「エンターテイナー」の働く「フィリピンパブ」は増え続けた。フィリピンからの「興行」資格での来日者数は、1980年には8,000人台だったのだが、数万人規模になり、ついに2003年と2004年には80,000人を超えるに至ったのだ。日本に受け入れる「エンターテイナー」（世界的に有名な歌手やグループも含む）は、フィリピンからが突出して多くなったのだ。一方、「エンターテイナー」を送り出すフィリピンにとっては、日本が群を抜く最大の目的地国となっていた。しかも、その大半は女性であった。

(2) 「エンターテイナー」を取り巻く重層的な搾取

　「エンターテイナー」は、フィリピン労働雇用省の下部機関である海外雇

用庁（POEA）や、日本の入国管理局に提出する労働条件が明記された雇用契約書（Employment Contract）の内容とはかなり異なる劣悪な条件下で働かされていた。

　雇用契約書には、たとえば「一晩3ステージの出演」「ホステス行為は禁止」「週1回の休日」などと明示されているにもかかわらず、バーのなかに設置された小さなステージで実際に歌や踊りを披露するのは、ほんのわずかな時間帯なのだ。夕方6～7時の出勤から翌日の明け方までの長時間の大半を、薄い衣装と短いスカートに身を包んで、日々の接客で覚えた日本語を話しながら客に酒をついだり、一緒にカラオケを歌うといった「ホステス」の業務に就かされたのである。閉店後には店の掃除が待っている。

　雇用契約書には労働基準法に適合するかたちで週1回の休日が明記されているにもかかわらず、実際にはほとんど休日は与えられない。また、客のドリンクの注文や客との同伴出勤（店外デート）の一定の売上げ金額がノルマとして求められるとともに、達成できなければ罰金が科せられた。

　女性たちを日本に招へいする会社や、職場であるバーの都合により、入国管理局には届けずに女性たちが中途で他のバーに異動させられるという違法なフライング・ブッキング（飛ばし）も頻発した。さらに、売春の強要ケースもいくつかの調査[3]で明らかになっていた。女性たちは招へい会社やバーが借り上げたマンションに集団で寝泊りするのだが、監視の目が光り、自由な外出が日常的に著しく制限されていた。さらに紛失予防を名目に、逃亡防止のためにパスポートの「預かり」が慣行化していた。こうした管理に対して抵抗すれば、暴力や契約期間内の強制帰国という手段で服従支配が貫徹されてきたのだ。

---

[3]　たとえば、国際移住機関（IOM）『日本での性的搾取を目的とした女性のトラフィッキングの実態――フィリピン女性に関する調査結果』（1997年）、および Montanez, Jannis, 2003, 'PAINS & GAINS- A Study of Overseas Performing Artists in Japan from Pre-Departure to Reintegration' Development Action Center for Women Network などが代表的な調査報告書である。

(3) 複雑な就労形態

　「エンターテイナー」の就労・雇用に関しては、中間にさまざまな人物や会社が介在し、国境をまたいで「役割分担」が行われてきた。現役あるいは元「エンターテイナー」をはじめ、フィリピンで女性たちをスカウトし養成しているタレント・マネージャー、日本のバー経営者、招へい会社の関係者などに筆者が聞き取りを行った情報を整理すると、以下のようなパターンに集約することができる。

　この業界では「エンターテイナー」は通常「タレント」と呼ばれており、各タレントにはフィリピンにタレント・マネージャーがついている。タレント・マネージャーは、タレントをスカウトする、あるいは第三者から紹介を受けることに始まり、歌あるいはダンスの練習をさせたり、日本の招へい会社やバーとの仲介を行うなど、日本に送り出すまでのプロセスを調整している。

　「タレント」は、フィリピンにリクルートにやってくる日本の招へい会社による「オーディション」に合格しなければ日本に行くことができない。このオーディションは、歌やダンスの技術が問われるというよりも、おもに容姿で判定される面接試験である。オーディションで来日が決まれば、人材斡旋会社が渡航手続を行う。この人材斡旋会社は、労働雇用省のもとにある海外雇用庁（POEA）の認可エージェントであり、一連の流れは日本とフィリピン双方の法律に基づいた手続で行われるのである。

　タレント・マネージャーは、スカウトしてきた女性たちが地方出身者の場合、アパートなどを借り上げて、日本行きの手続が終わるまで宿舎を提供したり、生活費を前貸しするなど来日までの面倒をみる。そして、日本での仕事が決まった「タレント」が「興行ビザ」の申請をする際、日本の入国管理局に対して、雇用主として在留資格認定証明書の申請をするのは日本の招へい業者の役割である。したがって、「タレント」たちが来日した際に空港で待っているのは通常この招へい業者なのだ。そこから、「タレント」たちは、職場である特定のバーへ送り込まれるというルートをたどることになる。

　雇用契約書には、日本における雇用者（Employer）は招へい業者である旨が明記されている。「タレント」を受け入れるバーは、招へい業者とのあい

だに委託契約を結んでいる。タレントがバーで働き始めると、仕事の指示や労務管理はバーの経営者が行うのである。そのように「タレント」はフィリピンと日本においていくつもの指揮系統のもとに置かれている。そうした複雑な管理形態が責任の所在を曖昧にするとともに、1人ひとりの「タレント」の稼ぎをめぐって関係者たちによる搾取の構造が作り出されてきたのである。

(4) 賃金（報酬）の流れからみる幾重にも包まれた搾取構造

「タレント」は、海外契約労働者（OCW）としてフィリピン政府の認可のもとで出国する。そのためには、フィリピンの人材斡旋会社と日本の招へい会社と「タレント」の三者間で一貫性のある雇用契約書を取り交わし、海外雇用庁に提出しなければならない。同時に、その写しを日本の入国管理局に、興行の在留資格を得るために必要な証明書を申請する際に提出しなければならない。この契約書は、「タレント」がその内容を十分に確認したうえでサインをするべきものなのだが、実際には彼女たちは精読して内容を把握する間もなくサインを迫られ、コピーは本人たちにめったに手渡されない。

筆者は2004年前後に業界関係者への聞き取りを通して、バーが支払う報酬がどのように分配されるのかを下図のようにまとめてみた。

まず「タレント」を受け入れるバーの経営者は、月額で日本の招へい業者に25万円を支払っているとする。そのうち、招へい業者が15万円を受け取り、タレントには10万円が支払われる。法務省は、タレントは「月額20万円以上の報酬を受け取ること」と省令で定めている。雇用契約書に記載される書面上の賃金はこれを上回っているのである。しかし、この20万円から「天引き」が始まるのである。たとえば、所得税40,000円、食費控除30,000円、住宅費30,000円といった具合に引かれていくのだ。

報酬20万円とは、手取り金額（ネット・サラリー）ではなく「グロス・サラリー」だと招へい会社関係者は説明するのだが、食費と住宅費の控除はとりわけ不透明である。女性たちが実際に手渡される食費は月額で10,000円〜15,000円程度にすぎないし、借り上げ住宅は、たいていが多人数で雑魚寝状態の住環境であるからだ。30,000円という住居費は不当に高い控除額だ

図1 「タレント」の賃金（報酬）と搾取の構造

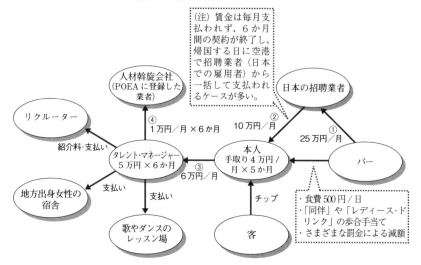

というほかない。

さらに、「タレント」の受け取る10万円が分配されるのである。内訳は、フィリピンのタレント・マネージャーに5万円、人材斡旋会社への手数料として1万円を支払い、結局、女性たちの手元には1か月あたり4万円しか残らない。そのうえ、彼女たちへの最初の1か月分の給料は、出国準備金として前払いされていることから、5か月分の賃金しか支払われない。

たいていの場合、給料は毎月支払われることはなく、6か月の契約が満了し、帰国する直前に日本の空港で招へい業者から手渡されるパターンが多い。出国直前のやりとりゆえに、もし計算があっていなかったり、納得がいかなかったりしても問いただすための時間的余裕がないのである。

マニラ空港に到着すると、タレント・マネージャーが待ち受け、今度は女性たちから経費の回収を行うのだ。タレントは4万円×5か月＝20万円を受け取ることになるが、出国前の個人的借金なども差し引かれ、結局手元に残るのは10万円台である。それが、「エンターテイナー」として6か月間働いた手取り賃金となるのだ。

また、同伴出勤や、客が注文してくれるドリンク、指名料などの歩合によ

ってバーから受け取ることのできたコミッションや、客からのチップやプレゼントが女性たちの収入となる。しかし、初来日の場合、コミッションも少なく、手取り賃金は月額3万円ていどの「タレント」も多くいるという。2回目以降は諸経費が節約されるうえ、日本語も上達していることから常連客も増え、店の売り上げへの貢献度が高まり、少しずつ昇給していくこともある。いずれにせよ、賃金は、休日もほとんどない長時間労働のわずかな「見返り」なのである。最低賃金をはるかに下回る低さだ。そのように、「タレント」を幾重にも取り巻く搾取の構造ができあがり、長年放置されてきたのである。

(5) 「興行」は「合法的な人身取引」のシステム？

　入国管理局はこのような実態を少なからず認識していた。ところが、雇用者側を規制することよりも、店に踏み込み、女性たちを「エンターテイナー」ではなく「ホステス」の業務に従事する「資格外活動」にあたるとして、拘束し退去強制することに勤しんできたのである。

　それでも、入国管理局が1995年5月から1996年3月にかけて「フィリピンパブ」を対象とした調査[4]を行い、不適正な実態を浮かび上がらせた。その結果を受けて、「興行」の在留資格の認可要件の1つとして、「外国の国若しくは地方公共団体又はこれらの準ずる公私の機関が認定した資格を有すること」という一文を法務省令として盛り込んだのである。これといった芸能活動歴もない女性たちが、「興行」の資格で入国してきていることへの防波堤になることが期待されたのだ。しかし、この省令が問題を拡大再生産させたのだ。労働雇用省傘下の技術教育・技能開発局（TESDA）が、芸能人としての資格証明書を安易に発行するようになったからである。日本の入国管理局は、その証明書をもとに「興行」の在留資格を付与し続けたのである。その結果、幾度かの大がかりな汚職が行われたこともあり、本当の「エンターテイナー」ではなく、劣悪な条件下で働く「ホステス」が大量に送り込まれるという結果をもたらしたのだ。

---

4)　坂中英徳『入管戦記』（講談社、2005年）80頁。

それから約7年。入国管理局は2003年〜2004年にかけて、フィリピンパブを対象に資格外活動違反で摘発した「興行」資格で働くエンターテイナー770人から事情聴取したのだ。以下は結果の概要だ[5]。

就労内容は、契約書上は歌手かダンサーであったにもかかわらず、90％以上がホステスとして働いていた。入管法の興行資格にかかわる法務省基準省令では、「月額20万円以上の報酬」と定めているにもかかわらず、10万円以下が70％、5万円以下が20％であった。

報酬の受け取りは、毎月が3％、帰国時（空港で）が70％、帰国後が16％。エンターテイナーとしてのショーの出演に関しては、ゼロが50％、週1回か不定期が10％。接客に加えて、性的サービスや同伴出勤（店外デート）の強要、パスポートの取り上げなどがあった。

これらの結果から、さまざまな人権侵害が引き起こされていることがうかがえる。「興行ビザ」による受け入れは、2004年の米国務省の報告書が述べているように、「合法的」な手続のもとでまかり通る人身取引のルートであると断言できよう。

3 在留資格「興行」の審査の厳格化

(1) 法務省令の改定

日本政府は2004年12月、「人身取引対策行動計画」を策定した。日本として初めての系統的な対策を開始したのである。そのなかに「『興行』の在留資格・査証の見直し」という項目が設けられ、上陸許可基準の見直し・上陸審査および在留審査の厳格化の方針が打ち出された。これが、行動計画の象徴的な取り組みとなった。

在留資格「興行」を悪用した人身取引が横行していること、あるいは「興行」での受け入れは人身取引の温床であることを政府がようやく公式に表明するに至った。それまで、「エンターテイナー」の直面する問題は、政府の

---

[5] 2005年7月23日に日本学術会議刑事法学研究連絡委員会と大阪大学大学院法学研究科および同高等司法研究所の主催で開催されたシンポジウム「人身取引の問題を考える」において、パネリストの入国管理局の沖貴文参事官（当時）が明らかにしたもの。

みならず市民社会からも深刻に受け止められていなかった。査証を更新すれば日本にリピーターとして戻ってこられる「エンターテイナー」の問題は、「軽微な問題」として看過されてきたようであった。それだけに、人身取引の「グレイゾーン」であり、可視化されにくい領域であったのかもしれない。そのうえ、日本で搾取されている途上国からの弱い立場の女性であるいうイメージの対極に、男性客を前に「したたかに振舞うフィリピーナ」と揶揄するまなざしや言説が市民社会に蔓延していた。

　政府は、「行動計画」に基づき、その第1段階として、興行の在留資格の取得を容易にした要件であった「外国の国若しくは地方公共団体又はこれらに準ずる公私の機関が認定した資格を有すること」という一文を2005年2月に在留資格「興行」の許可基準を定める法務省基準省令から削除し、翌3月から実施に踏み切ったのである。そして、要件として残したのは、「外国の教育機関において当該活動に係る科目を2年以上の期間専攻したこと」または「2年以上の外国における経験を有すること」が必要という項目だ。すなわち、歌や踊りの専門教育を2年以上にわたり受けていること、もしくは日本以外の国（フィリピンを含む）で2年以上の芸能の実務経験があること、という条件に限定されたのである。フィリピンで「量産」されてきた「タレント」の大半は、この条件に適合しなくなってしまったのだ。なにしろ、技術の高い歌や踊りを披露するために送り出されている「タレント」ではなかったからだ。

　その方針を前に、日比の関係業界は強く反対したのだが、日本政府が押し切った。従来の「公私の機関が認定した資格」とは、フィリピン労働雇用省の技術教育・技能開発庁（TESDA）が、歌やダンスの審査を行って認定するいわゆる「芸能人資格証明書」[6]のことであった。その証明書さえ取得すれば、興行資格での日本での就労が容易となっていたのだ。日比の業界関係者が、認定機関の担当者を賄賂などで抱きこむことによって、本来厳密に行

6）　フィリピン政府発行の「芸能人証明書」が1994年に初めて導入されたときは、Artist Record Book（ARB）と呼ばれ、2004年8月に若干の見直し措置としてArtist Accreditation Card（AAC）へと名称変更された。しかし、2005年2月の日本の入国管理局の省令によりその「証明書」は無効となった。

うべき審査を形骸化させ、証明書が不正に発行されるという組織的な不祥事が数度にわたり発覚してきた経緯がある。

(2) 激減した「エンターテイナー」

この証明書が失効したことで、フィリピンから2004年には82,741人（一部男性も含むが、性別内訳は公開資料では不明）と過去最高を記録していた興行資格での入国者が、2005年は47,765人へと激減した。

さらに2006年6月1日から、第2段階として、招へい業者の経営者や常勤職員のなかに入国管理法の違反や人身取引に関与した者がいれば招へいできなくなるという欠格条項を設けたのである。

入国管理局が「人身取引の被害者」の統計として2006年2月に初めて発表した[7]「平成17年における人身取引の被害者」によると、2005年の人身取引の被害者は115人（全員女性）。そのうちインドネシア、フィリピン、ルーマニア、中国などから興行資格で来日した女性が64％にあたる74人を占めていた。興行資格をめぐる規制強化と被害者保護が積極的に行われたことがうかがえる。被害者全体の平均年齢は24歳で、18歳未満は6人であった。主な事例として3例が紹介されているが、その1つが以下のような興行資格のフィリピン女性のケースである。

「フィリピン人女性9人は在留資格『興行』で入国後、旅券を取り上げられ行動を制限された上、出演店ではホステスを強要され、指名客が少ない場合には店側から暴力を振るわれた。また、契約上は月額2,000米ドルとされていた給料も実際には月額600米ドルであり、パーティー券の販売も強要され、売れない場合には『罰金制度』によりさらに搾取されていた。これら9人の女性は経営者のスキを突いて、NGOの助力を得て入国管理局に駆け込んだものである。入国管理局においては、婦人相談所、警察、フィリピン総領事館及びIOM（国際移住機関）と協力、連携して帰国を支援した」。

このケースは特別な事件ではなく、フィリピンからの「エンターテイナ

---

7) 警察庁は2000年以来、人身取引の検挙者や被害女性の出身国別（日本人含む）の人数などを集計している。一方、入国管理局は2005年以来、外国籍の人身取引被害者の保護人数などを公表している。

図2 フィリピン人の在留資格「興行」での新規入国者数の変遷

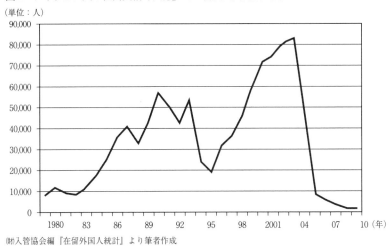

(財)入管協会編『在留外国人統計』より筆者作成

ー」たちが経験する典型事例であろう。それだけに、被害者だと認定され保護されたのが74人というのは、氷山の一角にすぎないと言わざるをえない。

4 偽装結婚——人身取引のグレイゾーン

(1) フィリピンパブの衰退と国際結婚

興行資格の審査の厳格化という入管政策は、これまでの「エンターテイナー」、すなわち劣悪な条件下での多数の「ホステス」の受け入れという搾取の連続を是正するための「即効薬」となった。人身取引対策のなかで、最も目に見える「効果」をもたらした。在留資格「興行」で新規に来日するフィリピン人が、ピーク時2004年の82,741人から急激に減少し、2009年には1,000人台まで萎んだのである。

その結果、フィリピンパブは「タレント」の確保にてきめん苦慮するようになった。外国人女性を雇用する招へい業者は、中国やルーマニアへと「エンターテイナー」の多国籍化を図ったり、バーが「興行」での来日を経て日本人と結婚したフィリピン人女性を急きょ雇用するなどで急場を耐え忍ぼうとした。しかし、入国管理局による「興行」資格の審査は、フィリピン人だ

けでなく、他国からも同様に厳しくなったのである。外国からの若い女性の受け入れが追いつかず、閉店に追い込まれるバーが相次いだ。

「人身取引対策行動計画」はまた、「興行」の在留資格・査証の見直しに加えて、偽装結婚対策を据えたのである。日本人との婚姻を偽装して「日本人の配偶者等」の在留資格を得た場合には、2004年に入国管理法に新設されたばかりの在留資格取消制度を適用することに加え、特にバーなどでホステスとして働く外国人は、在留資格「日本人の配偶者等」を有する者が相当数を占めている状況が認められることをあげ、婚姻の実態に疑義のある者の追跡調査・告発することを表明している。「興行」の審査の厳格化と偽装結婚の監視という対策が呼応しあうかのように打ち出されたのである。

実際、「人身取引対策行動計画」実施の初期である2004年から2006年にかけて特筆すべき現象が起きた。2004年には82,741人だった「興行資格」での新規入国者数が2005年には47,765人に半減し、2006年には8,607人へと急減した。それに反比例するかのように、日本人男性とフィリピン人女性との婚姻数が8,397組（04年）、10,242組（05年）、12,150組（06年）へと急増したのだ。「駆け込み結婚」のような現象が一時的に起きた。急増した婚姻数と偽装結婚とをすぐさま関係づけることはできないが、この変化は注目に値する。しかし、その後フィリピンパブが激減し「出会いの場」が少なくなったことから、2007年以降は日比国際結婚の件数は毎年減少を続け、2014年および2015年には3,000組にまで減っている。

(2) 偽装結婚ケース

「興行」資格での入国がほとんどできなくなった結果、フィリピンからの若い女性たちが日本で「合法的」に働くことができる希少な選択肢を閉じることになった。同時に女性たちを日本に送り込んでいたブローカーたちのビジネスも打撃を受けた。そこに目を付けたのが日本人男性との偽装結婚の斡旋である。

各地の繁華街からフィリピンパブの灯りがほとんど消えた2009年4月、大阪市内の歓楽街で入口の看板にフィリピン人女性の顔写真が貼ってある店を見かけた。不思議に思った筆者は客として入店し確かめることにした。店

内には、若いフィリピン人女性が8人ほどホステスとして待機していた。席に案内されるとリリーという20歳の女性が筆者の横に着いた。初来日で1か月も経っていないことから、日本語をほとんど理解しなかった。数回店に顔を出すうちに彼女は少し打ち解け、来日のいきさつや日本での苦労を語り始めた。

来日のきっかけは、マニラの日本人客相手のバーでホステスをしていたときに、客として出入りしていた日本人男性から日本で長期に働ける方法として、日本人男性との偽装結婚話を持ちかけられたのが始まりだ。その男はブローカーであったのだ。リリーは当時、未婚で子どもを産んだばかりで、父親であるフィリピン人男性と別れた直後であった。偽装結婚の当事者になることに大きな迷いがあったものの、幼子を育てるため、そして年少のきょうだいなどの生活を支えるために、日本のバーで働くことを決意したという。

来日前、ブローカーと渡航経費の返済や賃金に関する契約書にサインをさせられた。日本語で書かれており、内容はブローカーを補佐するフィリピン人女性にタガログ語で口頭説明されたのみであった。契約書には、リリーのみならず両親もサインさせられたという。

日本での賃金は月額5万円の約束。しかし、その半分はブローカー（彼女はマネージャーと呼んでいた）が貯金することを命じて、通帳は自分名義であっても、パスポートとともに預けさせられていた。自分のIDとして所持していたのは常時携帯が求められる外国人登録証明書（当時の呼称）であった。3年契約で、ほとんど休暇を与えられることもなく、夕方から未明にかけて働かされていた。途中で契約を破棄したり逃げ出した場合は高額の罰金を支払わなければならないと警告されていた。だが、自分の「負債」がいくらなのかさえ把握していなかった。

来日から3か月たった2009年7月に聞いたところ、賃金は働いているバーからの支給ではなく、ブローカーから受け取る約束になっていたものの、諸経費の相殺分があるとして、来日後一度も受け取っていないと話していた。バーから支給される1日あたり500円の食費と、客から指名を受けた際の歩合報酬やチップなどでかろうじて現金を得ていたが、家族に送金するだけの金額を受け取っていなかった。同じブローカーのもとで同様に働く同僚が3

人いた。いずれも日本人の「夫」とは同居しておらず、同僚たちと同じアパートの別室にそれぞれ 1 人で住んでいるとのことだった。生活上の管理は厳しく、ブローカーがときおりアパートまで監視にやってくるという。店には、ブローカーが準備した車で同僚ととともに送迎されていた。

リリーがブローカーの支配下に置かれ、その劣悪な労働条件や不明朗な「負債」を負わされた実態から、搾取され続けているのは明らかだった。しかし、彼女には被害者としての意識は薄かった。とにかく契約を全うしなければならないこと、そして金を稼いでフィリピンに送金することが自分の使命だと「納得」しているかのようだった。一方、偽装結婚していることへの不安は強く、外登証を携帯していても、外出時に警察官の姿を見かけるたびに怖くなると話していた。

そうしたなか、リリーから自分の店は客入りが悪いため、近日中に別の店に移されるとの連絡を受けた。しかし、しばらく連絡をとらないうちに、彼女の携帯電話やメールがつながらなくなってしまった。店を訪ねると、彼女と同僚数人は他店へ移ったという。しかし、日本人従業員や他のフィリピン人女性たちに尋ねても、「行き先は知らない」という返事が返ってくるだけだった。結局、リリーとはそれきり連絡がとれなくなってしまったのである。

5 入国管理行政と国際結婚の手続[8]

(1) 「真正」と「偽装」の境界

日本人と結婚すると、外国人妻（夫）は「日本人の配偶者等」の在留許可を取得することで、職種に制限なく働くことができるようになる。制限の多い他の在留資格と比べると「安定」した状態で滞在することができる。そして、日本在住 3 年で永住資格、もしくは日本国籍取得（帰化）の申請要件のひとつが整うのである。

しかし、国際結婚、そして在留資格「日本人の配偶者等」の申請手続は煩

---

[8] 藤本伸樹「『偽装結婚』の事例から人身取引のグレイゾーンを検証する」立命館国際地域研究 37（立命館大学国際地域研究所、2013 年）。

雑だ。まず婚姻の成立には、日本と相手国の法律・規則に基づいて手続が求められる。そして、「日本人の配偶者等」の資格を得て配偶者が日本で生活するためには入国管理局から在留資格認定証明書の交付を受けることが必要となる。そのためにたくさんの書類提出が求められるのである。たとえば、結婚に至った経緯、使用言語、結婚式の日時・場所、親族構成などを詳述する質問書、日本人配偶者の納税証明書・在職証明書などだ。日本人どうしの婚姻ならばまず問われることのないプライバシーが、国際結婚では重要視され、そのカップルだけしか知らない、他人が踏み込みにくい領域まで証明書類として否応なく提出させられるのである。

　これには、従来からの入国管理行政に加えて、偽装結婚を警戒する「人身取引対策行動計画」が背景にある。そのため、結婚という私的領域に、こと細かな審査が伴うのだ。「怪しい」と疑われれば「日本人の配偶者等」の資格を取得することができなくなる。これは日本に限らず、程度の差こそあれ各国に共通する政策である。カップルに「真正な結婚」であることの確かな証拠を求め、入国管理局はその真贋を判断するのだ。

　日本国憲法第24条は、「婚姻は、両性の合意のみに基いて成立し、夫婦が同等の権利を有することを基本として、相互の協力により、維持されなければならない」と定めている。つまり、2人の当事者の合意があれば「真偽」に関わりなく婚姻は成立するはずである。一方、民法第752条は、「夫婦は同居し、互いに協力し扶助しなければならない」と規定し、同居、協力および扶助を義務づけることで「婚姻のあるべき姿」に踏み込んでいる。これが「真正」を是とし、「偽装」を否とする規範となっている。

　婚姻の実態がないと疑われると、刑法第157条が定める「公正証書原本不実記載」、同行使（第158条）などの容疑で摘発・逮捕される。この場合の公正証書とは戸籍簿である。起訴されれば裁判へと持ち込まれる。有罪となれば、「5年以下の懲役又は50万円以下の罰金」という処罰が科せられる。

(2)　**偽装結婚と人身取引**

　日本人の配偶者は職種に制限なく就労できることから、発展途上国出身の女性を「偽装結婚」させるビジネスに目をつける人身取引のブローカーが跋

扈している。偽装結婚を企てるブローカーは、監視をかいくぐるために「真正」の装いを巧妙に組み立てるのである。警察庁や入国管理局は、婚姻実態の追跡調査や、2004年以来、「不法滞在者と思われる外国人に関する情報」を市民から入国管理局のウェブサイトを通じて受け付けるなど、監視を強め、摘発を続けている。

　「偽装結婚」の容疑でブローカーやカップルが逮捕されたという記事が新聞の片隅に掲載されることがしばしばある。ブローカーが、たとえば債務を背負っている日本人男性に接近し、謝礼の支払いを条件にフィリピンなど発展途上国の女性との「偽装結婚」、つまり「夫」となる話を持ちかけるのである。そうした借金弁済や、婚姻手続に関わる「手数料」を支払うのは「国際結婚」を通じて来日した女性たちである。

　連絡がとれなくなったリリーも、ブローカーから手数料支払いのための債務労働を課せられているひとりであった。「日本人の配偶者」として来日するものの、多額の借金を背負わされて毎日働くことになる。売春を強いられるケースも耳にする。

　筆者は、新聞に小さく掲載された偽装結婚ケースの記事を手がかりに、「公正証書原本不実記載」の罪に問われ起訴された「カップル」やブローカーの公判を幾度か傍聴してきてきた。複数の被告人の公判が別々の日程で進められるため、全員の審理をフォローすることは困難であることから、フィリピン人女性と日本人のブローカーに絞って傍聴を試みてきた。

　しかし、裁判を傍聴するだけでは、訴状をはじめとする裁判資料を閲覧できないため、法廷での弁論など口頭のやりとりだけで事件の概要を把握するほかないのだが、筆者の傍聴した数ケースは、リリーがブローカーの意のままに搾取されてきた話とほぼ一致した。裁判では、いずれの被告人も大筋を認め、情状酌量を求めた。

　検察官が追及する論点は、ブローカーに対しては、「常習的・職業的犯行」「複数の不法入国者を生んだ」「一件につき数十万円という高額の利益を得ている」などである。フィリピン人女性に対しては、「長期在留資格の取得のための犯行」「共犯者のブローカーが主導した犯行であることを考慮しても、偽装結婚の当事者として犯行に不可欠な存在である」という「責任の

重さ」が強調されている。

　いずれのケースも、被告人に有罪判決が出て地裁レベルで終結した。反省の弁、更生の誓いなど斟酌すべき事情が考慮され、猶予判決が出た。たとえば、ブローカーは「懲役 3 年、執行猶予 5 年」、女性は「懲役 1 年 6 か月、執行猶予 3 年」といった判決だ。傍聴はできていないが、相手の日本人男性も同様の判決を受ける場合が多いと聞く。有罪判決で共通に述べられる理由は、「戸籍の信用性を害したこと」である。ときには「入国管理行政の適正さを害したこと」も指弾される。

　女性たちは「日本人の配偶者等」の在留資格を取り消され、「犯罪者」としてフィリピンに退去強制されることになる。「人身取引対策行動計画」が掲げる被害者の保護は、判決では完全に後景に追いやられてしまっている。

　確かに、女性たちは最初から在留資格目的の偽装結婚が罪になることを自覚しているかもしれない。しかし、ブローカーが女性の貧困につけこみ、偽装結婚に誘導していること、そして日本で負わされる予期せぬ多額の借金や厳しい労働条件が存在する。偽装結婚事案に共通するそれらの搾取の事実は、取調べ段階から自供が行われ、調書に記載されており、裁判でも明らかにされる。それでも、たいていの場合、人身取引の被害者だとはみなされず、有罪となるのである。

　一方、ブローカーも刑法の「人身売買罪」で訴追されるわけではなく、女性たちと同様に、戸籍の信用性を害したことの罪に問われるだけである。そうみていくと、「偽装結婚」というのは、女性たちに着目したとき、不法な行為と、人身取引との狭間に横たわるグレイゾーンであるかもしれない。その見えにくいグレイゾーンに光を当てることが人身取引の解決につながる道筋のひとつであるといえないだろうか。

6　日本に移住するジャパニーズ・フィリピノ・チルドレン(JFC)母子への搾取

(1)　東大阪の介護会社での処遇事例[9)]

　在留資格「興行」の審査の厳格化から 10 年。2014 年 7 月、東大阪市にある介護会社の J 社がフィリピンで女性たちをリクルートした際に、日本で

「自然死」しても「刑事、民事いずれにおいても会社の責任を問うことを永久放棄する」という誓約書にサインをさせていたことが日本の報道で明らかになった。J社は、ジャパニーズ・フィリピノ・チルドレン（JFC）母子を日本に送るための団体をマニラで立ち上げてリクルートし、日本語や介護の研修を提供するとともに、日本での就労に必要な手続を代行したうえで日本に送り出していた。JFCとは、日本人の父親とフィリピン人の母親とのあいだ生まれたものの、日本人の父親に遺棄されフィリピンで育つ子どもたちのことである。

　それまでに学齢期のJFCを連れて来日した母親たち30人近くがこの「権利放棄誓約書」にサインをさせられたとみられる。誓約書は、意味不明瞭な文言で綴られており、公序良俗に反するような内容である。日本でのさまざまな権利行使を萎縮させかねない不当な「誓約文書」にほかならない。女性たちはフィリピンを出国する直前に、日本に行く条件として同意を求められ、ほとんど意味を理解しないまま否応なく応じたという。

　来日後、母子の来日までの「経費」は、たとえば母子2人の場合50〜60万円前後だとJ社に伝えられ、毎月の給料から2年から3年かけて支払うよう告げられた。そして、J社での仕事は厳しかった。夕方から翌朝にかけての夜勤を月に13回もさせられたり、休日はわずかという過酷な労働条件。給与の強制積立を課していたことも明らかになった。また、夜勤手当の計算根拠も不明瞭であったのだ。

　報道による事態の発覚を受けて、大阪労働局はJ社に対し、労基法に違反する処遇や、勤務時間中に交通事故に遭ったスタッフの労働災害補償手続を怠っていた問題などについて是正勧告を出したのである。

　J社に勤めたあと他の施設に転職したCさん（41）が2014年11月末、厳しい勤務を強いられたなどとして、J社に未払い賃金や慰謝料など約580万円の支払いを求める訴えを大阪地裁に起こした。さらに、2015年5月、同僚であった9人の女性たちが同様に損害賠償を求めて提訴したのである。介

---

9)　藤本伸樹「JFC（ジャパニーズ・フィリピノ・チルドレン）母子の日本への移住の課題」初瀬龍平・松田哲・戸田真紀子編著『国際関係のなかの子どもたち』（晃洋書房、2015年）。

護仕事で来日後数年以内の外国人労働者が集団で J 社を訴えることになったのだ。「子どもに日本国籍をとらせたい」「子どもを日本で教育したい」といった母親としての願いを巧みに利用して利益のみを追求しようとする会社を相手どった闘いだ。2016 年 12 月末現在、裁判の結論は出ていない。

　J 社は、C さんと同世代の 30 代から 40 代の女性を多く受け入れていた。女性たちの大半は、かつて「エンターテイナー」として日本各地のフィリピンパブで働いた経験がある。そして、店の客であった日本人男性とのあいだに子どもをもうけていたのである。

　彼女たちは小中学生の JFC の子どもを伴って来日している。すでに日本国籍を取得した子もいれば、父親の認知を得ることができないままフィリピン国籍だけの子もいる。どの子も、地元の公立学校に通っているが、フィリピン語を母語として育ってきたことから日本語習得の壁に直面していた。

(2)　国籍法改正後に増えた JFC 母子の来日

　2009 年 1 月の改正国籍法の施行によって、国際カップルの子どもは、出生後に日本人の父親から認知を受け、20 歳までに手続をすれば、両親が結婚していなくても日本国籍を取得できるようになった（それ以前は胎児認知が要件であった）。国籍法の改正は、国際婚外子の日本国籍取得の道を拡げたのである。

　それに伴い、JFC の母親も、子が日本国籍を取得できれば、あるいは子が日本で国籍取得手続をするために、子の養育者として日本に定住し就労することが容易になった。その結果、日本への渡航をめざす JFC 母子が増えたのである。その背景として、母子の要望に応えるため、さらには、希望を掘り起こしつつ「支援」を約束する仲介団体がフィリピンで次々と設立されたことがあげられる。仲介団体は、日本での受入れ企業と提携しながら、来日要件にかなう母子をフィリピン各地でリクルートしているのだ。

　団体の多くは、「慈善」を標榜して、JFC 母子たちの相談に乗り、日本語指導、渡航手続、就労先の斡旋を行ったうえで、日本に送り出している。来日するのは 10 代までの子どもを伴う母親が多いようだが、青年となった JFC 単身の場合もある。彼女たちの代表的な就労先は介護施設と工場だ。

しかし問題は、渡航経費、返済方法、仕事、労働条件などに関する話が来日前後で大きく食い違っていることである。近年、来日経費の支払いと賃金などに関する相談が JFC 母子から各地の NGO にしばしば寄せられるようになってきた。たとえば、「経費は不要」だと仲介団体から聞いていたにもかかわらず、来日後に雇用者である介護施設から多額の請求書を示されて、2～3 年にわたり毎月の低い給料から天引きされながら支払うという契約を強いられて合点がいかないといった相談などである。

(3) 岐阜と愛知での摘発

2015 年 2 月から 3 月にかけて、岐阜県警は、岐阜県と愛知県内のパブなどを家宅捜索し、就労資格のないフィリピン人女性たちを働かせているとして入国管理法違反（不法就労助長）の容疑で、ブローカー（自称コンサルタント）の日本人男性やパブの経営者、従業員ら 11 人を逮捕した。岐阜県警と名古屋入管から捜査員 200 人以上が投入されるという大がかりな摘発であった。一連の摘発で、同一のブローカーによって合計約 60 人の女性とその子どもたちが 2 つの県に送り込まれ、労働搾取されていたという事実が浮かび上がった。自力で避難し警察に保護を求めた 1 組の母子をきっかけに、大がかりな人身取引事案として捜査が始まったといういきさつだ。

被害にあったのは、日本人の父親に遺棄されてフィリピンで育った JFC、およびその母親たちである。ほとんどが来日 1 年以内であった。ブローカーの男性はしばしばフィリピンを訪れ、地元女性を連絡役に多数の JFC 母子と接触し、「国際交流の推進」「国内外における就業支援」などの活動を行うという一般財団法人 K 財団（事務所：広島）の「看板」を掲げて、「日本国籍取得を手伝う」、「工場での仕事を紹介する」などと持ちかけて勧誘し、日本への渡航手続を行っていた。しかし実際には、岐阜や名古屋にあるパブで 3～4 年間ホステスをするよう命じていた。休日は月に 2 日のみで、賃金は月額 8 万円から 10 万円。厳しい売上げノルマが課せられたという。母子たちは K 財団の「研修寮」と称する数か所の住宅に住まわされ、監視カメラが設置されていたのである。

(4) 搾取を予見していた日本政府

　日本政府はこうした問題を以前から予見し警鐘を鳴らしていた。外務省は国籍法が改正される以前の2007年8月付のホームページの「人身取引対策に伴う査証審査厳格化措置」のなかで、「査証審査においては、人道的配慮を要する方が適法かつ安全に日本へ渡航できるように配慮しています。特に近年多くみられている、日本人の親とフィリピン人の親の間に誕生し日本人親の扶養を受けていない子供（新日系フィリピン人/JFC）及びそのフィリピン人母親等の日本定住を支援すると称して、母子を日本で働かせその収益等を搾取しようと企む悪質ブローカーや犯罪組織がありますので注意してください」としていた。

　さらに、2013年7月に掲載した「フィリピン人親が日本人との間の実子を同伴して渡航する場合の必要書類」では、「あなたを日本で働かせその収益を搾取しようと企んで身元保証を持ちかける悪質なブローカーや人身取引を行う犯罪組織がありますので、気を付けてください」と警告している。それらの注意は在フィリピン日本大使館の英語のサイトにも掲載されていた。

　しかしながら、多くのJFC母子が仲介団体の搾取の罠にはまってしまったのだ。来日したいという強い気持ちに乗じた巧妙な人身取引である。だが、日本政府は「慈善」を冠した仲介団体の手口を看過してしまったようだ。

(5) 人身取引事案が収束へ

　岐阜・愛知のケースは、「子の認知」「父親の遺産相続」などの訴訟提起を「目的」に、K財団の役員に就く弁護士が保証人となり、20〜30代のJFC母子を短期滞在の資格（観光ビザ）で入国させるという方法をとっていた。弁護士は母子たちが来日するたびに、広島から岐阜に足を運び、ブローカー同席のもとで契約を結んでいたようだ。母子たちは弁護士費用60万円だと告げられ文書にサインしたものの、そのコピーは受け取っていないと異口同音に語った。なかには父親に連絡をとるなど司法手続へと進んだケースも確認されているが、うやむやになったケースもある。一方、ブローカーは、就労可能な在留資格への変更を待たずに女性たちをパブに送り込んでいたのである。ただし、その弁護士がブローカーの行動をどこまで把握していたかは

不明である。

　入国後に直面した現実に、2014年7月から8月にかけて自力で避難したり、警察に保護を求める母子が相次いだ。それを契機に岐阜県警に捜査本部が設けられ、2015年2月から3月にかけた摘発につながったのである。ところが、岐阜区検は2015年3月末、ブローカーの男性をはじめ容疑者を不起訴としたのである。「起訴するだけの証拠が得られなかった」という。唯一、クラブ経営者1人を略式起訴し、岐阜簡裁が罰金70万円の略式命令を出すに留まった。

　この事件は、女性たちをホステスとして「不法就労」させたという行為にとどまらない。毎月10万円ほどの賃金で、パブで3〜4年間働かせるといった搾取を目的に、日本国籍取得や定住を実現したい気持ちに付け込む手段で、JFC母子をリクルートし日本に連れてくるという行為を伴った人身取引なのである。しかし、多数を巻き込んだ人身取引事案が法廷で問われることなく収束してしまったのである。今後、同様の手口を目論むブローカーを勢いづかせることになりはしないだろうか。

(6)　日本への移住を望むJFC母子

　JFCは、日本人の父親とフィリピン人の母親との間に生まれ、遺棄されるなどして父親との関係が途絶えたままフィリピンに暮らす子どもたちだ。母親たちの多くは、日本のパブでかつて「エンターテイナー」として働いていた女性たちである。子どもたちの国籍は、フィリピン国籍の子もいれば、日本との重国籍の子もいる。共通するのは、日本の父親に会うために、あるいは日本で教育を受けるために、日本への渡航に関心を持っていることである。同時に、貧困に直面するシングルマザーである母親たちにとって、日本での就労はさらに切実な願いとなっている。

　1980年代以降、日本各地のパブに「エンターテイナー」として送り込まれる若いフィリピン人女性がどんどん増えた。その前後に生まれたたくさんのJFCたちは、2010年代半ばには10代になっている。父親に会いたい、あるいは自分のルーツを追い求めるために、母親の就労意欲と並行して、日本に行きたいと多くの子たちが願っている。しかし、日本人の父親との接点

がなくなった JFC とその母親たちにとって、日本で身元保証を引き受けてくれたり、仕事を紹介してくれるなどの頼れる知人がいないことから、仲介団体に依存する以外に方法がないという現実が横たわっているのだ。

7 求められる公的な自立支援

　国籍法の改正が、JFC 母子の奪われた権利の回復への道筋をつけた。だが、その権利行使のプロセスで人権侵害が生じるという皮肉な事態が発生している。

　女性たちはかつて貧困からの脱出をめざして「エンターテイナー」として来日した。しかし、フィリピンの送出業者、日本の招聘業者、パブ経営者などによって搾取のループにはまった。そして、日本人男性の結婚の空約束のもとで、多数の JFC がフィリピンで生まれ取り残された。その数、数万人と見積もられる。

　筆者は、東大阪市の J 社のケース、そして岐阜・愛知の事件について、いくつかの偶然が重なったことなどから、被害を受けた JFC 母子と初期の段階から接触し、話を直接聞くとともに、微力ながらも支援に携わってきた。それを通して見えてきた一連の現実は、日本人の発展途上国の女性に対する差別や蔑視の投影である。母子の貧しさ、日本語および日本の法制度を理解していない、頼る先もないといった不利な立場を逆手にとり、脅しや債務で母子を意のままに搾取しようとするブローカーや事業者の存在がある。2 つのケース以外に新たな団体の仲介によって来日し、多額の借金や厳しい労働条件に直面している母子からの相談が関西の NGO だけでも次々と舞い込んでいるのである。

　そのような悪矛盾に日本社会はどう対応すべきなのか。積年の課題を一気に包括的に解決することは難しい。ただ、JFC 母子がこれ以上、日本に人身取引されることを食い止め、安全な移住を確保することは急務である。そのためには、政府は実態を詳細に把握すべきである。日本に送り込んでいる仲介団体や、日本での就労先をモニターすることで搾取的な移住の再発防止に努めることだ。そして、被害を受けた母子たちに対しては、日本で自立で

きるよう保護・支援することが必要である。だが、日本のこれまでの人身取引対策には、国際移住機関（IOM）を通じた被害者の安全な帰国という支援策が講じられていたものの、日本定住に向けた公的支援の仕組みはなかった。

　政府の人身取引対策は、行動計画が初めて策定された2004年に始まり、2009年と2014年の二度の改定によって施策が拡充されてきた。しかし、「岐阜事件」の「不処罰」にみられるように人身取引の加害者処罰が十分ではない一方で、入国管理法の改悪によって在留資格の取消事由を増やし、「望ましくない」と判断した移住者を無理やり帰国させることに力点を置こうとしている。それでは、被害者が犯罪者とみなされた過去に「先祖帰り」しかねない。そうした逆行ではなく、「国境を越えるシングルマザー」とその子どもたちに、とりわけ教育や就労の側面から定住支援に着手することが必要ではなかろうか。

［第Ⅲ部］

日本における外国人労働の現状と課題

[1]
外国人労働者と日本の労働政策・労働法

吉田美喜夫

1 はじめに

　少子・高齢化が進行している。今のまま推移すると、2110年には人口が約4,300万人にまで減少する。しかし、ある提案[1]によれば、出生率が2.07で、かつ毎年20万人の移民を受け入れれば、現状を維持できるという。

　このような提案に限らず、これまでも長期的な見通しもなく、外国人の受け入れに関する政策が出ては消えてきた。2014年と2015年には、後述するように、震災復興、景気回復、東京オリンピック・パラリンピック開催を背景とする建設需要や介護分野などの人手不足に応じることを理由に、外国人実習生を始めとする外国人労働者の受け入れを拡充する措置が講じられている[2]。

　どのような形式で受け入れるにしても、日本に来る外国人は、ふつうは労働して生活を支えるであろう。しかし、彼らの労働を守る上で日本の労働法は十分であろうか。ブラック企業の跋扈に見られるように、今日、日本の労

---

1) 内閣府「目指すべき日本の未来の姿について」(平成26年2月24日)。
2) 「安直なご都合主義」(朝日新聞2014年1月29日付社説)、「継ぎはぎ政策は限界だ」(朝日新聞2014年6月30日付社説) と批判している。

働法は十分に機能していない。このような事情の下で受け入れれば、外国人労働者は一層劣悪な労働環境に追いやられるのではないか。

　このような問題意識から、本稿では、外国人労働者に関する日本の労働政策と労働法上の問題を検討する。その際、できるだけ基本的な問題に限定したい。なぜなら、外国人労働者に関しては、すでに具体的な処方箋や提案が課題であると指摘される[3]だけの研究蓄積があるとはいえ、上記の政策動向を見た場合、改めて基本的な問題に立ち返って検討する必要があると考えるからである。

　なお、外国人労働者の政策上の最大の問題は単純労働者の受入れの是非であるが、この問題それ自体については本稿では扱わないことにする。すでにサイドドア[4]を通じて日系人や研修生として大量の外国人労働者が存在しているという現実を前提としたい。また、就労資格のある外国人を検討の対象とする。いわゆる不法就労者の場合、摘発を恐れて劣悪な条件の下でも就労を余儀なくされる可能性があることから、まずは就労資格がある場合でも生起する問題を検討することの方が問題をより明確にすることができると考えるからである。

2　外国人労働者の現状

(1)　在留資格と就労資格

　はじめに、外国人の就労の可否に関する「出入国管理及び難民認定法」（以下、入管法という）の内容を簡単に整理しておきたい。なぜなら、入管法が在留資格制度によって就労規制をしているからである。

　ところで、在留資格がなければ、そもそも日本にいることは許されないので、就労することも許されないという関係に立つ。また、在留資格は日本で行う活動に即して類型化されている。そこで、就労できるか否かという点か

---

3)　外国人の就労を全体として規制する「外国人労働者法制」の必要性が指摘されている。野川忍「外国人労働者をめぐる法的課題」ジュリスト1377号（2009年）33頁注2および35頁参照。
4)　濱口桂一郎「日本の外国人労働者政策──労働政策の否定に立脚した外国人政策の『失われた20年』」五十嵐泰正編『労働再審②越境する労働と〈移民〉』（大月書店、2010年）285頁参照。

ら在留資格を見ると、それが可能である資格は以下のとおりである。

第1に、「永住者」「日本人の配偶者等」「永住者の配偶者等」「定住者」である。

第2に、「外交」「公用」「教授」「芸術」などの専門性の高い高度職業人材である。ここには、「高度専門職」という在留資格も含めることができる。

第3に、法務大臣が個々に活動内容を指定する在留資格の「特定活動」である。たとえば、外国人技能実習制度が2009年に改正される以前には、来日1年目は在留資格の「研修」として就労できないものとされたが、2年目からは在留資格の「特定活動」として就労が認められていた。

第4に、法務大臣の「資格外活動許可」を得た場合で、たとえば留学生が一定時間アルバイトに従事する場合である。

上記のうち、「定住者」は、その身分または地位に基づいて与えられる在留資格であり、職種を問わず就労できる。このような「定住者」の在留資格は、1989年の入管法改正で創設され、これにより日系外国人の3世まで就労資格が認められた[5]。

なお、「特別永住者」は、「日本国との平和条約に基づき日本の国籍を離脱した者等の出入国管理に関する特例法」（入管特例法）によるものであり、就労活動に制限はない。この人びとは、平和条約の発効により日本国籍を離脱したものおよびその子孫であって、戦前から日本に在留していた人びとである。

(2) 外国人の就労状況

外国人の就労状況について、統計上の数字をもとに確認しておきたい。ここで参照するのは、「外国人雇用状況報告」の数字である。この数字は、2007年の雇用対策法の改正により、すべての事業主に外国人の雇用状況をハローワークに届出ることが義務化された（同法28条）ことで得られたデータである。もっとも、特別永住者、在留資格の「外交」と「公用」の者は対

---

5) このような資格の創設は、経済同友会などの意向を反映したものとされる。守屋貴司編『日本の外国人留学生・労働者と雇用問題』（晃洋書房、2011年）166頁参照。

象外であり、かつ、あくまで届出に基づく数字でしかない点に限界があるが、一定の概要を把握することはできる[6]。

最新の「外国人雇用状況報告」(2015年10月末現在)の数字によると、外国人労働者数は907,896人で前年より15.3％増加した。また、雇用する事業所数も11.1％増加した。これらの要因は、届出制度の浸透および経済状況の若干の改善にあると思われる。

国籍別では、多い順に、中国(35.5％)、ベトナム(12.1％)フィリピン(11.7％)、ブラジル(10.6％)である。中国、ブラジルが減少する一方、ベトナム、フィリピンが増加傾向を示している。

在留資格別では、「専門的・技術的分野の在留資格」(13.6％増)および「資格外活動(留学)」(33.9％増)が増加する一方、定住者など「身分に基づく在留資格」は8.4％増で、増えてはいるものの、前二者ほどではない。これは、高度人材の雇用は増えているが、景気の停滞の下で日系外国人が伸びていないためと考えられる。

産業別の労働者数では、「製造業」での就業が最大である(24.9％)。その次が「卸売業、小売業」(16.8％)、「宿泊業、飲食サービス業」(14.2％)、「サービス業(他に分類されないもの)」(7.8％)である。製造業が前年より10ポイント減少している点が目立つ。

外国人労働者が働いている事業所規模については、100人未満の事業所で52％が働いており、事業所の数では約4分の3(74.9％)を占める。零細な事業所での就労が顕著である。もっとも、500人以上の大規模事業所での雇用も増加しており、そこで就労する外国人労働者の割合は19.9％である。ただし、事業所の数では4.3％でしかない。

地域的な偏在も顕著である。東京(30.5％)、愛知(10.4％)、神奈川(5.7％)、大阪(5.0％)、静岡(4.4％)で56％を占める。

---

[6] なお、届出が義務化される以前も、雇用主の協力という方法で1993年から外国人労働者の雇用状況の報告が行われているので、それ以降の経年的な変化を把握することが可能である。

(3) 外国人労働者の就業の特徴

　労働法との関係を念頭に置いて、上記の統計数字に補足を加えながら、外国人労働者の就業上の特徴点を4点指摘しておきたい。

　第1に、外国人労働者は中小零細企業で就労しているものの割合が大きい点である。日本人の場合でも、中小零細企業で働く労働者は、組合組織率が低く、大企業との労働条件格差が大きいが、外国人労働者も、これと同じく、その多くは低位な条件の下で就労していると考えられる。中小零細企業は日本人の労働者の多くを受け入れており、かつ日本人でも非正規雇用が増加していることからすると、外国人と日本人が働く場を求めて競合するであろう。それどころか、雇用状況の悪化の下で日本人も低位な条件の事業所に向かう傾向にあるため、外国人労働者はさらに低位な部分に追いやられるであろう。外国人を受け入れると労働市場の「二重構造」が成立するというような段階では最早ないと考えられる[7]。

　第2に、真正面から就労が認められている在留資格の外国人より、そうではない永住者、定住者や研修生、留学生などが多数を占めている[8]点である。これは高度人材を積極的に受け入れるという外国人労働者政策の基本的な考え方とは異なった現実である。しかも、これらの外国人の多くは中小零細の製造業に従事しており、高度人材は大企業で就労している[9]。これは、下請構造が特徴的な日本の企業構造の下で、大企業のコスト削減に機敏に応えるための人員構造が作り上げられてきた結果である。

　第3に、間接雇用に従事しているものが多い点である。前記の「外国人雇用状況報告」の元になる調査で用いられている「外国人雇用状況届出書」では、調査項目として「氏名」「在留資格」「在留期間」「生年月日」「性別」「国籍・地域」のほか、「派遣・請負の状況」を加えている。これによって派

---

[7]　たとえば日系外国人の雇用は当初、直接雇用として始まったが、それも期間工・季節工としてであって、雇用の調整メカニズムに組み込まれ、それが業務請負業を介した間接雇用へと変化したとされる。丹野清人『越境する雇用システムと外国人労働者』(東京大学出版会、2007年) 62-63頁参照。

[8]　野川忍「外国人労働者法制をめぐる課題」季刊労働法219号 (2007年) 6頁以下参照。

[9]　高度専門職などに従事する外国人は20万人程度で安定している。法務省「昨今の外国人入国・在留の状況と出入国管理政策」(平成24年5月) 参照。

遣や請負での就労であることが判る仕掛けになっている。実際、上記の2015年調査でも、派遣・請負業で就労している外国人労働者は22.6％を占めている。そして、「派遣・請負」の事業所の数は前年比約3.1％増加している。労働者の数に変化はないが、事業所が増加したのは、景気の改善を反映して事業意欲が回復しているためだと考えられる。しかし、このことは、かえって派遣・請負形態での雇用の機会が拡大したという意味で雇用の不安定さを表現しているとも言えるのである。また、派遣・請負の事業所に就労している外国人労働者の割合が高いのは、滋賀（49.9％）、静岡（48.5％）、栃木（41.5％）、群馬（37.6％）である。これらの県では、派遣や請負で自動車・電機製造に外国人労働者を就業させており、景気に応じて人員の変動が起きているのである。地域的な偏在は、そこでの産業の動向が外国人労働者と彼らの居住する自治体に影響が及ぶことを意味する。

　第4に、有期雇用労働者の割合は、それほど明確ではないが、高いことが推測できる点である。なぜなら、2006年の「外国人雇用状況報告」（厚生労働省）によれば[10]、「正社員率」は直接雇用外国人労働者の25.3％であるとしており、ここで「正社員」とは、有期ではなく通常の労働時間の労働者としているので、有期雇用の労働者は少なくとも4分の3を占めることになるからである。したがって、有期雇用労働者が約23％である日本人の場合より格段に高い比率である[11]。

3　外国人労働者政策と労働政策の展開

(1) 外国人労働者政策の基本的態度

　外国人の受入れに関する政策を表現する法務省の「出入国管理基本計画」は、その第1次計画（1992年5月）、第2次計画（2000年3月）で明確に以下のようなスタンスを取っていた。すなわち、専門的・技術的分野の労働者は

---

[10] 調査項目の変更により、正規・非正規雇用の割合の調査は2006年が最終である。
[11] 山川隆一「日系ブラジル人労働者と外国人労働者法制の課題」法学研究81巻11号（2008年）9頁。ただし、約23％という数字は、総務省（2010年）と厚生労働省の実態調査（2011年）に基づく厚生労働省の試算である。

可能な限り受け入れる点であり、実際、この分野の労働者は増加している。他方、単純労働者は、高齢者等への圧迫、労働市場の二重構造の発生、景気変動に伴う失業問題の発生、社会的費用の負担等の理由から、一貫して消極的であった。

　しかし、「第三次出入国管理基本計画」(2005年3月)では、専門的・技術的分野以外の分野の外国人労働者の受入れについて「着実に検討していく」とするスタンスに変化した[12]。もっとも、変化の理由は、「人口減少時代への対応」のためであって、問題関心は、そのような状況の下で日本の競争力の強化や経済社会の活性化に資するか否かにある。したがって、受け入れる場合の影響を見極める観点の第1に「国内の治安に与える影響」が挙げられており、従来の政策からの「転換」と言えるほどの変化は認められない。また、「第四次出入国管理基本計画」(2010年3月)でも、今後の5年程度の計画について、「積極的な外国人受入れ施策を推進していく」としているが、その対象は依然として高度人材や日系人、留学生に限定されている。それらを越える単純労働者の受入れ、あるいは「移民政策」への変化は認められず[13]、むしろ不法滞在者対策および後述の新たな在留管理制度の適切な運用の方に積極的な関心を示している。その意味で、これまでの基本的な政策との違いを認めることはできない。

　しかし一方で、一定の分野における労働力不足という顕在化してきた問題への対応の仕方においては、上記のような単純労働者の受入れは認めないという基本的態度を維持しながら現実から突きつけられる必要に応じようとするものであるため、場当たり的な受入れ拡大という外国人労働政策の性格を強めている。受入れが進められている分野は以下のとおりである。すなわち、第1は、建設関係である。東北大震災の震災復興や東京オリンピック・パラリンピックの開催に伴う建設需要に応じるため、2020年までの時限的措置として、2014年、外国人技能実習の修了者を対象に「特定活動」の在留資格での外国人建設労働者の受入れを可能とする法務大臣告示の改正が行われ

---

12)　早川智津子「外国人と労働法」ジュリスト1350号(2008年) 22頁注3参照。
13)　明石純一「現代日本における入国管理政策の課題と展望」吉原和男編『現代における人の国際移動——アジアの中の日本』(慶應義塾大学出版会、2013年) 68頁参照。

た[14]。第2は、家事労働関係である。これについては、特区制度を用いた外国人家事支援人材（家事労働者）の受入れ措置を含む国家戦略特区改正法が制定された（2015年7月）。特定機関（受入企業）が利用世帯と請負契約を結び、当該企業が雇用した外国人家事支援人材が家事労働に従事するという枠組みである。行政の目の届きにくい家庭で就労する家事労働者の権利が十全に保護されるかが問題となる[15]。第3は、介護分野である。2015年3月に「介護」という在留資格を創設する入管法の改正案が提出された[16]。すなわち、「本邦の公私の機関との契約に基づいて介護福祉士の資格を有する者が介護又は介護の指導を行う業務に従事する活動」とする在留資格である。この在留資格は高度専門職に位置付けられているが、介護労働者の低位な処遇の実態に照らしたとき、その位置付けと齟齬をきたす就業になる恐れがある。最後に第4として、外国人技能実習の分野がある。本制度の改正案が2015年に国会に上程された[17]。要点は、実習期間を3年から5年に延長すること、技能実習の対象職種を自動車整備業、林業、惣菜製造業、介護などに拡大すること、監理監督体制を強化すること、などである。

(2) 外国人労働者政策の不在

新しい在留管理制度が2012年7月9日から施行された。法務省は、「国内に安定基盤のない在留外国人が増加し、その中には、転職・転居を頻繁に繰り返す者もいる」とする点が、従来の外国人登録制度を廃止して「在留カー

---

[14] なお、外国人技能実習生が建設業において増加しつつある点について、橋本由紀「技能実習制度の見直しとその課題——農業と建設業を事例として」日本労働研究雑誌662号（2015年）76頁以下参照。同様の措置は造船分野についても認められた。

[15] 竹信三恵子はブログ（2016年5月31日）で「外国人家事支援制度を人身取引の温床にするな」と警告している。

[16] 本法案は2016年11月18日に可決成立した。なお、この分野の人材の受入は規模も小さいので、本改正には、この分野の門戸を開放したという象徴的意味合いが強い点について、上林千恵子「介護人材の不足と外国人労働者受け入れ——EPAによる介護士候補者受け入れの事例から」日本労働研究雑誌662号（2015年）88頁以下参照。

[17] 2016年の「外国人の技能実習の適正な実施及び技能実習生の保護に関する法律案」に至る技能実習制度の変遷と法案の内容について、斉藤善久「外国人技能実習適正化法案」季刊労働法251号（2015年）92頁以下参照。本法案は2016年11月18日に可決成立した。

ド」を設ける新しい在留資格制度の提案理由であるとする[18]。すなわち、観光目的などの短期在留の外国人ではなく、中長期の在留者の把握について、従来、入国管理は入管当局が、在留状況は外国人登録法で市区町村が行っていたことから、移動の把握が十分できなかったという問題意識に基づく改正である。そこには、どのようにして外国人に生活の安定基盤を保障するかという問題意識は見られない。法務省が入国の厳格なチェックと在留管理を役割としていることに照らせば、外国人をもっぱら管理の対象と見るのは当然のことではあるが、いずれにせよ、入管政策は今後も従来の基調が維持されるであろう。

しかしながら、労働法の観点からすると、濱口が言うように、これまで入管政策が労働政策に優位し、外国人労働者に関する「労働政策の不在の20年」という歴史を経験したのであったが、そこからの脱却こそが課題でなければならない。なぜなら、「労働政策の否定の上に立脚した外国人労働者導入政策のひとつの帰結は、労働市場規制がまったく存在しないまま、労働力導入プロセスを全面的にブローカーや業務請負業と称する労働者派遣業に委ねることであった」[19]からである。

すでに、多くの論者によって、人身売買に等しい外国人研修制度の廃止や現に多数存在している外国人労働者、とりわけ日系外国人が「顔の見えない定住化」[20]をしており、生活者として処遇されない存在に追いやられている実態が告発されている。

このような政策基調でとどまりえないことは、人口問題からも突き付けられている。冒頭に記したように、内閣府が示した「目指すべき日本の未来の姿について」では、年20万人の外国人の受入れを提起しているが、それはあくまで労働力としての受入れである。同様の問題意識は、すでに古くは移民政策を提起した小渕内閣時代の「21世紀日本の構想」懇談会の提案[21]で

[18) 法務省「第4次出入国管理基本計画」(2010年3月) 参照。
19) 濱口・前掲注4) 287頁。
20) 梶田孝道・丹野清人・樋口直人『顔の見えない定住化――日系ブラジル人と国家・市場・移民ネットワーク』(名古屋大学出版会、2005年)の基調となっているテーマである。
21) 「日本のフロンティアは日本の中にある――自立と協治で築く新世紀」(2000年1月18日)。

も見られる[22]。また、経済同友会[23]も、「21 世紀の新しい働き方『ワーク＆ライフ　インテグレーション』を目指して」(2008 年 5 月 9 日)で、「総人口減少の中、長期的には、外国人労働者の力を借りることなしでは経済・社会全体の運営も難しくなる」という認識の下、高度人材だけではなく、「きちんとした規制の下、日本人と同等に処遇することを前提に、いわゆる単純労働者の受入れについても検討を開始すべきである」としている。しかし、あくまで経済成長にとってマイナス要因を除くという問題意識からの提言である。そのため、経済同友会の別の文書でも、外国人労働者の不法就労が後を絶たないという点を問題視しつつ、「公的認定による受け入れ目的と資質の明確なマッチング、厳格な入国管理・在留管理が絶対条件となる」としている[24]。依然として、外国人労働者政策は入管政策のみならず経済政策にも従属させる発想の下に置かれている。

　皮肉にも、外国人労働者に対する労働政策と呼べる施策が厚生労働省によって行われたのは、2008 年のリーマン・ショック後の不況の影響で職場を追われた日系外国人の帰国支援事業であった[25]。これは、労働政策としての労働者保護を欠いた入管政策がもたらした帰結の尻拭いとでも言いうる措置であった。

(3) 「規制緩和」政策と外国人労働者政策

　近年の労働政策のキーワードは「人が動く」であり、労働者の流動化・労働移動の円滑化が目標になっている[26]。人が動くと言っても、物が動くのと

---

22)　丹野・前掲注 7) 88 頁注 12 参照。
23)　これ以外の、ほぼ同じ時期の各種団体の政策提言について、明石・前掲注 13) 70 頁「表 1 政策提言の諸例」参照。
24)　経済同友会「人口減少社会にどう対応するか」(2006 年 6 月 30 日)。
25)　内閣府は、2009 年 1 月、「定住外国人施策推進室」を設置し、「定住外国人支援に関する当面の対策について」(平成 21 年 1 月 30 日)を定めた。そして、2009 年 4 月 1 日から 2010 年 3 月 31 日まで行われた帰国支援事業により 21,657 人の日系人が帰国したという。明石純一編『移住労働と世界的経済危機』(明石書店、2011 年) 99 頁注 3、早川智津子「外国人労働をめぐる法政策上の課題」日本労働研究雑誌 587 号 (2009 年) 10 頁参照。
26)　西谷敏ほか『日本の雇用が危ない』(旬報社、2014 年) 所収の各論考がこの点について分析を加えている。

は事情が異なる。生身の人間である労働者には生活の問題、家族の問題が伴ってくる。したがって、人を動かす施策が講じられると、そのような問題を負担することになる労働者は不利な立場に置かれる。このことは、企業内で行われる個々の配転や出向の場合にも当てはまるが、労働者の流動化が政策的に進められれば、労働者全体の立場を弱めることになる。そして、職場の獲得競争が外国人労働者と日本人労働者の間で不可避となる。前記のように、リーマン・ショック後の日系外国人の帰国は彼らが担っていた部類の仕事に日本人が従事しようとして生じた競争の結果である。

ところで、近年推進されている規制改革は、ジョブ型正社員の雇用ルールの整備、企画業務型裁量労働制やフレックスタイム制などの労働時間規制の見直し、一定の年収要件を課して労働時間規制を排除する高度プロフェッショナル労働制（特定高度専門業務・成果型労働制）の新たな導入、有料職業紹介業の改革、労働者派遣制度の見直しなどを内容とするが、これは単なる安倍政権の暴走ではない[27]。小泉政権以来の「新自由主義的構造改革路線」の継続と見るべきである。また、1995年の日経連の政策文書『新時代の「日本的経営」』にも、すでに「労働移動を円滑化させる必要」への認識が示されていた[28]。そして、この文書の目玉であるポートフォリオ雇用（長期蓄積能力活用型、高度専門能力活用型、雇用柔軟型という3つの雇用形態の組合せ）の提案の帰結が今日4割を占める非正規雇用の増大である。なるほど、この文書では外国人は位置付けられていないが、2002年の日経連「労働問題研究委員会報告」では、ポートフォリオ雇用の中に高齢者、女性と並んで外国人が登場した[29]。そこでは、日本人でも代替可能であれば、外国人に代わって日本人を雇うようになるという意味で、外国人も組み込んだ労働市場が成立した。外国人労働者は企業内での雇用構造の非正規に位置付けられるという以上に「規制のない自由な移動を可能にする」労働力[30]として、より

---

27) 本久洋一「規制改革会議の雇用制度改革は何をしようとしているのか」季刊・労働者の権利 300号（2013年）18頁参照。
28) 日経連『新時代の「日本的経営」』（1995年）22頁参照。
29) 丹野・前掲注7) 27頁参照。
30) 濱口・前掲注4) 287頁。

劣位の位置付けが与えられている。典型的なジャストインタイムの労働力の使用の仕組みを支える労働力として、また海外に進出しない場合に、国内でそれに匹敵する低位の労働条件の下で労働する労働力の確保の対象として位置付けられている。

　ところで、規制緩和政策の重要な内容をなすのが、言うまでもなく労働法の規制緩和である。ポートフォリオ雇用においては、正社員に象徴される円満な処遇を受ける労働者と同様な労働者の権利を多様な労働者の全体に対して保障することは予定されていない。したがって、多様な労働者の登場に法規範を合わせようとすれば、次々に労働法の解体が要請されることになる。こうして行き着く先には、労働法の存在しなかった「契約の時代」が登場する。実際、労働法の規制緩和が議論される過程で、「労働基準監督署も不要、労使が契約で決めればいい、民法で済む」[31]などと主張されたことがあるが、「契約による規律」は労働法を否定する考え方である。外国人労働者は「契約の時代の先兵」[32]と言うべき状況にあり、彼らに規制緩和の矛盾が集中することも当然である。

　労働法の規制緩和が外国人労働者に大きく影響してきたことは、丹野の研究から明らかである[33]。すなわち、男女雇用機会均等法の改正と労基法上の深夜業の解禁、年金支給年齢の引上げに伴う高年齢者雇用安定法の定年の引上げや継続雇用による高齢者の市場への参入などがそれである。これらのうちでも、特に労働者派遣法の規制緩和が最も大きな影響を外国人も含む労働者に与えたと言ってよい。もとより、1989年の入管法改正が日系外国人の流入を促進する引き金になったように[34]、実態としてこの改正以後、彼らが増加したことは確かである。したがって、入管法の改正が外国人の就労に大きく影響したことは疑いないが、同時に労働者派遣法の改正が外国人労働者

---

31) 奥谷礼子ザ・アール社長・労働審議会委員による「週刊東洋経済」2007年1月13日号での発言。
32) 丹野・前掲注7) 141頁。
33) 丹野・前掲注7) 30頁以下参照。
34) この改正が労働力としての日系人の入国の促進に狙いがあったか否かについては争いがある。明石純一『入国管理政策――「1990年体制」の成立と展開』(ナカニシヤ出版、2010年) 115頁以下参照。

に与えた影響も大きい。ここで言う労働者派遣法の影響には、その改正による派遣労働者の量的拡大だけではなく、外国人労働者を排除する作用を及ぼしたことも含めている。すなわち、2003 年 6 月労働者派遣法が改正され、3 年を超えて雇用すると正社員にしなければならないという規制（雇用契約申込義務）が導入されたことから、リーマン・ショックが起こる 2008 年以前にすでに、この規制を回避するために日系人労働者が切り捨てられるということがあったからである[35]。

　派遣法が外国人労働者にもたらす困難は、その後の派遣法の改正によっても解決されたわけではない。ここで派遣法の度重なる改正の詳細を扱うことはできないが、紆余曲折を経て 2015 年 9 月に成立した改正法について言及しておきたい。なるほど改正法は「特定労働者派遣事業」と「一般労働者派遣事業」の区別をなくし、すべての派遣事業を許可制にし、許可要件（欠格事由）の 1 つに入管法違反を掲げている（6 条 2 号）。しかし、無期限の派遣も可能であった専門 26 業務を廃止し、むしろそのような業務に従事してきた派遣労働者の雇用を不安定にした。そして、従来、「業務」によって派遣期間を規制してきたのに対して、「人」を単位に派遣期間を考えることにし、それによって、人を入れ替えれば当該業務を期間の制限なしに派遣で廻してもよいことにした。ただし、上限 3 年という派遣期間の制限はあるが、過半数労働者代表の意見を聴取し期間延長の理由などの説明をすれば、繰り返し期間の延長が可能である。したがって、人を入れ替えるか組織単位を変えれば無期限に同じ人を当該企業に派遣できるようになった。こうして「一生派遣」の労働者を生み出すことが可能になった。もっとも、派遣労働者としての雇用が一生保障されることは意味せず、派遣先が受入れを希望する限りのことであるから、派遣労働が不安定な雇用である性格に変わりはない[36]。このような改正内容に照らせば、この改正が外国人労働者の保護につながるとは考えられない。

---

35) なお、青木元「日系人労働者が迎えた分岐点」明石編・前掲注 25) 84 頁も参照。
36) 改正派遣法の詳細について、高橋賢司「平成 27 年労働者派遣法改正法の検討――改正法の問題点とその解釈」季刊労働法 251 号（2015 年）58 頁以下参照。

4 外国人労働者と労働法

(1) 労働法上の具体的問題

　現に日本で就労している外国人労働者と労働法が関係する問題には、大きく分けると、①抵触法上の問題、②実質法上の問題の2つがある[37]。

　このうち①は、日本で就労する外国人に対して日本の労働契約法理が適用されるかという問題であるが、今日では、「法の適用に関する通則法」（平成18年・法律第78号）によって処理されることになる（7条、12条）。第1次的には契約時の「選択地法」が、第2次的には契約との「密接地法」（労務提供地法）が適用されることになっている。したがって、通常は日本労働法が選択され、それが適用される。また、労働契約法が制定されているので、その適用が問題になるが、この点、強行規定と解される条項（たとえば16条の解雇規定）は適用を認めうる[38]。問題は、労働契約法理の適用であるが、公序違反や権利濫用構成の法理については強行規定と同視することで適用を認めうると解する[39]。

　もう1つは、②の実質法上の問題である[40]。これまで、強行規定は日本で働く外国人労働者にも適用があることを承認したうえで、国籍による差別の成否、不法就労者への労働法の適用、入管法違反の労働契約の効力、不法就労者の逸失利益の算定、解雇無効の場合の在留期間との整合性、配転が資格外活動に亘る場合の効力、などの問題が指摘されてきた[41]。

　以下では、このような個々の問題を直接対象とはせず、外国人労働者の特徴である雇用の不安定性に関する問題を中心に検討したい[42]。

---

37)　このような区分は、山川隆一『国際労働関係の法理』（信山社、1999年）1-2頁参照。
38)　野川忍『労働法』（商事法務、2007年）115頁参照。
39)　強行的判例法理は「法の適用に関する通則法」12条1項・2項にいう「特定の強行規定」に該当する。土田道夫「外国人労働者の就労と労働法の課題」立命館法学357・358号（2014年）1657頁参照。
40)　抵触法について、山川・前掲注37)、米津孝司『国際労働契約法の研究』（尚学社、1997年）、土田道夫『労働契約法』（有斐閣、2008年）712頁以下参照。
41)　早川・前掲注12) 27頁以下参照。

(2) 外国人労働者と平等原則

　外国人労働者と法との関係について真っ先に問題になるのは、彼らに日本の労働法が適用されるか、という問題である。この問題は、上記のように第1次的には抵触法の問題であるが、ここで対象にしたいのは、「等しく」適用されるのか、という問題である。

　この点、すでに労基法3条で国籍による差別が禁止されているから、少なくとも労基法上の保護は外国人労働者も当然に及ぶことになる。しかし、その理由は、このような規定がある点にではなく、労働法の性格に求めるべきである。すなわち、労働条件法定主義（憲法27条2項）および労働実態に応じて労働法が適用されるという法理がその根拠と言うべきである。たとえば、外国人研修生は「研修生」であって「労働者」ではないという理由から労働法の保護を否定する、かつての主張に問題があるのは、入管法を労働法に優先させる考え方をしている点ばかりでなく、労働法の基本的性格を看過している点にこそある。たとえば就業最低年齢（15歳）に違反した労働契約が無効であっても労働法の保護は及ぶと解されるのは、労働法では就労の実態を重視することが重要な法原理となっているからであって、もともと当該労務提供者がいかなる国籍であるか、就労資格があるか否かは重要ではないのである[43]。加えて、入管法を労働法に優先させる解釈は、次の点で問題がある。すなわち、憲法が入管法に優位することは当然であるから、その憲法で労働条件法定主義が定められ、それは国籍に関係なく労働者であれば保障される規定であるから、この規定を受けて労基法などの法律が存在するという関係にあることと矛盾するのである[44]。このようにして、就労の実態があれば、その実態に法律効果を結びつけるのが労働法である点にこそ「等しく」労働法が適用される根拠があるのである。

　平等原則を考える場合、労働法が「統合」を実現する機能を担っていると

---

42)　なお、日本語の能力不足と労働法に関する知識不足で劣悪な条件下で働いているという問題は議論の前提に置いている。この問題の一例として、守屋・前掲注5) 177頁参照。
43)　したがって、いわゆる不法就労者にも労働法は適用されると解する。適用を認める見解に、水町勇一郎『労働法〔第5版〕』（有斐閣、2014年）211頁がある。
44)　ただし、マクリーン事件（最大判昭和53年10月4日民集32巻7号1223頁）の法理からすると、憲法上の人権も入管法の枠内での保障に過ぎないので、本文のような見解とは対立する。

の見解[45]について触れておく必要がある。ここで「統合」とは、適法に入国・滞在している外国人に自国民と基本的に同等の地位を与え、不当な差別をしないことであるとされる。そして、統合なしに外国人労働者を受け入れると、内国人と外国人の各労働市場という二重構造を生じる点を指摘する[46]。統合の観点から政策展開と法制度化が徹底されれば、外国人にとって好ましい法環境が形成されるであろう。しかし、「二重構造」が内国人と外国人の間でのみ生じるというより、それぞれの内部でも生じており、さらに下層構造内で両者の分離化が存在している。したがって、このような構造の解決と労働法の役割を問うことの課題性を看過してはならない。

(3) 在留資格と在留期間がもたらす不安定性

高度人材を別にすれば、大多数の外国人労働者は不安定な雇用に従事している。その不安定さは日本人の労働者とは異なる特有のものであり、それをもたらす要因は入管法上の地位にある。それが労働法上の保護に格差を生じさせている[47]。

では、どのような要因か。2つある。1つは在留資格、もう1つは在留期間である。

(ⅰ) 在留資格による不安定性

就労資格が認められていても、それが特定の活動と結び付けられている場合、それを変えることは容易ではない。たとえば、地方自治体の教育機関で外国語の指導に当たるALT（外国語指導助手）の場合、「教育」の在留資格

---

45) 早川・前掲注25) 5頁以下参照。なお、早川智津子「外国人労働をめぐる法政策の展開と今後の課題」日本労働研究雑誌662号（2015年）68頁以下では社会保障法も含めた「統合」の課題を指摘している。
46) 早川・前掲注12) 28頁注33参照。
47) 「労働法規上の保護が外国人労働者に届く前に、入管法によってブロックされるという構造上の問題がある」という。奥貫妃文「日本における外国人労働者をめぐる労働問題の回顧と展望」労働法律旬報1622号（2006年）16頁、同「日本における外国人労働者と労働法―労働判例から考察する傾向と展望―」山田省三・石井保雄編『労働者人格権の研究〔下巻〕』（信山社、2011年）183頁以下参照。

によるが、そこでの雇用が終了して民間の語学講師に替わる場合には、在留資格を「技術・人文知識・国際業務」に変更する必要がある[48]。したがって、そもそも有期雇用であることによる不安定性に加え、入管法上の在留資格を安定的に確保することが困難であるという二重の不安定な地位に置かれている。さらに言えば、前者の不安定性が後者の不安定の原因になるという関係がある[49]。

　上記の ALT の例は勤務先と職種を転換する場合であるが、企業内でも配転の場合に在留資格が問題になる。たとえば、資格外の職種への命令拒否について、入管法との関係を顧慮せずに解雇を有効とした事例に鳥井電器事件（東京地判平成13年5月14日労働判例806号18頁）がある。本件では、通訳などの業務に従事させることを目的に外国人を採用し、「人文知識・国際業務」の在留資格を取得したのであるが、日本語能力の不足を理由に現場作業に従事する配転命令を受け、それを拒否したので解雇されたという事案である。在留資格以外の業務に従事していれば、在留資格が取り消される可能性があるわけであるから、配転命令を有効とする判断要素に入管法の制約を加えていない判断には疑問がある[50]。

　なお、上記 ALT で触れた「技術・人文知識・国際業務」という在留資格は、2014年6月の入管法一部改正により「人文知識・国際業務」と「技術」という在留資格が統合された新たな資格であるが、これだけの改正では、異職種ないし異業種への配転が行われる日本の企業の人事慣行には適合的ではない[51]。

---

48)　坂中英徳・齋藤利男『出入国管理及び難民認定法　逐条解説〔改訂第4版〕』（日本加除出版、2012年）107頁以下参照。
49)　奥貫・前掲注47)「日本における外国人労働者と労働法」191頁、奥貫妃文・ルイス・カーレット「労働者としての ALT（外国語指導助手）についての一考察——公教育の非正規化、外注化の観点から」アジア太平洋研究センター年報2011-2012年17-18頁、ルイス・カーレット「二つの『有期』の狭間でたたかう外国人語学講師」賃金と社会保障1476号（2008年）30頁参照。
50)　早川智津子『外国人労働の法政策』（信山社、2008年）5頁参照。なお、土田は同判決を「外国人労働者の労働契約の特質や、入管法の趣旨を一顧だにしない安易な判断」と批判する。土田・前掲注39)1668頁。
51)　上林千恵子『外国人労働者受け入れと日本社会——技能実習制度の展開とジレンマ』（東京大学出版会、2015年）4頁参照。

(ii) **在留期間による不安定性**

日本人労働者にとってばかりではなく、外国人にとっても有期雇用が不安定な雇用になる決定的な事情である点に変わりはない。しかし、有期雇用一般において発生する問題と外国人に特有の問題の2つがある。以下に見るように、後者が重要である。

外国人労働者が労働契約を締結する場合、期限を付すことも付さないことも可能である。しかし、いかに契約上は無期限でも、在留資格自体に期限があれば、その更新は可能であるとしても（入管法21条）、更新の許可を得るためには、雇用上の地位が継続している必要がある。したがって、使用者の顔色を窺わなければならず、それだけ不安定で悪い条件にも甘んじなければならない。在留資格の期間の存在が契約上の地位に影響を及ぼし得るのである。

たとえば、外国人実習生についてみると、2010年の入管法の改正で研修制度から技能実習制度に一本化され、1年目から労働法の保護を受けることができることになった。しかし、在留期間は1年更新であるから、いつ何時使用者から雇止めされて帰国させられるかわからないので、使用者の強い支配の下に置かれる点に変わりはない。

活動に制限がない定住者の場合も、1年ないし3年の在留期間が指定され、その更新が認められるとしても[52]、長期の安定的な雇用に展望が持てない事情にある。そのため、社会保険料を払わなくても済む雇用形態[53]や勤続年数が少ないので正社員の年功序列賃金に組み込まれるより手取りが増える雇用形態を選好する傾向が生まれると言われる[54]。

このような在留期間の制限は、法的判断にも影響している。外国人語学講師の1年間の有期雇用が4回更新されてきた例について、在留資格が1年間の更新であることを期待的利益の存在を否定する一事情としたフィリップ

---

[52] 坂中・齋藤・前掲注48）170頁、上林・前掲注51）197頁参照。

[53] 背景の事情として、所定労働時間と労働日数が通常の就労者の4分の3以上であるとする運用や外国人労働者に対する保険制度に関する情報提供不足を指摘するものに、奥貫妃文「外国人労働者の雇用形態と社会保険加入をめぐる労働法的考察」労働法律旬報1833号（2015年）23頁以下参照。

[54] 丹野・前掲注7）86頁参照。

ス・ジャパン事件（大阪地決平成6年8月23日労働判例668号3頁）がある。しかし、期待的利益は、それまでの労働の実態や契約時の言動などから生じるのであって、在留期間が定められていることで否定されるべきではない。期待的利益を認めず雇用の継続が否定されると、それを理由に在留自体ができなくなるのであるから、在留資格を期待的利益の発生の根拠としてはならない。

　同様の問題は、解雇の場合にも生じる。解雇の効力が争われた場合に、それが無効になっても、在留期間との関係で救済利益がないのではないかという問題である[55]。しかし、解雇は単に賃金を得る機会だけでなく、社会的評価や生きがいなども奪うものであるから、解雇無効という法的評価は重要な意味があることを看過してはならない。そもそも、解雇された場合にその効力を争うこと自体、特に在留期限が近づいているような場合、困難である。解雇の効力を争う期間や解雇後の一定期間、従前の在留資格の更新を認める措置が必要である[56]。

　なお、外国人労働者の有期雇用の期間がいつからいつまでかが争いになる場合に、ビザの取得に必要な雇用契約書の作成時からの期間とビザの期間がずれることが起こるが、これまでの裁判例は、雇用契約の定めに基づき、契約の成立した時を基準にして有期契約の終期を判断するのではなく、あくまでビザの期間で判断している[57]。また、外国人だけ有期契約であることが国籍による差別で無効ではないかが問題になった事例があるが、いずれも英字紙の記者や外国語学校の英語教員など、専門性が高く、給与も高額に設定されているという事情から差別に当たらないとした[58]。このような判決になったのは、裁判において主張の重点を差別に置かなかったせいもあると思われる。むしろ主張としては、雇止め法理に従い、解雇権濫用法理の適用に重心を置いた方がよかったと思われる。

---

55) 早川・前掲注12) 27頁以下参照。
56) 仲尾育哉「日本における外国人労働者の現状と課題」民主法律299号（2016年）75頁参照。
57) 共同都心住宅販売事件・東京地判平成13年2月27日労働判例812号48頁、情報システム監査事件・東京地判平成6年5月17日労働判例660号58頁。
58) 東京国際学園事件・東京地判平成13年3月15日労働判例818号、ジャパンタイムズ事件・東京地判平成17年3月29日労働判例897号81頁。

(4) 間接雇用と雇用保障

　外国人が日本で就労しようとする場合、何らかの他者の力を借りることなしには困難である。そのため、外国人の就労には、外国人労働者と就労先の間に第三者（ブローカー）が構造的に入りやすいという性格を帯びる。そして、これが組織的に機能する場合、業務請負ないし派遣という形態をとることになる[59]。

　派遣法が製造業派遣を可能にした 2003 年改正以前から、実態として業務請負の形式を取りつつ外国人労働者の派遣が行われてきた[60]。この場合、実際には、偽装請負になっている原因は、外国人であることではなく、間接雇用という雇用形態自体にある[61]としても、間接雇用が特に製造業で働く外国人労働者の中心的な形態になっている理由を問題にすべきである。この点、日系外国人を直接雇用から間接雇用に転換する例が見られるが、その理由は、企業にとって在留資格の申請や変更手続、保険などに関わる書類の作成などの事務作業への負担感があったからである[62]。これも外国人に特有の事情である。コストの低減が季節的変動ばかりでなく日々要請される[63]というほどのコストダウンの圧力の下に置かれている下請企業では、このような事務負担ですら削減の対象となるのである。

　間接雇用はその地位を不安定にする。なるほど外国人労働者にも解雇保護は及ぶが、外国人労働者、それも就労資格のある日系労働者ですら簡単に解雇できると言われるように[64]、これは法的保護の問題以前の問題である。そもそも解雇なのか雇止めなのか明確に意識されていないように思われる。いずれにせよ、解雇が「容易」という実態は、単に解雇の問題だけでなく、その地位全体の不安定さが解雇に集中的に（雇用が終了する問題であるから）現

---

59)　なお、外国の派遣業者や職業紹介業者に日本の労働者派遣法や職安法が適用されるかという問題については、山川・前掲注 11) 12 頁および山川・前掲注 37) 25 頁参照。
60)　梶田ほか・前掲注 20) 163 頁参照。
61)　山川・前掲注 11) 16 頁参照。
62)　大久保武「地方労働市場における日系人労働者の存在と役割」五十嵐編・前掲注 4) 120 頁参照。
63)　梶田ほか・前掲注 20) 167 頁参照。
64)　丹野・前掲注 7) 54 頁参照。

れていると見るべきである。

　一般に不安定雇用労働者は、不安定であるがゆえに日常的な権利に関する要求は出せないが、その代り解雇されると、それまでの問題の一切が同時に主張されることにもなる。この点に関し興味深いのは、同じ日系人でも、解雇された時に争う場合と争わない場合が類型的に分かれて現象するという指摘である[65]。裁判に訴えた方が有利か否かは、解雇されてもすぐに次の職場が見つかるか否かで違ってくる。ブラジル人はすぐ見つかるのに対して、ペルー人はそうではないことから、ブラジル人は解雇期間中の賃金と遅延損害金の獲得を目指して裁判に訴える傾向を示すというのである。

　外国人労働者は、不況を理由に簡単に解雇されている。ここには、日立メディコ事件（最一小判昭和61年12月4日労働判例486号6頁）に見られる「正社員中心主義」の考え方と、外国人のそれ自体としての地位の不安定さが二重の原因を成していると考えられる。同判決は、有期雇用の雇止めについて、その後、労働契約法に取り入れられた期待的利益の存在を理由に保護する法理（同法19条）を提起した点で評価できるが、他方で、原告らは採用の手続が簡易で短期の有期雇用であったことから、整理解雇に当たって正社員の希望退職を募らなくても原告らの雇止めは有効であると判断した。このような考え方によれば、外国人労働者の解雇ないし雇止めからの保護は困難になる。

5　おわりに

　外国人労働者の受入れの是非を判断するに当たり、労働法はその基準を提供することはできない。それは入管政策の課題である。しかし、入管政策の在り方が労働法の適用の対象となる外国人労働者の就業の在り方に大きな影響を与えている。したがって、現に日本人に対しても適用される労働法および法理が等しく適用されるように入管政策および入管法の規制を改める必要がある。その前提として、真正面から移民政策を確立すべきである。それは

65）　丹野・前掲注7）103頁参照。

不足する労働力を確保するためという経済目的を優先させる観点からではなく、生活者として受け入れる観点からのものでなければならない。

　しかしながら、外国人労働者に日本人と同じように労働法が適用されれば十分ということにはならない。適用される日本の労働法が望ましい規範と言えるかが問われるべきである。規制緩和が推進されれば、適用されるべき労働法自体が解体されてしまう。そのようにして招来される「契約の時代」の下では、日本人以上に交渉力を欠く外国人労働者は、一層不利な地位に置かれることになる。

　このように考えると、入管政策の改革だけではなく、日本の労働法自体を改革することが並行して進められねばならない。労働法の規制緩和ではなく、憲法の労働条件法定主義の理念に基づき、ディーセントワークを実現するような規制を実現する必要がある。

　先に、生活者として受け入れる観点に立つべきことを述べたが、これは「労働力」としてではなく「労働者」＝「生活者」として受け入れると言うことでもある。そうすると、単に労働法の適用だけでなく、生活全体にかかわる法の整備が必要になる[66]。これは日本人の労働者についても言えることであり、単に仕事と生活の調和でとどまらない、労働生活の質の向上が課題になる。外国人労働者の問題は日本の労働法の改革の課題をも投げかけているのである。

66）　その意味で、労働法だけでなく社会保障法との関係も問題にすべきである。社会保障法分野については、岩村正彦「外国人労働者と公的医療・公的年金」季刊社会保障研究43巻2号（2007年）107頁以下、高畠淳子「外国人への社会保障の適用をめぐる問題」ジュリスト1350号（2008年）15頁以下などがある。

[2]
外国人技能実習制度の制度設計と裁判法理
―外国人技能実習制度下における紛争類型―

小野寺信勝

1 はじめに

　技能実習制度は、日本の技術の海外移転という国際貢献を目的とした制度でありながら、その実態が、非熟練労働者の受け入れのための制度として運用されていることは周知の事実である。かかる乖離が技能実習生に職場移転を認めない制度を正当化し、労使関係の構築を妨げる構造的な問題を有している。技能実習生に対する長時間労働、最低賃金を下回る賃金といった違法就労や、旅券や通帳の取り上げ、暴力、性的虐待等の人権侵害事件は枚挙にいとまがなく、日本弁護士会連合会等の各種団体は、かかる深刻な人権侵害状況は制度の構造的問題に由来するとして幾度となく技能実習制度の廃止を提言してきた。国際社会においても、アメリカ国務省人身売買監視報告書では、2007年から毎年、技能実習制度が取り上げられ、2014年には国連自由権規約委員会でもこの問題が取り上げられ、その人権状況の問題点を指摘される等、国際社会からも強い批判と改善を求められている。

　技能実習制度の批判を受けて、2016年11月18日、いわゆる外国人技能実習適正化法が成立した（正式名称は「外国人の技能実習の適正な実施及び技能実習生の保護に関する法律」）。新法では、人権侵害を防止のために、財団法

人国際研修協力機構（略称JITCO）に代わる監督機関として外国人技能実習機構の創設、監理団体の許可制、違約金や強制貯金、旅券の保管の禁止等を明記し罰則を設ける等の施策が盛り込まれた。しかし、相変わらず技能実習生の職場移転は原則として認めないなど、不十分な内容と言わざるをえない。

他方、新法では制度適正化を謳いながら、「拡充」の施策も盛り込まれた。現行の技能実習制度が合計3年を上限としているところ、技能実習3号を創設して、さらに2年間の延長または再実習することができることになった。これにより、最大5年間の技能実習が可能になった。また、政府は、東日本大震災の復興需要や東京五輪の建設需要に対応するため、2020年までの時限措置として建設業の技能実習に限り再就労を認める緊急措置を決定し、技能実習の対象職種に介護分野の追加も検討されている。

したがって、技能実習制度の拡充にともない今後も技能実習制度に関する法的問題も発生していくと考えざるをえない。また、技能実習制度を試金石として外国人労働者の受け入れ議論がますます盛んになっていくと思われる。

そこで、技能実習生に発生した具体的事件を整理し、それに対する司法判断を知ることは、今後も起こるであろう技能実習生の人権侵害に対応するためにも、また、外国人受入れのあり方を議論するうえにとっても有益であると思われる。本稿では、外国人技能実習制度の制度設計、現況等を概説したうえで、同制度下の紛争類型ごとに裁判例を紹介する。

2　外国人技能実習制度の制度設計

(1)　外国人技能実習制度の概要

外国人技能実習制度の制度設計の説明には、その前身ともいうべき外国人研修制度を説明する必要がある。外国人研修制度の歴史は、古く1960年代後半から行われていたと言われている。当時は、主に海外に進出した日本企業が、現地法人の社員を呼び寄せて日本企業の技術・技能を習得させ、帰国した彼らが習得した技術を活用するという形で行われていた。1989年の入管法改正の際、在留資格として「研修」を創設、1993年に外国人技能実習制度が創設されて以降、2009年7月に入管法が改正され2010年7月1日に

改正法が施行されるまでは、外国人研修制度のもとで、研修を終えた研修生が、技能実習制度として技能実習生と名を変えて技能実習を受けるというように、両制度は連続性を持った制度であった。現在は、外国人研修・技能実習制度は、技能実習制度に事実上一本化されているが、判決の多くが、2010年以前の旧制度下の事件であることから、以下では、旧外国人研修・技能実習制度を説明したうえで、現行の外国人技能実習制度について説明する。

(2) **外国人研修・技能実習制度の概要（2010年以前）**

外国人研修・技能実習制度は、「我が国で開発され培われた技術・技能知識の開発途上国等への移転を図り、当該開発途上国等の経済発展を担う「人づくり」に寄与することを目的」とする制度であり、国際貢献の一環とされている。同制度は「研修」「技能実習」という言葉からもわかるとおり、研修制度と技能実習制度の2つの制度からなる。同制度は概略、以下のような制度設計のもとで運用されている。

(i) **研修**

研修生は、「研修」を在留資格（6か月ないし1年）として入国することになる。研修生は「技術を学ぶ者」として非労働者にあたるため、労働関係法規の適用はない。研修生には就労が禁止されており、生産現場等で研修計画に基づく実務以外の就労は認められておらず、原則として、3分の1以上の日本語教育等の非実務研修が義務付けられている。

研修生の受入れ方法には、①企業単独型と②団体管理型の2種類がある。「企業単独型」とは、企業が直接研修生を受け入れるものであり、海外の現地法人等の常勤職員を研修生として受け入れる場合などに利用される。一方、「団体管理型」とは、日本の公的な援助指導を受けた中小企業団体、商工会議所、財団法人、社団法人など（以下、「第一次受入れ機関」）が受け入れの責任を持ち、その指導監督のもとに参加企業等（以下、「第二次受入れ機関」）が研修生を受け入れる形式をとる。受入れ要件は企業単独型よりも緩和されており、中小企業でも利用しやすい制度となっている。

(ii) 技能実習

　所定の要件を満たすことで技能実習生に移行すると、在留資格は「特定活動」に変更され、受入れ企業との間で雇用契約を締結し、研修期間と合わせて最長3年間、実際に就労することにより、研修により得た技能や知識を実践的に習得することになる。平成21年（2009）現在においては、62種114作業での技能実習が認められている。技能実習生は労働者として扱われるため、労働基準法や最低賃金法等の労働関係法規が適用される。もっとも、あくまで研修先とされている第二次受入れ機関での技能実習しか認められておらず、技能実習生に実習実施機関を選択する自由はない。なお、技能実習移行後は、団体管理型では、研修時の第一次受入れ機関は技能実習生を受け入れる機関ではなくなり、第二次受入れ機関が実習実施機関として技能実習を実施することになる。

(3) 外国人技能実習制度（2010年7月以降）

　2010年7月1日施行の改正入管法では、在留資格として「技能実習」が創設され（入国1年目で団体監理型は「技能実習一号イ」、企業単独型は「技能実習一号ロ」、入国2・3年目で団体監理型は「技能実習二号イ」、企業単独型は「技能実習二号ロ」）、公的研修および非実務研修のみの研修を除いては、在留資格「技能実習」のもとでの技能実習制度に一本化され、技能実習生には来日1年目から労働関係諸法が適用されるようになった。団体監理型は、入国後に講習（日本語教育、技能実習生の法的保護に必要な講習等）を受けた後、実習実施機関との雇用契約のもとで最大3年間、技能実習を実施することになる。

　また、2016年11月18日に技能実習適正化法が成立したが、新法が施行されることにとより最大5年間技能実習が実施されることになる。

3　紛争類型

(1) 未払賃金請求

　技能実習生をめぐる紛争でもっとも典型的なものは、実習実施機関に対す

る未払賃金請求である。時間外等手当の不払いや最低賃金法違反、賃金の不当控除といった事件は枚挙にいとまがない。未払賃金請求は団体交渉や、労働審判、訴訟上の和解により判決に至らずに解決することが多く、必ずしも前例となる裁判例は多くないが、未払賃金に関する主な争点には以下のようなものがある。

(i) 旧外国人研修制度における研修生の労働者性

まず、2010年7月以前の旧外国人研修制度下において、もっとも先鋭化した争点は、研修生の労働者性、つまり、「研修」に最低賃金法5条、労働基準法37条等の適用の可否であった。

この争点には大きく分けて2つの問題点がある。1つは労働事件一般に見られる労働時間の立証の困難さ、そして、もう1つは外国人研修制度に起因する問題である。

前記のとおり、研修生の在留資格は、入管法(平成21年法79号による改正前のもの)別表第一の四の表の「研修」であり、同資格では、本邦の公私の機関により受け入れられて行う技術、技能または知識の修得をする活動しか許されず、労働と見なされる活動に従事させることは禁じられていた。また、同資格では、報酬を受ける活動は禁止され(入管法19条1項2号)、研修生に労働の対価を支払うことは許されず、研修手当の名目で生活実費を支給することしか認められていなかった。こうした制度下で、研修生は労働者とともに生産現場で実務研修と称して作業に従事するが、制度の建前から研修生には労働関係諸法令は適用されないとされていた。しかしながら、実務研修は労働との区別がそもそも不明確であり、実務研修に労働関係法が適用されないことに疑義が呈されていた。また、受入れ機関が研修生を就労させながら制度を逆手にとり最低賃金以下の金員しか支払わないケースが問題となっていた[1]。それゆえ、旧制度では研修生の実務研修に労働関係諸法令が適用

---

[1] 法務省入国管理局は、研修生を労働させるケースが頻発していることを受け、平成11年2月に「研修生及び技能実習生の入国・在留管理に関する指針」、平成19年12月に同指針の改訂版を公表し、受入れ機関に対し研修生に労働に当たる活動に従事させないこと等の厳守を呼びかけていた。

されるか、つまり、研修生の労働者性が大きな争点となっていたのである。

　入管法上、就労が資格外活動として禁止されていることをもって、ただちに労働関係法規が不適用となるわけではない。入管法と労働関係法規はその目的を異にするので、在留資格にかかわらずその実態から労働者性は判断されなければならない。外国人研修制度が発足した1993年当初に出された労働省通達は、研修生についても「実態によっては労働基準法上の労働者に該当することになる」ことが確認されていた（平成5年10月6日基発592号「「技能実習制度」の導入に伴う労働基準行政の運営について」）。

　研修生の労働者性に関するリーディングケースであるプラスパアパレル協同組合ほか事件・熊本地裁判決（熊本地判平成22年1月29日判時2083号43頁。なお、控訴審は福岡高判平成22年9月13日労判1013号6頁（労旬1741号64頁））は、「労働基準法及び最低賃金法が適用されるか否かは、法形式の有無にかかわらず、その実態が使用者の指揮監督下における労務の提供と評価するにふさわしいものであるかどうかによって判断されるものというべきである」と判断し、その労働実態から研修生の労働者性を肯定した[2]。他の下級審判決は結論が分かれているが、前記熊本地裁判決と同様の判断枠組みを示したうえで、その実態から当該研修生の労働者性の有無を判断している[3]。結局のところ労働実態や研修の有無から個別的に判断する他ないのであろう。

　この問題は、2010年7月の入管法改正によって、来日1年目から技能実習制度が利用できるようになったことで、研修生の労働者性の論点は立法的に一応の解決を見たことになる。もっとも、改正後も国や公共団体等の公的機関が実施する公的研修に限っては実務研修が引き続き認められていること

---

[2]　熊本地裁判決は、具体的には、①原告らはおおむね午前8時30分から午後6時ないし午後11時頃まで、時には午前0時を超え、被告会社らの指揮監督下において、工場内で縫製作業に従事していたこと、②被告会社らからノルマを課されており、ノルマを達成するか、もしくは社長の指示があるまでは作業から解放されなかったこと、③原告らが被告会社らと雇用関係にある技能実習生と同一内容の作業に従事し、かつ、日本人従業員よりも長時間作業に従事していたこと、などの事実認定をもとに、「原告らの研修期間中の縫製作業への従事は、被告会社らの指揮監督下における労務の提供にふさわしいと評価される」と判断した。また「原告ら及び被告らの双方ともに、研修期間中、労務の提供の対価として報酬が支払われる認識を有していた」と当事者の認識も労働者性の判断要素のひとつとしている。

から、この論点が消滅したわけではない[4]。

(ⅱ) 農業分野の技能実習生の割増賃金規定の適用の可否

近時、農業分野の技能実習生の増加にともない、技能実習生への時間外割増除外規定（労基法 41 条 1 号）の適用の可否が新たな争点として顕在化している。労働基準法は、農業につき時間外労働および休日労働の割増賃金規定の適用除外規定を設けている（同法 41 条 1 号）。これは、農業が天候・季節等の自然の条件に大きく左右されるため労働時間を人為的・画一的に規制を及ぼすことが事業の維持運営にとって困難と考えられるからである[5]。しかしながら、技能実習制度は、実習実施機関が作成する実習計画に従って計画的に技能実習が実施されることになっており、労働時間に人為的・画一的な規制を及ぼすことが可能であり、割増賃金除外規定の制度趣旨を技能実習制度にそのまま及ぼすことは疑問である。また、技能実習生の賃金は最低賃金並にされていることが多いにもかかわらず割増賃金規定を適用させないことにも疑問がある。

この点、農林水産省も平成 12 年 3 月に、農業分野に関して、実習実施機関である農家等を統一的に指導していくための指導基準として「農業分野における技能実習移行に伴う留意事項について」を示し、農業分野の技能実習生の「労働生産性の向上等のために」適切な労働時間管理が必要とされると

---

3) 研修生の労働者性を認めた裁判例は、前記熊本地裁判決のほかに、三和サービス事件（名古屋高判平成 22 年 3 月 25 日労判 1003 号 5 頁、津地四日市支判平成 21 年 3 月 18 日労判 983 号 27 頁）、デーバー加工サービス事件（東京地判平成 23 年 12 月 6 日判タ 1375 号 113 頁）、東栄衣料破産管財人ほか事件（福島地白河支判平成 24 年 2 月 14 日労判 1049 号 37 頁（労旬 1775 号 44 頁））、広島経済技術協同組合ほか事件（東京高判平成 25 年 4 月 25 日労判 1079 号 79 頁、さいたま地判平成 24 年 10 月 24 日労判 1079 号 84 頁ほか）、長崎地判平成 25 年 3 月 4 日労判時 2207 号 98 頁、福岡高判平成 25 年 10 月 25 日判例集未掲載、函館地判平成 26 年 3 月 27 日判例集未掲載などがある。他方、労働者性を否定した裁判例は、伊藤工業事件（東京高判平成 24 年 2 月 28 日労判 1051 号 86 頁、横浜地川崎支判平成 22 年 5 月 18 日判例集未掲載）、熊本地判平成 22 年 11 月 26 日判例集未掲載、福岡高判平成 23 年 9 月 5 日判例集未掲載など。
4) もっとも、技能実習（1 号）の在留資格該当者は、2010 年は 4 万 4194 人、2011 年は 4 万 4703 人であるのに対して、「研修」の在留資格者は、2010 年は 655 人、2011 年は 833 人であり、その規模は技能実習に比して小さいものである（「2012 年度版 JITCO 白書」）。
5) 東京大学労働法研究会編『注釈労働基準法 下巻』（有斐閣、2003 年）757 頁。

して、「労働基準法の規定に準拠する」ことを要請している[6]。

この問題は、裁判例による実務変更を待つまでもなく、実習実施機関の受入要件として、農業分野の技能実習生の雇用契約に割増賃金規定を盛り込むことを要求すれば、容易に解決できるのであるから、制度改訂をすべきであろう。

(2) 寮費等の不当控除

実習実施機関が技能実習生の賃金から寮費等を過大に控除して技能実習生の賃金を低くする事案もしばしば見られる。雇用契約書上は最低賃金法を遵守していながら、不当控除によって手取額は給与支給額の半額程度しかないということも珍しくない。実習実施機関の控除が問題となる事件としては、実習実施機関が監理団体に納める管理費を技能実習生に負担させることや、技能実習生が負担すべき社会保険料等として控除していながら、実際には実習実施機関が社会保険料等を納付していないというものである。もっとも、法務省指針が、「実習実施機関が負担すべき費用を『管理費』等の名目で技能実習生の賃金から不当に控除してはあってはならないことです」と規定して、技能実習生に管理費を負担させることを明確に規定するとともに、実習実施機関が違反をした場合に不正行為認定をすることになり、問題になることは少なくなった[7]。また、社会保険料等の納付がない場合は、保険料の納付の事実およびその額は比較的容易に立証できるので、法律構成や立証上はそれほどの困難はともなわない。

問題は、寮費のように費目そのものは不当ではないが、その額は不当に高額という事案である。

---

[6] 他にも農水省は JITCO に対し平成 25 年 3 月 28 日付けで「農業分野における技能実習生の労働条件の確保について」を示し、関係機関に対して労働基準法の労働時間、休憩、休日等に関する規定に準拠するよう指導するよう要求している。

[7] JITCO が発行している「外国人技能実習制度における講習手当、賃金及び監理費等に関するガイドライン（2012 年 7 月改訂）」では、寮費等の控除につき「法令により控除する社会保険料等を除き、賃金から経費等を控除（天引き）する場合は、食費や宿舎費等の事理明白なものに限られる」とし、宿舎費の額は、近隣の同等程度のアパート等の相場を超えてはならない等の留意点を示している。

こうした事案では、控除は無効であるとして、控除分につき不法行為または不当利得として返還を請求するか、控除分の賃金は未払いであるとして賃金請求のいずれかの法律構成がとられる。

控除の無効については、①技能実習生の利益を代表しない日本人従業員が労使協定を締結したとして労使協定の無効、②日本人従業員も入寮している場合には均等待遇違反（労基法3条）による無効を主張することが多い。

まず、①としては、オオシマニットほか事件（和歌山地田辺支判平成21年7月17日労判991号29頁）がある。これは、管理費の事案であるが、日本人従業員が労働者の代表として技能実習生の賃金から管理費の控除を認める労使協定を締結したという事件である。裁判例は、「労働者のうち中国人実習生に限って、管理費の下に、実質的にみて、月々の賃金から基本給の一割を超える多額の控除を認めるという、著しい不利益を課す内容であり、それにもかかわらず、従業員を代表して被告各社と協定を締結したのは、協定を締結しても格別不利益を受けることのない日本人従業員であったのであるから、本件協定は、労働者の過半数を代表する者と締結されているかについても、その選出過程が民主的で労働者らの意思や利益を代表しているとの事実関係を認めるに足りる証拠はない」「しかも、本件協定は、控除の使途が不明確で、かつJITCOガイドラインが禁止する賃金からの管理費控除に反する内容のものであることに鑑みると、法24条1項ただし書による例外に該当するとは認めることはできないというべきである。」と判示している。

また、②は、技能実習期間中に賃金から控除された寮費の額と日本人従業員の寮費の額との間には許容し難い著しい格差があり、当該控除は労基法3条に違反し無効であるとして、差額分の賃金支払請求が認められた判決がある（デーバー加工サービス事件・東京地判平成23年12月6日判タ1375号113頁）。

(3) 安全配慮義務違反に基づく損害賠償請求

(i) 労災保険

研修生が研修中に事故等にあった場合、研修生は労働者ではないという理由から、労災保険が適用されないこととされていた[8]。その代わり、受入れ

機関には外国人研修生の受け入れ時に、研修中の死亡や負傷、疾病に罹患した場合における保険契約等の加入義務を課され[9]、多くの受入れ機関は、JITCOが取り扱い窓口である外国人研修生総合保険（以下、「JITCO保険」）に加入していた。しかしながら、JITCO保険は労災保険と異なり、加入タイプによって補償内容に差が設けられており、受入れ機関がどの保険契約に加入するかによって研修生の補償内容が変わることに批判があった。もっとも、2010年7月1日に入管法が施行され、事実上、技能実習制度に一本化され、技能実習生は来日1年目から労災保険が適用されることになった。

(ⅱ) 安全配慮義務違反に基づく損害賠償請求

前記のとおり、研修生・技能実習生の研修・実習中の事故等に対して、研修生にはJITCO保険が、技能実習生には労災保険が適用されて損害が一定額補償されるが、これらの保険では補償が及ばない損害については、受入れ機関や実習実施機関に対して安全配慮義務違反に基づく損害賠償請求をなしうることになる。技能実習生は実習実施機関と雇用契約を締結するため、安全配慮義務違反は通常の労働者と同様に雇用契約の付随義務として発生する。他方、研修生についてはそもそも受入れ機関と雇用契約はないが、受入れ機関に安全配慮義務を認めた裁判例がある（ナルコ事件・名古屋地判平成25年2月7日労判1070号38頁、徳島地阿南支判平成23年1月21日判タ1346号192頁）。

(ⅲ) 逸失利益・慰謝料

外国人研修生・技能実習生の多くは、日本よりも所得や物価が低い開発途上国から来日していることや研修・実習終了後は帰国するという特殊性から、逸失利益や慰謝料が問題となる。

---

8) 研修生が労働者災害補償保険法の「労働者」に該当するかは問題となりうるが、この点について判断した裁判例は見当たらない。
9) 入管法第7条第1項第2号の基準を定める省令は外国人研修生の受入れ時において、研修生が「研修中に死亡し、負傷し、又は疾病に罹患した場合における保険（労働者災害補償保険を除く。）への加入その他の補償措置を講じていること」と保険加入義務を定めていた。

もっとも、この争点は、外国人研修生、技能実習生にかかわらず、外国人労働者全般の問題であるが、外国人研修生、技能実習生に関する逸失利益および慰謝料について判断した裁判例にはつぎのようなものがある。

　逸失利益に関する裁判例としては、中国人研修生（事故時 26 歳）について、日本人の賃金センサス（産業計男性中学卒全年齢平均）の 3 分の 1 を基礎収入としたもの（徳島地阿南支判平成 23 年 1 月 21 日判タ 1346 号 192 頁）、中国人研修生（事故時 21 歳）について日本人の賃金センサス（男性労働者平均）の 4 分の 1 を基礎収入と認定したもの（ナルコ事件・名古屋地判平成 25 年 2 月 7 日労判 1070 号 38）がある。

　また、後遺症慰謝料について、前記裁判例は中国人研修生（後遺障害等級 5 級 4 号相当）につき 460 万円（徳島地阿南支判平成 23 年 1 月 21 日判タ 1346 号 192 頁）、中国人研修生（後遺障害等級 11 級相当）につき 200 万円（ナルコ事件・名古屋地判平成 25 年 2 月 7 日労判 1070 号 38 頁）と認定し、いずれも日本人の場合に認められる後遺症慰謝料を相当程度減額している[10]。

(4) 実習実施機関による人権侵害

　技能実習生に対して長時間労働、暴言、暴力、セクハラ、パワハラ等の労働者全般に見られるような人権侵害に加えて、旅券・在留カードの取り上げ、強制貯金、強制帰国といった特徴的な問題もある[11]。

(i) 旅券・在留カードの取り上げ

　外国人労働者の旅券等を預かる行為は、厚生労働省の「外国人労働者の雇

---

[10] 民事交通事故訴訟・損害賠償額算定基準（いわゆる赤い本）によると、後遺症慰謝料は後遺障害 5 級では 1400 万円、11 級では 420 万円を基準額としている。

[11] 法務省入国管理局が平成 25 年に外国人研修生・技能実習生の適正な実施を妨げる「不正行為」を行ったと通知した受入れ機関は 230 機関、366 件であり、労働関係法規違反以外にも、二重契約、名義貸し、旅券・在留カードの取り上げ、人権を著しく侵害する行為、保証金の徴収等が見られる。また、労働局および労働基準局が平成 25 年に実習実施機関に対して行った監督指導や送検状況として、なんらかの労働基準関係法令違反が認められた実習実施機関は、監督指導を実施した 2318 事業場（実習実施機関）のうち 1844 事業場（69.6％）あり、重大・悪質な労働基準関係法令違反により送検したケースは 12 件あったと報告されている。

用・労働条件に関する指針」において「事業主は、外国人労働者の旅券等を保管しないようにする」と事業主による旅券の保管が禁止されていた。

ところが、研修生、技能実習生に関しては、受入れ機関が逃亡防止等の目的で旅券等を保管するケースが頻出していたためか、平成11年の法務省指針で旅券等の取り上げの禁止を明記した。

もっとも、平成11年法務省指針では技能実習生等の承諾を得て旅券等を保管する行為まで禁止しているか明らかではなく、そのせいか、JITCOは平成18年10月に公表した「雇用・労働条件管理ハンドブック」のなかで旅券等を預かることを原則として禁止するものの、一定の要件を満たせば旅券等を預かることを許容していた[12]。

しかしながら、受入れ機関が逃亡防止等を目的として、本人の承諾を得たかたちにして、旅券等の保管をすることが問題視され、平成21年12月改訂の法務省指針では、「技能実習生から保管して欲しい旨要望があっても、預かるべきではない」とし、旅券または外国人登録証明書を取り上げた場合、「不正行為」認定とし5年間の受入れ停止とすると明確化され、前記JITCOのハンドブックでも旅券等の保管が一律禁止された。

受入れ機関による旅券等の取り上げにつき、人格権侵害を理由として不法行為に基づく損害賠償責任を認めた裁判例として、前出プラスパアパレル協同組合ほか事件は、受入れ機関による旅券保管行為は逃亡防止目的であると認定したうえで、「外国人は、日本への入国にあたっては有効な旅券を所持していなければならず（入管法3条1項1号）、日本に在留するには、外国人登録証明書を携帯する場合を除き、常に旅券を携帯しなければならず（同法23条）、これに違反した者には罰則規定の適用が予定されている（同法76

---

12) 旅券等の保管は、つぎの条件を満たせば許されるとしていた。①技能実習生が、旅券は、本人のものであり、本人の責任において保管すべきものということを認識していること、②保管は、適当な保管場所もなく、紛失、盗難を防ぐために技能実習生自身から願い出たものであること、③保管中も、技能実習生から願いがあるときは、何時でも返還されること、④保管する場合は、前記①、②および③の内容を明らかにした本人からの書面が提出されていること、⑤第一次受入れ機関がすべての旅券を保管することとしているものとか、第二次受入れ機関で保管しているが、第一次受入れ機関の方針（書面、口頭指導等を問わない）のもとで、一律に保管することとしているものではないこと。

条)のであるから、旅券は、日本に在留する外国人にとって、日本への入国・在留資格を公的に証明し、日本における移動の自由を担保するものとして重要な役割を担うものということができることを併せ考慮すれば、」「逃亡を防止することを主たる目的として、原告らの旅券を預かり、これを管理し続けた行為は、原告らの日本における移動の自由を制約し」「違法な労働状態の継続を助長するものとして違法な行為であるというべきである。」(熊本地判平成22年1月29日)と判断している。他に旅券の保管行為が技能実習生等の移動の自由に係る人格権侵害にあたるとして不法行為責任を認めた裁判例としては、長崎地判平成23年3月4日判時2207号97頁、福岡高判平成25年10月25日判例集未掲載、福島地判平成24年2月14日労判1049号37頁(労旬1775号44頁)等がある。

(ii) 強制貯金

強制貯金は、実習実施機関等が技能実習生の賃金を機関等が管理する口座等に貯金する行為であり、機関等は毎月賃金の一部を生活費として技能実習生に渡して残金は貯金をするというものである。これは機関等が技能実習終了まで技能実習生の賃金を保管することで、逃亡を防ぐ目的でなされるものであるが、さらに機関等によって使い込まれるケースもある。

労働基準法24条は、賃金を直接労働者に全額支払うことを規定している。そして、同法18条は、労使協定等の厳格な要件を満たさない限り、労働契約に付随して貯蓄または貯蓄金を管理する契約を禁止している。

前記の平成11年法務省指針は強制貯金を禁じるものの労働基準法18条の例外要件を満たす場合も許されないのか明らかではなかった。また、平成18年10月公表の「雇用と労働ハンドブック」では、強制貯金は原則として禁止するが一定の要件のもとで預金通帳の保管を許容していた[13]。

しかし、技能実習生の強制貯金が問題になるとともに、平成21年10月に法務省指針が改訂され、本人の承諾を得たとしても預金通帳を保管することは許されないと従前の規定を改め、また、これを受けてハンドブックも預金

---

[13] 預金通帳の保管の要件も前掲注12)と同様である。

通帳の保管を一律禁止した。

　前出プラスパアパレル協同組合ほか事件は、強制貯金は労基法18条1項、同法24条1項に反する行為であるとともに、逃亡の防止および研修生に残業をさせる等の違法状態を隠蔽する目的があったとして、人格権侵害を認めた。

　ほかに強制貯金が人格権侵害にあたるとして不法行為責任を認めた裁判例としては、長崎地判平成23年3月4日判時2207号97頁、福岡高判平成25年10月25日判例集未掲載、福島地判平成24年2月14日労判1049号37頁等がある。

　⒤⒤⒤　長時間労働等就労実態の人格権侵害

　技能実習生は長時間労働に従事させられながら、最低賃金以下の賃金しか支払われないケースは珍しくないが、かかる就労実態そのものについて人格権侵害を認めた裁判例もある。前出長崎地判平成23年3月4日判時2207号97頁は、長時間労働、休日日数、低廉な賃金、それぞれが人格権侵害にあたると判断している。

　①長時間労働について、労働基準法32条の趣旨は、主に労働者の健康等の人格権または人格的利益を保護することにあるとし、さらに、厚生労働省労働基準局長平成18年3月17日基発0317008号は、長時間労働にともなう健康障害の増加など労働者の生命や生活にかかわる問題が深刻化していることに対処するためになされた労働安全衛生法等改正の趣旨をふまえ、過重労働による健康障害防止のための総合対策を定めていることに触れ、労働基準法32条に違反して長時間労働させた場合は、労働者の状況、違反行為の態様等によっては、労働者の人格権等を侵害し、不法行為上も違法となると解すべきであると判断した。そして、平成13年12月12日基発1063号の労災認定基準等の定めに照らして、本件縫製作業は労働基準法32条に違反する程度が大きいとして、人格権等侵害を認めた。②休日がほとんど与えられなかったことについて、労働基準法35条の趣旨は、主に労働者の健康等の人格権または人格的利益を保護することにあり、労働基準法35条に違反して十分な休日を与えない場合は、労働者の状況、違反行為の態様等によっては、

労働者の人格権等を侵害し、不法行為上も違法となると解すべきであるとし、本件は違反の程度が大きく人格権等侵害にあたると判断した。③最低賃金以下の賃金しか支払われていなかったことについて、最低賃金法4条1項の趣旨は、労働者の生活の安定を図ることにより、労働者の人格権等を保護することにあり、同項に違反し最低賃金額を下回る賃金しか支払わずに労働させた場合、労働者の状況、違反行為の態様等によっては、労働者の人格権等を侵害し、不法行為上も違法となると解すべきとして、人格権等侵害を認めた。

(iv) 強制帰国

技能実習生の強制帰国には、文字どおり有形力を行使して無理矢理空港に連れていき帰国させるものや送り出し機関等との間の合意書に定められた非違行為があったとして技能実習生に帰国義務があると誤信させて帰国させるものがある[14]。

強制帰国の裁判例としては、協同組合の不法行為責任についてであるが、富山地判平成25年7月17日判例集未掲載がある。これは、妊娠を理由に監禁され、強制的に帰国させられそうになったことが原因で流産したとして不法行為に基づき損害賠償請求をした事件である。判決では、技能実習生が送り出し機関との間で交わした合意書に妊娠禁止規定があり妊娠した場合、即刻帰国するとされており、協同組合がかかる規定違反を理由に技能実習生を帰国させようとしたが、技能実習生が帰国を拒むと、携帯電話を取り上げて外部と連絡を取れないようにしたうえで、協同組合職員が技能実習生に流産の危険性があることを知りながら、監視下において約3時間にわたり車で連れ回し、空港到着後も約2時間にわたり監視することにより事実上意思を拘束し組合の意向に従わせたと認定し、協同組合職員の一連の行為に不法行為責任を認めた。

---

[14] マスコミや行政機関、労働組合への通告、団体交渉、異性交遊、妊娠等が非違行為にあたるとして、罰金および即刻帰国すると定められているものも珍しくない。強制帰国の事例報告は、外国人研修生権利ネットワーク編『外国人研修生 時給三〇〇円の労働者2』（明石書店、2009年）34頁以下にくわしい。

(5) 監理団体の不法行為責任

　技能実習の多くは、団体監理型で実施されている。団体監理型の技能実習の制度趣旨は、中小企業等の実習実施機関が、監理団体の「責任及び監理」のもとで技能実習を実施することで、実習実施機関の実習実施能力を補完して適正な技能実習を実施する点にある[15]。団体監理は入管法等に抽象的に規定されているのみで、その具体的内容は法務省指針に規定されており、具体的には監理団体は、講習の実施、相談体制の構築、生活指導員や技能実習指導員の育成、実習実施機関における不法就労の排除等を要求し、また、監理団体は実習実施機関の関係法令の遵守状況や技能実習計画の実施状況等につき定期的に監査を実施する義務が課されている。

　しかしながら、監理団体は公的性格の団体であることが要求されているが、その大部分が企業による事業協同組合であり、監査の実効性に疑問がある場合も多く見られる[16]。なかには、実習実施機関と監理団体の所在地や役員がまったく同じであったり、実習実施機関の違法労働に積極的に関与する例すらある。

　この点、旧研修・技能実習制度下の裁判例で、団体の不法行為責任を認めたものとして、前出プラスパアパレルほか事件は、「入管法七条一項二号の基準を定める省令を受けた五号告知及び六号告知」の監理には、「第二次受入れ機関による違法就労の排除、不適切な方法による研修生の監理の禁止、非実務研修の実施、監査・報告等が含まれ」、「協同組合は、毎月１回以上、被告会社らの事務所を訪れ、監査を行っていたのであるから、原告らを始めとする研修生からの事情聴取や旅券、預金通帳等の確認等の調査……により、違法就労の排除、不適切な監理の禁止、非実務研修の実施等について適正な監査を行い、その結果に基づいて、被告会社らを適切に指導すべき作為義務がある」と作為義務違反の不法行為責任を認めた。また、前出東栄衣料破産

---

[15] 旧外国人研修・技能実習制度では、団体による「監理」は在留資格「研修」の期間だけが対象だったが、新技能実習制度では、従来の「研修」に相当する在留資格「技能実習一号ロ」の期間だけでなく、従来の技能実習に相当する「技能実習二号ロ」の期間も監理団体の対象となっており、団体の管理責任の範囲が拡大された。

[16] 技能実習の受入れ形態は、団体監理型が全体の92.7％を占め、そのうち団体種別を見ると、協同組合等が全体の87.8％を占めている。

管財人ほか事件は「いかなる場合にも第一次受入れ機関には不法行為が成立しないと解することは相当ではないというべきであり、第二次受入れ機関が研修生に対して看過することができない重大な不正行為を行っており、第一次受入れ機関がこれを認識し、客観的に当該不正行為を抑止し、解消することができる立場にあるという特別な事情が認められる場合には、前記(ア)の第一次受入れ機関が行う監理の在り方に関する諸規定があることと相まって、条理上、第一次受入れ機関には、第二次受入れ機関を調査して不正行為を抑止するとともに、不正行為がある旨を地方入国管理局長に報告すべき作為義務があると解するべきであり、これに違反した場合には、研修生の人格権を侵害するものとして、不法行為法上違法であるというべきである」と判示した。

ほかに、広島経済技術協同組合ほか事件（さいたま地判平成24年10月24日労判1079号84頁、東京高判平成25年4月25日労判1079号79頁）などがある。

(6) ブローカーの不法行為責任

技能実習生が日本の実習先を探す際に、監理団体や実習実施機関以外の国内外の民間機関や私人のブローカーの斡旋によることが少なくなく、かかる第三者に高額の斡旋料や仲介手数料を支払うこともある。また、実習期間中も技能実習生の労務管理に関与したり、送り出し機関と実習実施機関等の仲介をする等、技能実習に積極的に関わることもある。

このような技能実習生の斡旋行為は、他人の就業に介入して利益を得る行為に該当することから、労基法6条、同法118条の中間搾取の禁止に違反するものである。また、ブローカーの斡旋行為は、有料職業紹介事業に該当し厚生労働大臣の許可が必要とされているところ、かかる許可はないことから、職業安定法64条1号違反にあたる（なお、ブローカーの斡旋に仲介手数料等をともなわない場合でも無料職業紹介事業は厚労大臣の許可制であり、無許可の斡旋は職業安定法33条1項、同法64条5号に違反することになる）。

技能実習に係る斡旋は、本来、監理団体が行うべきだが、監理団体や実習実施機関以外の斡旋機関が関わる場合は、出入国管理及び難民認定法第7条

第1項第2号の基準を定める省令（以下、「上陸基準省令」）・技能実習1号ロ・第35号及び出入国管理及び難民認定法第20条の2第2項の基準を定める省令（以下、「変更基準省令」）第2条第23号で、当該機関が営利目的でなく、かつ、技能実習に係る斡旋に関して収益を得ないことを要求している。また、斡旋機関は、前記職業安定法上の職業紹介事業の許可等も必要である。

このように、ブローカーを排除するための各種法令がありながら、その取り締まりは低調である。また、民事上もブローカーの技能実習への関与につき民事責任追及を導く法律構成や証拠が乏しく責任を追及することは容易ではない。

この点につき判断した裁判例には前出長崎地判平成23年3月4日判時2207号97頁がある。この裁判例は、中国の斡旋会社の日本代理店である株式会社およびその代表取締役が、受入れ機関とともに研修生の面接や試験を実施して研修生の選抜に関与したこと、研修生の残業代の一部を実習実施機関から受け取り中国の斡旋会社に送金したこと、研修生らが実習実施機関に賃金改善を訴えたことに対して、残業代に我慢できないのであれば帰国するよう告げたことについて、受入れ機関の不法行為（長時間労働や旅券の取り上げ、強制貯金等につき人格権侵害にあたると認定した）の不作為の幇助にあたるとして共同不法行為責任を認めた。

(7) 財団法人国際研修協力機構（JITCO）の不法行為責任

財団法人国際研修協力機構（JITCO）は、1991年に発足した厚労省、法務省、経産省、外務省、国交省の5省共管の公益法人である。①受入れ機関や送り出し機関に対し総合的な支援・援助や適正実施の助言・指導を行うこと、②研修生・技能実習生の悩みや相談に応えるとともに、入管法令や労働法令等の法的権利確保のため助言・指導を行うこと、③研修・技能実習の成果が上がるよう受入れ機関、研修生、技能実習生、送り出し機関等を支援すること、などをその使命としている。外国人技能実習制度は、JITCOが政府に代わって運営しており、国会審議で問題事例が取り上げられるたびに、政府は繰り返しJITCOを通じて監督・是正を図ることを明言しているが、法的に監査権限が与えられていないことに加え、巡回指導員が不足しているなど、

技能実習生の権利保護のための組織としてはあまりに脆弱であり監督の実効性には疑問がある。また、企業立ち入りの際には事前連絡するなど、調査方法上問題点を指摘されることもある。

JITCO の指導監督の不作為につき不法行為責任を追及した裁判はいくつかあるが、その責任を認めた裁判例はまだない。前出熊本地判平成 22 年 1 月 29 日判時 2083 号 43 頁は、JITCO は「国から技能実習制度推進事業を委託され、本件制度の円滑かつ適正な実施を使命とする等、公的な性格を担っていることは認められるものの、あくまでも民法上の財団法人」であり、「個々の研修・技能実習の実施において、その当事者となるものでもない」。また、JITCO が行う「報告、指導（巡回による指導を含む。）、援助等の業務が、強制力や何らかの法的権限を伴うもので」はないことから、「何らかの法的作為義務が導かれると解することは困難である」として、不法行為責任を否定する。

ほかの裁判例も同様の理由でその責任を否定している。裁判例には長崎地判平成 25 年 3 月 4 日判時 2207 号 98 頁、福岡高判平成 25 年 10 月 25 日判例集未掲載、函館地判平成 26 年 3 月 27 日判例集未掲載、熊本地判平成 22 年 11 月 26 日判例集未掲載、福岡高判平成 23 年 9 月 5 日判例集未掲載などがある。

4 おわりに

技能実習生にはいくら労働関係法規が適用されるといってもあくまで労働者ではなく国際貢献のために受け入れた技術を学ぶべき存在にすぎない。国際貢献の建前から労働者に当然保障されるべき職場を移転する自由が原則として保障されておらず、違法労働があっても帰国等をおそれ関係機関等に処遇改善を求めることができない。これが技能実習生の違法就労や人権侵害の温床となっている。また、新法では実習実施機関等による違約金請求が禁止されているが、そもそも受入れ国側だけで対応できる問題ではなく、制度適正化の実効性が確保されているとは言い難い。技能実習生が非熟練労働者であることは否定できないであろう。そうであるならば、非熟練労働者は労働

者として受け入れるべきである。技能実習制度は建前と実態の乖離するものであり、この制度による労働力の受け入れには正当性はない。技能実習制度を廃止し、非熟練労働者として正面から認めて受け入れるべきである[17]。

---

17) 日弁連は「外国人技能実習制度の早急な廃止を求める意見書」(2013年6月20日) を公表し、技能実習制度の廃止と非熟練労働者の受入れを前提とした在留資格の創設を求めている。

[3]
韓国の産業研修生制度の廃止と雇用許可制度の導入

尹 芝 瑩

1 はじめに

　人身売買は利益を目的に人を取引する行為をいう。したがって、形式的な意味で人身売買は、仲介・斡旋のような取引行為と売買を媒介にした利益の実現を要件とする。しかし、この2つの要件より重要なのは人身売買の目的である。人身売買は、強制労働、または労働搾取を目的とする。強制労働、または労働搾取は人身売買の目的であり、同時にその結果でもある。韓国政府は、産業研修生制度における送出での不正行為などの問題を解決するために、2003年8月、雇用許可制度を導入した。雇用許可制度は、2011年5月、公共行政の腐敗防止および剔抉の分野で、国連公共行政賞大賞を受賞した。にもかかわらず、雇用許可制度が導入されてから8年が過ぎた今日の外国人労働者の労働条件は、産業研修生制度が実施されていた時とそれほど変らない。いまだに現実には、外国人労働者の意思に反して、強制労働や労働搾取が行われている。そして、このような強制労働および労働搾取は、雇用許可制度そのものに起因する。雇用許可制度に対する国際社会での肯定的な評価とは異なり、雇用許可制度は合法化された人身売買制度と言っても過言ではない。以下では、まず、産業研修生制度を廃止し、雇用許可制度を導入した

背景と過程を説明する。それから、人身売買という観点から雇用許可制度の問題点をみていく。最後に、韓国の経験をもとにいくつかの意見を述べたい。

2 産業研修生制度の廃止と雇用許可制度の導入

(1) 産業研修生制度の導入

1980年後半から、内国人労働者が「3D〔Dirty, Dangerous, Difficult：日本では3K〕業種」を忌避する現象が起こり、低賃金労働力に依存していた「3D業種」の中小企業らは深刻な人手不足を経験する。彼らは、その対案として安い外国人労働者を求める。政府ももちろん外国人労働者たちが、主に観光ビザで入国し、滞留期間を過ぎて就職することを黙認した。それから政府は1991年11月に海外投資企業の研修制度を実施し、1993年11月、本格的に産業研修生制度を導入することで、制度的に廉い労働力の提供を得られる道を開いた。

(2) 産業研修生制度の弊害

しかし、産業研修生制度はかえって外国人労働者を不法状況に追い込んだ。外国人労働者は、産業研修生の身分で入国するが、研修なしに直ちに生産人力として投入された。実際に、産業研修生制度の導入目的も人手不足に苦しむ中小製造業などに人力を供給するためであった。ところが、外国人労働者は産業研修生の身分であったから労働者として認定されなかった。したがって勤労基準法など労働関係法令の保護をうけられず、法的保護がない状況で彼らの労働条件は劣悪になるしかなかった。たとえば、産業研修生は賃金の代わりに出身別に決められた研修手当てをもらうが、その金額（1994年での中国、フィリピン労働者の研修手当ては260ドル、バグラデッシュ労働者の研修手当ては200ドル）は内国人労働者の半分水準にすぎず、最低賃金法が定める最低賃金にも満たなかった。外国人労働者は研修企業の賃金滞納、長時間勤労、暴行などに無防備にさらされているが、いかなる保護もなかった。その結果、数多くの産業研修生がより高い賃金とより良い労働条件を求めて、事業所を離れていった。一方、産業研修生は、1年の研修期間（法務部長官

が必要であると認定する場合は１年延長可能）が終わると、本国に帰ることになっているが、その期間は短すぎた。彼らは、研修期間が終わった後も本国に帰らず、韓国でお金を稼ぐために不法滞留者になった。そうしてこそ、産業研修生になるために投じたブローカー（仲介・斡旋）費用を挽回することができるからである。なにより、研修事業者と送出業者の選定、産業研修生の選抜と管理に至るまで、関連事業のすべてが政府機関ではなく、中小企業協同組合中央会に任されていたから、その過程で不正が発生し、ブローカー（仲介、斡旋）費用が上昇し、外国人労働者の要求は黙殺されてしまう。産業研修制度に対する批判が大きくなるにつれ、政府は、1995年「外国人産業技術研修生の保護及び管理に関する指針」（労働部例規）[1]をつくり、勤労基準法上「①暴行及び強制勤労禁止、②研修手当ての定期・直接・全額・通貨支給の不履行及び金品清算〔相殺の禁止〕、③研修期間〔中〕、休憩・休日、時間外・夜勤及び休日研修〔の禁止〕」の規定が外国人労働者にも適用されるようにし、外国人労働者も「最低賃金の保障（最低賃金法）、産業安全保健の確保（産業安全保健法）、産業災害補償保健及び医療保険手当て（産業災害補償保険法）」を受けられるようにした。また、2000年には産業研修生制度を改定し、２年の間、研修を受ければ１年間就業できる研修就業制度を導入した。研修就業制度はそれから２年後、１年間研修を受ければ２年間就業できる内容に変わった。だが、このような改善は弥縫策にほかならなかった。産業研修生制度は、根本的に外国人労働者の労働者性を排しているために、産業研修生制度そのものを廃止しない限り、問題の解決は困難であった。

(3) 雇用許可制度の導入と産業研修生制度の廃止

実は、1995年後半から新たな外国人力導入制度を設けようとする主張は

---

1) 労働界は、2004年8月、憲法裁判所にこの指針に関して憲法訴願を請求した。憲法裁判所は、産業研修生もやはり、実質的勤労者性を有し、外国人労働者も憲法で保障する「働ける環境に関する権利」の主体になることを前提し、「産業研修生が研修という名目の下で雇用者の指示・監督を受けながら事実上、労務を提供し、手当て名目の金品を受領するなど、実質的な勤労関係にある場合にあっても、勤労基準法が保障した勤労基準の中で重要事項を外国人産業研修生に対しのみ適応されないようにするのは合理的な根拠を求めることが困難である」とし、違憲決定をくだした。

絶えず提起されてきた。しかしながら、このような主張は、企業に追加費用を負担させるわけにはいかないなどの理由で関連団体の反対にぶつかり、挫折してきたのである。具体的に見ていくと、1996年に「外国人勤労者雇用法案」と「外国人勤労者雇用および保護に関する法律」の制定が推進されたが、経営界では、賃金上昇と労使問題発生の憂慮などを理由に立法に反対した。同じく労働界でも新たに推進されていた外国人力導入制度は、依然として中小企業に低賃金労働力を安定的に提供することに焦点が合わせられていると非難した。長い論争の末に政府は2002年12月から、関係部署との協議を経て外国人雇用許可制度を導入すると公式方針を確定し、立法を推進した。経営界も雇用許可制度立法反対の立場を崩し、2003年6月に産業研修生制度との並行実施を前提に、雇用許可制度立法の賛成意見を発表した。結局、2003年8月、「外国人勤労者の雇用などに関する法律（以下、「雇用許可制法」）」が制定され、産業研修生制度は雇用許可制度と並行して実施されたが、2007年5月末に完全に廃止された[2]。

3　制度化された人身売買としての雇用許可制度

(1)　雇用許可制度の概要

　雇用許可制度とは、内国人労働力を確保できなかった中小企業が外国人労働者を合法的に雇用できるように許容する制度である。すなわち、外国人労働者の「雇用」を「許可」するということである。外国人労働者の雇用を希望する中小企業は、雇用労働部長官の許可を得て外国人労働者を雇用でき、雇用された外国人労働者は、3年（雇用者が要請する場合、2年延長可能）の間、韓国で単純労務業種として働くことができる。彼らは、労働に関しては雇用労働部から、在留に関しては法務部から事後管理を受ける。外国人労働者は、大きく分けて非専門就業（E-9）ビザを受けた者と訪問就業（H-2）ビザを受けた者に分かれる。両者の最も大きな違いは韓国人同胞であるかどう

---

2)　海外投資企業の研修制度は現在も行われているが、この制度を活用する例はきわめてまれである。

かである。

　大韓民国政府樹立以前に国外に移住した同胞（代表的には1945年、解放以前に中国、ロシアなどに移住した朝鮮人）を含めて大韓民国の国籍を保有する者の直系卑属で外国国籍を取得した者は、外国同胞として訪問就業（H-2）ビザを得て、国内で仕事をでき、非専門就業（E-9）ビザを受けた外国人労働者に比べ、事業所変更や就業などが自由である。だから訪問就業（H-2）ビザを受けた外国人労働者に許可される雇用許可制度は特例雇用許可制度と呼ばれた。以下では、非専門就業（E-9）ビザを得る外国人労働者を中心に説明する。外国人労働者の導入手続を図示すると次のようになる。訪問就業（H-2）ビザを得る外国人労働者は以下の手続にかかわらず、まずビザを得て入国した後、外国人就業教育を受けて、自律的に求職できる。

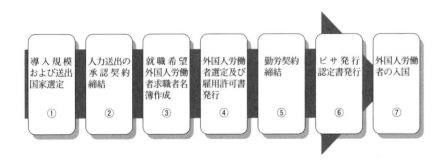

① 外国人力政策委員会は毎年、国内人力の需給動向と連携し、業種別に外国人労働者の導入規模を決定し、送出国家を選定する。送出国家は、使用者の選好度、外国人労働者の事業所離脱率、外国人労働者の帰国担保可能性、外交的・経済的影響力などを考慮し決定される。
② 雇用労働部は、選定された送出国家の政府と政府間の了承契約（MOU）を締結する。2010年1月現在、MOUが締結されている送出国家は、フィリピン、ベトナム、モンゴル、パキスタンなど計15か国である。
③ 送出国家は、求職申請者のなかで韓国語能力試験に合格し、健康診断を通過した者を対象に求職者名簿を作成し韓国に送付する。
④ 内国人を雇用できない中小企業（以下「雇用者」）が、雇用労働部傘下の

雇用センターに外国人労働者の雇用許可を申請すると、雇用センターは求職者名簿から雇用者が求める要件を備えた者を選別し、雇用者に推薦する。雇用者が、推薦された求職者を選定すると、雇用労働部は雇用者に雇用許可書を発行する。
⑤　雇用者は、直接または産業人力公団などを通じて選定された求職者と定められたフォームに従って勤労契約を締結する。
⑥　雇用者が雇用許可書、勤労契約書などを法務部に提出すると、法務部はビザ発行認定書を発行する。
⑦　雇用者が求職者にビザ発行認定書を送付すると、当該求職者は在外公館から非専門就業（E-9）ビザを受けて韓国に入る。入国した外国人労働者は一定期間、就業教育を受けなければならない。

(2) 雇用許可制度の問題点
(i) 総括

　雇用許可制度は、産業研修生制度の最大の問題点（労働者性の否定と送出における不正）を克服したことに意義がある。すなわち、雇用許可制度は外国人労働者の労働者性を認め、送出における不正を防止するために、送出および事業所の仲介・斡旋業務を国家が独占するようにしている。だからと言って外国人労働者の人権がまともに保障されるわけではない。形式的には、強制労働が禁止されるが、事実上強制労働および労働搾取が可能なように制度が設計されている。相変わらず私設の送出機関がはびこり、送出国家で発生する不正については、これと言って対応方策がない。このような問題は、雇用許可制度もやはり産業研修生制度と同一の目的を持っていることにその原因がある。

　雇用許可制度は中小企業の人手不足を解消することを目的とする。雇用許可制法第1条は、「この法は、外国人勤労者を体系的に導入・管理して、円滑な人力需給及び国民経済の均衡のとれた発展を図る事を目的にする」と規定して、その趣旨を明らかにしている。雇用者は、低い賃金と劣悪な労働条件で斡旋された外国人労働者を好きなだけ使用できる。国家は中小企業に外国人労働者を仲介・斡旋し、中小企業の生産性向上を通じて国益を増大させ

ることができる。外国人労働者は自発的に韓国に来るが、入国した瞬間から自由な決定は不可能になる。彼の労働は専ら雇用者の意に従って決定され、政府は、雇用者の思うままに外国人労働者を使用できるように補助者の役割を担う。これこそ合法的な人身売買である。

(ii) 強制労働の可能性
(a) 事業所の変更事由の制限

　雇用許可制法は、外国人労働者の事業所変更を原則的に禁止している。外国人労働者は、雇用者が勤労契約を解除する場合や休業、廃業する場合など、法が定める一定の事由が発生した例外的な場合にのみ事業所変更が可能である。雇用許可制法によると、雇用者は自らが望む時に勤労契約を解除できるが、外国人労働者はそれができない。もちろん、事業所の勤労条件が勤労契約書に記載された条件と違ったり、雇用者が不当な待遇をしたりする場合、外国人労働者は事業所変更の申請ができる。しかし、外国人労働者の側はその理由が発生したことを立証しなければならないし、それを立証することは非常に難しいので、事実上、雇用者が同意しない限り事業所変更は不可能である。その結果、外国人労働者は雇用者から暴行を受けても、勤労契約書に記載された時間より長時間労働をする場合も、続けて仕事をせざるをえない。これに対し韓国政府は、事業所変更が困難な場合、仕事を辞めて本国に帰ればいいと言う。しかし、外国人労働者は、韓国に入るために多くの費用を投入するから、本国に帰るのは選択肢にならない。

> 〈事例1〉　スリランカ労働者R氏は、慶尚南道梁山(キョンサンナムド ヤンサン)に所在する事業所で夜勤作業をしていたところ、雇用者から暴行をうけた。それに対しR氏は事業所を移そうとしたが、雇用センターは、暴行の目撃者がなく、雇用者との陳述に食い違いがあり、暴行の事実が立証されないため、事業所変更は難しいとした。人権団体では、病院でR氏の診断書を発行し、暴行の件に関して警察署に通報したが、警察署でも同じ理由で事件調査が困難であった。結局R氏は、事業所の変更ができず、もとの事業所で働き続けた。以後もR氏は暴行による困難を訴えた。

(b) 事業所変更回数の制限

　外国人労働者の事業所変更回数は、3回に制限されている。例外的に、「休業、廃業、その他の外国人労働者の責任ではない事由でその事業所での勤労を続けることができないと認定」され、事業所変更を行う場合は回数に算入されないが、その立証は困難なので、例外事由に該当すると認定される場合はほとんどない。外国人労働者の事業所変更を制限しない諸国では、当然、事業所変更回数も制限していない。外国人労働者の事業所変更を原則的に禁止し、例外的に許可している諸国で事業所変更回数を制限している国は韓国のみである。回数を制限するのは、雇用者のせいで事業所を変更せざるをえない状況を想定することが難しいからであるとする。結果的に事業所変更の回数を制限する理由は、外国人労働者の事業所変更を防止し、雇用者に安定的に長く外国人労働者を使用できるようにするためである。事業所変更回数を使い切った外国人勤労者は、賃金をまともに得られなくても、労働条件が劣悪であっても辛抱して働くしかない。それが嫌なら本国に帰るしかないが、本国に帰るのは選択肢にならない。

〈事例2〉　ベトナム女性労働者N氏は2008年6月16日から慶尚南道金海市(キョンサンナムドキメ)に所在するS社で勤務した。働きだして3か月ほど過ぎてから皮膚に蕁麻疹が出始めた。N氏は東亜大学病院(ドンア)、産業医学科で皮膚科の診療をうけ、事業所内の化学物質によるアレルギー接触皮膚炎と診断された。以降、N氏は1週間ほど働かず処方された薬を塗った。再び働きだすと症状が再発することを懸念したN氏は、事業所を変更しようとした。しかし、S社が4回目の事業所であったために変更できなかった。N氏は、皮膚科治療を受けながら働かざるを得なかった。

(c) 事業所選択権の剥奪

　外国人労働者は、事業所変更申請→雇用センターの事業所変更許可→雇用センターへの求職登録→雇用センターの斡旋→新しい事業所との勤労契約締結→出入国管理事務所の勤務先変更許可という過程を経て事業所の変更をしている。この過程で雇用センターは、①外国人労働者を求人業者に推薦する以外に、②求職登録した外国人労働者に求人業者のリストを渡し、直接求職

活動ができるようにしてきた。しかし、2012年8月から制度が変わり、外国人労働者には求人業者のリストを渡さないことになった。すなわち、外国人労働者は求人業者からの連絡を待つだけの状況になってしまった。連絡が来る業者がどこの、どんな業種の、どんな労働条件の業者かまったくわからない。ただ連絡が来た時に入社するのかしないのかの選択だけがある。以前には外国人労働者に事業所の選択権があったのだが、2012年8月からは、その選択権が剥奪されたということができる。政府は制度を変更した理由を斡旋業者が介入するのを防ぐためだと説明する。しかし、この変更が斡旋業者の介入をどれほど妨げられるのか疑問であり、他の方法を選択すべきでないのか。外国人労働者を雇用するつもりもないのに雇用許可だけを取って、他の業者に彼らを派遣・供給する業者が急速に増加している。この派遣・供給業者を調査・制裁しなければならないという声が上がったが、政府はこの声を無視している。結局、政府が外国人労働者の事業所選択権を奪った理由は、使用者が自由に外国人労働者選択できるようにさせるためである。雇用許可制が中小企業に労働力を供給するための手段、すなわち、合法的人身売買の手段であることが明らかになった。

(d) 勤労契約期間の延長

雇用許可制法は、雇用者と外国人労働者は最大3年を契約期間とする勤労契約を締結することができると定めている。雇用許可制度の導入当時、勤労契約期間は最長1年だったが、2009年10月、雇用許可制法が改正され、このように勤労契約期間が延長された。勤労契約期間の延長は雇用者の要求事項であった。事業所変更が難しい状況で、外国人労働者は1年の勤労契約期間が終わると、勤労契約期間の更新を拒否する方法で事業所の変更ができた。しかし、雇用者は外国人労働者の事業所変更を防止するために、勤労契約期間の延長を要求したのである。勤労契約期間を最大3年に決めたのは、外国人勤労者が韓国で滞在できる最長期間が原則的に3年であるからである。改正された雇用許可制法が施行されてから、入国する外国人労働者の絶対的多数が3年を勤労契約期間と決めている。雇用者が先に勤労条件を決め、その条件に従うことに同意した求職者のみが勤労契約を締結できるので、勤労契

約期間を決めるうえで外国人労働者には選択権はない。結局、雇用者が廃業するか解雇しない限り、彼らは事実上、1人の雇用者の下で働かなければならない。

(e) 無断欠勤を事業所離脱とみなす

　雇用許可制法は、「外国人勤労者が雇用者の承認を得るなどの正当な手続なしに5日以上欠勤」した場合は、事業所離脱とみなし、当該外国人労働者を強制退去させられるように定めている。雇用労働部もこの規定をもとに「5日以上の無断欠勤が発生する場合、所在地を知っていても離脱として処理」するという指針を設けている。その結果、外国人労働者が労働条件の改善を要求して罷業する場合も事業所無断離脱とみなされ強制出国させられる状況が発生している。雇用者は、外国人労働者が仕事をしないとき、事業所離脱の申告をすると脅迫する方法で、外国人労働者に労働を強制できるのである。

〈事例3〉 2009年10月に入国し、仕事をしていたバングラデッシュ労働者B氏は、2010年2月から腰の痛みが酷く、勤務をまともにできなかった。そこで同年3月8日浦項（ポハン）雇用センターに行き、事業所変更を要求した。しかし、雇用センターは事業所変更を認めなかった。寮に戻ったB氏は、腰が痛んで寮で休んでいた。ところが、雇用者が働くことを要求したので、同3月10日、寮から出て友達の家に泊まった。このような状況で、雇用者は、3月11日、事業所離脱の申告をし、それによって、4月6日、B氏は在留資格が取り消されて、不法滞在者になった。

(iii) 雇用者の好みに合わせた労働の提供

　前述したように、雇用許可制度は人手不足に苦しむ中小企業に廉い労働力を提供することを目的として、雇用者が外国人労働者を必要としなくなれば、外国人労働者の意思と関係なく彼を本国に強制出国させられるようにしている。すなわち、使えない外国人労働者は棄てるというのが雇用許可制度の原則ということができるのである。このような原則は業種の制限と事業所変更許可期間の制限などを通じて明らかになった。

(a) 業種の制限

外国人労働者は、同一業種に限って事業所を変更できる。したがって、該当業種の景気が悪化し労働力に対する需要が減る場合、外国人労働者は新しい事業所が見つからず本国に帰る状況が発生する。代表的に2010年、口蹄疫が起こったときに畜産農家で働いていた外国人労働者は、大規模に解雇されたが、同業種に限ってのみ事業所変更が可能であったので、新しい仕事場を見つけられずに帰国せざるを得なかった。

> 〈事例4〉 インドネシア人労働者A氏は、2008年2月にE-9-5（漁業ビザ）で入国し、業魚船員として働いた。事業所でA氏が任された業務は、船に乗って海に行き、漁場を管理し、魚を取る仕事であった。しかし、A氏は船酔いが酷く体格も貧弱で、寒さにとても弱い体質だったために仕事が大変だったので事業所の変更を求めた。A氏は、漁業と関連した仕事はできない状況であったのである。このような理由で、人権団体を訪ねて本人の状況を訴えたが、違う業種に事業所を変更することが禁止されていて、人権団体でも漁業と関連した範囲内でA氏ができる仕事を探すことを進めるしかなかった。以後、A氏は、仕事を求めて済州島を含め、全国を転々としたが、常に仕事がある業種ではではないので、仕事を見つけるのは困難で、仕事をはじめても、雇用者が不憫で仕事をさせられないと戻してしまった。結局、A氏は違う業種で働くことになり不法滞在者になった。

(b) 勤務所変更許可の期間制限

外国人労働者は、事業所変更の申請の後、3か月以内に勤務所変更の許可を受けないと、出国しなければならない。勤務所変更許可が期間内に行われなかった責任が本人になくても、外国人労働者は出国しなければならない。このように外国人労働者の個人的な事情を考慮せず、一括して勤務所変更許可期間を制限した理由は、当該外国人労働者が期間内に新しい事業所を見つけることができなかったということは、当該外国人労働者に対する中小企業の需要がないことを意味すると解釈するからである。国内の人力需給状況に合わせて外国人労働者の需要も調節するというのが制度の趣旨である。付随的には、期間による制約を通じて外国人労働者の選択権を弱める効果が発生

する。外国人労働者は、3か月内に新しい事業所を見つけなければならないから労働条件が合わなくても仕方なく契約を締結せざるをえない状況が発生するのである。

> 〈事例 5〉 インドネシア人労働者 T 氏は、2008 年 5 月、勤めていた会社が倒産し、新しい事業所を見つけなければならない状況におかれた。T 氏は、雇用センターが紹介した雇用者の何人かと面接もしたが、雇われなかった。結局、T 氏は、期間内に勤務地を変更できず、ビザが取り消された。

(c) 労働三権の否定

労働組合は、勤労条件の維持、改善、その他勤労者の経済的、社会的地位の向上を図ることを目的とすることと関連し、政治的な活動もできる。労働組合が政治活動をすることが可能であることは、移住労働組合の場合も同じであるが、特に、移住労働組合の場合、制度による圧力をうけることが多いために、当然、他の労働組合より政治的な活動の比重が大きくなるはずであった。しかし、出入国管理法は、「大韓民国に滞留する外国人は、この法、又は他の法律に定める場合を除いて、政治活動をしてはならない」とし、外国人労働者の政治活動を禁止し、政治活動をした外国人を強制退去できるようにしている。この規定により、外国人労働者の労働三権と労組活動は萎縮してしまうのである。

(d) 制度的退職金差別

勤労基準法ならびに勤労者退職給与保障法に従って、労働者は退職した日から14日のうちに退職金を受ける権利がある。法定の退職金制度は失業給与など社会保険システムが脆弱な韓国で失業給与、すなわち退社後に安定した生活を保障する手段としての役割を果たしてきた。勤労基準法は国籍による差別を禁止しているので、外国人労働者も当然、退職した日から14日以内に退職金を受けとる権利がある。ただ、雇用許可制法は外国人労働者に対して専用保険として出国満期保険を置いている。これは外国人労働者の退職金を保障するために、事業主に毎月一定額を積み立てさせるものである。と

ころが2013年12月31日、雇用許可制法の改正で、外国人労働者は出国する前に出国満期保険、すなわち退職金を受け取れなくなった。産業研修生制度が外国人労働者に対する労働者の地位を否定し外国人労働者を搾取する手段になっている一方、雇用許可制は外国人労働者を内国労働者と区別し処遇を異にして外国人労働者を搾取する手段としての性格を露わにしているのである。

4　雇用許可制度の下での外国人労働者の人権状況

　ここまで、制度に対する批判を通じて、外国人労働者がおかれた人身売買的な状況を説明した。以下では、実態調査や統計を通じて雇用許可制度の下で外国人労働者がどのような待遇を受けているのか、その具体的な人権状況を紹介したい。

(1)　低賃金
　2008年、製造業を対象にした外国人力の実態調査結果によると、内国人労働者の月平均賃金は182.5万ウォンで、外国人労働者の月平均賃金は137.2万ウォンである。外国人労働者が内国人労働者に比べ、約45万ウォン低い。時給による賃金は、外国人労働者が内国人労働者に比べ19.7％低かった。このような状況は、2001年にも変らない。それにもかかわらず、政府は、外国人労働者たちの賃金が高すぎて中小企業に負担になっているとし、外国人労働者の場合、最低賃金を10％減額適用するインターン期間を3か月から6か月に拡大し、既存の多くの雇用者が負担していた寮の家賃や食費を外国人労働者の賃金から控除する方案を決定した。これにより、雇用労働部は、「宿・食費を勤労者が負担する場合、それを表記」するよう、標準勤労契約書のフォームを変更する内容に雇用許可制法の施行規則を改正した。

(2)　長時間労働
　大邱移住労働者連帯会議が2010年4月、城西工団と達城工団などで勤務する外国人労働者を対象に調査した結果によると、外国人労働者の労働時間

は、月平均297時間、日平均11.5時間で、内国人製造業労働者たちの平均189時間より108時間も多かった。しかし、8時間労働基準に対し1時間となっている休憩時間は逆に短く、1日に30分（29％）、60分（25％）、40分（22％）と答え、特に21％は、「食事をしてからすぐ働く」とした。また、月に1日も休めないとした回答者が17％を上まわった。農業外国人労働者たちの状況はより深刻である。農業に従事する外国人労働者たちは、8時間労働、休暇など基本的な権利を認められないので一層劣悪な状況で働かざるをえない。2011年の状況はもっと悪い。外国人移住労働運動協議会が2011年5月に調査した結果によると、外国人労働者の1日平均労働時間は12時間である。雇用許可制度が定着するにつれて、外国人労働者の労働時間は長くなっていく。

(3) 産業災害の増加

外国人労働者の産業災害（労災）件数も増加の一方である。韓国産業安全保健公団によると、2007-2009年の3年間、産業災害に遭った外国人労働者は1万2,219人で、その内305人が命を落とした。年度別には、2007年に3,976人（死亡87人）であったのが、2008年には5,221人（死亡117人）と、大きく増えた。2010年には5,231人（死亡101人）を記録し、2年前より31.8％増加した。産業災害比率も内国人より高い。慶南（キョンナム）移住民センターで2010年、外国人勤労者500人を対象に調査した「居住外国人労働者の労働・生活実態調査」の結果、40.6％が産業災害に遭ったことがあると回答した。このような産業災害の比率は、2006年の調査より28.2％高くなり、2回以上産業災害を受けた場合も52.9％で2006年度の44.5％より増えた。このように、外国人労働者の産業災害事例が増えているが、2011年実態調査によると、健康保険法上、義務加入保健である健康保険を外国人労働者には加入させない雇用者が全体の10％に達し、外国人労働者も義務的に定期健康検診を受けなければならないのに、応答者の34％は健康検診を受けられず、検査の結果に関する知らせを全体の17％が受け取っていない。産業安全および保健教育を最近1年内に受けたかどうかを調べた結果、全体の58％が受けていないと答え、職場内に母国語の安全規則があるかについては、「あ

る」とした回答が21%と、非常に低い数値を示した。産業災害の治療方法としては、本人が全額負担したとする答が30%、雇用者と共同で負担したとする答が16.8%であったのに対し、産業災害保険処理19.7%、雇用者が全額負担18.4%であった。産業災害保険処理の難しさは、会社の拒否が34.9%、解雇に対する懸念が20.9%で、今もなお産業災害の発生時に雇用者が産業災害申請を避けている。

(4) 人権侵害およびその他勤労条件

　外国人労働者たちは、言語的な暴力、差別、不当な賃金控除、劣悪な寮の環境など、多様な苦痛を経験している。特に、一部の会社は貨物コンテナを寮として使用しながら、家賃はもちろん電気代、水道代、掃除および汚物処理費用まで給与から控除している。

　牙山(アサン)外国人労働者支援センターが2010年に実施した調査結果によると、40%の外国人労働者が作業場で勤務中に暴言や悪罵を経験していて、性暴力・セクハラの経験も13%にも上る。特に、京畿道抱川(キョンギドポチョン)市所在の衣類会社に勤める外国人労働者たちには、雇用者が、トイレに行く場合は5千ウォンの罰金、作業場の掃除規則を違反する場合は5万ウォンの罰金、門限後に帰宅する場合は1万ウォンの罰金という公告文を貼り付け、実際、賃金から罰金を控除して支給し、問題になった。それだけでなく、2011年の実態調査によると、勤労契約書と実際の作業が一致するかどうかに対し、回答者の58.3%が勤労契約書と実際の作業が違うと答えた。不一致項目は、労働時間違反が25.3%で最も多く、その次に月給・休憩時間・休日規定違反（23.3%）、食事提供（18.3%）、作業内容（16.1%）、寮の提供（13%）が契約と異なるとした。パスポート、外国人登録証、通帳を雇用者に強制的に押収された経験者比率も30%を超える。

5　提言

　雇用許可制度が施行されて10年が過ぎた今日、移住労働団体を中心に雇用許可制度を廃止しようとする動きがみられる。彼らは、雇用許可制度の変

わりに労働許可制度、つまり、外国人労働者に働けるように許可をする制度をその代案として提示している。労働許可制度を主張する側では、雇用許可制度では雇用者が主体で外国人労働者は客体でしかないということ、すなわち、雇用許可制度の下で、外国人労働者は使用者の要求に合わせて仕事をせねばならないが、使用者が外国人労働者を使用する場合に伴う責任を果たせない時、その負担を外国人労働者が負担しなければならないことを指摘する。その意味で、労働許可制度の下では、外国人労働者が主体になり、自らの労働条件と労働提供の是非を決定することができるというのだ。しかし移住労働に関する制度を雇用許可制と労働許可制に二分することは危険である。移住労働に関する国別の政策を比較すると、多様なスペクトラムがあり、韓国でも同じ雇用許可制度の下であっても、訪問就業（H-2）ビザを得ている外国人労働者に適用される内容を見ると、労働許可制の性格が強い。

その意味で、形式や名称よりも内容が重要である。特に事業所移動の可能性、事業所選択の可能性を保障することが大切である。上述したように、現行雇用許可制度の核心は事業所の移動と選択の制限にあり、それが移住労働者の人権侵害と労働搾取の最も大きな原因となっているからである。事業所移動の自由を制限しようと主張する者は、内国人の職場の保護を最も大きな理由として挙げる。しかし外国人労働者が働ける事業所を制限し、その中で自由に移動させるならば、事業所移動の自由と内国人の職場保護は両立しうる。また事業所移動と同じく重要なのが事業所の選択である。勤労契約は情報の提供と提供された情報を土台にした自由な選択を基本とする。事業所の選択が自由でなければ、事業所の移動は有名無実になる。入国前に勤労条件を決定させる現行制度は外国人労働者の劣悪な状況を利用して、使用者の選択権を保障する制度となっている。その結果、外国人労働者はその意思に反して、強制労働をさせられる傾向がある。入国後の事業所変更過程における事業所選択も同じである。

ところで、外国人労働者に事業所選択や移動の自由が保障されても、事業所の水準がほぼ同じく劣悪であるならば、自由の意味がなくなる。現在、雇用許可制は作業環境改善の努力を必要不可欠とするから外国人労働者が主体的活動をするための労働三権の保障がきわめて重要である。いくら外国人労

働者に有利な制度を作っても、自由に団結して彼らの声をあげられる構造を作らなければ、その制度は幻想にすぎない。移住労働者には自分たちの意見を集め、表出した意見を力で示すことのできる労働組合が必ず必要である。

［第Ⅳ部］

日本の入国管理法制の現在と課題

［1］
現代日本の入管法制の展開
―管理強化の経緯と現在―

明石純一

1 はじめに

　日本の入国管理法制（以下、入管法制）は、昨今、相当に変化しているようにみえる。過去10年に満たない期間においてさえ、少なくとも外形的には、その様相を変えている。入管法制の専らの対象は、日本国籍を有さないもの、すなわち「外国人」である。その外国人の法的地位を定め、処遇を差異化し、それをもって日本社会における彼らの存在に特有の意味を与えようとする規則の体系が、入管法制である。もしそのようにいえるのならば、入管法制の経時的な変化は、時々の日本社会のあり様を映し出すものとして、あるいは日本社会の紛れもない一側面として、理解できるであろう。本稿では、上の問題意識をもって、現代における入管法制の展開を俯瞰的に考察してみたい[1]。

　本章の冒頭で、日本の入管法制が昨今変化していると述べた。2015年の1年に限っても、関係する複数の動きを挙げられよう。2015年1月に召集された第189回国会には、その第16条の3に外国人家事支援人材の受入れを定めた「国家戦略特別区域法及び構造改革特別区域法の一部を改正する法律案」、介護福祉士に該当する在留資格を定めた「出入国管理及び難民認定

法の一部を改正する法律案」、技能実習生の受入れ拡大とそのための制度整備について定めた「外国人の技能実習の適正な実施及び技能実習生の保護に関する法律案」が提出されていた。最初のものについては、2015年7月に可決、成立している。後の2つについては、衆議院で閉会中審査（継続審議）を経て、翌年の国会で成立に至っている（平成28年法律第88号および第89号）。

　数年ほど遡り、日本の入国管理に関わる政策・法制度の動向を例示してみよう。2008年には、EPAによる外国人看護師・介護福祉士の候補生の受入れが始まっている。「留学生30万人計画」の骨子が示されたのも、同じ2008年であった。2010年には「第三国定住制度」による難民の受入れが開始された。その間の2009年には、入管法が改正されている。同改正は、技能実習を独立の在留資格としたほか、本稿でも後述するように、「新しい在留管理制度」を導入したものである。2012年には、「外国人高度人材ポイント制」が設けられた。2014年の改正入管法は、上の延長的な措置として、「高度専門職」という在留資格を新設したほか、他の在留資格についても整備を施している。

　入管法の改正を頻繁に伴う今日のこうした展開は、日本の入管法制の「改革」とまでは呼べないまでも、無視できるほど些細な変化とも思えない。先述の問題意識に立ち戻るならば、この国の入管法制の変遷は、日本社会のどのようなあり様を反映しているのだろうか。

　以下本稿では、対象時期を便宜的に4つに分け、その傾向をまとめていきたい。第1節では、日本の入管法制の「前史」を整理する意図により、1980年代前半までを対象として論じる。第2節では、入管法の大改正がなされた

---

1) 本稿では、入管法制を、外国人の入国・出国、滞在、就労を含む諸活動の可否の条件を定める一連の公的ルールとして、広く解釈しておきたい。このルールは、「出入国管理及び難民認定法」（以下、入管法）を根幹とし、その執行の対象と手続を規定する施行令や規則（政省令）や告示、ガイドラインなどの指針や取り扱いを含む。一般にはそのすべてが公開されるわけではない入国および在留審査に関わる要領といった通達や事務連絡もまた、入管法制を構成する一部とみなしうるだろう。本稿ではその目的を鑑み、法律の変遷を中心に入管法制を論じていくが、入管法制の包括的理解のためには、その高次の階層性に加えて、行政解釈における裁量の種類と幅に対する考察が不可欠であると、筆者は思料している。

1989 年から 1990 年代の前半までを議論の範囲とする。第 3 節では、1990 年代の後半から世紀を跨ぎ 10 年間という期間を、第 4 節では、それ以降から執筆時現在の 2016 年に至るまでのやはり 10 年間を対象としている。

2　日本の入管法制の起源と前史

　外国人の入国・出国、滞在、就労に対する規制は、すぐれて近代国民国家的な営為である。しかしその歴史的起源を確定することは容易ではない[2]。日本の場合では、江戸時代の鎖国体制を、入管法制という概念によって論じえるだろうか。明治期に廃止された外国人居留地や、それに続く内地雑居に関する措置、たとえば 1899 年の「勅令第 352 号」を入管法制の一形式とみなすことは妥当であろうか。

　今から約一世紀を遡れば、より明示的なかたちで日本という国に入管法制が現れる。たとえば、1918 年 1 月に制定された「外国人入国ニ関スル件」という内務省令が、それにあたる。全 5 条から構成され、「我が国ではじめての一般的な外国人管理法」とされる同省令には[3]、外国人の入国には旅券や査証を必要とするといった内容が記載されている。ただし詳細な手続規定は付されておらず、当局に広範な裁量を認める入管法制であった。1939 年 3 月制定の「外国人ノ入国、滞在及退去ニ関スル件」も同様の性格を持つ内務省令であった。時局の反映というべきであろう。20 世紀の前半、そのなかでも戦時下という情勢は、日本の入管法制の国防体制への整合を強いる状況に他ならなかった。戦後 GHQ によって解体されることになる内務省、その警察機構が管轄していたのが、当時の入国管理である。

　終戦後、占領下の日本の入国管理は、連合軍による制限のもとで実施されていた。その間にも、日本の入管法制は徐々に立案、整備されていくのであるが、その過程には、米国移民法の専門家による介入があった[4]。1951 年 10 月に公布、翌月に施行されたポツダム命令の 1 つであり、法律としての

---

2)　この「起源」を検討するうえで参考にできる文献資料は少なくない。たとえば、村上義和・橋本誠一編『近代外国人関係法令年表』(明石書店、1997 年)。
3)　畑野勇ほか『外国人の法的地位――国際化時代の法制度のあり方』(信山社、2000 年) 43 頁。

効力を持つ「出入国管理令」（昭和26年政令第319号）には、日本の入管法制の根幹を成す在留資格制度ほか、上陸拒否や退去強制の手続等において、その関与の跡が見出せる。

　米国移民法の影響を受けていたとはいえ、戦後の日本の入管法制の対象は、後述するように、一般的な意味での「移民」ではありえなかった。主たる対象は、日本国籍を喪失したがゆえにいっせいに「外国人」と化した朝鮮半島出身者を中心とする、現在では「在日コリアン」と称するところの人々であり続け、入管法制の実質は、その「在留管理」にあった[5]。

　上の状況は長らく持続する。疲弊しきった敗戦国に海外から不特定多数の移住希望者を引き付ける諸条件が備わっていたはずもないという初期条件はさておくとしても、そもそも戦後の入管法制には、日本を米国のような移民社会にする意図も仕組みも運用実態もなかったためである。すなわち、日本に渡航する外国人に対して来日時点で永住資格を付与する、あるいは在留する外国人に遅かれ早かれ永住資格を付与することを、日本の入管法制は前提としなかった。これらの諸事情とあいまって、日本の国籍制度が血統主義を採用していることも、在日コリアンの存在を、日本に暮らす中心的な「外国人」グループとして際立たせてきたことに寄与したといえるだろう。

　戦後の日本の入管法制に小さからぬ影響を及ぼした存在で、別に言及すべきは、1970年代の後半に登場するボートピープル、すなわちインドシナ難民である。米国を中心とした国際的な圧力のもとで、日本政府は、インドシナ難民の定住を認めるに至った。1981年から1982年にかけては、難民の地位に関する条約および議定書にも加入している。これにより日本の入管法制には、難民認定のための法的手続を組み入れることが要された。具体的には、1981年6月の成立した法律（昭和56年法律第86号）により所定の制度が整

---

4)　詳細な考察については、大沼保昭「出入国管理法制の成立過程――一九五二年体制の前史」同『新板　単一民族社会の神話を超えて――在日韓国・朝鮮人と出入国管理体制』（東信堂、1993年）に所蔵。
5)　ここでいう「入国管理」と「在留管理」という区分は、管理の主たる対象や局面に基づく類型にすぎない。在留期間の延長、在留資格の変更、資格外活動、永住許可、在留特別許可など、実務上は「在留管理」と呼べる外国人の滞在の可否等についての決定も、もとより入管行政の範疇にあるためである。

備され、該当する法律名は、従前の「出入国管理令」から現在のそれと同じ「出入国管理及び難民認定法」と改称されている。この周知の経緯が端的に示すように、入管法制の展開とは、自発的な対応か外発的な契機によるものかはともかくとして、その対象を追加し拡大していく過程でもある。

3 1989年の入管法改正と関連措置

　1980年代の末には、別の重要な入管法の改正がなされている。日本の入管法制の基層を成す在留資格制度を戦後初めて大幅に拡充したものであり、1989年12月に成立、翌年6月に施行された（平成元年法律第79号）。そしてこの改正と関連する一連の措置は、それ以降現在に至るまでの日本における外国人の受入れの基本路線を確定させたとも考えうるのである[6]。

　その基本路線の1つめは、外国から労働力を調達すべしという産業界の一部から寄せられる期待に対する、政策的応答の仕方についてである。当時の日本政府は、労働集約的な産業・職種における人手不足解消のための労働者、その頃は「単純労働者」と呼んでいた外国人の受入れについて、それを公的には認めないとした。認めないとしつつも、そうした就労分野で外国人が働くことを全面的には妨げないという、一見して論理的整合性を欠いた決定に踏み切った。そしてこの決定に法的実効性を持たせたのが、上述の改正入管法が施行される1990年6月の前後に発せられた、在留資格「定住者」および「研修生」に関わる法務省告示である[7]。これらの告示は、南米系日系人の3世や研修生を事実上の労働者として日本に入国、滞在させることを可能とした。前者は「血統」を、後者が「国際貢献」を受入れの表向きの根拠としたために、こうした方法が「サイドドアポリシー」と揶揄されてきたことは、よく知られているところである。

---

[6] 主たる政党や関連省庁が雇用政策的観点からも入国管理のあり方を検討するなど、外国人労働者の受入れの是非をめぐる議論が戦後初めて本格化した期間であった。同改正や当時論争となった外国人労働者の受入れの是非をめぐる政治力学の検討については、拙著『入国管理政策――「1990年体制」の成立と展開』（ナカニシヤ出版、2010年）特に第3章を参照のこと。

[7] 平成2年法務省告示132号、同246号、同247号。これらは、外国人の上陸審査基準に関わる入管法第7条第1項第2号の規定やその特例に関する告示である。

なお 1993 年には「技能実習制度」が導入され、研修生の受入れと結合するかたちで、「外国人研修・技能実習制度」としての運用が始まった。その後、労働基準関係法令の適用がなされない外国人研修生の「就労」を黙認している日本政府に対して国内外からの批判が強まり、前節でも触れた 2009 年の入管法改正により研修と技能実習が切り離されたことは周知の通りである。重要なのはしかし、今日に至るまでの日本の入管法制のなかで、「サイドドアポリシー」が踏襲されてきたという歴史的事実であろう。

1990 年前後に話を戻すと、この時期における入管法制の変化は、当然ながら、日本に外国から労働力を呼び入れるかどうかという事柄に限定されるものではなかった。むしろ、南米系日系人や主にアジアを出身国とする研修生や技能実習生といった労働者の受入れは、告示レベルでの対応により処理された案件にすぎない。それ以外に目を向けるべきこととして、その 1 つに、1989 年の改正入管法が「外国人の入国及び在留の管理に関する施策の基本となるべき」とする「出入国管理基本計画」の策定を明記している点が挙げられる。1990 年 11 月には、法務大臣の私的懇談会として位置付けられる「出入国管理政策懇談会」が設けられている。この懇談会での議論を反映するかたちで、第 1 次の「出入国管理基本計画」が 1992 年 5 月に公表された。

以下は多分にニュアンスを含む見方でしかないが、この基本計画は、日本の入国管理が入管当局内に閉ざされた「行政」であることを超えて、より広く一般に説明責任を負うべき「政策」的行為として変わることを余儀なくされてきた兆し、あるいはその端緒を示唆するものとして位置付けることができるであろう。諸外国から日本への人口移動がもたらすさまざまな影響への関心の高まりが、この国の入国管理に、従来以上の重大で多様な任を要請し始めた、と言い換えることもできる。

別の観点から、当時の入管法制の変遷を俯瞰するならば、日本政府が 1991 年 4 月に制定し、同年 11 月に施行された入管特例法（「日本国との平和条約に基づき日本の国籍を離脱した者等の出入国管理に関する特例法」（平成 3 年法律第 71 号））も重要である。この法制定の目的は、1965 年の日韓法的地位協定（「日本国に居住する大韓民国国民の法的地位及び待遇に関する日本国と大韓民国との間の協定」）の締結と実施に伴う入管特別法（日本国に居住する大韓民

国国民の法的地位及び待遇に関する日本国と大韓民国との間の協定の実施に伴う出入国管理特別法（昭和 40 年法律第 146 号）が規定していたオールドカマーの法的地位の安定化にある。

先述の 1989 年の改正入管法は、「身分又は地位」に基づく在留資格を示した入管法の別表第 2 のなかで、「平和条約関連国籍離脱者の子」を一般の永住者などと並べていた。しかし 1991 年の入管特例法は、「協定永住者」や「特例永住者」と合わせて、オールドカマーの直系として日本で出生した外国人を、退去強制や再入国許可などの要件で特例的適用を受ける「特別永住者」として一本化した。この法的措置に合わせて、「平和条約関連国籍離脱者の子」は入管法の別表 2 から削除され、既存の入国管理から部分的に切り離されたのである。なお、その翌年 6 月には外国人登録法が改正されている。1993 年 1 月の施行日より、特別永住者等に対する指紋押捺を廃止したこの法改正もまた、上述の入管特例法と同じく、オールドカマーを従前の入管法制の枠外へと移そうとする潮流に合致するものであった。

総じて、1989 年の入管法改正を中心とするこの時期の入管法制の動きは、その対象である外国人の新旧交代を印象付けた観がある。前節で述べたように、戦後日本の入管法制の対象は、久しくオールドカマーたる在日コリアンであり、その主眼は、特殊歴史的な属性を持つ彼らの「在留管理」にあった。しかし、就労等の目的で来日するニューカマーが登場は、1980 年代後半から 1990 年代前半にかけて、その急増によりオールドカマーのプレゼンスを相対的に低下させていき、日本の入管法制に期される役割に変化を強いるのである。

4　管理強化に向けた法制度整備

1990 年代の後半、そしてそれ以降の日本の入管法制は、外国からの労働力の限定的かつ変則的な受入れの仕組みを維持していく一方で、治安上の懸念や安全保障上の脅威認識を色濃く反映させていく。労働者たる南米系日系人、研修生や技能実習生の数は着実に増えていくのであるが、当時それを凌ぐほどの規模に達したのが、「不法滞在者」であった。その数のピークは

1993年であり、30万人に届こうとしていた。外国人のプレゼンスの拡大は、ホスト社会の秩序を脅かすという危惧を当初より惹起していたのであり、こうした点は、前節で言及した1989年の入管法改正のなかに不法就労助長罪が新設されていたことにも表れている。

とはいえ上の不法就労助長罪の新設は、不法残留者をそれと知りつつ雇用した側、すなわち主にホスト側である日本に向けられた「警告」ないし「牽制」の類の法整備である。しかし1990年代の後半以降に顕著に観察されるのは、日本に渡航しようとする、あるいはすでに滞在している外国人に対する管理の強化であり、取締りの厳格化であった。このような側面に注目し、以下では、1990年代の後半から2000年代の前半における入管法制の展開を整理しておきたい。

まず1997年5月に成立した改正入管法（平成9年法律第42号）が、集団密航に係る罪を新設している。また同改正は、密航を助長する行為を罰するために、営利目的等不法入国等援助罪と不法入国者等蔵匿・隠避罪を定めた。

その2年後、1999年8月に成立した改正入管法（平成11年法律第135号）は、不法在留罪を設けた。以前であれば3年経過すれば公訴時効により刑事責任に問えなかった不法入国または不法上陸を経た不法滞在に対して、当該期間後も罰則を科すことを規定したのである。また、不法残留等により強制退去された外国人に対する上陸拒否期間を1年から5年に伸ばしている。

さらにその2年後、2001年11月にも入管法は改正（平成13年法律第136号）されている。この改正はその翌年に控えた日韓ワールドカップ開催を意識したものであり、国際競技会等で暴動などを起こす可能性がある外国人の入国や滞在を防ぐために、上陸拒否や退去強制に関わる事由、いわゆる「フーリガン条項」の新設している。加えて、外国人による犯罪や偽変造文書への対策として、退去強制事由を変更した。本改正は、入国審査官による事実調査権も整備している。

日本の入管法制にみられるこのような一連の対応は、2001年9月に米国で生じた同時多発テロの後、加速していく。欧米を中心とする先進国においても、移民政策に国家安全保障の論理が反映されていく傾向は顕著であり、日本の対応はそれに同調していたともいえる[8]。

一方で国内的事情をみると、検挙件数と人数で測るならば 2000 年代の中頃にピークを迎えた外国人犯罪の増加が、入管法制の見直し、すなわち外国人に対する管理の強化と取締りの厳格化を急務の課題として浮上させていた。それは時に政府中枢からのトップダウンの指示により進められ、入管法制上の既定路線とされていくのである。
　例を挙げれば、2003 年 9 月に第 1 回目の会合を開いた犯罪対策閣僚会議が、同年 12 月に、「犯罪に強い社会の実現のための行動計画」を策定している。同計画における入国管理の関係事項には、「水際における監視、取締りの推進」、「不法入国・不法滞在対策等の推進」、「外国関係機関との連携強化」の施策の推進とある。あわせてこの計画は、当時は総計約 25 万人を数えていた日本に不法滞在中の外国人を今後 5 年間で半減させるという数値目標を定めた。警視庁が「不法滞在対策室」を新たに発足させたのは 2004 年 5 月であり、入国管理局との連携も着実に緊密化している。同年の 12 月には、内閣官房長官を本部長に据えた国際組織犯罪等・国際テロ対策推進本部により、「テロの未然防止に関する行動計画」が策定されている。「今後速やかに講ずべきテロの未然防止対策」の最初の項目にのぼるのが、「入国審査の強化」である。
　この行動計画の策定の半年前、すなわち 2004 年 6 月にも、入管法は改正されている（平成 16 年法律第 73 号）。同改正法は、不法入国や無許可資格外活動などに関する罰金を大幅に引き上げたほか、超過滞在のリピーターなど特定の不法滞在者に対する上陸拒否期間を 10 年まで延長するなど、入管法違反者への厳罰化を徹底するものであった。出国命令制度や在留資格取消制度といった新規の仕組みを導入したのも、2004 年の同改正による。
　さほどの間を置かず、2005 年 6 月にも入管法は改正されている（平成 17 年法律第 66 号）。この改正は、人身取引議定書や密入国議定書の締結が念頭に置かれ、「刑法等の一部を改正する法律」としてなされたものであったが、そのなかで、他人の不法入国等を助長するための旅行証明書等の不正受交付

---

8)　拙稿「入国管理の『再編』とグローバル・ガバナンス――国境を越える人の移動をめぐる国家・市場・市民社会」国際日本研究 2 号（2010 年）。

に対して罰則を定めている。また、運送業者による旅券等の確認義務と確認を怠った場合の過料について規定を置いた。

本節の内容を振りかえると、1990年代の後半から始まる10年間は、従前は超過滞在や不法就労に対して主たる懸念を示してきた日本政府・入管当局が、外国人犯罪、ひいては国際テロ対策のための法制度整備に入念に取り組んでいた期間であった。

5 昨今の入管法制の動向

前節に論じた外国人に対する管理の強化と取締りの厳格化という、1990年代の後半から世紀を跨ぐ10年間における入管法制の基調は、実際のところ、現在に至るまで継続している。ただし直近の10年間の入管法制の動向に目立ってみられるのは、罰則の新設や違反者への重罰化という手法に留まることなく、外国人の出入国、在留、就労に対する管理機能が高度に技術的に追及されていく過程である。

2006年5月の入管法改正(平成18年法律第43号)の中身は、その典型であろう。同改正は、外国人テロリストに関する退去強制事由や航空機等の長による乗員・乗客に関する報告義務に関する法整備を行うとともに、外国人の個人識別情報の提供に関する規定を新たに導入するものであった。具体的には、施行日である2007年11月20日から、外国人に対する入国審査の際に、当人の指紋を含むバイオメトリクス認証が実施されている。なお、在留資格「外交」と「公用」、16歳未満、特別永住者は対象とされていない。

時期的な符号の一致というほどではないが、同年の前月、すなわち2007年10月1日には、「外国人雇用報告制度」の厳格な運用が始まっている。雇用対策法の改正により、外国人を雇用するすべての事業主は、ハローワークを通じて厚生労働大臣にその雇用状況を届けることが義務化されたのであった。上述のバイオメトリクス認証による入国審査の場合と同じく、外交官や特別永住者などはこの届出の対象外である。

若干遡るが、2005年7月、先述の犯罪対策閣僚会議のもとに「外国人の在留管理に関するワーキングチーム」が設けられていた。この検討結果を受

けるかたちで、2007年2月には、先述の出入国管理政策懇談会に「在留管理専門部会」が置かれた。内閣総理大臣の諮問に応じ重要な政策課題を扱う「規制改革・民間開放推進会議」、そしてその後身である「規制改革会議」もまた、外国人に対する管理に関する現状を問題視し、関係法案の提出を求めていた。上のワーキングチームや専門部会の議論を経て、「新しい在留管理制度」の導入を含む改正入管法（平成21年法律第79号）が成立したのは、2009年7月である。

その3年後の2012年7月に施行された同制度について、ここで詳述する必要はないだろう。改正時や施行時に、その経緯、内容、課題についての解説や論考が集中として世に出ている[9]。実務六法やコメンタールにも専門的な説明がある。要点のみ述べれば、この「新しい在留管理制度」は、日本に中長期的に在留する外国人の情報について、入管当局が継続的かつ正確に把握することを目的としたものである。外国人登録を法定受託事務として市区町村に委ねることで生じていた管理手法上の制約を、外国人の在留に関する情報管理の中央集権化によりその解消をはかったのであった。入管当局には、新制度のもとで新たに導入された「在留カード」に登載する情報を照会、確認するための広範な調査権限が付与されている。

また周知のことであるが、不法滞在者に対して在留カードは交付されない。前節に述べた「犯罪に強い社会の実現のための行動計画」のなかでも問題視されていた点であり、日本に在留する外国人の身分証明書として従前用いられていた外国人登録証と在留カードの大きな違いの1つである。特別永住者には別の身分証明書が発行され、これには携帯義務はない。歴史的事情から生じた固有の身分・法的地位に配慮がなされた結果である。

上に述べてきたように、近年の日本の入管法制は、相次ぐ法制度整備を通じて、外国人に対する管理を法的に徹底し、技術的にも追求してきた[10]。管理の局面は、今日では入国時と在留期間、さらに就労の場と多局面に行き渡る。管理機能をより強く、より広く追求していこうとする昨今の日本政府・

---

9) たとえば、ともに2012年に刊行された法律のひろば65巻7号、および法律時報84巻12号では、2009年の入管法改正が特集されている。改正の経緯や歴史的意味について論じた拙稿「日本の『移民政策』の変遷における2009年入管法改正」は後者に収録。

入管当局の姿勢について、疑いの余地はないであろう。とはいえ一歩引いて、現在の日本の入管法制を歴史的に位置付けようと試みるならば、管理という側面だけに限定されない公的責務もまた、そこには望まれていると述べなければなるまい。

　本稿の冒頭に言及したが、昨今の日本では、看護師や介護福祉士の候補生、高度人材、第三国定住難民など、複数の分野で多様な属性を持つ外国人の入国、滞在、就労を認めている。家事支援等に関わる働き手の海外からの確保を可能とする法律も、2015 年に成立した。過去 10 年間に満たない短い期間のなかで、幾多の制約を課すかたちではあるが、そうした外国人の受入れを認める仕組みが整えられたのであった。上述のカテゴリーにある外国人のプレゼンスは、個別にみても全体としても決して大きくはない。日本社会や労働市場に対しての定量的なインパクトは希少である。ただし定性的な観点からは、条件付きとはいえ、非移民国たる日本に正規の定住ルートがいくつか敷かれたという象徴的な意味を、そこに汲み取ることができる。

　すなわち、誰もが容易に指摘できる外国人に対する管理の強化や取締り体制の増強という側面のみを切り取ることによって、外国人にとって日本が閉鎖的な社会へと転じていく単線的な過程としてのみ、日本の入管法制の展開を論じるべきではなかろう。その意味でいえば、本稿の議論の視角、その範囲は、幾分偏ったものであることを認めなければならない。

　参考までに、入管法制に関する至近の政府方針に目を向けてみよう。2015 年 9 月に公表された「第五次出入国管理基本計画」には、七つの方針が列記されている[11]。簡略的にまとめると、「日本に活力を与える外国人の受入れ」、「少子高齢化を意識した外国人の受入れの検討」、「新たな技能実習制度の構

---

10) 2015 年 10 月には、「出入国管理インテリジェンス・センター」が開設、稼働している。同センターは、水際対策や不法滞在・偽装滞在対策の強化のために、情報収集、情報分析、鑑識等を専門とする職員を配置されている。法務省のウェブサイト（http://www.moj.go.jp/content/001159008.pdf）より説明資料を入手できる（2016 年 12 月 10 日アクセス）。また、先述の 2016 年 11 月成立の改正入管法（平成 28 年法律第 88 号）には、やはり偽装滞在者への対策として、罰則の整備や在留資格取消事由の拡充などが盛り込まれている。

11) 法務省のウェブサイト（http://www.moj.go.jp/nyuukokukanri/kouhou/nyuukokukanri06_00065.html）より概要と本文が入手できる（2015 年 12 月 10 日アクセス）。

築」、「外国人との共生社会の実現への貢献」、「観光立国の実現のための円滑な出入国管理の実施」、「不法滞在者等への対策強化」、「難民の庇護の推進」である。

上記の項目のなかで、外国人に対する管理の強化に直接に該当するのは、「不法滞在者等への対策強化」である。また、それぞれの方針に対応するかたちで記されている「具体的な施策の方針」では、「外国人との共生社会の実現」に「在留管理制度の的確な運用等」が資するとの文言もみつかる。

「管理」が「共生」を促すか否かについては議論の余地があろうが、今日の日本の入管法制は、単一の指向性では括れない、多岐に渡る政策事項を横断的に管轄している。上述の七つの方針のいくつかを混ぜ合わせて述べるならば、少子高齢化に直面する日本が自国の活性化に貢献する外国人をいかに招き入れ、彼らとの共生社会を実現するために何が必要か、といった問いへの応答も、今日の日本の入管法制に求められているのである。そしてこの種の要請は、本稿で再三強調してきた外国人に対する管理の強化という潮流に対して、必ずしも相性が良いわけではない。両者は今後どのように折り合っていくのか、それもまた入管法制の展開の一部を成す過程にほかならない。

6　小括

本稿では、4つの時期区分に基づき、日本の入管法制の展開を俯瞰的に検討した。特に第2節から第4節において論じた、すなわち過去四半世紀に限定してその動向を述べるならば、1989年の入管法改正を中心とする当時の入管法制の整備は、その主たる視点をオールドカマーの「在留管理」からニューカマーの「入国管理」へと移すものであった。その20年後、2009年の入管法改正を中心とする昨今の入管法制の整備は、オールドカマーに対する管理全般を後景に退かせる一方で、ニューカマーの「在留管理」についても、その機能を拡張させていった。

この過程に看取できるのは、繰り返し述べてきたように、外国人を管理する体制が増強されていく傾向である。入管法に照らし合わせて適法ではない外国人の行為、つまり日本社会にとって望ましくないと判断されるその入国、

滞在、活動を抑制しようとする一連の対応は、法的な根拠を要する罰則規定をそこに設ける以上、入管法の相次ぐ改正を不可避的に要するものであった。

　本稿の第3節において述べた、1990年代の後半からの10年間には、上に述べた傾向が顕著に表れる。特に9.11以降は、国家安全保障上の政策課題としても位置付けられ、入管法制の整備を通じた外国人に対する管理の強化と取締りの厳格化という方向性はいっそう強固なものとされていく。超過滞在者による不法就労のみならず、不法入国による不法在留、外国人犯罪、国際テロへの対策に至るまで、入管法と絡めた法制度整備が頻繁になされる時代を迎えたのであった。

　続く第4節において論じた、今日に至るまでの期間には、管理機能の技術的な向上ならびに管理局面の広範化が試みられている。すなわち2007年における入国時のバイオメトリクス認証と外国人雇用状況報告の義務化といった下地のうえに、2009年の入管法改正によりその3年後に運用が始まった「新しい在留管理制度」の導入によって、現代日本における外国人に対する管理体制は法的にも技術的にも一定の完成をみた、といえるのではないだろうか。

　外国人に対する管理機能が極めて明示的に追求されてきたこと対照的であったのは、本稿では傍流のように扱った、外国人労働者をめぐる対応である。本稿の第2節で述べたように、日本は「単純労働」に従事する外国人の受入れについて、これを公的には認めないが実質的にはそのすべてを妨げないという妥協的方策を講じた。この政策分野では、2016年11月に成立した介護と技能実習に関わる法案の成立を例外とすれば、法律レベルでの目立った対応は少なく、運用レベルでの措置の積み重ねにより今に至る。

　また、本稿では十分に論じることがなかったが、日本経済に利するとみなされる外国人については、彼らを誘致するための規制緩和が進んでいる[12]。もちろん過去においても入管当局は、用いる言葉はどうあれ、「望ましくない」外国人の受入れ抑制と「望ましい外国人」の受入れ促進を入管行政上の

---

12)　制度上の規制緩和と受入れの実態は別問題である。拙稿「国境を越える人材――その誘致をめぐる葛藤」五十嵐泰正・明石純一編『「グローバル人材」をめぐる政策と現実』（明石書店、2015年）を参照のこと。

大原則として据えていた。しかしとりわけ過去四半世紀、入管法制の対象の種別と規模が増え続けたことにより、そこに内在するこの選別性は、かつてよりも昨今においてこそ如実に現れ出ている[13]。

上と同じく本稿では扱わなかったが、近年、難民保護の制度にも変化が生じている。入管法制の不可分の一部をなす政策領域である。2004年の入管法改正では、仮滞在制度や難民審査参与員制度が導入されていた。2010年には、アジアでは初めての「第三国定住難民制度」に基づく難民の受入れが始まり、2015年には、難民認定基準に関する制度の見直し方針が示された。

こうしたことからもわかるように、本稿において論じた入管法制の変遷は、余すことなく描かれたものではまったくないし、その歴史的認識は、唯一妥当なものでも決してありえない。入管法制の要諦が結局のところ外国人の「管理」にあることは否定できないとしても、本稿が言及し得たのは入管法制の移り変わりの一部であり、数ある解釈の1つにすぎないからある。言うまでもなく、現在の日本の入管法制は、治安や安全保障といった分野に留まらず、産業競争力の向上や人権・人道への配慮など、多方面で頻繁に発せられる要請に対する応答を強いられている。

どのような解釈であっても、日本の入管法制が日本社会のあり様に及ぼしうる作用が今後とも増大するであろうことは、想像に難くない。国境を越える人の移動は、その圧力を弱める気配をみせない、好むと好まざるとにかかわらず、また筆頭ではないにせよ、日本もまた、その目的候補地として目される国である。日本の入管法制について、その果たすべき役割について考証を重ねることは、この先、今以上に大きな意義を持つ試みとなろう。

---

13) こうした状況は、入管法制の実効性に対する意識を高めるであろう。拙稿「現代日本における入国管理政策の課題と展望」吉原和男編『現代における人の国際移動——アジアの中の日本』（慶應義塾大学出版会、2013年）、および同「国際人口移動に対する政策的管理の実効性と限界」人口問題研究70巻3号（2014年）。

[2] 外国人の労働関係と生活関係
―国際私法の視座から―

樋爪 誠

1 はじめに

「出入国管理及び難民認定法」(以下、入管法) は、「出入国管理及び難民認定法は、本邦に入国し、又は本邦から出国するすべての人の出入国の公正な管理を図るとともに、難民の認定手続を整備することを目的」(入管法1条) としている。もともとは出入国管理令 (ポツダム政令) として制定されアメリカの移民法の出入国管理の規定を参考に作られたが[1]、1981年の改正で、「国の広範な自由裁量に委ねられる出入国管理とは異質の難民認定手続の諸手続」が加えられ[2]、現在の体系に至っている[3]。

入管法は、日本人にも適用はあるがきわめて限られた規定のみであり[4]、大半は難民を含めた外国人のための規定である。他方、外国人入国数が増大していく中で、入管法の改正は、外国人に対する国家政策を直接的に表すも

---

1) 山田鐐一・黒木忠正『よくわかる入管法〔第3版〕』(有斐閣、2012年) 4頁。
2) 坂中英徳・齋藤利男『出入国管理及び難民認定法逐条解説〔改訂第4版〕』(日本加除出版、2012年) 2頁 (以下、坂中・齋藤)。
3) 冒頭の目的規定の変遷については、多賀谷一照・髙宅茂『入管法大全 立法経緯・判例・実務運用Ⅰ逐条解説』(日本加除出版、2015年) 1頁参照。
4) 奥田安弘『国際家族法』(明石書店、2015年) 108頁参照。

のとして、外国人問題に大きな影響を与えるようになった。象徴的なのは、1989年の入管法の改正であり、いわゆる「1990年体制」の確立である[5]。国家政策として、外国人問題が積極的に論じられるようになってきているのが現状であると解される。さらに、入管法61条の10に基づき、1992年から数次策定されている「出入国管理基本計画」の存在も大きい[6]。

国境を越える外国人の移動については、法学では、専ら憲法における外国人の人権の問題として議論されてきた[7]。象徴的な事件として、いわゆる「マクリーン事件」[8]があることは周知のとおりである。しかし、同事件でも明らかになったとおり、「入国の自由」はひとつ憲法学の枠内に収まるものではなく、国際慣習法の問題でもある。また、外国人の流入が増えるに従い、国内における外国人の人権問題が、日本における国際人権法の展開に大きく寄与してきた。他方、「外国人の犯罪」が社会問題化されて久しくもなり、さらにその背景として国際的な組織犯罪のあることが世界的な問題ともされ、日本も立法による対応を余儀なくされた[9]。

このように、外国人をめぐる法問題の検討は各分野で進められてきている反面、入管法自体の法的分析には、なお多く検討する余地があるように解される。学問体系的には、入管法は行政法[10]の1つであり、国家と主に外国人の関係を規律するものではあるが、対象となる外国人の労働関係あるいは家族関係とも密接に関連する。この点、国境を越える人の移動、労働あるいは

---

5) 明石純一『入国管理政策』(ナカニシヤ出版、2010年) 参照。
6) 第1次 (1992年)、第2次 (2000年)、第3次 (2005年)、第4次 (2010年)、第5次 (2015年) と過去に五度策定されている。詳細は、法務省のHPにおいてみることができる。http://www.moj.go.jp/nyuukokukanri/kouhou/nyukan_nyukan40.html
7) 野中俊彦・中村睦男・高橋和之・高見勝利『憲法Ⅰ〔第5版〕』(有斐閣、2012年) 222頁以下等参照。
8) 最大昭和53年10月4日民集32巻7号1223頁。同事件については、多くの紹介・検討がある。たとえば、徳川信治「マクリーン事件」松井芳郎編集代表『判例国際法〔第2版〕』(東信堂、2006年) 217頁以下参照。
9) 全体像について、上田寛編『人間の安全保障と国際的組織犯罪2 国際組織犯罪の現段階 世界と日本』(日本評論社、2007年) 参照。山田美和編『「人身取引」問題の学際的研究 法学・経済学・国際関係の観点から』(IDE-JETROアジア経済研究所、2016年) も参照。
10) 須藤陽子「出入国管理法(入管法)」亘理格・北村喜宣編『重要判例とともに読み解く個別行政法』(有斐閣、2013年) 172頁以下等参照。

その家族に関する民事面を規律する分野として、国際私法（学）が存在する。両者は性質を大きく異にはするが、外国人をめぐる法という観点から、双方の関連を検討していくことも今後は重要であると思われる[11]。本稿でも、両者の相違は前提としつつも、一方の「視座」からその関連性を考察したい。

2　在留資格と外国人の私法関係

　入管法上、日本に在留する外国人は在留資格を有することが求められ（入管法2条の2）、その詳細は「別表」に定められている。在留資格は公法上の概念であるが、労働あるいは家族関係といった私法的な法律関係を参酌しているものが多い。そこで、まずは、在留資格の分類を確認し、検討の手がかりとする[12]。

　「別表第一」には、外交、公用、教授、芸術、宗教、報道、高度専門職、経営・管理、法律・会計業務、医療、研究、教育、技術・人文知識・国際業務、企業内転勤、興行、技能、技能実習、文化活動、短期滞在、留学、研修、家族滞在および特定活動という在留資格[13]、「別表第二」には永住者、日本人の配偶者等、永住者の配偶者等、定住者という4つの在留資格が定められている。

---

11)　入管法と国際私法をともに扱う文献として手塚和彰『外国人と法〔第3版〕』（有斐閣、2005年）あるいは奥田・前掲注4)、実務中心のものとして同『外国人の法律相談チェックマニュアル〔第5版〕』（明石書店、2013年）等が挙げられる。早川智津子『外国人労働の法政策』（信山社、2008年）は、日本の入管法とこれに大きな影響を与えた米国の入管法との比較、ならびに日米労働法との比較法的検討を行っており、日本の国際私法への言及（35頁以下）もみられる。

12)　土田道夫「外国人労働者の就労と労働者の課題」立命357・358号（2015年）77頁以下（以下、土田論文）に労働法を中心に国際私法も対象とした包括的な分析・検討がある。

13)　平成27年（2015年）4月より、この資格となっている。変更点は、「高度専門職」が新設されたこと、「投資・経営」が「経営・管理」に、変更されたこと、従来別立てであった「技術」と「人文知識・国際業務」が一本化されたこと、「留学」の対象が拡大されたことの4点である。その余の改正も含めて、概要は法務省入国管理局HP (http://www.immi-moj.go.jp/nyukan2015/) 等参照。ここに、平成28（2016）年11月18日に可決された「出入国管理難民認定法の一部を改正する法律」により、新たに「介護」が加えられることになった。介護福祉士が対象となる。

別表第一と同第二の法的性質には入管法上も諸説あるようであるが[14]、ここでは深く立ち入らない。本稿の視座からは、少なくとも、別表第一は、労務、業務、サービスの提供等何らかの労働を伴う活動を伴う類型が主であるのに対して、別表第二は身分関係あるいは日本との比較的長期の関係性に基づく類型である点に着目し区分して論じたい。便宜上、前者を労働型、後者を生活型という[15]。

ただし、別表に掲げられる在留資格がすべてそのような観点から説明できるわけではない。外交は、国際法上の外交使節団・領事官に関連するもので特殊であることは多くの説明を要しないであろう[16]。公用は外国政府、国際機関等の公務に従事する者に対する在留資格であり、外交とは異なるが、外交と同じく一般的ではなく特殊な労務を対象とするものである。また、留学、文化活動、研修は入管法上、基本的には就労が認められていない[17]。ただし、日本が一貫して採る「高度外国人材」の供給源は外国人留学生であるという指摘は正鵠を得ており[18]、留意されるべきことではある。研修については後に検討する。家族滞在も同じような制約があるが、本稿の観点からは生活型の在留資格として扱うことにする。短期滞在は労働でも生活でもないが、不法滞在者の多くがこの資格を介して入国しているように観察され、それが単純労働者問題の根底にあることは看過されるべきではない。

最後に、新設された「高度専門職」は、「高度人材ポイント制度」[19]の導入

---

14) 坂中・齋藤・前掲注2) 76頁によれば、別表第一は「活動」を定め別表第二は「身分又は地位」であるとみて後者についてはそのような身分または地位にあれば在留資格該当性があるという見解は正しくないとした上、両者は「日本に入国して行う活動範囲に着目して外国人の受け入れ範囲を定めている点で全く同じ」であるという。
15) 多賀谷一照・高宅茂『入管法大全 立法経緯・判例・実務運用Ⅱ在留資格』(日本加除出版、2015年) 3頁は、その性質から別表第一の在留資格を「活動資格」、別表第二の在留資格を「居住資格」と呼び分ける。
16) 杉原高嶺ほか『現代国際法講義〔第5版〕』(有斐閣、2012年) 185頁以下等参照。
17) 「国際移住」という観点からみた場合、比較法的には、「学ぶための移住」というカテゴリーのあることにつき、広渡清吾「国際移住の法システムと法政策 ドイツ法とEU法を素材として」塩川伸明・中谷和弘編『法の再構築〔Ⅱ〕国際化と法』(東京大学出版会、2007年) 255頁を参照。なお、留学生や研修生が実際には企業経営における重要な労働力であってきた点について、守屋貴司編『日本の外国人留学生・労働者と雇用問題』(晃洋書房、2011年) 等参照。
18) 菅野和夫『労働法〔第11版〕』(有斐閣、2016年) 125頁。

に際して特定活動に規定されたものが、さらに固有の在留資格として明確化されたものであるが受入範囲を拡大するものではない[20]。以上のように、別表第一の内容は多様ではあるが、ここまで個別に触れたもの以外は概ね労働関係を基礎とするものであり、本稿では一先ず労働型の在留資格とし、以下、これを前提に国際私法学における労働契約の問題を確認したい。

3　外国人と労働関係

(1) はじめに

　はじめに、比較的近時の判例をもとに[21]、国際労働契約の具体的イメージを持っておくことにする。

　Xらは中国に在住する中国人女性たちである。Xらは、「研修」の在留資格をもって、日本のY1組合を第1次受入機関、Y2株式会社を第2次受入機関として、来日した。研究期間およびその後の技能実習期間を通じて、Xら水産加工業の工場で、他の日本人労働者と同様の単純作業に延々と従事していた。Xらは賃金の支払いが少ない等として工場での作業を拒否した。Y1の理事による説得、警告にもXらは応じなかったので、Y2はXらを解雇した。これに対してXらは賃金から控除されていた住居費等に関して労使協定は存在しないため控除は労働基準法24条1項に反し無効でありその支払いを求め、かつ、未払賃金のうち時間外労働等に対する割増賃金部分につき労働基準法114条所定の付加金等の支払いを求め、日本において訴えを提起した。これに対して、Yらは、Xらとの契約は中国法に基づいて締結されており、日本法の適用はないと反論している。

---

19)　入国管理局ＨＰ http://www.immi-moj.go.jp/newimmiact_1/index.html 参照。
20)　詳細は、高宅茂『高度人材ポイント制』（日本加除出版、2016年）を参照。
21)　札幌地判平成26年3月27日裁判所ＨＰおよびその控訴審である札幌高判平成26年9月30日 LEX/DB25505481 の事実関係を基礎にしているが、請求あるいは準拠法の主張の部分は若干変更している。より一般的な労働関係の事例については、土田論文、村上・後掲注33) 等参照。

(2) 労働関係の国際私法
(i) 渉外的法律関係

　労働型の在留資格に共通するのは、雇用、請負、委任、役務提供等といった何らかの契約に基づく活動を外国人が行う点にある。国際私法において、これは契約の準拠法および労働契約の準拠法の問題として論じられている。

　国境を越える契約には、当該契約に適用される法を確定する必要がある。渉外性のある契約に適用される法を準拠法ということから、これを契約準拠法の確定問題という。留意すべきは、「渉外性」の判断である。渉外性は一般的には国境を越えることを意味するが、国際私法学においては、「法廷地よりみて当事者の国籍…（中略）…等、法律関係を構成する要素の少なくとも一つが外国に関連する法律関係」[22]を渉外的法律関係という。入管法に関連して生じる事案は、日本国内における外国人の労働等に関連するものが多く、ともすると渉外性がないようにも受け取られるかもしれないが、理論的には渉外性を有する契約である。したがって、労働型の在留資格は、なんらかの渉外契約を基礎として成り立っている場合が多い。

(ii) 契約準拠法の確定

　日本では、法の適用に関する通則法（以下、通則法）が準拠法を決定する主要な法源である。通則法7条において、法律行為の成立および効力は、当事者が当該法律行為の当時に選択した地の法によると定められている[23]。次に、準拠法の選択がなされていないか、あるいは、準拠法の選択がなされたがその有効性が否定された場合、法律行為と最も密接な関係を有する法が準拠法となる（通則法8条1項）。ただし、最密接関係地法によるというだけでは、予見可能性あるいは法的安定性に十分でないところがある。通則法においては、最密接関係地を推定するものとして、特徴的給付の理論が採用され

---

22)　山田鐐一『国際私法〔第3版〕』（有斐閣、2004年）1頁。
23)　通則法9条において、第三者の権利を害することとなるときは、その第三者に対抗することができないことを条件に、当事者が法律行為の成立および効力について適用すべき法を変更することができるとされている。通則法9条は、当事者による準拠法選択がない場合（同8条）にも適用される。

た（同条2項）[24]。さらに、通則法10条は法律行為の方式について、成立の準拠法（同1項）および行為地法（同2項）が選択的に適用されるとしている[25]。

以上のような当事者の意思に基づく準拠法の決定を当事者自治の原則というが、この原則については古くから批判があった。最も重要な指摘は、当事者が準拠法を選択することによって、強行規定まで選択の対象になる点であった。それら議論を受けて、通則法の制定過程でも上記7条等で選択された準拠法に係わらず、法廷地の「絶対的強行法規」の適用があり得ることは、確認されたが明文化はされなかった[26]。

(iii) 渉外的労働契約

活動型の在留資格との関連で重要なのは通則法12条である[27]。同条では、「労働契約」につき、労働契約の当事者による選択された準拠法が当該労働契約の最密接関係地法以外の法である場合、労働者がその最密接関係地法中の「特定の強行規定」を適用すべき旨の意思表示を使用者に対しなすことができるとされた（1項）。また、労働契約の当事者による選択または変更による準拠法ならびに同契約当事者間で準拠法の選択がなされなかった場合の準拠法のいずれにおいても、労務供給地（それが特定できない場合は、雇入れ事業所所在地）が最密接関係地法と推定されるとも定められた（2項、3項）。

これらはすべて通則法制定とともに導入された新規の規定である。特定の強行規定が何をさすかは法文上明らかではないが、当事者が先の絶対的強行

---

24) 特徴的給付の理論とは、当該契約に特徴的な給付をする者の所在地を契約の最も密接な関係地とするもので、特徴的給付とは、ある契約を他の種の契約から区分する基準となる給付をいう（小出邦夫編『逐条解説法の適用に関する通則法〔増補版〕』（商事法務、2014年）108頁等参照）。
25) 隔地的意思表示ないし単独行為については、表意地すなわち発信地を行為地とし（通則法10条3項）、隔地的法律行為の方式については、申込地か承諾地の法が選択的に適用される（同4項）。
26) 歴史的な議論状況については、山田・前掲注22）313-324頁参照。法廷地の絶対的強行法規の通則法上の捉え方については、小出・前掲注24）84-89頁参照。
27) 中野俊一郎「国際的な労働紛争は、どの国の裁判所で、どの国の法律によって解決されるのか——国際私法・国際民事手続法」大内伸哉編『働く人をとりまく法律問題』（ミネルヴァ書房、2009年）等参照。

法規とは異なるものを主張する可能性はある。したがって、国際契約の規律に、絶対的な強行法規と相対的な強行法規のあることがより明確になってきていることが留意されるべきであろう[28]。過去には、契約準拠法である外国法上有効な解雇に対して、法廷地でもある日本法の労働者保護法を適用し、当事者自治を制限するかが争われた幾つかの判例がある[29]。

(iv) 労働関係の国際裁判管轄

渉外労働関係におけるいま1つ注目すべき点は、平成23年（2011年）民事訴訟法の改正により、労働関係事件の国際裁判管轄規定が新設された点である（民訴3条の4第2項）。そこでは、いわゆる「個別労働関係民事紛争」については、一般管轄（同3条の2）および特別管轄（同3条の3）に加えて、労働者が事業者を訴える場合には労務提供地（労務提供地が定まっていない場合には雇入れた事業所所在地）でも訴えの提起が可能とされている。他方、事業者は、労働者を訴える場合、特別管轄をも否定されている（同3条の4第3項）。

労務提供地は、労働者にとってアクセスが容易であり、事業者にとっても予測可能性を害さない範囲だと説明される[30]。労務提供地を任意管轄として付加した理由は、同地の強行法規の適用の確保にあるといわれる[31]。将来において生じる紛争に関しては一定管轄合意をすることは可能ではあるが（民訴3条の7第6項）、事業者の負担は少なくない[32][33]。

---

28) なお椿寿夫編『強行法・任意法でみる民法』（日本評論社、2013年）320頁も参照。
29) 東京地決昭和40年4月26日労民集16巻2号308頁、東京地判昭和42年8月9日労民集18巻4号872頁、東京地判昭和44年5月14日労民集18巻4号872頁等がある。
30) 佐藤達文・小林康彦編『一問一答平成23年民事訴訟法改正』（商事法務、2012年）97頁。ただし、民訴法3条の4第2項の「労務供給地」は現実に労務を提供している地または提供していた地をさすことおよび1箇所に限られないこと、この2点において通則法12条とは異なるとされる。佐藤・小林・前掲同所参照。
31) 兼子一原著／松浦馨ほか著『条解民事訴訟法〔第2版〕』（弘文堂、2011年）61頁［高田裕成］。
32) 兼子／松浦ほか・前掲注31) 62頁。

(3) さらなる検討

(i) 国際私法における「労働契約」

通則法12条には「労働契約」あるいは「労働者」、「使用者」に関する定義は存在しない。労働契約は労務内容も多種多様であり、使用者からの賃金給付の方法・期間もさまざまである。いずれにせよ、柔軟な解釈を維持するため、定義が回避された。

実際には、通則法に関する「国際私法の現代化に関する要綱」(2005年9月)において提示された「労働契約とは労働者(労務を提供する者をいう)が使用者(労務の供給を受ける者をいう)に対して指揮監督に服して労務を提供し、その対価として報酬を受ける旨の契約をするものをいう」(要綱第4の1注(2))を踏襲するものが多い[34]。結局、通則法12条の適用の可否は対価を得て「指揮監督」に服すか否かの判断が1つの基準となる[35]。具体的には、請負契約、委任契約といった契約類型が、指揮命令の度合いにより、労働契約となるか一般契約となるかに分かれるであろう[36]。

通則法の解釈としては、12条と他の条文との整合性も重視される。すでに、消費者契約に関する通則法11条には、消費者、事業者、該当する契約の規定があり、そこでは消費者契約から労働契約がのぞかれている。伝統的に国際私法学では、単位法律関係が「法律行為」であることから、法性決定においても、契約当事者の属性よりも、契約類型に重きが置かれてきた。消費者契約とは異なり、「労働者」を類型化することは困難であろう[37]。なお、準拠法の適用と在留資格は関係ない。したがって、不正規滞在の労働者もそ

---

33) 管轄については紙数の都合もあり以上にとどめる。詳細は、日本弁護士連合会国際裁判管轄規則の法令化に関する検討会議『新しい国際裁判管轄法制——実務家の視点から』(商事法務、2012年)、村上愛「国際労働関係法の展開と課題——国際私法学の観点から」労働120号(2012年)76-82頁、土田論文105頁等参照。

34) 立法担当者も、実質法と同じである必要はないとした上で本文引用の表現を紹介している(小出編・前掲注24)156頁参照)。なお、櫻田嘉章・道垣内正人編『注釈国際私法第1巻』(有斐閣、2012年)275頁[高杉直](以下、高杉)は労基法6条を斟酌する(法性決定における国際私法独自の立場を前提としている)。

35) 道垣内正人『国際契約実務のための予防法学 準拠法・裁判管轄・仲裁条項』(商事法務、2012年)59頁等参照。

36) 高杉・前掲注34)276頁参照。

の適用対象となると考えられる[38]。

いずれにせよ、当該契約が7条以下の適用範囲に入る場合も12条の適用範囲に入る場合も当事者間で準拠法選択ができることには変わりない。準拠法選択がない場合に、最密接関係地法によることも変わりない。両者の相違点は、労働契約となれば最密接関係地法中の「強行規定」の適用に対する「意思表示」を使用者に対して労働者が行うことが可能になること（12条）、最密接関係地につき労務供給地、事業所所在地に推定則がはたらくか（12条）、特徴的給付者の常居所地に推定則が働くか（8条）が異なる。

12条に関しては、むしろ労働契約の態様にも注意を払うべきとの指摘がある[39]。すなわち、日本企業が外国人労働者を日本で雇用する場合、外国企業が外国人労働者の労務供給地を日本にする場合など、多様な類型が考え得る。そして、労働契約の多様性に鑑みると、たとえば「より密接な関係地法」（同条3項）の果たす役割が、労働者だけではなく使用者にも重要となってくる可能性も看過できないという[40]。そのような視座をふまえつつ、12条は原則として労働者を保護することを目的とした規定と解釈すべきであろう。

(ii) 労働契約と「強行法規」

以上は、当事者間で選択された法ないしはそれがない場合の国際私法上定められた最密接関係法の枠内での労働契約の規律問題であった。しかし、た

---

37) 例外的に、プロ・スポーツ選手は労働者であるかにつき問題となり得るが（川井圭司「プロ・スポーツ選手に対する労働法の適用と意義」道垣内正人・早川吉尚編『スポーツ法への招待』（ミネルヴァ書房、2011年）273頁等参照）、通則法の適用上は、後述する契約の内容による判断となろう。
38) 土田論文80頁、西谷敏『労働法〔第2版〕』（日本評論社、2013年）119頁参照。社会的ニーズが本来高かった単純労働者は、在留資格制度において正面から取り組まれているとはいえない状況にある（片岡雅世「日本に住む外国人労働者と紛争解決」福岡工大紀要環境科学研究所所報第9巻（2015年）29-41頁、近藤敦編『外国人の人権へのアプローチ』（明石書店、2015年）155-174頁〔岡聡介〕参照）。単純労働者の多くが「非正規滞在」であり、事件・事故において（民事法的には不法行為事案において）顕在化するようでは健全ではない。
39) 土田道夫『労働契約法〔第2版〕』（有斐閣、2016年）839頁以下。
40) 土田・前掲注39) 842、845頁以下等参照。

とえば、労働基準法、最低賃金法など、労働契約には当事者の意思に関らず適用される法が数多く関与する。これらはむろん私契約の帰趨にも影響を及ぼすものである。国際私法学では、労働契約におけるこの種の法規の適用の必要性は早くから認識されており、労働法を国際私法上の公序とみる説、労働法を公法とみる説、絶対的な強行法規とする説などあるが、その理論構成は必ずしも定説を見ていなかった[41]。このような法規の適用に関する国際私法上の明文規定を欠くため判然としてこなかったという部分もある。

　通則法12条の制定により、労働者は最密接関係地法等の強行法規の適用を主張することが可能となった（同条1項）。したがって、ある法規は12条に定められる強行法規なのか学説上認められてきた法廷地の絶対的強行法規という議論を要することになった。要するところ、労働法といわれている法規群の個別の検証が必要となり、多くの議論がある。罰則規定があるかどうか、それによって属地的な適用が導かれるか否かという立場が比較的有力なように解される[42]。他方で、議論はまだ途上であり、絶対的強行法規の適用については明文規定を要したという指摘もある[43]。罰則規定がない場合を中心に、しばらくは総合的な判断となろう。

(ⅲ)　事例からの検討

　ここでは、本節冒頭にもある外国人研修・技能実習制度を例に、その問題背景を簡潔に踏まえたうえで、国際労働契約の規律を考えることとする。

　本来、「学ぶため」の在留資格であった研修が、技能実習という制度とセットになり、実際上は単純労働の場となってきた[44]。従前は、研修は労働関係ではないとされていたが、技能実習生（在留資格は特定活動であった）は労働法規が適用される雇用関係の下での実習の行われることが認められていた[45]。しかし、研修生が劣悪な環境で労働を強いられ人権侵害の多かったこ

---

41)　詳細は、松岡博著／高杉直補訂『国際関係私法講義〔第2版〕』（法律文化社、2015年）110頁以下等参照。
42)　荒木尚志「国内における国際労働関係を巡る法的諸問題」労働85号（1995年）98-99頁。高杉・前掲注34）290頁もこれを一応の具体的基準とする。
43)　西谷・後掲注48）50頁。
44)　関東弁護士会連合会『外国人の人権』（明石書店、2012年）115頁以下等参照。

とが問題視され、2009年改正により研修生、そして（新たに在留資格となった）「技能実習」生ともにその活動は労働法の対象となっている[46][47]。

事例の基となった事件の1審、2審の主張を総合すると、労働者側からは、労働基準法24条の「賃金」に関する規定が適用されると主張されたのに対して、使用者側からは、中国法を適用することに両者の間には（黙示的な）合意があったという主張であった。旧制度下の事案であるので（早川智津子「外国人労働をめぐる法政策の展開と今後の課題」日本労働研究雑誌662号（2015年）63頁以下）、以下、一般化して述べる。当事者間における準拠法の合意は認められるのであるから、労働者が労働基準法24条の主張を認められるかが争点となる。労働契約法は当事者の主張を要すると考えられる傾向にあり、他方、労働基準法は法廷地の絶対的強行法規であるという認識が強いように観察される[48]。したがって、その観点からは、労働基準法は当事者の主張を待たずとも適用される。

より一般的に、賃金の問題は労働契約法にも労働基準法にも関連する労働契約の主要な要素の1つであり[49]、その法的性質は多様であるように思われる。実質法上も争点によって判断が分かれるところではある[50]。なお、在留資格に応じて均等待遇原則との関係も一様ではないとされる（土田論文858頁）。労働契約法的要素が強い場合、12条1項の規定の主張を待って適用されると解されるが、主張すべき強行法規かどうかは労働者にも分かりやすいものではない。訴訟外でも主張し得ることに鑑みれば、労働者による主張の

---

45) 山川隆一『雇用関係法〔第4版〕』（新世社、2008年）26頁。
46) 菅野・前掲注18)128頁等参照。坂幸夫『外国人単純労働者の受入と実態　技能実習生を中心に』（東信堂、2016年）はこの点に係わる実証研究である。
47) 土田論文79頁等参照。しかし、なお、外国人実習生の保護は不十分との意見もあった（本書第Ⅲ部［1］（吉田論文）、同［2］（小野寺論文）、西谷・前掲注38)117頁等参照)。そのような中、より包括的な立法として、「外国人の技能実習の適正な実施及び技能実習生の保護に関する法律」が平成28（2016）年11月18日に可決された。その運用が注視される。
48) 高杉・前掲注34)290頁以下、西谷祐子「消費者契約及び労働契約の準拠法と絶対的強行法規の適用問題」国際私法年報9号（2007年）44-45頁等参照。
49) 小畑文子他『労働法〔第2版〕』（有斐閣、2016年）81頁以下、土田論文92頁等参照。
50) 村上愛「法の適用に関する通則法12条と労働法規の抵触法的処理——「法例」から「法の適用に関する通則法」へ」国際私法年報11号（2009年）152頁が参考となる。

負担も一定軽減すべきであろう[51]。強行法規の主張は規定の「特定」まで要すると定められているが、労働者にはできるだけ広く柔軟な主張を認めるべきであろう。

4　外国人の生活関係

(1)　日本に滞在する外国人の類型
　(ⅰ)　別表第二の在留資格とそこに現れる外国人像
　次に、生活型の在留資格に現れる外国人像をみていきたい[52]。なお、別表の順とは異なる。
　第1に、特定の外国人に長期の滞在を認めるものとして、「永住者」および「定住者」がある。まず、永住者は法務大臣が永住を認める者をいう。この在留資格は入管法上最も安定したものであるといわれる[53]。その永住者とは、「その生涯を本邦に生活の本拠をおいて過ごす者」[54]をいうとされる。その詳細は、「永住許可に関するガイドライン」に定められている[55]。入管法は入国時点の外国人に永住者の在留資格を与えていないので、移民（永住目的での移住）を認めていないものと解されている[56]。後述する特別永住者とも異なる。いずれにせよ、多様な在留資格で入国した外国人が、在留期間、「我が国への貢献」等を勘案され、長期の滞在を認められるものである。
　次に、「定住者」は法務大臣が特別な理由を考慮し、一定期間居住を認める者をいう。定住者は日本への定着に根ざした在留資格とされるが、「特定活動」と同じく、要件が緩やかで多様な点にその特徴を見出すことができよ

---

51)　松岡／高杉・前掲注41) 115頁等参照。
52)　日本にいる外国人の法的状況の分析を行うものとして、徳川信治他編『テキストブック　法と国際社会』（法律文化社、2012年）90-93頁〔樋爪誠〕、近藤編・前掲注38) 122頁〔宮崎真〕以下等がある。
53)　坂中・齋藤・前掲注2) 159頁。
54)　出入国管理法令研究会編『出入国管理実務六法　平成28年版』（日本加除出版、2015年）（以下、入管六法）203頁より引用。
55)　法務省HP（http://www.moj.go.jp/nyuukokukanri/kouhou/nyukan_nyukan50.html）参照。
56)　広渡・前掲注17) 253頁。

う[57]。「永住者」との違いは在留期間にあるといい[58]、逆に言えばそれ以外は同じである。

　この在留資格において特徴的な存在なのが在日外国人の中でも一定の割合を占めているいわいる「日系人」である。元々アジア地域（フィリピンなど）からの人々の流入を規律することを考えていた日本政府が、後述する特別永住者とのバランスから1989年の入管法改正（1990年法）において、日系人をこの資格の対象としたのが始まりである[59]。実態としては、ブラジルからの「デカセギ」労働者が増えることになり、「ニューカマー」の象徴的存在となるが、その受け入れ方が十分であったかは議論も多い[60]。

　第2に、家族関係の維持の観点から認められる在留資格として、「日本人の配偶者等」、「永住者の配偶者等」および「家族滞在」がある。まず、日本人の配偶者若しくは特別養子または日本人の子として出生した者に対する在留資格を「日本人の配偶者等」という。法律上の婚姻が成立していれば配偶者であるかが問題となる[61]。次に、「永住者の配偶者等」があり、「永住者等の配偶者又は永住者の子として本邦で出生しその後引き続き本邦で在留している者」をさす。「子」には嫡出子のほか、認知された嫡出でない子が含まれ、他方、養子はこれにはあたらない[62]。永住者等の「一定の家族」を受け入れるための在留資格であるとされるが[63]、子に関してはこの在留資格上は、実親子関係（実子）に限定されている。第3に「家族滞在」は、別表第一に定められているが、一定の在留資格をもって在留する者の家族に滞在を認め

---

57) 近藤編・前掲注38) 130頁［宮崎真］。
58) 坂中・齋藤・前掲注2) 170頁。
59) 関東弁護士会連合会『外国人の人権　外国人の直面する困難の解決を目指して』（明石書店、2012年）130頁等参照。
60) 関東弁護士会連合会・前掲注59) 130頁等。梶田孝道ほか『顔の見えない定住化　日系ブラジル人と国家・市場・移民ネットワーク』（名古屋大学出版会、2005年）も参照。
61) (2)(ⅲ)参照。なお、同性婚は認められないとされるが、同性のパートナーは実務的には「特定活動」でその在留が認められているようである。大阪弁護士会人権擁護委員会『LGBTsの法律問題Q&A』（LABO、2016年）117-119頁参照。さらに、実例については、近藤編・前掲注38) 135-136頁［宮崎真］が参考になる。
62) 入管六法204頁。
63) 坂中・齋藤・前掲注2) 165頁。

るもので、家族の一体性を具現する側面のある資格とも考えられる。対象となるのは「扶養を受ける配偶者または子」とされており、経済的独立性が基準となる[64]。

定住者の配偶者は定住者となる[65]。定住者の子、養子、あるいは永住者の子、養子、さらには家族滞在の養子等については、片岡論文に詳細であるので、そちらを参照いただきたい。

最後に、「日本人の実子を扶養する外国人親の取り扱いについて」(平成8年7月30日法務省入国管理局長通達)により、日本人の配偶者ではないが、日本人の実子を監護養育する外国人親にも在留資格が与えられている[66]。この場合の在留資格は「定住者」となるが、扶養あるいは監護・養育がその判断基準に間接的ながら取り込まれたことが注目される[67]。逆に、日本人の配偶者等に扶養の要件の無いことが特徴としてわかる[68]。

(ⅱ) 特別永住者

「日本国との平和条約に基づき日本の国籍を離脱した者等の出入国管理に関する特例法」(以下、特例法)に基づき、法定特別永住者(特例法3条)および特別永住を許可された者(特例法4条)が存在し、両者を総じて「特別永住者」ということが多い[69]。日本国との平和条約を契機に日本国籍を離脱した者およびその直系卑属が対象であり、戦前から日本に居住する朝鮮半島および台湾出身者の多くが該当する。特例法と冠されているが、入管法の在留資格との関連性は一部を除いてほとんどなく、完全に独立した資格となっている。

---

64) 坂中・齋藤・前掲注2) 140頁。
65) 入管六法 200頁。
66) 坂中・齋藤・前掲注2) 169頁。
67) 入管実務研究会『入管実務マニュアル〔改訂第2版〕』(現代人文社、2007年) 114頁。同書では、監護教育の実態が争われた例も紹介されている。
68) 多賀谷・高宅・前掲注15) 366頁等参照。
69) 黒木忠正『はじめての入管法〔改訂〕』(日本加除出版、2012年) 221頁等参照。

その詳細はここでは措くとして、これらの人々がオールドカマーと呼ばれるように、日本における家族法の国際化はこの特別永住者の存在抜きには語りえない[70]。後述するように、日本が本国法主義を採用しているがゆえに、外国籍者の法律関係は遍く渉外性を帯びる一方、2世、3世だけでなくいわゆる1世世代であっても、本国との関連性が希薄な者も多く、これらの人々に何国法を適用するのが妥当かが常に議論となっているからである。

2012年に外国人登録法が廃止され、「外国人住民票」制度へと移行している。しかし、これは単なる登録方法の変更にとどまらない、とりわけ対象となる外国人の家族関係の把握の過程で生じるさまざまな法問題のあることが指摘されている[71]。この点の詳細については、後掲・趙論文を参照されたい。

(iii) 難民

入管法には、「難民の地位に関する条約」（条約）および「難民の地位に関する議定書」を批准したことにより、同条約および議定書を実施するための主に手続き的な規定が内包されている。難民認定された者は、定住者の在留資格を与えられる可能性が高いので（入管法61条の2の2）、在留資格上は定住者に一先ずは包摂して考える。むろん、難民については、難民を受け入れることに対する国家的判断、姿勢といった政策的問題から、その認定に至るまでの手続き的問題、退去の場合の人権問題等多様な課題があり、その状況もめまぐるしく変動している。この点を含め難民固有の法問題の詳細は、後掲［5］（本田論文）に委ねる。

---

70) たとえば、韓国・朝鮮系のオールドカマーの法的状況を明らかにするものとして、木棚照一監修／「定住外国人と家族法研究会」編『「在日」の家族法〔第3版〕』（日本評論社、2010年）等がある。

71) 日本司法書士連合会「外国人住民票」検討委員会編『外国人住民票の創設と渉外家族法実務』（民事法研究会、2012年）、同『「外国人住民票」その渉外民事実務上の課題と対応』（民事法研究会、2013年）等参照。

(iv) 小括と課題

　日本に定住する、あるいは永住する人々の民事法的関係は、先の労働関係と同じく、国際私法によって指定された準拠法によって規律される。総論的には、定住者、永住者、特別永住者の存在する日本社会において、国際私法が原則としてきた「本国法主義」とうまく機能していくかを省察してみることにする。次に、各論的には家族関係の維持に関する在留資格との関連で、配偶者、実子および養子に関する準拠法がいかにして確定されるか、そこに問題はないかが課題となる。このうち、養子制度と在留資格との関係は特徴的な問題がいくつかある[72]。また、在留資格の前提条件として、「養子」をいかに決定するかという問題があり、国際私法上は先決問題といわれる。これらの点は、後掲・片岡論文に委ねたい[73]。したがって、配偶者の問題についてのみ、最後に言及する[74]。

(2) さらなる検討

（i）定住、永住型滞在者と国際私法

①本国法主義

　日本の国際私法において、人の身分または能力に関する準拠法は本国法によって決定される。現代国際私法の基礎を形成したサヴィニーは、必ずしも本国法主義を採用するものではなかったが[75]、マンチーニなどにより主導された概念[76]として知られ、日本では明治の立法期以降堅持されている。その名称のとおり、渉外的な法律関係に適用される法を、その者の本国法によって決定する原理である。

---

[72] 奥田安弘「Ⅱ国籍・在留資格」奥田・高倉正樹・遠山清彦・鈴木博人・野田聖子『養子縁組あっせん　立法資料の解説と資料』（日本加除出版、2012年）249頁。

[73] 泉晶子「国際養子縁組における子の利益」立命館法政論集3号（2005年）191頁以下。http://www.ritsumei.ac.jp/acd/cg/law/lex/hosei-3/izumi.pdf も併せて参照。

[74] 嫡出子、非嫡出子の法適用の相違を含め、実子に関しても検討すべき点はあるが、他日を期すこととする。

[75] 櫻田嘉章「サヴィニーにおける準拠法決定の在り方について」法学論叢126巻4・5・6号（1990年）179頁等参照。

[76] 西谷祐子「19世紀ヨーロッパ国際私法における本国法主義の成立と展開(1)(2完)」民商116巻4・5号161頁以下、同6号867頁以下（いずれも1997年）参照。

日本には、本国法に関する定義的な規定は存在しない。しかし、通則法4条はじめ、身分・家族関係には本国が第1の連結点として主に採用されてきており、日本が本国法主義であることは明らかである。学説上も、民族の風俗習慣、倫理意識、宗教観念が集約される本国の良さを否定できない[77]、あるいは、本国で生育する人が多くかつ民族帰属意識は国家帰属意識とともに醸成されていくことから、国籍が当事者利益に資し属人法判断においてはその利益が最も重要である[78]、これらの理由から、本国法主義に好意的あるいは支持しているものがある。

他方、かねてより、「住所」概念の定め方によっては、住所地法主義の方に多分の合理性があるとする説[79]もあった。また、一律に属人法を決定するのではなく、明確性よりも最密接関係法を適用することを重視しあるいは生活の中心地の法を適用することが当事者の利益等にもかなうという観点を前提に、個別的、具体的事情を考慮して判断していくべきと主張する説もあった[80]。

そのような議論状況の中、本国法主義が形骸化する場面として早くから認識されていたのが（現行制度にいう）特別永住者たる在日韓国・朝鮮人と中国人の本国はどこかという問題であった。そこでは、本国法主義ではなくむしろ住所地法主義によるべきとの立場が説かれている[81]。近時も常居所地法主義に好意的な見解がみられる[82]。しかし、これに対しては、現代の国際私法においては本国と断絶しておらずまた本国へ常居所が移動する可能性のあるニューカマーの本国も含めて検討すべきであるという趣旨から、特別永住者に関しても本国法主義の枠内にとどまらねばならないとの主張がある[83]。

---

77) 溜池良夫『国際私法講義〔第3版〕』（有斐閣、2005年）91頁。
78) 木棚照一・松岡博・渡辺惺之『国際私法概論〔第5版〕』（有斐閣、2007年）44頁。
79) 山田・前掲注22) 124頁。
80) 松岡／高杉・前掲注41) 33頁。
81) 栁場準一「判批」ジュリ195号（1960年）61頁、同299号（1964年）127頁、同546号（1973年）129頁。
82) 趙慶済『「在日」の国際家族法とその本国法を考える』（日本加除出版、2015年）55-143頁等参照。
83) 中国人・朝鮮人の本国法に関する通則法38条の解釈との関連で、この根拠を示すものとして、横山潤『国際私法』（三省堂、2012年）59頁を参照。

なお、法務省の統計によれば、オールドカマーの数は逓減し、ニューカマーの代表格であるブラジル人、ペルー人の数は大きく減り、代わってタイ人、ベトナム人の数が大きく増えているのが最近の状況である[84]。

オールドカマーの本国法をめぐる議論は、いわゆる国籍の実効性の問題であり、正鵠を得ている部分もあるが、大きな支持を得たものではない。一般論としても、国籍国以外を本国と扱うような判断には慎重であるべきと解される[85]。ただ、本国法主義を堅持することは、上述のとおり、ニューカマーをはじめ、在留外国人が多様化する傾向にある中では、なおその意義は失われないと考える。先に紹介した本国への復帰可能性という要素も重要である。加えて、今後は本国にはすぐ戻らず、複数の国々を転々とすることも考えられるであろう。そのような人にとっていわば本源的な法として、本国法が機能する余地も十分にあるように思われる。この点は、引き続き検討の対象としたい。

②常居所の認定

1989（平成元）年の法例改正において、常居所地法が全面的に導入された点にも言及する。というのも、常居所とは、ハーグ国際私法条約を契機に広く採用されてきた人に関する新たな連結点だからである。その定義はあえて置かれておらず、事実概念[86]として世界的に使用されるものとして位置づけられていた。したがって、戸籍窓口をはじめ行政の実務において常居所の判断をする場合、その画一的処理の必要性が生じ通達が出されている（「法例の一部を改正する法律の施行に伴う戸籍事務の取扱いについて」（平成元年10月2日付民二第3900号）。その後、数次の改訂を経て、平成24年6月25日民一第1550号通達））。そして、この通達において、事件本人が外国人である場合の常居所の認定の準則として、入管法が用いられている。具体的には、永住者、

---

84) 詳細は、法務省「平成28年6月末現在における在留外国人数について（確定値）」http://www.moj.go.jp/nyuukokukanri/kouhou/nyuukokukanri04_00060.html を参照されたい。
85) 木棚照一編『国際私法』（成文堂、2016年）108頁［樋爪］参照。
86) ただし、近時は法的な評価を受ける以上単純な事実ではないという見解が日本では有力である（櫻田嘉章・道垣内正人編『注釈国際私法 第2巻』（有斐閣、2013年）279頁［国友明彦］、横山・前掲注83) 49頁）。

日本人の配偶者のみ、永住者の配偶者又は定住者は1年以上の在留によって常居所が認定される。また、特別永住者、日本人の配偶者以外の日本人の配偶者等に該当する者、上述した意味での永住者の「子」は常に日本に常居所があるとして扱われる。

　常居所の認定において、「相当期間の滞在」が必要であることにつき異論はなかったが、具体的にどの程度の期間かにつき定説を見ていなかった。そこで永住資格を有している者あるいは日本人の配偶者若しくは子（いずれも当時の制度）を念頭に、1年（以上）でよいとされた。これら「定着性の高い」在留資格さえあれば、居住要件すなわち客観的な滞在期間も必要ないとの議論もあったが、それは主観的に過ぎるので1年の要件が付加されたという[87]。

　このような通達が戸籍実務上必要であることは一般的には否定されないであろう。確かに常居所の定義を欠く現行法においては、基準としての明確性もある[88]。しかし、本通達の定め方は、あまりにも形式的で硬直的であり、国際私法における属人法の議論の積み重ねとも乖離がある。その妥当性を批判的あるいは限定的にとらえる見解も少なくない[89]。常居所の認定は今後も具体的妥当性に則して行われていくことになる。

　たとえば、定住者という資格ひとつをとっても、そこに現れる生活関係は多様である。ただ、通達が直接の基準とはならないまでも在留資格自体は外国人の現状を示すうえでは重要な手がかりではある。常居所の一般的な認定の場面において、在留資格は趣旨を踏まえて参酌されることはむしろ有益であろう[90]。

---

[87] 　南敏文「法例改正に関する基本通達の解説」澤木敬郎他編『新しい国際私法──改正法例と基本通達』（日本加除出版、1990年）210頁。

[88] 　道垣内正人『ポイント国際私法総論〔第2版〕』（有斐閣、2007年）157頁。学説の全体像は注釈Ⅱ［国友］282-283頁参照。

[89] 　木棚他・前掲注78）51頁［木棚］、奥田・前掲注4）486頁等参照。中西康他『国際私法』（有斐閣、2014年）77頁は司法での利用に限定的、その他木棚編・前掲注85）73頁［樋爪］等参照。通達上、常居所の認められない在日米国軍属の常居所が司法で認定された例として横浜地判平成3年10月31日家月44巻12号105頁がある。

[90] 　奥田・前掲注4）483頁。道垣内・前掲注88）も通則法の解釈においては連結点の趣旨に照らして認定するほかないとする（160頁）。

(iii) 「日本人の配偶者」の解釈

最後に、各論的論点の中から、日本人の配偶者等という在留資格の解釈の在り方についてみておきたい。

配偶者という要件を考えるにあたり、まず国際結婚の成立が問題となる。国際私法上は、婚姻の実質的成立要件は、各当事者につきその本国法による（通則法24条1項）。婚姻意思は国際私法上、実質的成立要件に入ることに異論はないので、国際結婚の場合、各当事者の本国法上の意思要件を満たしているかが問題となる。婚姻の方式については、「婚姻挙行地の法」（同条2項）または「当事者の一方の本国法」（同3項本文）に適合する方式は、有効とされている。ただし、当事者の一方が日本人であり婚姻が日本で挙行される場合は、日本法によらねばならない（同3項但し書。「日本人条項」といわれる）。

この在留資格の取得につき、しばしば「国際的な偽装結婚」（以下、偽装結婚）が行われているといわれ、社会問題化している[91]。しかし、それが法的にどのような問題かは知られていないようにも思われる。国内法上は、刑事法において「公正証書原本不実記載等」（刑法157条）等の罪に該当する可能性がある[92][93]。他方、日本民法上は、婚姻意思の問題と解され、形式的意思説なら認められ実質的意思説なら認められないのか等が争われている[94]。

国境を越えた結婚の場合も、婚姻意思の問題と解され得るところ、最判平成14年10月17日判時1806号25頁において、最高裁は「日本人の配偶者

---

[91] たとえば、「潜り込む 偽装結婚は『シロ』、子供の認知も悪用—第7部〈犯罪底流〉」（www.asahi.com/special/kajin/TKY200910190297.html）。

[92] 櫛清隆「偽装結婚に関する諸問題について（実務のしおり）」研修717（2008）37頁、高山昇「悪質・巧妙化する不法入国の手口—偽装結婚・偽装認知」月刊治安フォーラム8巻1号（2002年）28頁、富松茂夫「外国人犯罪—外国方式による偽装結婚事件をめぐる問題〈研修講座〉」研修629（200）57頁、森下忠「偽装結婚の話（視点）」法令ニュース32巻11号（1997）16頁、小川原優之・境分万純「小川原優之氏に聞く（ロー・ジャーナル　インタビュー）」法学セミナー42巻10号（1997年）1頁、本書第Ⅱ部［8］（藤本論文）等参照。

[93] 外国人男性との偽装結婚で刑事訴追を受けた日本人女性が「愛情がある」といわれ、無罪となった事例がある（朝日新聞2007年8月3日報道）。

[94] 窪田充見『家族法〔第2版〕』（有斐閣、2013年）19頁以下、とりわけ19頁の設例、萬羽ゆり『―Q＆Aでわかる―外国人犯罪捜査（捜査実務編）』（実務法規出版、2016年）72頁等参照。

等」という在留資格を充足するには、配偶者としての活動の実績が必要であるとした。学説も概ねこの立場を受け入れている[95]。その結果、法律婚が成立していることのみではこの在留資格該当要件は充足せず、婚姻関係に社会生活上の基盤が存在することも求められていると解される[96]。国際私法的には、通則法25条が判断基準になっている。さらに、2009年に入管法が改正され、日本人の配偶者の取消制度が認められており、婚姻中はもとより従前は在留期間の満了まで滞在できた離婚後においても日本人の配偶者という在留資格が実態を伴わない場合、取消され得ることになった[97]。

たしかに、日本人の配偶者等という在留資格のうち、配偶者に関してはその「活動」が条件となっているので、実態が伴わねばならないという解釈は原則として理解できる[98]。しかし、婚姻中の男女にはさまざまな生活形態があることは広く知られており、それは国内婚においても同じである。にもかかわらず、その婚姻形態が、国際結婚に関しては、外国人の在留資格に影響することについては、当事者に与える影響に鑑み、法律婚主義の趣旨に基づき、法的な婚姻が成立する限りにおいて原則としてその法律関係を尊重すべき余地があると考える。先に掲げた最判の事案は、当事者同士が一面識もないような「偽装結婚」とは異なるのであり、法律婚の成立を尊重してよかったのではないか。同じ観点から、在留資格取消制度のうち入管法22条の4第1項7号のあり方を導入した点も再考されるべきであろう。

5　むすびにかえて

冒頭で述べたように、国際私法と入管法の相違を前提とした序論的な考察となった。検討の余地を残すものも少なくなかったが、それでも入管法自体の研究を多角化の一助になればと考える。付言すれば、入管法も、国際私法

---

95)　青野洋士「判批」ジュリスト増刊（最高裁時の判例1 公法編）142頁、由喜門眞治「判批」平成14重判解（ジュリスト臨時増刊1246号）48頁参照。
96)　東京弁護士会外国人の権利に関する委員会『外国人の法律相談』（学陽書房、2010年）174頁［金東周］参照。
97)　東京弁護士会外国人の権利に関する委員会・前掲注96) 182-183頁［屋敷理絵］等参照。
98)　入管六法203-204頁は、条文上の根拠として、2条の2第2項および7条1項2号をあげる。

も、とりわけ外国人の生活関係に密接に関連するにもかかわらず、いずれもその法構成は特殊である。過度に連動する必要はないが、常に意識されながら議論することは、外国人あるいはそれを支える人々にとっても有益ではないかと考える[99]。

---

99) 脱稿後、佐野寛「法適用通則法における本国法主義の意義」国際 115 巻 3 号（2016 年）46 頁に接した。

[3]
入管法改正と在留外国人の身分記録
―「身分関係」関連事項の記録簿の必要性をめぐって―

趙　慶　済

1　はじめに

　在留外国人の身分関係はどのようにして証明されるのであろうか。滞在国の身分登録を管掌する機関が証明権限を有しているのであろうか。それとも、外国人の国籍所属国である本国または滞在国の在外公館が証明権限を有するのであろうか。そのいずれであっても、日本に生活の本拠を有する外国人は、日本の戸籍管掌機関に出生届・死亡届や婚姻・離婚等の届出を行う。もし、本国の身分証明が必要になれば、それら届出をした書面を添付し、それら身分行為を本国または滞在国の在外公館に届け出て、本国の身分登録簿に登載させるか、各身分行為の公証を願い出る、という経路をたどるであろう。
　ちなみに、日本の戸籍管掌機関に身分行為を届け出た後、直ちに、本国または滞在国の在外公館に届け出る例はまれであり、本国からの身分証明が必要でなければ、一生それらを届け出ない例もある。それら本国からの身分証明が必要になったとしても、必要となった時にそれら届出を行うのが通例であり、その時は身分行為が成立してから数年もしくは数十年が経過していることも、まれではない。その際に、在留外国人は、日本におけるこれまでの身分関係の記録が必要となる。

「入管法等改正法」（平成21年法律79号）[1]と「外国人住民票」を創設した改正「住民基本台帳法」（平成21年法律77号、以下「改正住基法」という）は、2012年7月に施行された。それと同時に、「外国人登録法」（昭和27年法律125号、以下「旧外国人登録法」という）は廃止された（入管法等改正法4条）。

本章では、旧外国人登録法により市区町村に備え置かれていた「外国人登録原票」（以下、「登録原票」という）や外国人住民票の身分関係の記載事項の問題点を説明した後に、在留外国人が自身の身分関係の記録を取得する方途を探ることにしたい。

2　外国人登録原票から「外国人住民票」へ

登録原票は入管法等改正法の施行後、市区町村から法務省に送付され（入管法等改正法33条）、2012年7月からは一定の在留外国人に「外国人住民票」が新設されている（改正住基法30条の45）[2]。

(1) 登録原票の身分関係関連事項

外国人登録法の目的は「本邦に在留する外国人の登録を実施することによって外国人の居住関係及び身分関係を明確ならしめ、もって在留外国人の公正な管理に資すること」（1条）であった。

市区町村に備え置かれていた登録原票の「身分関係」に関連すると思われる記載事項は、(ｱ)「国籍の属する国における住所又は居所」（旧外国人登録法4条1項7号）、(ｲ)「出生地」（同8号）、(ｳ)「世帯主の氏名」（同16号）、(ｴ)「世帯主との続柄」（同17号）、(ｵ)「申請に係る外国人が世帯主である場合には、世帯を構成する者（当該世帯主を除く）の氏名、出生の年月日、国籍及び世帯主との続柄」（同18号）、(ｶ)「本邦にある父母及び配偶者（申請に係る外国人が世帯主である場合には、その世帯を構成する者である父母及び配偶者を

---

1)　「入管法等改正法」の正式名称は、「出入国管理及び難民認定法及び日本国との平和条約に基づき日本の国籍を離脱した者等の出入国管理に関する特例法の一部を改正する等の法律」。
2)　「外国人住民票」の対象者は、中長期在留者、特別永住者、一時庇護許可者または仮滞在許可者、出生による経過滞在者または国籍喪失による経過滞在者である（改正住基法30条の45）。

除く）の氏名、出生の年月日及び国籍」（同19号）[3]である。

　(ｱ)の記載は、本国の身分登録管掌機関の所在地を示す場合があり、(ｲ)の記載は、「出生地」が外国であれば、出生届を提出した外国の身分登録管掌機関の所在地を指す場合があり、「出生地」が日本であれば、「出生届」を提出した市区町村所在地を示している可能性がある。(ｳ)(ｴ)の記載は、世帯構成員からみた「世帯主の氏名と世帯主との続柄」が把握できる。(ｵ)の記載では、世帯主からみた「世帯構成員の氏名・出生年月日・国籍及び続柄」が把握できる。(ｶ)の記載では、世帯構成員ではない「父母と配偶者の氏名・出生年月日・国籍」が把握できる。

(2) 「外国人住民票」の身分関係関連事項

　改正住基法で創設された「外国人住民票」の身分関係に関係する事項は、日本人の住民票と同様に「世帯主についてはその旨、世帯主でない者については世帯主の氏名及び世帯主との続柄」（改正住基法30条の45、住基法7条、以下「世帯事項」という）だけである。つまり、世帯主が日本人であれ外国人であれ、その住民票には「世帯主」と記載され、世帯構成員が日本人であれ外国人であれ、その住民票には「世帯主の氏名と世帯主の続柄」が記載されるだけである。

　このように、「外国人住民票」には、登録原票にあった身分関係に関連する事項の多くが捨象されてしまった。

(3) 登録原票と「外国人住民票」の取扱いの相違

　登録原票は、他の市区町村に転出すれば転出先市区町村に送付され（旧外国人登録法8条5項）、転入市区町村は送付された登録原票に追加して記載するのに反して、「外国人住民票」は、他の市区町村に転出すれば転出先市区町村に送付されず、転入市区町村では転出証明書を添えた転入届等に基づき新たに「外国人住民票」を作成し（住基法8条1項、同22条1項、住基令23

---

[3] 旧外国人登録法4条1項18号19号は、平成4年法律第66号で指紋押捺に代わる本人確認の手段として署名・写真と併せて導入され、1993年1月8日に施行された。なお、18号19号は1年未満在留者の登録事項とはされなかった。

条等)、転入前の「世帯事項」の記録は移記されず[4]、転入時の世帯事項が記載されるにすぎない。

したがって、登録原票では、入国(出生)から出国(死亡)までの記載事項を時系列的に確かめられるが[5]、「外国人住民票」は、転入から転出までの事項が確かめられるにすぎない。

(4) 登録原票の開示請求の急増

登録原票は市区町村から法務省に送付されたが、法務省は現在、登録原票の個人情報開示請求の対応に追われている。開示件数は、2011年(平成23年)度は約3,000件であったが、改正法施行年の2012年(平成24年)度は前年度の10倍に激増し、約33,000件であり[6]、2013年(平成25年)度は、毎月平均約2,500件とのことである[7]。開示請求の勢いは依然治まる気配はない。

3 登録原票と外国人住民票の身分関係関連事項の問題点

登録原票の開示請求が多くなされているのは、外国人住民票創設前の住所・氏名(通称を含む)の変遷を時系列的に確かめることに加えて、2(1)で述べたように、㈦㈡の記載が本国の身分登録管掌機関にアクセスできる蓋然性の高い事項であることや㈬㈣㈤㈥の記載などに一定の身分関係を示す事項が記載されているのが、その主な理由と思われる。

(1) 登録原票の問題点

2(1)で述べた登録原票の㈡の「世帯主との続柄」には、「妻」「子」「父」

---

[4] 移記される例外に、「通称の記載及び削除に関する事項」がある(住基令30条の25第2号、同令30条の27第2項)。
[5] 旧外国人登録法8条5項。
[6] 第5回第6次出入国管理政策懇談会(2013年10月4日)の場での入国管理局提出資料4(17頁)。(法務省HP>省議・審議会等>その他会議>出入国管理政策懇談会(2016年10月1日アクセス))
[7] 第6次出入国管理政策懇談会報告書「今後の出入国管理行政の在り方」(平成26年12月)20頁の注6)を参照(前掲HP)。

「妹」などと表記されたに留まり[8]、「子」が婚内子か婚外子か養子かの別は記載されず、「妻」「夫」の記載も新規登録や登録証明書の確認時に記載されていたにすぎない[9]。また、(オ)の世帯主からみた「世帯構成員の氏名・出生年月日・国籍及び続柄」の記載や(カ)の世帯構成員ではない「父母と配偶者の氏名・出生年月日・国籍」の家族事項登録の記載は、新規登録申請を行うときや登録証明書の引替交付・確認等の申請をするときに[10]、原則として本人からの申出により記載された事項であり[11]、申出がなければ記載されず、記載されていたとしてもその真偽が担保されているわけではない。

そこで、「子」が婚内子か婚外子か養子か、「配偶者」と婚姻や離婚をしているのかを確かめるべく、市区町村に届け出た「出生届」「婚姻届」「離婚届」等の届出書の記載事項証明書などを取得しようとしても[12]、それら「届出地」は記載されておらず不明である。また日本の裁判所の判決・審判により「認知」「離婚」「養子縁組」などがなされていても、それらが判決・審判によってなされたかは登録原票からは判明せず、たとえそれら判決書や審判書を取得しようとしても「管轄裁判所」は記載されておらず不明である[13]。

(2) 「外国人住民票」の問題点

「外国人住民票」の世帯事項の「世帯主との続柄」も「妻」「子」「父」「母」「妹」「弟」「子の妻」「妻（未届）」「妻の子」「縁故者」「同居人」と記載されるにすぎない[14]。また、その変更に関しては、原則として世帯主との

---

8) 法務省入国管理局「平成12年3月外国人登録事務取扱要領・特別永住事務取扱要領」第6-3-(15)「続柄は世帯主を中心として表示するものとし、…「妻（未届）」「子の妻」「弟の子」「同居人」のように記入する。世帯主の子（養子を含む）は、「子」とし、世帯主を中心として年月日順に記入する。なお、妻（未届）の子は、「妻（未届）の子」と表示する。」。
9) 旧外国人登録法9条2項。
10) 旧外国人登録法9条2項、同法附則（平成4年法律66号）8条、同法附則（平成11年法律134号）8条。
11) 前掲注8) 第7-1-(5)「ア 家族事項を最初に登録する場合 申請書の記載に基づき登録する。ただし、申請の内容について事実に反することを疑うに足りる相当の理由があるときは、事実の調査を行うこととする（法15条の2）。」。
12) 受理・不受理の証明書、届書の閲覧、記載事項証明書については、戸籍法48条を参照。
13) 判決書・審判書等の閲覧、謄写・謄本等の請求は、民事訴訟法91条、人事訴訟法35条、家事事件手続法47条を参照。

続柄を証する文書の提出が義務付けられているが[15]、世帯事項の変更に係る文書に記載されている身分行為に関する届出がなされた市区町村の「届出地」や判決・審判を下した「管轄裁判所」が世帯事項に明示されているわけではない。

4 在留外国人の身分変動と「外国人住民票」の記載

さて、2012年7月以後は、在留外国人には登録原票は作成されず「外国人住民票」だけが作成され市区町村に備え付けられている。ここでは、「外国人住民票」の身分関係の記載事項に限ってその問題点を述べることにする。

(1) 「外国人住民票」の作成と閉鎖

在留外国人が日本で出生または死亡した場合は、戸籍法上の届出義務がある[16]。出生すれば外国人住民票が作成され、死亡すれば外国人住民票は閉鎖される。また、日本国籍を喪失した在留外国人には「外国人住民票」が作成され、在留外国人が日本国籍に帰化または日本国籍を取得した場合には「外国人住民票」は閉鎖される。

---

14) 「住民基本台帳事務処理要領」(昭和42年法務省民甲2671号通知、最近改正平成24年総務省総行17号通知)第2-(2)-(オ)「世帯主の嫡出子、養子及び特別養子について…は、「子」と記載する。内縁の夫婦は、…「夫(未届)、妻(未届)と記載する。内縁の夫婦の子の世帯主(夫)との続柄は、世帯主である父の認知がある場合には「子」と記載し、世帯主である父の認知がない場合には「妻(未届)の子」と記載する。縁故者には、親族で世帯主との続柄を具体的に記載することが困難な者、事実上の養子等がある。夫婦同様に生活している場合でも、法律上の妻のあるときには「妻(未届)」と記載すべきではない。」。

15) 住民基本台帳法30条の48、30条の49、同施行令30条の25、30条の26参照。前掲注14)第2-2-(オ)「外国人住民について、世帯主との続柄を証する文書の添付が必要な場合においては、訳文とともに提出を求め、内容を確認する。また、これが提出されず、事実上の親族関係が認められる場合には、世帯主との続柄は「縁故者」と記載する。」。

16) 明治32年8月5日民刑局長回答、昭和5年3月20日民事第275号民事局長回答、昭和24年3月23日民甲第3961号民事局長回答、昭和24年11月10日民甲第2616号回答「戸籍法は、原則として朝鮮人には適用されないが、内地において発生した出生、死亡のように同法が特に内地人以外の者にもその適用を命じている届出については、これを怠った朝鮮人に対して同法第120条第121条の適用があり…。右の取扱は、台湾人、外国人についても同様である。」。

(2) 外国人同士の身分変動の届出の場合

　日本で外国人同士が婚姻・離婚などの創設的届出を市区町村に届け出た場合は、「法の適用に関する通則法」（以下、「通則法」という）に定める準拠法に適合すれば、市区町村はその届出を受理するが、その届出地は「届出人の所在地」である（戸籍法25条2項）。また、外国人同士が認知や離婚などを日本の裁判所の判決や審判で行おうとする場合は、日本に管轄権があれば[17]、裁判所は通則法で定める準拠法を適用して判決や審判を行うが、その判決や審判の報告的届出を市区町村が受理する否かについては肯定説が有力と思われるが、定説とはなっていない[18]。たとえ、報告的届出が受理されるとしても、その場合の届出地は「届出人の所在地」になる。

(3) 日本人・外国人間の身分変動の届出の場合

　他方、日本人と外国人間の身分行為に関する戸籍法上の創設的届出は、通則法に定める準拠法に適合すれば、市区町村で受理され、届出事項は当該日本人の戸籍に登載される。また、日本人と外国人間の身分行為に関する報告的届出は、当該日本人に届出義務が課せられ（戸籍法63条など）、それら届出事項は当該日本人の戸籍に登載される。しかし、当該日本人と当該外国人が同一世帯であれば当該外国人の住民票の世帯事項は変更されるが、その届出が創設的届出なのか報告的届出なのか、また、その届出日と管轄裁判所は明示されない。加えて、別世帯であれば当該外国人の住民票の世帯事項には何らの記載もされない。

---

17) 現在国会では「人事訴訟法等の一部を改正する法律案」（閣法第33号）が審議中である。人事訴訟事件や家事事件に関する日本の裁判所の国際管轄権を定めるもので、その管轄基準は、当事者等が日本国内に住所を有することを原則とする内容である。

18) 島野穹子「渉外戸籍法(9)」戸籍729号（2002年4月）2頁、佐藤やよひ・道垣内正人編『渉外戸籍法リスティトメント』（日本加除出版、2007年）「しかし、この場合、離婚の裁判は日本国内で行われており、したがって日本の領域内で生じた家族関係であるといえるから、戸籍法77条は離婚当事者双方が外国人である場合にも適用されるものと解すべきである」246頁、渉外戸籍実務研究会『改訂 渉外戸籍実務の処理Ⅰ 総論・通則編』（日本加除出版、2013年）204頁272頁も参照。

(4) 「外国人住民票」の記載

このように、「外国人住民票」を取得しても、在留外国人の身分関係に関する情報は極めて少なく、外国人当事者自身が身分関係を形成した記録を保存・管理していることを期待するしかないのが実情である。しかしながら、当事者にそれを期待するのはあまりにも酷である。少なくとも、外国人当事者もしくはその親族などが、それら届出書についての記載事項証明書などを取得できたり、判決・審判等であれば判決書または審判書を取得できる制度的工夫を模索すべきである。

5 日本の諸官庁に散在する在留外国人の身分関係の記録

ところで、在留外国人の身分関係の記録は、日本の諸官庁に散在している。それらを以下に概括的に述べる。

(1) 日本の諸官庁に保存されている身分関係の記録

在留外国人の身分関係の記録は、日本の諸官庁に点在している。(ア) 日本人と外国人間の創設的届出・報告的届出の書面は、当該日本人の戸籍を管轄する法務局に保存されている[19]。(イ) 外国人の出生届・死亡届または外国人同士の創設的届出・報告的届出の各種書面は、当該外国人が届け出た「届出地」の市区町村に保存されている[20]。(ウ) 日本の裁判所での日本人と外国人間または外国人同士の離婚等の判決・審判の判決書や審判書は、管轄裁判所に保存されている[21]。(エ) 日本国籍を取得したり日本国籍に帰化したときの

---

[19] 戸籍法施行規則49条1項、保存期間は「当該年度の翌年から27年」(同2項)。
[20] 戸籍法施行規則50条1項、保存期間は、創設的届出書類は「当該年度の翌年から50年」、その他は「当該年度の翌年から10年」。
[21] 最高裁判所「事件記録等保存規程」(昭和39年規程第8号、最近改正平成27年規程第2号) によると、原則として当該事件の第一審裁判所に保存され、別表第一によれば、人事訴訟事件の判決の原本の保存期間は原則「50年」、家事審判事件は、申立てを却下するものを除いて審判の原本及び審判に代わる裁判の原本の保存期間は「30年」であり、家事調停事件は、異議申立により効力を失ったもの及び決定により取り消されたものを除いて合意に相当する審判の原本や合意に相当する審判に代わる裁判の原本の保存期間は「50年」である。

身分関係の記録は当該外国人の国籍業務を取り扱う管轄法務局に保存されている[22]。(オ)閉鎖または廃止された登録原票は、法務省に保存されている[23]。

(2) 身分関係に係る判決・審判の通知・嘱託

　裁判所書記官は、戸籍の届出または訂正を必要とする人事訴訟事件に係る判決・審判等が確定すれば、当事者の本籍地の戸籍事務管掌者に通知しなければならない（人事訴訟規則17条）[24]。また、家事事件手続法の「別表第一」等で定める一定の審判等が確定したときは、裁判所書記官は戸籍事務管掌者に戸籍記載の嘱託をしなければならず（家事事件手続法116条）[25]、一定の審判等が確定したときは本籍地の戸籍事務管掌者に通知しなければならない[26]。しかしながら、在留外国人に係る判決・審判等に関しては通知・嘱託は法定されていない。

　他方、成年後見開始等の審判が確定したときは、裁判所書記官は登記所に後見登記等の嘱託を行うが（家事事件手続法116条、後見登記等に関する法律4条）、後見登記官が後見開始の審判の登記等をしたときは、当該成年被後見人の本籍地の市町村長に対し通知しなければならないが、当該成年被後見人が外国人のときは住所地の市町村長に通知しなければならないと定めている（後見登記等に関する省令13条）。

6　在留外国人の「身分関係」関連事項の記録簿の必要性

　現在、在留外国人の身分関係関連事項は「外国人住民票」の世帯事項にし

---

22) 国籍法施行規則1条2条。平成24年3月22日法務省民一第738号民事局長通達「帰化事件処理要領について）」第9節第1-2「帰化許可申請事件記録については、原則として、受付庁（受付庁が支局である場合には、その本局）において保存する。」
23) 閉鎖は旧外国人登録法施行令6条、廃止は入管法等改正法4条、法務省への送付は入管法等改正法33条、保存期間は、平成23年4月1日法務省秘文訓第308号「法務省行政文書管理規則」別表第一「備考五」を参照。
24) 人事訴訟規則17条は、同法31条35条でも準用されている。
25) その詳細は、家事事件手続規則76条。
26) 家事事件手続規則89条、93条2項、94条100条など。

か表示されていない。それでは、あまりにも不十分であることは先に述べた。

そこで、その欠陥を補うためには、「外国人住民票」の備考欄に身分関係の関連事項を記載するか、「外国人住民票」とは別に当該外国人の「住所地」に身分関係の関連事項を記載する記録簿を整えるなどして、在留外国人の利便性を高める施策を講じるべきである。

その記載内容は、第1に、2(1)の(ｱ)(ｲ)の「国籍の属する国における住所又は居所」や外国で出生した場合の「出生地」のように、当該外国人の本国等の身分登録簿または出生簿に連結させる地を記載し、本国等のそれらの取得を可能とすること。日本国内で出生していれば、「出生である旨」「届出年月日」「届出地」を記載すること。第2に、日本国内で婚姻等をしていれば、たとえば「婚姻である旨」「婚姻年月日」「届出地」「相手方」を記載すること。第3に、日本の裁判所の判決等により離婚等をしていれば、たとえば「離婚である旨」「判決確定日」「管轄裁判所」「相手方」を記載すること、である。

それらの記載から「届出地」市区町村や管轄法務局などから身分関係の記録を取得するか、当該「管轄裁判所」から事件記録等を取得するかして、身分関係の内容を確かめられることにしてはどうであろうか。また、それら記録の正確性を担保するためには、5(2)で述べたように外国人に通知されていない判決・審判等を当該外国人の住所地の市町村長に通知することも必要である。次いで、それら身分関係を証する記録を保存していると思われる官公署が判明しても、官公署にそれら記録が保存されていなければならない。そこで、それら記録の保存期間を伸長する見直しも必要である。

「外国人住民票」の備考欄に記載するにしても、新たに身分関係関連事項を記載する記録簿を当該外国人の住所地に整えるにしても、それら記載を転出後の住民票に移記するか転出先市区町村に送付することも必要である。ただ、備考欄の記載を設けるにしても記録簿を調整するにしても、それらが、日本戸籍が有している公証機能を有することにはならない。その意味では、それらは、身分関係記録の付属記録といえよう[27]。

---

27) その付属記録は、戸籍法が定める「受附帳」（戸籍法施行規則21条）に類似する。

7 おわりに

　2015年末現在の在留外国人の総数は、2,232,189人であり[28]、2016年1月1日現在の住民基本台帳法に基づく「外国人住民」の人口は、2,174,469人である[29]。そのいずれの数も増加する傾向にある。ちなみに、「外国人住民だけの世帯」は1,138,788世帯で、その1世帯平均構成人員は1.91人であり、「複数国籍世帯」は447,826世帯である[30]。また、外国人住民の0歳から4歳までの人口は75,604人である。

　2012年7月以後に出生し登録原票がない「外国人住民票」だけの「外国人住民」は、少なくとも現在では、約7万人程度に達するのではなかろうか。今後、在留外国人の多くは、登録原票にあった本国等との連結を示す表徴やそこに記載されていた自身の身分関係関連事項を参照できないばかりか、自身の身分関係記録の取得がより困難な状態になる。

　在留外国人が自身の身分関係の把握が困難な状態が続けば、日本で社会生活を円滑に営む上で多大な支障をもたらす[31]。在留外国人の身分関係の記録の整備は、日本社会が在留外国人とどのような関係を築くのかを図るバロメーターである。早急に対応策を講じる必要がある。

（2016年10月3日記）

---

28)　平成28年3月11日法務省報道発表資料「平成27年末現在における在留外国人数について（確定値）」より。なお、在留外国人は、2012年末現在2,033,656人、2013年末現在2,066,445人、2014年末現在2,121,831人である。
29)　平成28年7月13日総務省自治行政局住民制度課　報道発表資料「住民基本台帳に基づく人口、人口動態及び世帯数（平成28年1月1日現在）」より。なお、「外国人住民」は、2014年1月1日現在2,003,379人、2015年1月1日現在2,062,907人である。
30)　「複数国籍世帯」とは、日本人住民と外国人住民の混合世帯をいう。
31)　前掲注7）第6次出入国管理政策懇談会報告書21頁は「外国人登録制度が廃止され、今後は、外国人登録原票のない在留外国人が徐々に増加しているものと予想されるが、将来的には、これらの家族関係や身分事項、住所歴等の証明が困難となる可能性も見込まれる」と指摘しているが、その困難を克服する方策については触れていない。

[4]
入管法における国際養子

片岡雅世

1 はじめに

　出入国管理及び難民認定法（以下、「入管法」）によれば、外国人[1]が日本に入国し在留するにはそれぞれ適切な在留資格を有している必要があるが、いわゆる国際養子についてはどのように扱われるのだろうか。

　国際養子縁組には、大別して、日本国内に住む（養）子を養親のいる外国へ移動させる「送出型」と、外国に住む（養）子が養親とともにまたは養親のいる日本へ移動する「受入型」がある[2]。日本は、第2次世界大戦以降、長年にわたり欧米諸国へ（日本人）養子を送り出す前者が中心であったが、現在は（日本人または外国人）養子を受け入れる後者の一面も有しているとされる[3]。後者の場合、とりわけ外国人の子を養子として受け入れる場合については、たとえ養親が日本人であったとしても、また家族（養親子）関係が存在するとしても、入管法上在留資格は必要とされる。これは、特に養子

---

1) ここでいう「外国人」は、入管法2条2号に基づき、日本国籍を有しない者を指すものとする。
2) 床谷文雄ほか「国際養子縁組をめぐる世界の動向と日本の課題」戸籍時報674号（2011年）18頁以下参照。
3) 床谷ほか・前掲注2) 2頁以下等。

が幼い場合に重大な問題として現れる。というのも、在留資格は家族単位などではなく、各人について判断されるため、仮に養親が日本での在留資格を認められたとしても、養子についても同様に日本での在留が認められる保障はなく、そのような場合、事実上、（養）子は、養育者とともに生活することができなくなってしまうからである。この点、1994年に批准した「児童の権利条約」における「児童の最善の利益の尊重」（たとえば、児童の権利条約21条）や「不分離確保義務」（児童の権利条約9条・10条）に反することになろう。

ところが、これまで国際養子縁組については、国際的な養子斡旋に対する法的規制の不十分さや、国際養子縁組が人身売買の隠れ蓑となっている点などは指摘されてきたが[4]、在留資格との関係についてはあまり多く論じられてこなかった。

そこで、本稿では、入管法における国際養子を取り巻く現状を明らかにするため、以下では、日本における国際養子に関する法状況について概観し(2)、現在の入管法における諸問題のうち、いくつかの論点について検討する(3)。なお、国際養子には、送出型や受入型、いわゆる成年養子や未成年養子などさまざまな形態が存在するが、本稿では、前述の問題意識から、（養）親による監護・養育を必要とするような外国人の子を養子として受け入れる場合を中心に論ずる。

2　日本における国際養子に関する法状況

(1)　国際養子縁組の法的枠組み

養子制度は、古くから「家」の承継を目的として利用され、また、人身売買の仮装や労働力の補給など「親」の利益を充たすために用いられることが

---

[4]　たとえば、石黒一憲「国際的養子斡旋・養子縁組の諸問題」川井健ほか編『講座・現代家族法第3巻』（日本評論社、1992年）387頁以下、奥田安弘『国籍法と国際親子法』（有斐閣、2004年）20頁。そのほか、尾崎久仁子「児童の売買に対する国際的取組み」法学セミナー577号（2003年）65頁以下、大森邦子「国際間の養子縁組問題を解決するために何が必要か──子の保護の確保及び子の取引・売買を予防するために」新しい家族47号（2005年）50頁等参照。

多かった。その後、19世紀半ばから、親のいない子に養育者たる親を与えることを目的とした「子」のための養子制度が導入され、子の福祉・利益を図るための養子制度が確立された[5]。日本においても同様で、当初は家または親のための養子制度として、当事者の合意によって成立し、実親等との関係が存続する「契約・非断絶型」の普通養子縁組のみが制定されていたが、1987年に子のための養子制度である特別養子縁組が導入され、厳格かつ詳細な成立要件のもと、家庭裁判所の審判によって成立し、実親等との関係が終了する「決定・断絶型」の養子制度が創設された。

一方、各国の養子制度をみてみると、イスラム法系諸国などのように、宗教上の理由から養子縁組そのものを認めていない国もあるが、諸外国においては、裁判所等の公的機関の関与を必要とする決定型を採用する国が多いことがわかる[6]。また、効力については、断絶型を採用する国が多いが、非断絶型を採用する国も存在するなど、養子制度は各国法の相違の著しい分野の1つといえる[7]。それゆえ、養子縁組が複数の国に関連してなされる場合、いずれの国の法が適用されるかという準拠法問題を考える必要がある。

国際養子縁組に適用すべき法（準拠法）については、法の適用に関する通則法（以下、「通則法」）31条に規定がある。これによると、養子縁組については、原則として養親の本国法による（通則法31条1項前段）。これは、養子縁組成立後は養親の本国で生活するのが一般的であり、そのためには当該国法が定める要件を具備しておくことが実際上必要であることや、養子縁組によって自動的に養親の国籍を養子に付与する国が多いことなどが理由として挙げられる[8]。しかし、養子縁組は、養子にとっても大きな影響を及ぼす

---

5) 中川高男「家庭裁判所における未成年者養子縁組の許可基準」判例タイムズ1100号（2002年）134頁、吉田一史美「特別養子制度の成立過程——福祉制度の要請と特別養子制度の設計」立命館人間科学研究19号（2009年）79頁以下等参照。

6) 各国の養子制度については、たとえば、横山潤『国際家族法の研究』（有斐閣、1997年）204頁以下、梶村太市「家庭裁判所における渉外（国際）養子縁組審判の問題点」新しい家族48号（2006年）44頁以下、鈴木博人『親子福祉法の比較法的研究Ⅰ——養子法の研究』（中央大学出版部、2014年）37頁以下等参照。See also, J.H.A. van Loon, Intercountry Adoption of Children: A Challenge for International Co-operation to Protect Children's Rights, Hague Yearbook of International Law 1992, pp.151-163.

7) 横山・前掲注6) 204頁以下。

ものであり、養親の本国法のみによるのでは、子の保護に欠ける結果を招く可能性がある。そこで、通則法 31 条 1 項後段は、養親と養子の本国法が異なる場合には、養親の本国法に加えて、養子の本国法がその子もしくは第三者の承諾もしくは同意または公的機関の許可その他の処分があることを要求する場合には、当該要件をも備えなければならないとする[9]。

このように、通則法は、いわゆるセーフガード条項（保護条項）を 31 条 1 項後段に設けることで、抵触法レベルでの子の保護に配慮したものとなっている[10]。ただし、前述したように、養子制度に関する各国法の相違が著しいことなどから、複雑な問題が生じる場合も少なくない。たとえば、養子縁組を認めない国の法が準拠法となった場合[11]、異国籍夫婦による夫婦共同縁組の場合[12]、縁組成立に公的機関の関与を求める国の法が準拠法となった場合[13]などの扱いが挙げられよう[14]。また、手続法上の問題として、養子縁組の国際裁判管轄や外国判決の承認・執行が問題となることもある[15]。これに関する明文規定は現在ないが、判例・学説においては、養子縁組の国際裁判管轄については、養親または養子の住所地が日本国内にある場合に日本の国際裁判管轄を認めるものが多く、承認・執行については、民事訴訟法 118 条を準用または適用、あるいは条理によって、管轄要件と公序要件の双方を満

---

8) 南敏文『改正法例の解説』（法曹会、1992 年）134 頁以下参照。
9) なお、形式的成立要件については、養親の本国法または縁組地法による（通則法 34 条）。また、実方血族との親族関係の終了および離縁については、通則法 31 条 2 項により、縁組当時の養親の本国法による。それ以外の効力については、通則法 31 条 1 項（たとえば、養子縁組成立後の養子の身分等）および通則法 32 条（養親子間の権利義務関係）による。中西康ほか『国際私法』（有斐閣、2014 年）342 頁以下等参照。
10) なお、植松真生「法例における"セーフ・ガード"条項について――国際養子縁組の成立要件」一橋論叢 116 巻 1 号（1996 年）179 頁以下等も参照。
11) たとえば、宇都宮家審平成 19 年 7 月 20 日家月 59 巻 12 号 106 頁等。
12) たとえば、前掲注 11) で挙げた事件のほか東京家審平成 15 年 3 月 25 日 LEX/DB 28082167 等。
13) たとえば、盛岡家審平成 3 年 12 月 16 日家月 44 巻 9 号 89 頁等。
14) 青木清「国際的な養子縁組――改正法例施行から 20 年」論究ジュリスト 2 号（2012 年）136 頁以下、櫻田嘉章ほか編『注釈国際私法第 2 巻』（有斐閣、2011 年）106 頁以下［植松真生］等参照。
15) 手続法上の問題一般につき、山本和彦「国際非訟事件における手続上の諸問題」判例タイムズ 1361 号（2012 年）61 頁以下等参照。

たしている場合に認めるとするものが多い[16]。なお、現在、人事訴訟事件および家事事件の国際裁判管轄に関する立法作業が進められているが[17]、それによれば、養子縁組の成立を目的とする審判事件については、従来同様、原則として養親または養子の住所地が日本国内にあるときに、離縁については当事者の住所地または国籍が日本にあるときに日本の国際裁判管轄を認め、承認については、基本的に民事訴訟法118条を適用するものとする[18]。

(2) 国際養子の在留資格

入管法は、1951年、「ポツダム宣言の受諾に伴い発する命令に関する件」に基づく政令第319号として、「本邦に入国し、又は本邦から出国するすべての人の出入国の公正な管理」を図ることを目的として制定された（入管法1条参照）[19]。同法の「出入国の公正な管理」には、外国人の在留管理（退去強制を含む）も含まれ、日本国と日本国民の利益の保持を図る一方で、外国人の権利保護に配慮した慎重かつ公正な手続を行うことが求められている[20]。

このような目的のもと、入管法2条の2は、外国人の入国・在留管理の基本となる在留資格および在留期間について定める。それによれば、外国人は、入管法および他の法律に特別の規定がある場合を除き、在留資格を有しなければ日本に在留することができない（同条1項）。在留資格は、現在27種類

---

[16] 渡辺惺之「国際養子」法律時報86巻6号（2014年）28頁以下等参照。また、川上太郎「養子縁組の国際的裁判管轄と準拠法問題」民商法雑誌62巻4号（1970年）570頁以下も参照。

[17] 最新の動向については、法務省ホームページ内「法制審議会―国際裁判管轄法制（人事訴訟事件及び家事事件関係）部会」〔http://www.moj.go.jp/shingi1/shingikai_kokusai.html〕を参照されたい。

[18] 商事法務編『人事訴訟事件及び家事事件の国際裁判管轄法制に関する中間試案』（商事法務、2015年）9頁以下、28頁以下、17頁以下、および107頁以下参照。

[19] 同政令は、1952年の「ポツダム宣言の受諾に伴い発する命令に関する件に基づく外務省関係諸命令の措置に関する法律」（昭和27年法律第216号）によって、法律としての効力を有するものとされた。また、1981年の難民条約等への加入に伴い、「難民の認定手続きを整備すること」が目的として追加され、法律の題名も現在のものに改められた。その後、社会情勢などを反映させながら幾度の改正を経て現在に至っている。坂中英徳ほか『出入国管理及び難民認定法逐条解説〔改訂第4版〕』（日本加除出版、2012年）1頁以下、多賀谷一照ほか『入管法大全―立法経緯・判例・実務運用―第1部　逐条解説』（日本加除出版、2015年）1頁以下等参照。

[20] 坂中ほか・前掲注19）5頁以下、多賀谷ほか・前掲注19）2頁。

定められており、「日本で一定の活動を行うことができる在留資格」(別表第1) と「日本で一定の身分または地位をもって在留できる在留資格」(別表第2) とに大別される。前者には、「外交」「公用」「教授」「芸術」「宗教」「報道」「高度専門職」「経営・管理」「法律・会計業務」「医療」「研究」「教育」「技術・人文知識・国際業務」「企業内転勤」「興行」「技能実習」「文化活動」「短期滞在」「留学」「研修」「家族滞在」「特定活動」が含まれ、後者には、「永住者」「日本人の配偶者等」「永住者の配偶者等」「定住者」が含まれる。両者の最も大きな違いは、就労制限の有無である。前者は、原則として、当該在留資格において想定された就労活動のみが可能であるのに対して、後者は、その身分または地位を有している限り、就労活動につき特に制限はない。なお、在留期間については、在留資格によって異なる[21]。

　上記在留資格のうち、国際養子に関連するのは、「家族滞在」「日本人の配偶者等」「定住者」である[22]。まず、「家族滞在」の在留資格が認められるのは、「外交」「公用」「技能実習」「短期滞在」「特定活動」以外の在留資格をもって日本に在留する外国人の扶養を受ける配偶者または子で、この「子」には実子だけでなく養子も含まれると解されている[23]。また、子の年齢は問われず、扶養要件を満たしている限り成年に達していてもよい[24]。ただし、養子縁組をしていない連れ子については、扶養要件を満たしていても「家族滞在」の在留資格は認められない[25]。

　次に、「日本人の配偶者等」の在留資格が認められるのは、日本人の配偶

---

21) 詳しくは、山田鐐一ほか『よくわかる入管法〔第3版〕』(有斐閣、2012年) 36頁以下参照。なお、第192回臨時国会において、入管法の一部を改正する法律が成立し、新たに「介護」の在留資格が創設された。入管法の最新の動向については、本書第Ⅳ部[2]（樋爪論文）を参照されたい。

22) なお、「外交」および「公用」の在留資格によっても、外交官等と「同一の世帯に属する家族の構成員」は在留することができるため、外交官等の配偶者のほか養子を含む子等の在留は認められうる。

23) 坂中ほか・前掲注19) 138頁以下、出入国管理法令研究会編『注解・判例　出入国管理実務六法平成28年版』(日本加除出版、2015年) 201頁以下、山脇康嗣編『詳説入管法の実務——入管法令・内部審査基準・実務運用・裁判例』(新日本法規出版、2010年) 337頁以下等参照。

24) 山田ほか・前掲注21) 61頁、山脇編・前掲注23) 339頁、多賀谷ほか・前掲注19) 281頁。

25) 山田ほか・前掲注21) 61頁。なお、山脇編・前掲注23) 413頁も参照。

者若しくは特別養子または日本人の子として出生した者で、日本人の一定の家族を受け入れるために設けられたものである[26]。文言上、「特別養子」となっていることから、特別養子以外の養子はこの在留資格には該当しない[27]。また、「家族滞在」とは異なり扶養を受けることは要件とされていないが、実務上は日本で安定的に生活できることが求められる[28]。

最後に、「定住者」の在留資格が認められるのは、法務大臣が特別な理由を考慮し一定の在留期間を指定して居住を認める者で、人道上の理由その他特別な事情によって認められる[29]。具体的には、「出入国管理及び難民認定法第7条第1項第2号の規定に基づき同法別表第2の定住者の項の下欄に掲げる地位を定める件」（平成2年法務省告示第132号）のいわゆる定住者告示第7号により、日本人または一定の外国人（「永住者」、期間1年以上の「定住者」、特別永住者）の扶養を受けて生活する6歳未満の養子については、個別に法務大臣の判断を経ることなく、一般上陸の許可に際して「定住者」の在留資格が認められる[30]。さらに、定住者告示にはあてはまらないが、未成年で、養親の扶養を受けて生活する高度の必要性がある場合（たとえば、日本国外にいる実親の養育を受けることが不可能な場合など）についても、「定住者」の在留資格が認められる可能性がある[31]。

---

26) 坂中ほか・前掲注19) 159頁。
27) 山田ほか・前掲注21) 62頁、児玉晃一ほか編『コンメンタール出入国管理及び難民認定法2012』（現代人文社、2012年) 627頁。なお、出入国管理法令研究会編・前掲注23) 203頁によれば、本在留資格において特別養子に限定されているのは、「生みの親との身分関係を切り離し、養父母との間に実の子とほぼ同様な関係が成立していることに鑑み、一般の養子とは別にこの在留資格をもって在留するものとすることとしている」とされる。
28) 多賀谷ほか・前掲注19) 366頁、山脇編・前掲注23) 345頁。
29) 坂中ほか・前掲注19) 168頁。
30) 多賀谷ほか・前掲注19) 374頁以下。なお、外国人ローヤリングネットワーク編『外国人事件ビギナーズ』（現代人文社、2013年) 216頁によれば、当該6歳未満の養子が6歳以上になった場合も、生活状況が変わらない限り「定住者」の更新が可能とされる。
31) 外国人ローヤリングネットワーク編・前掲注30) 216頁、山脇編・前掲注23) 389頁。

3 国際養子に関する入管法上の諸問題

(1) 「先決問題」としての国際養子縁組

　国際養子の在留資格が認められるのは、前述したように、一部の在留資格をもって日本に在留する外国人の扶養を受ける（養）子（「家族滞在」）、または日本人の特別養子（「日本人の配偶者等」）、あるいは日本人または一定の外国人の扶養を受けて生活する6歳未満の養子（「定住者」）に限られる。日本において国際養子が養子として在留資格を取得するのは、非常に限定的と言えるだろう。

　ところで、これらの在留資格が前提とするのは、「養子」という法律上の概念である。では、各在留資格が前提とする「養子」が法律上有効な養子であるかどうかは、いかなる法によって決定されるのか。この点、入管法には明文規定がない。そこで、この問題と同じく、公法上の規定に私法的法律関係を示す概念が含まれている場合に問題となる「国籍法上の先決問題」の議論を参考に考えてみたい[32]。国籍法上の先決問題とは、たとえば、日本国籍の取得要件として「出生の時に父又は母が日本国民であるとき」と規定されているが（国籍法2条1号）、この日本国籍取得の前提（先決問題）である（法律上の）親子関係の存否はいかなる法によって解決すべきかという問題に代表される。学説上、①内国（国籍法所属国）の一般的抵触規定たる国際私法の指定する実質法を適用して解決する国籍法所属国国際私法説、②内国の国際私法を通さず、直接に内国の実質法を適用すべきものとする国籍法所属国実質法説、③国籍法自体で直接に実質法的な解決を行う国籍法自体説があるが[33]、これを入管法上の議論に置き換えてみると、(a)国際私法説、(b)日本民法説、(c)入管法自律説に分けられよう[34]。これによれば、日本の国際私法を通して解決する(a)説では、在留資格の前提となる養子縁組が成立しているかどうかは、原則として通則法31条によって判断されることになり、日

---

32) 江川英文ほか『国籍法〔第3版〕』（有斐閣、1997年）27頁以下参照。
33) 江川ほか・前掲注32) 28頁以下。
34) 山田ほか・前掲注21) 65頁参照。

本民法により解決する(b)説では、民法792条（特別養子については、民法817条の2）以下の各規定によって判断されることになる。通説は、(a)説に立つ[35]。判例[36]は、「日本人の配偶者等」の在留資格にいう「配偶者」の認定において、「…配偶者の身分関係には、法例と大部分の場合準拠法として日本民法が適用されるところ、法別表にいう『日本人の配偶者』の概念はもとより同法独自の立場から決めるべきことは当然である…」と述べ[37]、この限りでは入管法が自律的に解決する(c)説を採っているものと解されうる。

　この議論は、とりわけ「日本人の配偶者等」の在留資格における「特別養子」の解釈にあたって問題となる。なぜなら、「特別養子」という文言は、明らかに日本民法817条の2を前提とした表現と考えられるからである。実際に、この在留資格が認められるのは「民法817条の2の規定により日本人の特別養子となった者が対象である」と説明するものも少なくない[38]。その要因の1つとして、2009年の入管法改正まで「日本人の配偶者等」の在留資格として「日本人の配偶者若しくは民法（明治29年法律第89号）第817条の2の規定による特別養子又は日本人の子として出生した者」と規定されていたことが考えられる[39]。これによれば、「特別養子」は日本民法上の概念であることは明らかであった。しかし、2009年の改正により、「民法（明治29年法律第89号）第817条の2の規定による」の部分は削除された。このような改正に至った背景は明らかではないが、日本民法の規定によるとする部分が削除された以上、日本民法により解決する必要はない。むしろ、諸外国には特別養子類似の養子制度を有する国があること、および前述した「日本人の配偶者等」の立法目的に鑑みれば、「日本人の配偶者等」の「特別

---

35)　山田ほか・前掲注21) 65頁および100頁以下、山脇編・前掲注23) 346頁等参照。
36)　最判平成14年10月17日民集58巻8号1823頁。
37)　大阪高判平成10年12月25日民集56巻8号1892頁。
38)　児玉ほか編・前掲注27) 627頁。そのほか、たとえば、出入国管理法令研究会編・前掲注23) 203頁、多賀谷ほか・前掲注19) 365頁、山脇編・前掲注23) 349頁、坂中ほか・前掲注19) 161頁等参照。
39)　なお、2009年の改正では、22条の4第7号に「日本人の配偶者等の在留資格…（兼ねて日本人の特別養子（民法（明治29年法律第89号）第817条の2の規定による特別養子をいう。以下同じ。）…」という規定が新設されている点に注意を要する。

養子」を日本民法817条の2にいう「特別養子」に限定するのは狭きに失する。したがって、公法と私法の性質・目的が異なることを考慮したとしても、当事者の予見可能性および子の利益保護といった観点から、前提となる身分関係については国際私法によって解決するのが妥当であろう[40]。実際には、多くの場合で「日本人の」特別養子となるかどうかは、(a)説をとっても(b)説をとっても日本法により判断されることになる。しかし、たとえば、日本人が外国の裁判所等で外国人の子を養子縁組する場合には、当該国国際私法の規定により準拠法が決定されることになるため、必ずしも日本法が適用されるとは限らない[41]。また、いわゆる発展途上国を中心に、外国人が自国民を養子とする場合については自国内における国際養子縁組の成立を求めたり、養子縁組を目的とした子の出国に際して関係機関の特別な許可を要するとする国もある[42]。このような場合、外国判決等を在留資格認定の際にどのように扱うかという手続法上の問題が生じうるが[43]、外国判決については、原則として自動承認制度が採られていることからも、やはり国際私法を通して解決すべきであろう[44]。

(2) 在留資格認定における実態判断

前述したように、国際養子の前提となる養子縁組の成立については、国際私法を通して解決すべきであるが、在留資格認定の際にそれ以外の要素、具体的には養子の生活実態等の実態判断を加味する必要はあるのだろうか。国際養子については、養子であることを根拠に在留資格が認められる局面が限られているとはいえ、常に人身売買の可能性および危険性をはらんでいる。

---

40) 江川ほか・前掲注32) 30頁以下も参照。
41) たとえば、管轄からのアプローチをとる国（スウェーデン、ノルウェー、スペイン等）などが挙げられる。養子縁組に関する各国国際私法については、横山・前掲注6) 207頁以下等参照。
42) 奥田・前掲注4) 20頁以下、横山潤『国際私法』（三省堂、2012年）279頁等参照。
43) この点に関連して、奥田安弘『国際家族法』（明石書店、2015年）306頁以下および108頁以下等参照。
44) なお、実際の入管事務処理は、特別養子縁組届受理証明書等の書類により形式的になされ、養親子関係の成立などについては裁判の段階でなされることになる。山田ほか・前掲注21) 65頁参照。

一方で、(養)親子間の愛情や子の利益等から日本での在留を切に願う養(親)子も数多く存在するだろう。そこで、入管法上の「養子」を広く解釈したり、実態判断を行うことでこれら両方の要請に応えることはできないだろうか。

　この点に関連して、前出の判例は、「『日本人の配偶者等』の在留資格をもって本邦に在留するためには、単に日本人配偶者との間に法律上有効な婚姻関係にあるだけでは足りず、当該外国人が本邦において行おうとする活動が日本人の配偶者の身分を有する者としての活動に該当することを要するものと解するのが相当」であり、「日本人との間に婚姻関係が法律上存続している外国人であって、その婚姻関係が社会生活上の実質的基礎を失っている場合には、その者の活動は日本人の配偶者の身分を有する者としての活動に該当するということはできない」と判示した[45]。この判例は、その後の裁判例だけでなく入管実務においても基本的に踏襲されている[46]。また、2009年の入管法改正では、上記判例および従来より問題視されてきた偽装結婚に対応するため、「日本人の配偶者等」または「永住者の配偶者等」の在留資格をもって在留する者について、配偶者としての活動を継続して6か月間行わなければ、正当な理由がある場合を除き在留資格を取り消すことができるとの規定（22条の4第1項7号）が設けられた。

　上記判例は、国際養子に関する裁判例にも影響を与えており、たとえば、東京高裁平成23年5月11日判決[47]では、「養子縁組に実態がなく形式のみ作出して在留資格を得るという特段の事情があるときは別として、養子縁組に実態があるときには、子の在留資格を取得する上でプラスになることを考慮したとしても、何ら問題はない」と判示して、法律上有効な養子縁組の成立に加えて、養子の生活実態等をも考慮した[48]。また、横浜地裁平成17年7月20日判決[49]は、「婚姻関係の当事者に係る法律関係と養親子関係の当事

---

45) 前掲注36) 1823頁。
46) 山脇編・前掲注23) 349頁参照。
47) 判時2157号3頁。
48) なお、本稿で紹介した裁判例は、いずれも法務大臣等の裁量の余地の大きい在留特別許可の局面である点、注意を要する。
49) 判タ1219号212頁。

者に係る法律関係とで性質に違いがあることはいうまでもない」としたうえで、「婚姻と養子縁組とは、相互の情愛ないし精神的な結びつきをもって、新たに家族関係を形成していくという点では、基本的に共通性を有するもの」であり、「法務大臣等がする在留特別許可を付与するかどうかの判断において、その外国人本人と、相互の情愛や精神的な結びつきをもって真摯な養子縁組を行い、かつ、同居し、互いにたすけ合って共同生活を送っているような場合には、外国人が日本人と婚姻関係を結んでいる場合と同様に、あるいは、これに準じて、その外国人の日本における生活の安定性等を示す事情として、重視されなければならない」と判示した。

これら裁判例から、少なくとも養子縁組が有効に成立しているかどうかについては通則法 31 条によって、その効果としてどのような活動ができる（求められている）かは通則法 32 条によってそれぞれ判断し、そのうえで、入管法上の在留資格認定にあたっては、実態判断を加えることで入管法独自の立場から「養子」につき解釈されていると解することができよう[50]。入管法および国際私法等の目的・性質が異なる以上、在留資格認定の際に実態判断を付加するのはやむを得ないように思われるが、当事者の予測可能性や入管手続きの適正化といった観点からは、国際養子についても入管法 22 条の 4 第 1 項 7 号のような明文規定を置くべきである。

4　むすびに代えて

平成 27 年度の司法統計年報（家事編）によれば、国際養子縁組に係る家庭裁判所の新受件数は、「養子をするについての許可」が 339 件、「特別養子縁組の成立及びその離縁に関する処分」が 35 件となっており、前者は全体の 3 割、後者は全体の 1 割弱を占める[51]。しかし、これはあくまで日本の家庭裁判所においてなされた養子縁組のみを指すのであって、外国の裁判所等で成立したものについては含まれない。では、一体年間に何組の国際養子縁

---

50) 山田ほか・前掲注 21) 103 頁以下参照。
51) 裁判所ホームページ〔http://www.courts.go.jp/〕より入手可能。

組がなされているのか。実は、その正確な数字を知ることはできない。というのも、無届の斡旋事業者による国際養子縁組やいわゆる連れ出し養子縁組などについては、その実態を把握する公的手段がない[52]。その結果、日本の国際養子に対する法的不備がたびたび指摘されてきたことはすでに述べたとおりである。

　国際養子が日本での在留資格を認められるのは、非常に限られている。これは、一見すると、（養）子を人身売買などの危険から守るための方策と言えなくはないが、養子に関して規定する児童の権利条約 21 条の趣旨とは合致しない。また、この児童の権利条約の内容を受けて 1993 年にハーグ国際私法会議で採択された「国際養子縁組に関する子の保護及び国際協力に関する条約」[53]にも日本は批准できていない。この条約への批准に対しては賛否両論あるが[54]、まずは、国際養子を取り巻く現状を把握し、速やかに適切な法整備が進められることが必要であろう。

　入管法と民法・国際私法の規律対象、目的、性質は異なる。しかし、本稿で取り上げた各在留資格において明らかなように、いずれも「家族の同居生活」を指向するといった共通の理念がある以上[55]、子の利益保護を最大限尊重しながら、今後も検討を重ねていきたい。

---

52)　現在、養子斡旋にあたっては事業者の届出が義務付けられているが、届出義務違反に対する罰則などはない。この点につき、たとえば、奥田安弘ほか『養子縁組あっせん――立法試案の解説と資料』（日本加除出版、2012 年）28 頁以下［高倉正樹］、渡辺・前掲注 16）27 頁以下、吉田咲耶「国際的養子斡旋をめぐるハーグ条約及び日本法上の規制」東京大学法科大学院ローレビュー 8 号（2013 年）112 頁以下等参照。

53)　Convention on Protection of Children and Co-operation in respect of Intercountry Adoption. 本条約については、清水響「ヘーグ国際私法会議第 17 会議の概要――国際養子縁組に関する子の保護及び協力に関する条約を中心として」家庭裁判月報 46 巻 8 号（1994 年）199 頁以下、鳥居淳子「国際養子縁組に関する子の保護及び協力に関する条約について」国際法外交雑誌 93 巻 6 号（1995 年）1 頁以下参照。

54)　床谷ほか・前掲注 2）2 頁以下、渡辺・前掲注 16）27 頁以下等参照。

55)　澤木敬郎「国際家族生活と国籍・出入国」判例タイムズ 546 号（1985 年）72 頁以下参照。

[5]
日本における難民認定の実情

本田麻奈弥

1 はじめに

　日本が難民の地位に関する条約（1951年発効）および難民の地位に関する議定書（1967年発効）に加入してから、35年が経つ。

　国連難民高等弁務官事務所によれば、2015年末時点で、全世界の難民は6530万人、そのうち2015年に新たに発生した難民は1240万人に上る。新たに難民となった者の54％はシリア出身者（490万人）で占められ、アフガニスタン（270万人）、ソマリア（110万人）と続く[1]。地中海を渡ろうとする難民・移民たちの船が転覆したという報道を、ここ数年のうちに何度も耳にした。緊迫した世界情勢の中で、難民がかつてないほど急増していることを日本にいてさえ強く感じる。このような状況にあって、日本も、国際社会の一員として、また難民の地位に関する条約および難民の地位に関する議定書の締約国として、庇護を求めてやってくる難民に無関心でいることはできない。

　しかし、日本の難民認定の現場に目を向けると、いまだ解決しなければな

---

1) UNHCR「GLOBAL TRENDS: FORCED DISPLACEMENT IN 2015」（UNHCR、2016年）。

らない多くの課題がある。本章では、日本における難民認定の現状とその背景について、一弁護士の立場で考察したい。

2　難民の定義と関係法令

(1)　難民条約、難民議定書

　「難民の地位に関する条約」（以下「難民条約」という）は、難民の庇護と権利保障を定めた条約である。難民条約は、締約国に対し、難民の本国等への送還禁止（難民条約 33 条 1 項）や不法入国等を理由とする処罰の禁止（難民条約 31 条 1 項）、その他庇護国内で教育や就労、福祉を享受する権利等を規定している（難民条約第 2 章～第 5 章）。

　このような庇護の対象となる「難民」の定義について、難民条約は第 1 条において次のように規定する。

　難民とは「人種、宗教、国籍もしくは特定の社会的集団の構成員であることまたは政治的意見を理由に迫害を受けるおそれがあるという十分に理由のある恐怖を有するために、国籍国の外にいる者であって、その国籍国の保護を受けられない者またはそのような恐怖を有するためにその国籍国の保護を受けることを望まない者及びこれらの事件の結果として常居所を有していた国の外にいる無国籍者であって、当該常居所を有していた国に帰ることができない者またはそのような恐怖を有するために当該常居所を有していた国に帰ることを望まない者」と（難民条約 1 条 A(2)）。

　もともと、難民条約は、1951 年、主に第二次世界大戦の結果生じた難民の権利を保障する目的で制定された。そのため、難民の定義には、上記の規定に並んで、その迫害のおそれが「1951 年 1 月 1 日前に生じた事件の結果として」生じたものという時期的な制約が付されていた。ところが、第二次世界大戦後も難民は発生し続けた。そこで、「1951 年 1 月 1 日前に生じた事件の結果として」という時期的な制限を外して難民を定義付けたものが、難民の地位に関する議定書（以下「難民議定書」という）である。

　難民条約は、難民の定義に関して締約国が留保[2]することを認めていない（難民条約 42 条 1 項）。そのため、難民条約の締約国において、難民の定義は

完全に同一である。日本が欧米諸国と地理的、社会的な相違点があろうと、あるいはとりまく世界情勢に関する背景事情が異なろうと、難民該当性の判断において、そうした日本独自の事情を抗弁とすることは許されない。

(2) 出入国管理及び難民認定法

　日本は難民条約および難民議定書に順次加入し、1982年1月1日にいずれも発効した。難民条約は、日本の難民法分野を規律する基本法となる。しかし、難民条約は難民認定手続の規定を設けておらず、認定手続については国内法によって整備する必要がある。これを定めた法律が「出入国管理及び難民認定法」（以下「入管法」という。）である。同法は、1951（昭和26）年に出入国管理について定めた出入国管理令[3]を、難民条約加入に伴う難民認定手続新設のために改めたものである。

　当然のことではあるが、入管法においても、難民とは難民条約および難民議定書が定義付ける「難民」を指すことが確認されている（入管法2条3号の2）。注意しなければならないのは、難民条約上の「難民」となるためには、締約国による難民認定処分は必要でないことである。難民条約上の難民の定義に該当する者は直ちに難民条約上の「難民」となるのであって、締約国による難民認定行為は、難民条約上の難民を難民と確認する行為でしかない。このことは、難民認定手続に関与する全ての者が認識しておくべき原則である。

---

2) 「『留保』とは、国が、条約の特定の規定の自国への適用上その法的効果を排除し又は変更することを意図して条約への署名、条約の批准、受諾若しくは承認又は条約への加入の際に単独に行う声明（用いられる文言及び名称のいかんを問わない。）をいう」（条約法に関するウィーン条約2条1項(d)）。
3) 「出入国管理令」は、昭和26年に「ポツダム宣言ノ受諾ニ伴ヒ発スル命令ニ関スル件」（昭和20年勅令542号、いわゆるポツダム緊急勅令）に基づいて発せられた政令（昭和26年政令第319号）であったが、昭和27年の平和条約発効に伴い、法律としての効力が与えられ（法務省入国管理局「出入国管理の回顧と展望（昭和55年度版）」（大蔵省印刷局、昭和56年）80-81頁参照）、その後も名称は変わらないまま法律として存続していた。

3　日本の難民認定に関する手続

(1)　難民認定手続の概要

日本における難民認定手続の概観図は、次のとおりである。

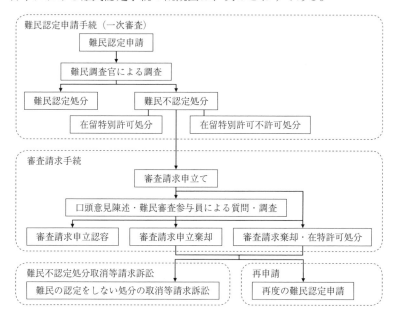

(2)　難民認定申請手続（一次審査）

(ⅰ)　難民認定申請手続の概要

難民認定権者は、法務大臣である（入管法61条の2）[4]。法務大臣は、全国の地方入国管理局に配属された難民調査官に事実の調査をさせることができる（入管法16条の2の14第1項参照）。

地方入国管理局に難民認定申請がなされると、難民調査官は、難民認定申請者や関係者への面接による事情聴取を行い、事実関係を調査し[5]、申請者

---

4) 入管法に関わる法務大臣の権限は法律上地方入国管理局長に権限が委譲されることが許されるものがあり、難民認定処分も地方入国管理局長への委譲は禁じられていない（法69条の2）。しかし、現在のところ、当該権限は委譲されていない（施行規則61条の2参照）。

の難民該当性に関する意見を添えて地方入国管理局長に報告する。そして、地方入国管理局長から記録の送付を受けた法務省入国管理局長が当該難民認定申請者の難民該当性を判断する[6]。

なお、難民調査官は、入国審査官の中から指定される（入管法2条12号の2）。

(ii) 新たな実務運用――案件振り分けの導入

従前、難民認定申請に対する処理について、事案類型ごとの統一的な取扱いルールは存在しなかった。しかし、平成27年9月、難民認定事務取扱要領の改正により、首席審査官が難民認定申請案件をAないしD案件に振り分け、その振り分けに応じて事件の取り扱いを変える方法が導入された[7]。振り分けを行う首席審査官は、入国審査官の中から選ばれる（地方入国管理局組織規則参照）。

B案件、C案件と振り分けられた事案は、その後の調査や検討が省略され、速やかに不認定処分となることが想定されている[8]。

(iii) 結果

難民認定申請に対して、難民認定（入管法61条の2第1項）または不認定いずれかの処分がなされる。その際、在留資格のない申請者については、在留特別許可を付与すべきかどうか別途判断される（入管法61条の2の2第2項）。そのため、難民認定は受けられないが、在留特別許可によって在留が

---

5) 法61条の2の14によれば、難民調査官は、前項の調査のために関係人への事情聴取のほか文書の提示を求めることができ（同条2項）、公務所ないし公私団体への照会も認められている（同条3項）。しかし、難民該当性判断に関する情報のうち、難民該当性を基礎付ける事情について、難民調査官がどの程度主体的に調査しているのかは疑問が残る。
6) 法務省入国管理局「難民認定事務取扱要領」（2015年）の「第3章　難民認定事務」内に、かかる運用が記載されている。
7) 法務省入国管理局長「法務省管総第3247号　難民認定事務取扱要領の一部改正について（通達）」（平成27年9月15日）。
8) 難民認定事務取扱要領では、①B案件該当性、C案件該当性に係る事実の確認以外の聴取を行わなくてよいとされていること、②地方入国管理局長から法務省本省への案件の進達も一件記録の送付が省略され、複数件まとめての進達がなされることになっている。

案件名	(対象) ➡ (取扱)
A 案件	難民条約上の難民である可能性が高い案件、又は、本国が内戦状況にあることにより人道上の配慮を要する案件
	➡ ・優先的に難民調査官による調査を実施する ・可能な限り早期処理に努める
B 案件	難民条約上の迫害事由に明らかに該当しない事情を主張している案件
	➡ ・難民認定申請のあった日から処分の告知までの期間を3か月以内とする ・申請書等の記載内容以外に迫害事由に該当する事情が存在するか否か、難民調査官が面接によって事情聴取を行い、他に事由がなければ、「その後の手続きを迅速に行う」
C 案件	再申請である場合に、正当な理由なく前回と同様の主張を繰り返している案件
	➡ ・難民認定申請のあった日から処分の告知までの期間を3か月以内とする ・新たな主張の有無について難民調査官が面接により事情聴取を行ったうえで、C案件該当性が確定した場合には「その後の手続きを迅速に行う」と言う。
D 案件	・上記以外の案件 ・当初B案件と振り分けられたもののB案件に該当しないと判明した案件 ・当初C案件と振り分けられたもののC案件に該当しないと判明した案件 ・B案件及びC案件のうち人道配慮の必要を検討するべき案件
	➡取扱いは内規上明確ではない。

許可されることもある。

　両者は、日本の在留資格を取得するという点では共通するが、多数の相違点がある。難民認定処分が出される場合、在留期間5年の「定住者」という在留資格が付与される。同人が、「永住者」の在留資格を取得しようとするときは、他の外国人よりも要件が緩和されるなどの優遇が受けられる（入管法61条の2の11）。また、難民の認定を受けた者を対象とした語学支援や就労支援制度もある。他方、難民とは認められず在留特別許可のみが与えられる場合、原則として、在留期間1年の「定住者」または「特定活動」という在留資格のいずれかが付与される[9]。このうち「特定活動」の場合、社会保

---

[9] 難民不認定処分・在留特別許可が認められる場合に、「定住者」と「特定活動」いずれの在留資格が付与されるかについて基準や運用が不明瞭であったため、2009年、在日ビルマ人難民申請弁護団がこの問題に取り組んだところ、その基準が明示された。これによれば、処分時までの本邦滞在期間等により決まることとされている（在日ビルマ人難民申請弁護団「在日ビルマ人の『定住者』変更の集団申請（報告）」（2010年5月17日））。

障（生活保護受給）が制限されたり、外国にいる家族の呼び寄せ手続が困難となったりすることもある[10]。

(3) 審査請求手続
(i) 審査請求手続の概要

難民認定を受けられなかった者は、処分通知を受けた日から7日以内に法務大臣に対して審査請求を行うことができる（入管法61条の2の9第1項、同第2項）。審査請求に対する判断権者も法務大臣である（入管法61条の2の9第1項）[11]。ただし、審査請求手続は、難民審査参与員の関与がある点で、難民認定申請手続とは異なる。難民審査参与員制度は、「より公正・中立な手続で難民の適切な庇護を図るため」[12]、平成17年に導入された制度である。

難民審査参与員は3人で1つの班を作り（入管規則58条の3第1項）、請求人の意見を聴取し（口頭意見陳述、入管法61条の2の9第5項、行政不服審査法（以下「行服法」という）31条）、質問等の審理を行い（行服法32～38条、入管法61条の2の9第6項）、難民該当性に関する意見書を作成して法務大臣へ提出する（行服法42条）。法務大臣は、判断にあたって難民審査参与員の意見を聞かねばならない（入管法61条2の9第3項）。難民審査参与員は各人が意見を述べることとなるが、参与員の多数意見が法務大臣の結論となることが殆どである。

ところで、難民審査参与員は、法律上「人格が高潔であって……審査請求に関し公正な判断をすることができ、かつ、法律又は国際情勢に関する学識

---

10) 「定住者」の在留資格の場合、日本で呼び寄せる側が「在留資格認定証明書」（入管法7条の2）の発行を受けることができるため、その後の呼び寄せられる側の査証取得、上陸審査は比較的スムーズになされる。しかし、難民不認定処分で在留特別許可が認められる場合に付与される「特定活動」の場合、呼び寄せる側は、当該在留資格に基づいて在留資格認定証明書の発行を受けることはできず（入管法7条1項2号、7条の2第1項、特定活動告示に記載がない活動内容であることによる）、来日する側は短期滞在等の在留資格で査証取得、上陸審査を受けねばならず、上陸審査の結果不許可となるリスクもある。
11) その判断権限が地方入国管理局長に委譲されていない点も、難民認定申請手続と同じである（法69条の2、施行規則61条の2参照、脚注4）参照）
12) 法務省「難民審査参与員制度について」〔http://www.moj.go.jp/nyuukokukanri/kouhou/nyukan_nyukan58.html〕（2017年1月23日アクセス）。

経験を有する者」(入管法61条の2の10第2項) が2年任期ですることになっている (同条3項)。現在は、大学教授や元検察官、元裁判官、NGO関係者や弁護士、民間企業関係者等の経歴を持つ人びとが担っている[13]。難民審査参与員の人数は、同制度発足時の平成17年には計19名、東京に5班、大阪に1班であったが[14]、難民認定申請者の増加とともに人数が増え続け、現在は計86名となり (平成29年1月12日現在)、東京入国管理局に21班、名古屋入国管理局に3班、大阪入国管理局に2班構成されている[15]。

(ii) 審査請求手続の改正

難民不認定処分に対する不服申立手続については行政不服審査法が適用されているが、同法は平成26年に改正がなされ、平成28年4月1日に施行された[16]。この改正に伴い「行政不服審査法の施行に伴う関係法律の整備等に関する法律」(以下「整備法」という) が制定されたが、同法は、重大な改正を含んでいた。それが、口頭意見陳述の不実施である。

これまで異議申立人の希望があれば、難民審査参与員による口頭意見陳述は必要的に開かれてきた。しかし、整備法75条6項では、「申述書に記載された事実その他の申立人の主張が事実であっても、何ら難民となる事由を包含していないことその他の事情により、当該意見を述べることが適当でないと認める場合」には、意見申述の機会を設けなくとも良いと規定した。これによって、従前は申立人が求めた場合に全件で行われていた口頭意見陳述を

---

13) 法務省「難民審査参与員一覧」(http://www.moj.go.jp/nyuukokukanri/kouhou/nyuukokukanri08_00009.html)。
14) 法務省入国管理局「難民認定行政─25年間の軌跡─:難民条約加入25周年記念企画」(法務省入国管理局、2006年) 18頁。
15) 法務省前掲12) 参照。
16) 行服法の改正に伴い、難民不認定処分不服申立てが異議申立手続 (改正前入管法61条の2) から審査請求手続となり (入管法61条の2の9)、難民審査参与員も行服法上の「審理員」(入管法61条の2の9第5項) となった。これに伴い、口頭意見陳述後の参与員からの発問も、「審尋」(改正前入管法61条の2の9第6項) から調査の一環としての「質問」(入管法規則36条) へ変わった。

もっとも、行服法改正前の処分に対する不服申立てについては、従前どおり旧法の適用があるため、本稿においても、過去の問題を指摘する場面においては改正前の行服法を前提とした表現を用いた。

行わなくとも良いことになった（入管法61条の2の9第6項）。

　(iii)　結果

上記審査請求の結果、難民認定相当と判断された場合には、原処分は取り消されて難民認定がなされる。また、難民不認定処分の結論は正しかったけれども、在留特別許可を付与することが相当な事案と判断されれば、この時点で在留特別許可が付与されることになる。

(4)　取消訴訟

難民不認定処分が出され、審査請求についても棄却の処分がなされた場合、難民不認定処分ないし審査請求棄却処分の取消請求訴訟を提起することができる[17]。

(5)　再度の難民認定申請

入管法は、難民認定申請について回数制限を設けていない。そのため、審査請求が棄却された場合、訴訟係属の有無に関わらず、再度の難民認定申請を行うことも法的には可能である。

4　日本の難民保護の実情と課題Ⅰ——統計・数字に見る実情

(1)　難民認定申請者数等
　(i)　日本の難民認定申請者数

日本における難民認定申請者数、処理件数、認定数および認定率（処理件数に占める認定数より算出）をまとめると、次のとおりである[18]。

---

17)　原処分主義であるから、審査請求の棄却処分については審査請求特有の瑕疵のみを争うことができるとされている。
18)　法務省ホームページ（各年における難民認定者数等について）の統計から筆者が作成。なお、法務省によれば、法務省が広報資料として公表する平成17年ないし平成19年の難民認定申請時の処理件数の中には、異議申立手続において難民と認められた者が含まれているとのことであったため、異議申立手続により難民と認められた人数は差し引いて記載した。

(ii) 難民認定者数について

　難民と認められた者は、1982年から2015年末までの34年間で660名である。その数は、難民条約に加入した年が67名と最も多く、その後この数を上回ることはない。特に近年は再び厳しい運用となっており、申請者数の急激な増加と相まって、その認定率を割合で表すと1％以下ときわめて低率となる。

　また、これらの認定者数には、難民不認定処分の取消しを認めた司法判断に従って難民認定したケースも含まれている。たとえば2012年には一次審査で5名が難民認定を受けているが、うち3名は訴訟によって難民不認定処分が取り消された者であり[19]、同様に2013年の3名の難民認定者数のうち1名[20]、2014年の6名のうち1名が訴訟で勝訴した者であるという[21]。そのため、司法判断を経ずに法務大臣が主体的に難民認定した人の数は、一層少なくなる。

(iii) 人道配慮に基づく在留特別許可（補完的保護）

　在留特別許可による補完的保護の件数は難民認定者数と比較してもきわめて多く、本来難民と認めるべき者を難民と認めずに在留特別許可によって救済している実態が伺われる。しかし、難民の認定を受けた者よりも在留特別許可のみを付与された者の方が法的に不利な立場に置かれうることは、上記3(2)(iii)記載のとおりである。そもそも、難民条約上の「難民」は難民認定されなければならないのであって、難民を難民と認めずに在留特別許可で救済することは、難民条約の想定するところではない。在留特別許可の許否は、難民認定のように羈束的な判断ではなく、法務大臣の広範な裁量に委ねられている。在留特別許可の件数が年によって大きく変動している実態も、そう

---

19) 辻元清美議員の質問主意書（平成25年6月24日提出質問第119号）に対する答弁書第183回国会答弁第119号参照（http://www.shugiin.go.jp/internet/itdb_shitsumon.nsf/html/shitsumon/b183119.htm）（2017年1月23日アクセス）。
20) 難民研究フォーラム「アジア太平洋難民の権利ネットワーク（APRRN）日本の難民保護制度に関する声明（和訳）」（http://www.refugeestudies.jp/resources/2014/04/aprrn.html）（2017年1月23日アクセス）。
21) 全国難民弁護団連絡会議調べ。

年	難民認定申請				異議申立て				補完的保護
	申請数	処理件数	認定件数	認定率	申請数	処理件数	認定件数	認定率	
1982	530	166	67	40.36%	22	0	0		
1983	44	263	63	23.95%	7	23	0	0%	
1984	62	163	31	19.02%	55	25	0	0%	
1985	29	45	10	22.22%	23	38	0	0%	
1986	54	13	3	23.08%	5	13	0	0%	
1987	48	52	6	11.54%	29	23	0	0%	
1988	47	81	12	14.81%	53	20	0	0%	
1989	50	32	2	6.25%	26	49	0	0%	
1990	32	37	2	5.41%	23	13	0	0%	
1991	42	19	1	5.26%	10	25	0	0%	7
1992	68	45	3	6.67%	36	20	0	0%	2
1993	50	55	6	10.91%	28	21	0	0%	3
1994	73	51	1	1.96%	33	32	0	0%	9
1995	52	57	1	1.75%	39	46	1	2.17%	3
1996	147	50	1	2.00%	35	29	0	0%	3
1997	242	108	1	0.93%	41	45	0	0%	3
1998	133	349	15	4.30%	159	63	1	1.59%	42
1999	260	206	13	6.31%	158	140	3	2.14%	44
2000	216	185	22	11.89%	61	148	0	0.00%	36
2001	353	368	24	6.52%	177	115	2	1.74%	67
2002	250	264	14	5.30%	224	266	0	0.00%	40
2003	336	327	6	1.83%	226	219	4	1.83%	16
2004	426	344	9	2.62%	209	184	6	3.26%	9
2005	384	312	31	9.94%	183	195	15	7.69%	97
2006	954	459	22	4.79%	340	172	12	6.98%	53
2007	816	544	37	6.80%	362	221	4	1.81%	88
2008	1,599	918	40	4.36%	429	351	17	4.84%	360
2009	1,388	1,848	22	1.19%	1,156	308	8	2.60%	501
2010	1,202	1,455	26	1.79%	859	451	13	2.88%	363
2011	1,867	2,119	7	0.33%	1,719	880	14	1.59%	248
2012	2,545	2,198	5	0.23%	1,738	996	13	1.31%	112
2013	3,260	2,642	3	0.11%	2,408	1,135	3	0.26%	151
2014	5,000	3,169	6	0.19%	2,533	1,520	5	0.33%	110
2015	7,586	3,898	19	0.49%	3,120	2,275	8	0.35%	79
合計		22,873	531			10,061	129		2,446

した不安定さを端的に表している。

(iv) 難民認定者数に関する他の難民条約締約国の状況

上記統計から明らかなとおり、日本の難民認定者数はきわめて少ない。この点は、他の難民条約締約国の状況をみると一層明らかとなる。

全国難民弁護団連絡会議は、2015年の各国難民認定率について、以下の表のとおり状況を報告している[22]。

日本の難民認定の厳しさに関して、最近ではシリア難民への対応が象徴的である。近年のシリア国内の混乱によって国外に逃れた約490万人（2015年末時点）のシリア人うち[23]、日本における難民認定申請者数は63人と言われている（2015年8月時点[24]）。その多くは在留特別許可により在留を認められているものの、難民と認定されたシリア人はわずか6人である。他方、ドイツでは87％以上（2011年以降のシリアからの流入者数は約37万8000人）、イギリスでは91％以上（流入者数は9000人）を難民認定している。

2016年5月、安倍晋三首相は、シリア人留学生を今後5年間で150人受け入れる旨を発表した。そして、「その学生達が家族の同伴や呼寄せを希望すれば、我が国の制度の枠組で温かく迎えます。……引き続き、難民一人ひとりに寄り添う支援を続けていくことを約束いたします。」[25]と述べ、これが日本の行うシリア難民に対する支援であることを明らかにした。しかし、「留学」の在留資格の場合、学校に通うことが想定されていること、留学生としての地位を失った後の在留について保証がないこと、生活保護の受給ができないことなど、その地位は難民認定を受ける場合と比べ、本質的に暫定的なものであって、難民を不安定な立場に置くことになる。

---

22) 全国難民弁護団連絡会議『先進工業国における難民認定数等（G7諸国＋韓国、オーストラリア）2015年』。
23) UNHCR・前掲注1) 参照。
24) 難民支援協会「特集 シリア難民はいま――日本にも逃れてきている？」〔https://www.refugee.or.jp/jar/report/2015/09/01-0000.shtml〕（2016年12月30日アクセス）。
25) 首相官邸サイト「平成28年9月20日オバマ米大統領主催難民サミット 安倍総理スピーチ」（http://www.kantei.go.jp/jp/97_abe/statement/2016/0920summit_speech.html）（2017年1月23日アクセス）。

[5] 日本における難民認定の実情　403

先進工業国における難民認定数等（G7諸国＋韓国、オーストラリア）2015年

庇護国	UNHCR 拠出金 金額(百万ドル)	順位	手続段階	単位	未処理 (年始)	申請/申立数	条約難民	補完的保護等	不認定	取下・却下等	合計	未処理 (年末)	難民認定率(%)	保護率(%)	比率 取下・却下等率(%)	未処理増減(%)
日本	173.5	4	一次	人	3,668	7,586	19	24	3,387	468	3,898	7,358	0.6	1.3	12.0	100.6
			異議審	人	5,628	3,120	8	55	1,708	504	2,275	6,473	0.5	3.6	22.2	15.0
米国	1,352.5	1	IN	件	73,452	90,579	15,280	-	4,475	19,286	39,041	128,308	77.3	77.3	49.4	74.7
			EO	人	114,723	45,385	8,081	-	9,220	26,090	43,391	157,860	46.7	46.7	60.1	37.6
カナダ	70.1	11	一次	人	15,791	16,562	8,478	-	4,076	754	13,308	18,554	67.5	67.5	5.7	17.5
			異議審	人	920	2,949	693	-	1,999	83	2,775	1,088	25.7	25.7	3.0	18.3
イギリス	262.3	2	一次	人	31,545	38,878	12,137	1,765	22,655	4,809	41,366	33,990	33.2	38.0	11.6	7.8
			異議審	件	4,838	14,041	3,234	-	5,422	459	9,115	11,880	37.4	37.4	5.0	145.6
			複数回/再開	人	-	426	5	2	36	45	88	-	11.6	16.3	51.1	..
ドイツ	142.9	5	一次	人	150,257	441,899	128,924	3,134	87,492	33,884	253,434	337,331	58.7	60.1	13.4	124.5
			司法審査	人	57,025	-	1,530	1,103	18,365	41,594	62,592	55,961	7.3	12.5	66.5	-1.9
			複数回/再開	人	18,909	34,750	8,212	645	4,022	16,413	29,292	27,333	63.8	68.8	56.0	44.6
フランス	42.1	15	一次	人	35,831	74,185	17,454	3,987	57,920	-	79,361	39,249	22.0	27.0	0.0	9.5
			異議審	人	20,031	34,717	3,833	1,554	29,195	8,741	43,323	23,808	11.1	15.6	20.2	18.9
			複数回/再開	人	-	3,957	-	-	-	-	-	-	:	:	:	:
			複数回/再開	人	-	5,610	-	-	-	-	-	-	:	:	:	:
イタリア	20.7	22	一次&異議審	人	45,749	83,243	3,573	26,041	41,730	66	71,410	60,156	5.0	41.5	0.1	31.5
韓国	16.0	28	一次&異議審	人	3,108	5,711	40	194	2,798	280	3,312	5,442	1.3	7.7	8.5	75.1
オーストラリア	51.3	14	一次	人	17,625	12,231	2,377	-	1,949	1,162	5,488	15,938	54.9	54.9	21.2	-9.6
			異議審	件	4,480	3,886	729	-	2,574	323	3,626	4,739	22.1	22.1	8.9	5.8

(注1) 日本の一次での難民認定数には、難民認定後の勝訴確定後の認定も含まれる。
(注2) 米国の"IN"は、国土安全保障省の国籍移民局、米国内の庇護手続を審査。"EO"は、司法省の移民再審査執行部、退令手続中の庇護手続を審査。

参照：UNHCR Global Trends 2015, "Contributions to UNHCR 2015"

作成：全国難民弁護団連絡会議

このように「難民の受入れ」[26]を語る場面において、難民認定以外の方法を頑なに模索しようとする姿勢は、日本の難民認定に対する姿勢を象徴している。

(v) 案件振分の運用実態

上記3(2)(ii)記載のとおり、平成27年9月以降、A～D案件の振分けがなされるようになった。その運用が始まって日が浅いが、平成28年4月から同年8月までの振分け件数の実態は、A案件が2件、B案件が1526件、C案件が292件、D案件が2951件である。そして、平成28年12月22日時点においてB、C、D案件で難民認定がなされた事案はない。このように、A案件への振分けが極めて消極的になされている実態が窺える[27]。

(2) 法務大臣の判断過程に関する問題点

近時、法務大臣の判断が、難民審査参与員の多数意見に反してなされるという問題も生じている。

法務省入国管理局は平成24年までは、難民審査参与員の多数意見と異なる処分を行った例はないと報告していた[28]。ところが近年、難民審査参与員が難民相当と意見をまとめても、法務大臣が参与員の意見に反して難民と認めない事例が複数件報告されている[29]。他方で、参与員が難民不相当と意見をまとめた場合、あるいは、参与員のうち1名だけが難民相当と意見をまとめた場合に、法務大臣が難民と認めた事例は報告されていない。

また、裁判所で難民不認定処分を取り消されて難民該当性が認められた事

---

26) 前掲注25)に同じ。
27) 第192回国会（臨時会）・質問第58号　参議院議員糸数慶子議員「我が国の難民認定申請及び迅速処理手続に関する質問主意書」に対する答弁書（答弁書第57号）。
28) 法務省入国管理局は、「平成25年版『出入国管理』」（平成24年分の統計）まで、参与員の多数意見と異なる判断をしたことはない旨報告していた。
29) 平成26年3月時点で4事例7人のケースで参与員の多数意見が難民相当であったにもかかわらず、難民認定をしなかった事例が報告されている（第5回難民認定制度に関する専門部会議事概要 http://www.moj.go.jp/content/000123812.pdf）。また、法務大臣閣議後記者会見の概要（http://www.moj.go.jp/hisho/kouhou/hisho08_00488.html）参照（いずれも2017年1月23日アクセス）。

例であっても、法務大臣が難民と認めずに在留特別許可のみを付与する事例も3件ほど確認されている[30]。

このように、専ら難民不認定方向に向けて、難民審査参与員の意見や司法判断が尊重されない実態がある。

(3) 難民不認定処分取消等請求訴訟

厳しい難民認定の実情に対し、全国で多数の難民不認定処分取消等請求訴訟が新たに提起されている[31]。

このうち原告の勝訴判決の件数について、弁護士の任意団体である全国難民弁護団連絡会議ないし外国人ローヤリングネットワークの情報を総合すると、平成22年は10件、平成23年は3件、平成24年は4件、平成25年1件、平成26年1件、平成27年2件という結果になっており、難民認定申請者にとって司法的救済の道もやはり厳しい状況にある[32]。

他方で、平成28年には、名古屋高裁において3件の逆転認容判決が立て続けに出されている[33]（平成28年10月25日時点）。とりわけ平成28年7月19日判決は、難民事件における立証責任の基本的視点や申請者の供述の信憑性判断、参与員の姿勢の問題点にも具体的に言及した画期的な判決であった。こうした適正な判断が司法の場面において広がってゆくことを期待せずにはおられない。

---

30) 全国難民弁護団連絡会議調べによる。スリランカ、トルコ、アフガニスタンの出身者ケースである。
31) 平成15年版から平成19年版までの出入国管理白書では訴訟件数が公表されていたが、その後白書には掲載されていない〔http://www.moj.go.jp/nyuukokukanri/kouhou/nyukan_nyukan42.html 参照〕。公表されていた統計によれば平成14年から平成18年までの毎年の提訴件数は、おおむね50件程度で推移している。
32) 平成17年から同19年までは出入国管理白書において敗訴件数も公表していたが、その他の期間は公表されていないようである。
33) 名古屋高裁平成28年7月13日判決（平成27年（行コ）第71号事件）、名古屋高裁平成28年7月28日判決（平成28年（行コ）第19号事件）、名古屋高裁平成28年9月7日判決（平成28年（行コ）第2号事件）。

(4) 再難民認定申請

　平成18年の時点で、再申請による難民認定は200件中8件（再申請のうち4％）、再々申請による認定件数は33件中1件（再々申請のうち3％）と報告されている[34]。その後も、再度の難民申請の末に難民認定を受けた、あるいは在留特別許可を付与されたケースは複数存在する。厳しい難民認定の実情を見れば、安易に再申請を制限することには慎重であるべきであると思われる。

　ところが、再申請を行う場合、上記3(2)(ⅱ)記載のとおり、C案件に振り分けられて迅速に不認定処分がなされ、あるいは審査請求を行う場合にも、上記3(3)(ⅱ)記載のとおり、口頭意見陳述が実施されない危険がつきまとうようになった。再度の難民申請が制限されるのであれば、前提として、当初の手続が適正に行われなければならない。

5　日本の難民保護の実情と課題Ⅱ——行政手続段階における手続実態

　日本の難民認定の実情が厳しいことは、統計のみならず、手続実態からも見て取れる。本項では、関東弁護士会連合会（以下「関弁連」という）が平成26年に難民申請者127名を対象に実施したアンケート調査結果[35]、筆者が難民事件を多数取り扱う弁護士複数名に対して行った文書照会結果、筆者の経験を踏まえて、個別実態を考察する。

(1)　難民認定申請手続における実態

(ⅰ)　難民認定申請の受付

　難民認定申請を行おうとする者は、まず申請用紙を入手しなければならない。関弁連のアンケート結果によれば、この難民認定申請書の交付場面の問題として、「当初は交付を拒絶され、後になってようやく交付された」と回答した者が38名（調査対象者の約30％）に上り、入国管理局職員から「難民

---

34)　法務省入国管理局・前掲注14) 9頁。
35)　関東弁護士会連合会「難民認定手続の運用に関する調査報告書」(http://www.kanto-ba.org/declaration/pdf/h27a6.pdf)（2017年1月23日アクセス）。

は難しい」「送還します」「無駄です」「考え直してください」「難民申請の権利がない」「申請ができない」と言われたと報告されている。

難民認定申請を行おうとする者は、次に、難民認定申請書を地方入国管理局の各窓口へ提出する[36]。関弁連のアンケート結果によれば、申請書の受付場面に関しても、「受付を拒絶されたが、後になって受付がなされた」と回答した者が17名（調査対象者の約13％）に上った。その具体的内容として、「職員が申請書類を破り捨てる、書類を投げる、机を叩く、大声で暴言、罵倒するなど」の粗暴行為や「あなたは難民にはならない」という非協力的な態度をとられたとの報告がある。

また、筆者も法律相談窓口や事務所へ相談に来る難民認定申請者から、難民認定申請を窓口で受け取ってくれなかったという相談を複数回受けたことがあり、実際に些末な点を指摘して難民認定申請書を本人に返送したケースも報告されている。

以上のとおり、難民認定申請の受付を拒む法的根拠はないものの、窓口対応において難民申請の受付に慎重な態度をとっている実態が伺われる。

(ⅱ) 難民調査官による調査時の対応

弁護士は、申請者から、難民調査官による調査の実態を聞くことがある[37]。今般筆者が行った弁護士に対する文書照会において、問題と感じたことのある調査の実態報告を求めたところ、次のような回答があった。

* 代理人が就いていない場合の申請者に対する対応が酷いと感じます。言い方もそうですが、説明が不十分で、日本語を理解していなくても、日本語で説明を続け、手続を理解させようとする姿勢が見られないように感じました。
* 怒鳴られた、頭ごなしに嘘つき呼ばわりされたなど聞いたことがあります。
* 申請者が前後の文脈からすると矛盾した供述をしていたり、質問に対する回答として意味不明でも、釈明がなされていないことが多々あります。
* 調査に立ち会えないので具体的にはわからないところが多いですが、申請時

---

36) 難民認定申請窓口は各地方入国管理局により異なる（http://www.immi-moj.go.jp/tetuduki/nanmin/nanmin.html）。
37) 難民調査官による調査には、一般に弁護士の立ち合いは出来ないとされているため、弁護士が直接体験することはできない。

に本人の認識に反すること（国籍など）を書かせないと受け付けない、受付時の態度が非常に悪い、供述録取書を見る限りただ言いたいことをだらだらと言わせているだけ、または、不認定の方向での返答を意識的に取っている（例えば、迫害の経験事実や主張について「これ以外はありません」とあえて書くなど）と感じます。

　また、関弁連のアンケート調査結果によれば[38]、難民認定申請の際に難民調査官の調査に問題があったと感じた申請者は 43 名、全体の 33％以上である。具体的には、「粗暴行為」として「机を叩く、書類を投げつける」、「罵倒・大声・糾問・冷笑・怒ったような態度」として「嘘をついている」「もういい」「意味がない」「時間ばかりかかる」「事実を言え、そうでなければ送還する」「言わないなら部屋に戻す」等の発言である。他にも「国に帰ってください」「何故、オーバーステイしているの？」「貴方の国には大した問題がない」「神は関係無い」「大人なんだから、子どもみたいに馬鹿なことを言うな」等の発言があったとの報告がある。また、時間不足で申請者の説明を一方的に打ち切るといった報告もある。さらに、難民申請者が、難民調査官による聴取を受けた際、調書上に供述していない内容が書かれていたために署名を拒否したところ、当該難民調査官が、申請者の属する在日反政府団体は法務大臣に敵対するのかと迫り大声を上げて署名を強要し、なおも拒否すると、当該団体の代表者を呼び出し、同代表者が話したように調書が書き換えられ、同代表者が署名した調書が作成されたケースもある[39]。

(2) 異議申立手続における実態

　難民審査参与員による口頭意見陳述・審尋手続に関して、一部参与員の姿勢や態度に問題を感じる弁護士は少なくない。筆者が、口頭意見陳述・審尋において感じた問題について弁護士らに文書照会したところ、次のような回答があった。

---

38) 前掲注 35) 関東弁護士会連合会「難民認定手続の運用に関する調査報告書」参照。
39) 在日ビルマ人難民申請弁護団の 2006 年 10 月 27 日付「抗議書」〔http://www.jlnr.jp/statements/20061027.htm〕（2017 年 1 月 24 日アクセス）。

＊　口頭意見申述の際、参与員が施設の名称や日時のずれ等、細かな記憶違いを指摘して、供述の信用性を確認するばかりで、迫害の恐れなどの重要な点の確認をしないことがありました。また、出身国について十分な情報と知識がないのではないか、提出資料を見ていないのではないかと思わせるような発言がありました。また、申請者が泣きながら難民性を訴えた後、参与員が退席して隣室で高笑いしていました。
＊　セクハラ的な発言をしたり、理由も言わずに中座したり、通訳が懸命に申請者の言葉を聞き取ろうとしている場面で大きな靴音を鳴らし続けたり、申請者の親族に対する侮辱的発言をしたり、その他多数の問題場面を経験したことがあります。
＊　偏見、横柄に感じる言葉遣い、難民認定手続（異議申立手続含む）において申請者が在留特別許可を与えられる場合もあることを知らないなど、制度が理解できていない方もいました。
＊　申請者には開示されていない資料に基づき、退去強制された経験があるかを確認され、資料については最後まで開示されませんでした。そのことについて、審理の調書にも記載がありませんでした。
＊　偏見があらわな人（ニュートラルな姿勢で信憑性を判断しようとしていない）、本人の言語的、物理的困難さを無視する人、申請者に対する態度が見下したような態度をとる人がいます。また、難民調査官の出身国情報についての調査が不十分であり、出身国情報のうち不認定方向に使えるものだけ参与員に伝えている例が散見されます。
＊　参与員の難民に対する理解の不十分さや偏見を感じることがあります。
　　例）些細な陳述の変遷や記憶の曖昧さを殊更重要視する。始めから綺麗に自らの主張を述べられる申請者などいるはずがないが、そのような理解がない。
＊　出身国情報について独自に情報収集をしているのはともかく、独自の見解を押し付け、申請者の話を聞かない方がいます。

　また、難民審査参与員が、審尋の際、申立人本人に対し、「あなたは難民ではない。」「あなたは難民としては元気過ぎる。本当の難民はもっと力がない。」「もっと弱い人が大勢いる。あなたならミャンマーに帰っても元気にやっていける。」「あなたの話は全く信用できない」などと発言したため、全国難民弁護団連絡会議が抗議声明を出した事例もある[40]。
　さらに、先に紹介した平成28年7月16日名古屋高裁判決において、次のような判示がある。「……難民審査参与員は、『私たちは、ネパールの件を何

件も担当していますが、この種のことは極めて一般的ですし、さらに言えば、これまで経験したケースと比べると、被害の度合いは極めて低いという事実を指摘せざるを得ません』（16頁）と発言している。……難民審査参与員がこのような発言をすることは、法務大臣の難民の認定に関する処分について疑義が生じかねないものであって、難民条約及び難民議定書の締約国の難民認定に関する姿勢としても到底望ましいものとはいえないのである（難民認定ハンドブック56頁では、審査官についての記述ではあるが『当該事案の事実についての審査官の結論及び申請人についての審査官の個人的印象が人間の命に影響するような決定をもたらすことになるのであるから、審査官としては正義と理解の精神で基準を適用しなければならず、申請人は『保護に値しない事案』であるかもしれないといった個人的な考慮によってその判断が影響されるようなことがあってはならない。』とされている）」。

6　日本の難民保護の実情と課題Ⅲ——司法における判断過程の実際

(1)　司法的救済の実情

　行政手続段階における判断に不服がある難民申請者は、難民不認定処分取消等請求訴訟を提起し、司法の場においてその処分の適法性を問うことができる。司法の場において難民条約に従った適切な判断がなされるならば、難民申請者は救済を受けることができる。

　しかし、残念なことに、近時の一部の逆転認容判決などを除いて、司法における請求認容率もきわめて低く、難民申請者は厳しい闘いを覚悟しなければならない。そうした実態は、端的に訴訟の認容率の低さにも現れているが、その判断過程における難民条約に対する理解や事実認定・評価の場面からも見て取れる。ここでは、一例として、筆者が担当したことのあるロヒンギャ集団訴訟事件に関する裁判所の判断を紹介したい。

---

40)　全国難民弁護団連絡会議の2016年9月5日付「抗議声明」、代理人弁護士の2016年7月11日付「報告書」(http://www.jlnr.jp/statements/2016/jlnr_statement_20160905.pdf)（2017年1月24日アクセス）。

(2) 裁判所の判断

(ⅰ) 難民条約の解釈

　ロヒンギャ集団訴訟事件（一審東京地裁平成22年10月29日判決、控訴審東京高裁平成24年9月12日判決）においては、難民該当性の要件となる「迫害」の定義が問題となった。この点については、生命身体の自由に対する抑圧・侵害以外に、重大な人権侵害を含むかどうかという議論がある。裁判例の中には、迫害概念に重大な人権侵害を含めて理解するものもあるが（東京高判平成17年5月31日公刊物未登載等）、多くの裁判例は、重大な人権侵害を含めずに生命又は身体の自由の侵害又は抑圧に限られると判断している。

　この点に関して、難民条約上「条約の適用を監督する」責務を与えられたUNHCR（難民条約35条1項）は、難民認定基準を記した「難民認定基準ハンドブック」[41]において、迫害とは生命身体の自由に対するもののみならず、「その他の人権の重大な侵害もまた迫害を構成するであろう」（51項）としている。また、難民法の第一人者とされるジェームス・C・ハサウェイ教授やガイ・グッドウィンギル教授も、迫害には差別的取扱いが含まれると言及している[42][43]。さらに、英国[44]、オーストラリア[45][46]、カナダ[47]、ニュージーランド[48]、アメリカ[49]、韓国[50]において、迫害概念は「生命身体の自由に対

---

41) 国連難民高等弁務官駐日事務所『難民認定基準ハンドブック――難民の地位の認定の基準及び手続に関する手引き〔改訂版〕』（UNHCR駐日事務所、2008年）。

42) ジェームス・C・ハサウェイ（平野裕二・鈴木雅子訳）『難民の地位に関する法』（現代人文社、2008年）125頁。

43) Guys Goodwin. Gill ほか「The refugee in international law」（Oxford university press、1998年）92-93頁。

44) 英国2006年・2525号施行規則（国際的保護を必要とする難民又は人物（資格）2006年規則）において、次のように記されている。「5条　(1)……迫害行為は以下でなければならない。(a)基本的人権、特に人権及び基本的自由の保護のための条約……15条によってもその制限が許されない権利の重大な侵害を構成するような、その性質上又はその反復によって十分深刻であるもの、……(2)迫害行為は、例えば、以下のかたちをとりうる。……(b)それ自体が差別的である又は差別的に運用されている法的、行政的、警察の若しくは司法の措置；(c)不均衡又は差別的な訴追または処罰；(d)不均衡又は差別的処罰を理由とする法的救済の否定；……」（http://www.refworld.org/docid/47a7081c0.html）（2017年1月23日アクセス）。

45) オーストラリア1958年移民法91条R(2)「迫害は、『重大な危害』および組織的かつ差別的な行為を必然的に含む。」と規定［https://www.legislation.gov.au/Details/C2016C0111］（2017年1月24日アクセス）。

する抑圧・侵害」以外にもその他の重大な人権侵害を含むとの判断がなされている。それだけではない。日本の外務省も、迫害の概念について「その他の人権の重大な侵害を指している」[51]と説明している。行政組織内で、条約の有権的解釈権限を有する省庁は、法務省ではなく外務省である（外務省設置法4条5号）。

　ロヒンギャ集団訴訟事件においても、控訴人（原告）側がこれらの点を指摘したのに対し、控訴審裁判所は次のように判示した。「控訴人らは、難民条約に加入する諸外国（アメリカ、カナダ、ニュージーランド、イギリス、韓国）においても、『自由』が身体的自由以外の人権を含むものと解釈されており、我が国における条約の有権的解釈権限を有する外務省も『迫害』とは『生命、身体又は身体の自由の侵害又は抑圧及びその他の人権の重大な侵害』を意味するものと一貫して説明しており、法務省も、難民条約加入時、迫害の概念を生命身体に限定しない見解に立っていたことから、『自由』は身体的自由に限定されないと主張する。しかし、控訴人らの主張する上記の解釈がされているものと仮定しても、裁判所の判断がこれに当然拘束されるべき理由はなく、前判示の各点に照らせば、前記判断を左右するには足りないものというべきである」。

　こうして、条約に関する国際機関や各国判断、外務省の判断に対してすら、

46）　オーストラリア高等裁判所判決 CHAN v. MINISTER FOR IMMIGRATION AND ETHNIC AFFAIRS [1989] HCA 62; (1989) 169 CLR 379, F.C. 89/034.
47）　カナダ連邦裁判所は、「身体への侵害は迫害の必要条件ではない」旨判示した（2005.12.20 判決、Akuwa Serwaar vs Minister of citizenship and Immigration (Imm-295-05)）。
48）　「我々控訴局は、迫害を肉体的制裁のみに限定して査定すべきという見解を退ける」（ニュージーランド難民地位控訴局 1996.2.12 決定 2039/93 RE:MN.）。
49）　米国移民帰化局決定「『重大な人権侵害』は迫害を構成するが、それは……社会的・経済的自由の侵害も迫害に含まれると理解している」（Deborah Anker, The Law of Asylum in the United States: A Guide to Administrative Practice and Case Law、第2版）、また連邦控訴裁判所 1996年2月26日判決では「迫害という文言は、単なる生命および自由への脅威より広義の内容を含む」旨判示（Aguilar-Solis v. INS No.98-1484 事件）。
50）　大韓民国最高裁判所「……『迫害』は、『生命、身体または自由に対する抑圧をはじめとし、人間の本質的尊厳性に対する重大な侵害や差別を引き起こす行為』ということができる」（最高裁判所 2008年7月24日判決）。また、ソウル行政法院は、後述する UNHCR の難民認定ハンドブックを引用しつつ同趣旨の判示を行った（2009年12月24日ソウル行政法院第13部判決）。
51）　外務省「難民条約」（外務省国内広報課発行、2004年）8頁。

「当然拘束されるべき理由はない」との理由で等閑にされてしまった。

　(ⅱ)　迫害に関する事実評価

　ロヒンギャ集団訴訟事件における司法の消極的な姿勢は、具体的な事実評価の場面でも現れた。ロヒンギャ民族の人々は、日常的に基地や用水路建設などのために強制労働に晒され続けている。この点について、一審裁判所は、原告らが日常的に経験してきた、暴力を背景になされた道路や基地等の補修のための強制労働について「1回の拘束期間が長期にわたるものではない」こと、「食事を取ることができない場合ばかりではないこと」、「暴行も、1度又は2度、疲れて休んだ時に背中を竹の棒で殴られたり、臀部を蹴られたといった程度のものであり、それほど過酷なものであるということはできない」ことなどを理由に、「迫害」には当たらないと判示した。

　さらに控訴審では、強制労働「を回避しようとする場合に、暴力などを受けるおそれがあるとしても、そのことから、強制労働自体が……『迫害』に当たることとなるとは認めるに足りない」、「強制労働の目的は、労働力を徴用することにあり、身体を拘束することを目的とするものではないことが認められる上、その内容が格別生命身体に対する危険を伴うものとは言えず、期間も長期にわたるものでないことが認められることは前判示のとおりであり、……『迫害』に当たるとは認めるに足りない」として、原審の判断を維持した。

　ここでは、「迫害」に関して生命・身体の自由に対する抑圧・制限という要件に加え、迫害者が当該抑圧・制限を主たる目的としなければ「迫害」とは認められないとするなど、定立した定義よりも一層厳しい事実評価を行っている。こうした判断から見えるのは、「迫害」の概念を狭く解釈し、制限的に理解しようとする裁判所の姿勢である。

7　現状の課題とその背景

　ここまで見てきたように、日本の難民認定手続の実情をみると、実に多くの課題が残されていることを痛感する。その原因を探ることは容易ではない。

社会的にも、政策的にも、実に多くの要因が複合的に重なりあっていると思われるからである。したがって、たとえばヨーロッパ各国の難民認定制度を導入しさえすれば、問題が解決するというような単純な話ではない。それでもなお、難民として庇護されるべき人々が適切に庇護されるようになるために、どのような方法がありうるのか、問題の要因を探りつつ検討してゆくことを諦めるべきではないだろう。

(1) **行政手続段階の問題背景と改善策──審査機関の独立に関して**

上記のとおり、日本の難民認定者数と手続実態は深刻な状態である。かかる状況において、難民認定機関が、公正かつ公平に、難民条約に従って適切な難民認定判断を行っているのかについて疑問を抱かざるをえない。

ここで問題となるのは、難民認定機関の中立性である。現在、法務省において、難民認定に関わる事務は、法務省入国管理局の総務課内に難民認定室として設置されている[52]。法務省入国管理局内には「総務課」「入国在留課」「審判課」「警備課」と、出入国の管理に関する課が設置されており、難民認定室は「総務課」の中の一室を構成するに止まっている。そのため、現在の出入国管理の主体と難民認定事務の主体は実質的には完全に同一であり、むしろ組織の在り方だけを見れば、難民認定事務は出入国管理業務の従たる存在にすらなりうる。

人事面においても、法務省入国管理局内において長年入国在留管理に携わってきた経歴を持つ人が難民認定室長になること、難民認定室長がその後退去強制に携わる審判課の課長になることは珍しいことではない。また、難民認定実務の現場を担う難民調査官は、入国審査官の中から指名されるが、上記のとおり、入国審査官は上陸審査や退去強制手続を担う特別審理官や主任審査官にもなりうる地位にある(法2条10号〜12の2号)。入管法違反の調査を行ってきた経験を持ち、また数年後には同様の業務に戻りうる入国審査官が、局内の移動によって難民調査官となったとき、難民申請者の難民該当

---

52) 法務省「法務省の組織図(平成28年4月1日現在)」(http://www.moj.go.jp/content/000121497.pdf)(2017年1月24日アクセス)。

性調査・判断を中立的に行うことに困難を伴うことは当然である。

　難民認定は、多くの場合、出入国管理とは相いれず、時として対立的な問題となる。そのため、難民認定事務を担当する組織を入国管理局から独立させ、予算面、人事面で独立した権能を持つ組織が必要であろう。独立した省庁として設置することが理想ではあるが、そうでなくとも、法務省内で独自の予算や人事権を持つことのできる独立した局とする、あるいは大臣官房直属の委員会とする、といった形での独立機関としての方法も検討されてよい。

(2) 司法における問題背景と改善策

　上記6(2)のとおり、今日の難民認定訴訟では、厳しい事実認定・事実評価が行われていることが読み取れる。近時の名古屋高裁の判断は、大きな司法の前進の序章であるとの期待を寄せつつも、なお総じて見たときには、司法による救済が機能しているとは言いがたい状況にある。こうした裁判所における難民不認定処分等取消等請求訴訟の困難さは、そのまま行政訴訟全般に通ずる共通の問題となりうるため、本章で言及しうる質量を超える。しかし一言言及することが許されるのであれば、法務省（訟務検事）と裁判所の交流実態は改善の余地があるのではないかと思われる。

　少なくとも、裁判官が訟務検事として国相手の裁判を担当することは避けるべきである。裁判官は、難民不認定処分で国の代理人となる訟務検事として法務省に一定数出向している。東京地裁において行政部部総括を務めていた裁判官が、法務省訟務局長に就任したケースはその最たるものであった。統計としては、平成22年時点で、法務省の幹部全63人中、20人が裁判官、27人が検事出身であるという実態も看過できない[53]。他方で、難民不認定処分取消訴訟の原告の代理人となる弁護士が所属する法律事務所が裁判官を受け入れるとの動きは聞かず、弁護士の職務経験や交流は無実化している。こうした人事面における偏った交流は、改善されてしかるべきである。

　また、難民条約についての理解もさることながら、条約全般についての法

53）　法務省検察の在り方検討会　第3回会議資料配布資料9「法務省幹部職員への検事の任用状況（平成22年9月）」（http://www.moj.go.jp/content/000061289.pdf）（2017年1月24日アクセス）。

曹会全体の理解の不十分さも認識されてよい。筆者は、東京高裁における退去強制令書発付処分取消請求訴訟の控訴審口頭弁論において、民事訴訟学者としても著名な裁判長から、条約よりも法律が優位というのが通説であろうと発言されたことがある（筆者らが指摘すると直ちに発言は撤回された）。自らも日々痛感するところであるが、法曹全体が、難民条約という特定の条約に対する理解不足という問題に止まらず、条約全般に対する正確な知識と理解が不十分であると感じている。また、法曹養成の課程において、条約を学ぶ機会は憲法・法律に比べても極端に少なく、正確な知識や意義付けを理解することは多くの法曹にとって依然困難である。我々弁護士も含めて、条約に関する法的知識と法感覚を備えることは喫緊の課題である。

(3) 現行制度を前提とした改善の可能性

　上記のような制度的な変更を伴う抜本的解決策が実現するまで、日本の難民認定の実情は改善の余地がないのであろうか。筆者は、そうは考えない。

　上記のとおり法務大臣が司法判断に反する処分を行うという問題事例はあるものの、多くの場合、裁判所が難民不認定処分を取り消せば、法務大臣（実際には法務省入国管理局）もその申請者を難民と認める。また、訴訟が進行していく過程で、国側は敗訴の見込みが高くなれば、その当否は別としても、自主的に難民不認定処分を取り消すことさえある。司法上の判断是正が続けば、法務省としても判断の方向性を見直さざるをえまい。

　実際に、国の敗訴率と法務省の難民認定率、さらには難民認定制度のあり方が無関係とは言いがたいように見受けられる。主にミャンマー（ビルマ）難民が、立て続けに難民不認定処分取消等請求訴訟に勝訴し、かつて存在していた60日ルール（上陸後60日以内に難民認定申請をしなければ申請却下となる期限ルール）が裁判によって無実化される判断が蓄積されると、やがて60日ルールは撤廃された。それとともに、難民審査参与員制度が導入され、完全に入国管理局職員のみで決められていた異議申立てに対する判断の形成過程に第三者が関与するよう制度改正がなされた。こうした動きが、難民不認定処分取消認容判決と無関係とは考えがたいところである。

　そして、司法が実際に適正な難民認定判断を行うならば、現行制度下にお

いてさえ、難民に関する問題の大部分は解決可能であると思う。他方で、法を運用する者の認識が変わらなければ、いかに制度改正を行ったとしても、限界を見出さざるを得ない。制度的改善は、あくまでも適正な判断の『担保』であって、最終的な解決手段ではないからである。

8　残された課題

(1)　難民認定制度に係る議論の在り方

　日本における難民問題は、法的側面からも、社会的側面からも多くの課題が山積している。「難民」の定義ひとつとっても、実に多くの論点とそこに潜む問題がある。これらひとつひとつについて丁寧にかつオープンな形で議論、検討を重ねて基準が明確化されることが望ましい。ところが、現在、こうした形で難民問題は議論されていない。

　上記のとおり、「行政不服審査法の施行に伴う関係法律の整備等に関する法律」の制定とこれに伴う入管法の改正によって、入国管理局は、請求人本人が望んだとしても、審査請求手続における口頭意見陳述を行わない旨の判断ができるようになった。これは、これまで申立人が希望すれば必ず口頭意見陳述・審尋がなされていたことと比べて、難民申請者にとって重大な不利益変更である。ところが、この重要な内容を盛り込んだ制度改正は、十分な議論を経ずになされた。この点の制度改正がなされた平成26年当時[54]、法務大臣の私的諮問機関である出入国管理政策懇談会の中に、難民認定制度に関する専門部会が設置され、難民認定制度の改正に向けて議論が続けられている最中であった（同専門部会の報告書とりまとめは平成26年12月である）。それにもかかわらず、上記の重大な制度改正を盛り込んだ整備法は、部会内で事前に検討されないまま、閣法として法案提出されて成立した[55]。当該改

---

54)　整備法は、平成26年3月14日付で閣議決定されて（閣法第71号）同日国会に提出されたうえ、平成26年5月22日に衆議院可決、同年6月6日に参議院可決、平成26年6月13日付けで公布された。
55)　難民認定制度に関する専門部会の議事概要参照（http://www.moj.go.jp/nyuukokukanri/kouhou/nyuukokukanri03_00097.html）（2017年1月23日アクセス）。

正は、調整整備の範疇を超えた実質的な重大変更でありながら、調整整備のための法の改正の中でなされたものであり、抜き打ち的になされた重大な制度改正であった[56]。このように、重要な制度改正が十分議論されないまま（特に、今回の場合、議論する場が設けられておりながら、そこで議題にすらしないまま）に進められることこそ問題であり、日本の難民問題に強い不信と閉塞感を根付かせる結果となる。

(2) 残された課題

本章では、日本における難民制度のごく一部しか取り上げることができなかった。しかし、日本における難民認定制度にはいまだ多くの課題が山積している。

たとえば、異議申立手続（審査請求手続）の平均処理期間が約2年2か月（779日）と審理が長期化しているという問題がある[57]。今後、難民該当性が低いと判断されるB案件やC案件は、速やかに不認定の結果が出されることとなろうが、そうであれば、許可案件についても速やかな判断がなされるべきである。

また、難民申請中の地位も問題となる。申請者の中には、在留資格を持たない者が多数いるが、彼らは収容されるか、一時的な身体解放手段である仮放免許可または仮滞在許可によって収容を解かれる。しかし、仮放免許可は短期間の許可の延長を基本とするため、常に再収容のリスクがつきまとう。また、就労もできず、生活保護も受給できないため[58]、生活は困難を極める。仮滞在許可も、許可期間が6か月となり若干安定性が高いものの、やはり就労等は認められず、許可率が約1割程度に止まる。

審理の長期化と生活の不安定さ、そして難民認定の厳しい実情を目の当

---

56) 日本弁護士連合会「行政不服審査法改正に伴う出入国管理及び難民認定法改正案に対する会長声明」（2014年5月23日）。
57) 日本弁護士連合会「難民認定制度及び難民認定申請者等の地位に関する提言」（2014年2月21日）10頁参照。
58) 難民事業本部（RHQ）が生活保護費や就労促進のための援助金を提供しているが、申請者数も増加して不足している（日本弁護士連合会・2009年6月18日付「難民認定申請者の生活状況をめぐる制度の改善に関する意見書」参照）。

りにして、自身を取り巻く過酷な状況に耐えきれず、精神的に追い込まれて多量の睡眠薬や向精神薬を服用している難民申請者と遭遇したのは、一度や二度ではない。なかには自殺（未遂）を図った者もいる。

　そして、難民申請者らは、来日したことを悔み、日本以外の国へ脱出できたらと必死に模索する。本国で同様の境遇に遭った人々が欧米諸国で保護を受けることができたと聞けばなおさらである。同じ難民条約締約国として、こうした結論の違いを申請者に甘受させ続けることは適切ではない。

　また、本章では行政、司法機関についての問題を取り上げたが、難民支援に取り組む弁護士もまた、自らの活動を省みることを忘れてはなるまい。近時、十分な代理人活動を行わない弁護士がいると聞くのも、また事実である。厳しい難民認定の実務において、砦となるべき弁護士が適切な活動を行わないことは、申請者にとって致命傷となる。この点についての検証と改善を怠ってはならない。

　さらに、本章では触れることはできなかったが、認定場面のみならず、受け入れた後の難民支援に関する改善も、同時並行でなされるべきである。仮に「難民」として庇護された人であったとしても、彼らが日常生活していくうえで、常に難民としての地位を背負って生きるわけではない。難民も移民も、日本に滞在する経緯は違っても、日本において日々の暮らしを営む外国人であるということに違いはない。そうすると、難民が暮らしてゆくうえで直面する生活上の問題、言葉の問題、仕事の問題、次世代の子どもが直面する教育の問題、アイデンティティーの問題など数え切れないさまざまな問題は、移民政策における問題・対策と重なる。日々生活していく場面では、彼らは社会の一員であって、隣人である。そうした人々に対して向けるまなざしが排外的でないことを祈ってやまない。

9　むすびにかえて

　最後に、いまだ60日ルールが残り、難民審査参与員制度導入前の1998年の入管法下において、ミャンマーから逃れてきたロヒンギャ民族の男性が日本で難民認定申請をした際の体験を紹介する。この文章は、当該男性が、

2002年12月の第一審訴訟係属中に意見陳述として読み上げたものの抜粋である。同男性は、第一審の結審予定日直前に難民不認定処分が取り消され、難民認定がなされている。

「まず最初に1998年に来日してから今日に至るまでの日本政府の担当者たちの態度について感じていることを申し上げたいと存じます。成田空港に到着した時にまず出会った入国管理局のA. バンバ（原文ではA.Bamber表記）という担当官の態度から話をはじめなければなりません。彼は私の入国を即座に拒否しました。そして多くの質問を発しました。質問をする際に彼は何度も怒りの表情を浮かべ、日本語で私を怒鳴りつけました。四、五時間もの尋問のあと、彼は日本語で書かれた書類を取り出し、すぐにサインをするように私に迫りました。私が何の書類か分からないものに署名は出来ないと拒否すると、彼はさらに怒って持っていたボールペンを机の上に投げつけ、拳で机を叩いて、私をにらみつけ、日本語で大声をあげて怒鳴りつけました。さらに私の傍に近づき、無理やりボールペンを握らせて署名させようとしました。まるで喧嘩をしかけているような剣幕でした。こうした荒っぽい仕打ちを受けて、私は日本の入国管理官を心から怖いと思いました。

4月2日には難民（原文では政治亡命。以下同じ）認定を申請しましたが、その後たいへん狭い一室に閉じ込められました。部屋の扉は常時鍵がかかっていました。部屋には一人用のベッド、トイレがあるだけで、通気用の窓すらありません。食事は担当者が運んできて、扉の鍵を開け、ドアの傍に置いてゆきました。この小部屋で22日間過ごしました。その間部屋を出たのは、インタビューのために2回と10分間のシャワーのために3回だけでした。部屋では夜10時から朝7時まで電気は消されました。あの小部屋に閉じ込められていたことを思い出すと今でも息が詰まるおもいがします。

入管による扱いは、私の人間としての誇りを完全に踏みにじるものでした。私は、法律にのっとって難民認定を申請したに過ぎないのに、私はまるで法律を犯した犯罪者のように扱われていると強く感じました。」[59]

1998年に彼が経験した、この日本の難民認定の実情は、どれほど改善さ

---

59) 東京地裁平成14年（行ウ）第116号国家賠償等請求（追加的併合）事件において、2002年12月16日に裁判所へ提出した原告本人の意見陳述書。

れたのであろうか。日本が難民条約に加入して35年になろうとしている。この国が、真に難民を庇護できる国となるための道のりはいまだ長く、多くの課題が山積している。

[6] 入管法制の法学的検討
①入管法制と憲法

大久保史郎

1　はじめに

　人の国際移動に対する日本の出入国法制はどのような憲法問題を生み出し、憲法学は何を論じてきたか。本稿では、まず、戦後の出入国管理法制において、外国人の地位と権利がどのような扱いをうけてきたか、その軌跡と時代的な特徴を指摘し、これまでの主要な論点を概観したうえで、近年の出入国管理法制の改正とその運用から何が指摘できるかを考えてみたい。

2　戦後入管法制の軌跡と外国人の地位と権利

　日本の出入国管理の基本法である出入国管理及び難民認定法（以下、入管法）は、第1条で、「本邦に入国し、又は本邦から出国するすべての人の出入国の公正な管理を図るとともに、難民の認定手続を整備することを目的とする」として、日本国民と外国人の出入国管理を行う。この入管法は、いわゆるポツダム勅令としての出入国管理令と外国人登録令を原型とし、すべての人を日本国籍を持つ「日本国民」と持たない「外国人」に二分したうえで、この外国人の入国・滞在・出国を「在留資格」を基軸にして管理すること、

これを徹底させようとしてきた。

しかし、歴史経過的には、出入国管法制とその下での外国人の地位と権利の問題は、その多くが戦後日本に残留せざるをえなかった在日韓国・朝鮮人およびその家族の生活と権利をめぐる問題であった。

1945年のポツダム宣言の受諾によって、帝国憲法の改正が必至となった同年12月末の衆議院議院選挙法の改正の際に、付則で「内地在住ノ戸籍法適用ヲ受ケザル者ノ当分ノ内之ヲ停止スル」と規定し、本土の戸籍法の適用を受けなかった朝鮮・台湾人の選挙権・被選挙権を停止した。日本国憲法の原案作成段階では、総司令部GHQ草案にあった「外国人ハ平等ニ法律ノ保護ヲ受ケル権利ヲ有ス」を削除するなどの外国人の人権に言及する規定をすべて削除する一方で、憲法改正審議の過程において、現憲法第10条「日本国民たる要件は、法律でこれを定める」を加えた。そして、憲法施行の前日(1947年5月2日)に最後の勅令である外国人登録令を制定して、「台湾人ノウチ内務大臣ノ定メルモノ及ビ朝鮮人」は「当分ノ間、之ヲ外国人トミナス」(11条)とした。さらに、1952年の対日平和条約の発効を目前に、法務部民事局長通達(民事甲438)によって、「朝鮮人及び台湾人は、内地に在住している者を含めてすべて日本国籍を喪失する」措置をとったのである。こうして、朝鮮人及び台湾人を外国人登録法の下におき、1950年制定の国籍法、1951年の出入国管理令(以下、入管令)をもって、外国人の出入国と在留を管理するシステムを確立したのである[1]。

だが、日本に在住する外国人の圧倒的多数をしめたのは、外国人の入国・在留・出国の管理という入管令の建前を適用できない在日韓国・朝鮮人などの旧植民地出身者であった。1952年時点で在日外国人約60万人の95％をしめ、1985年時点でも在日外国人約85万人のうち、韓国・朝鮮人が約68万人、80.9％を占めていた。これらの旧植民地出身者は一片の行政通達によって国籍を喪失させられたが、すでに日本に在住し、生活基盤をもち、入管法があらためて在留資格を付与する対象ではなかったのである[2]。こうして、

---

1) 大沼保昭『単一民族社会の神話を超えて——出入国管理法制の成立過程〔新版〕』(東信堂、1986年)15頁以下(出入国管理法制の成立過程)、250頁以下(在日韓国・朝鮮人と出入国管理体制)を参照。

実態と著しく乖離した入管法の下で、外国人の地位と権利が議論されてきた。

　この経緯は、「外国人」をめぐる憲法論が「日本国民」とは誰かという憲法上の根本問題、すなわち、人権条項の冒頭にある第10条をどのように理解するかの問題を惹起する[3]。ここでは、憲法の下位法である国籍法によって憲法上の「日本国民」を決め、「国籍」を持たない「外国人」を外国人登録法の下におき、入国―在留―出国という入管法の一般的枠組みを押しつけたのである。したがって、外国人の憲法上の地位と権利を論じる場合、こうした実態と法の本来的なズレを常に念頭におかなければならない[4]。ここに後述の「定住外国人」の概念が生まれる一つの背景があった[5]。

　70年代に入って、外国人の地位と権利をめぐる憲法判例のリーディング・ケースとなる1978年マクリーン最高裁判決[6]が登場する。事案は米国人の入国―在留―在留資格の更新であったので[7]、入管令の建前をそのまま適用することができた。ここで、外国人の地位と権利に関する憲法解釈の基本的な判断枠組が設定され、以後、これを基軸にした判例および憲法解釈が展開した。判決は、国際慣習法上、外国人の入国を認める義務はなく、特別の条約がない限り、その入国・在留は在留資格制度に基づく入管行政の自由裁量的な管理下におかれ、憲法が規定するの「基本的人権の保障は、権利の性質上日本国民のみをその対象としていると解されるものを除き、わが国に在留する外国人に対しても等しく及ぶ」が、この憲法上の保障は「外国人在留制度のわく内で与えられているにすぎない」と判示し、具体的な判断は入

2）　そこで、平和条約が発効する日に法律126号を制定し、「日本国籍を離脱する者で、……引き続き本邦に在留するもの」は「出入国管理令第22条の2第1項の規定にかかわらず、別に法律で定めるところによりその者の在留資格及び在留期間が決定されるまでの間、引き続き在留資格を有することなく本邦に在留することができる」（2条6項）とした。この結果、法律126号の適用をうける者、1965年の日韓条約の締結に伴う「協定永住者」を経て、1991年の入管特例法で「特別永住者」とされた。

3）　日本国憲法の制定過程において、日本政府側がもっとも苦心したのが敗戦に伴う国家と国民の再定義であり、現実には、旧植民地の臣民をどのように排除するかであった。この10条の挿入によって、「国民」要件を国籍法に、さらに戸籍法の規定に移して、これを実施した（大久保史郎『人権主体としての個と集団』（日本評論社、2003年）10頁以下を参照）。

4）　大沼・前掲注1）204頁以下（「『外国人の人権』再構成の試み」）を参照。

5）　参照、徐龍達編『定住外国人の地方参政権』（日本評論社、1992年）3頁以下。

6）　最大判昭和53年10月4日民集32巻7号1223頁。

管実務の裁量的判断に委ねるとした。

　日本は、その直後の 1979 年に国際人権規約が批准し、その後、難民条約（1981 年加入）、女子差別撤廃条約（1985 年批准）、子どもの権利条約（1994 年批准）人種差別撤廃条約（1995 年加入）、拷問禁止条約（1999 年加入）に加入した。入管法制はこうした国際法、国際人権法などの国際規範を本格的に考慮しなければならない時代に入った[8]。この時点で、入管令は 1981 年の難民条約加入の際に、「難民認定の手続」を追加して、「出入国管理及び難民に関する法律」に名を変えたが、入管当局が自由裁量的な権限をもつ基本構造を変えることはなかった[9]。多くの裁判例はマクリーン判決に従って、入管行政の実務を追認する役割を果たし続けたのである。

---

[7]　1960 年代末、ベトナム戦争反対が高揚した時期に、英語教師 1 年の在留資格で入国した米国人マクリーンが英語教育と琵琶・琴の勉強のために 1 年間の在留期間の更新を申請したところ、法務大臣は別の英語学校に無断転職したこと、ベトナム戦争反対の集会等への参加などの政治活動を理由に不許可処分を行った。そこで、マクリーンはこの処分の取り消しを求めた。一審判決（東京地判昭和 48 年 3 月 27 日判時 702 号 46 頁）は、法務大臣は在留期間の更新の許否に「相当広汎な裁量権を有する」が、「憲法その他の法令上、一定の制限に服する」とし、原告の政治活動は「一米国人として自然の思想表現」であり、その政治活動が「日本国民および日本国の利益を害する虞があるとまではとうてい考えられない」として、これらを理由とする更新拒否の処分は「社会観念上著しく公平さ、妥当さを欠」くとして、本件処分を取り消した。2 審判決（東京高判昭和 50 年 9 月 25 日判時 792 号 11 頁）は、「自国内に外国人を受入れるか否かは基本的にはその国の自由であり」、「外国人は権利として」入国等を要求しうるものではなく、「定められた在留期間内に在留目的を達成して自ら国外に退去するのがたてまえであり」更新の申請に対しては、法務大臣の「自由な裁量判断に任され」、許否の決定は「当該外国人の在留期間中の行状、国内の政治、経済、労働、治安などの諸事情及び当面の国際情勢、外交関係、国際礼譲など一切の事情をしんしゃくし、窮極には高度の政治的配慮のもとにこれを行なうべきこと」として、一連の政治活動は「それ自体で退去強制事由を構成するものとするのも困難であろう」が、法務大臣が「これを消極的資料としてとりあげたとしてもやむをえないもの」として、一審判決を取り消した。

[8]　1984 年国籍法改正は日本国籍の取得を父系主義から父母系主義に転換する。これが 2008 年国籍法最高裁違憲判決（最大判平成 20 年 6 月 4 日民集 62 巻 6 号 1367 頁）を導いた。参照、井上典之「届出による国籍取得と法の下の平等」憲法判例百選 I［第 6 版］別冊ジュリスト 217 号（2013 年）74 頁。

[9]　もっとも、大沼保昭は「82 年を 52 年体制からの一大転換」と性格付け、81 年改正の時点で、これまでの入管令改正の最大の論点であった政治活動規制条項が、78 年最高裁マクリーン判決も一因となって、姿を消し、社会保障・福祉分野の国籍要件の撤廃や法律 126 号適用者（前掲注 2）参照）の一般永住資格の付与などの在日韓国・朝鮮人政策の変化があったことを指摘する（大沼・前掲注 1）122 頁以下、267 頁以下）。

90年代に入るや、人の国際移動のグローバル化を背景とした国内外の新たな事情や要請への本格的な対応を余儀なくされるようになる。1989年入管法改正は、外国人労働者の導入を主眼とした在留資格制度の大幅な拡充を行い[10]、同時に5年ごとの出入国管理基本計画を定めて、これを出入国管理の「施策と指針」に反映させることとした（入管法61条の10）。その後、法改正が積み重ねられ、特に2012年施行の入管法改正では、外国人登録法の廃止と入管特例法の制定および「外国人住民票」制度（住民カード制）の創設によって、在留する外国人を入管法の下に一元的に管理する法制が整えられた[11]。

この「90年体制」と言われる一連の入管法改正は、旧来の管理最優先の制度的体質を引きずりながらも、戦後日本の出入国管理が移民・移住をめぐる国際的動向、国際法・国際人権法における国際規範の本格的形成、そして、日本社会の変容と外国人労働者の国内的な需要などに本格的な対応する体制整備に入ったことを意味する。外国人の地位と権利をめぐる憲法論は、この入管法制の変化と運用をふまえた展開を求められたといわなければならない。

3　日本国憲法と外国人の地位・権利

(1) 人権享有主体性と「人権の性質」論

外国人の地位と権利をめぐる戦後憲法（解釈）学の伝統的な議論は、まず、外国人が憲法の保障する権利の主体かを問い、人権の本来的性格と憲法の国際協調主義の根拠に、その原則的な適用を認めたうえで、次ぎに、いかなる人権がどの程度保障されるかを「人権の性質」によって具体的に判断するという「人権の性質」論を採用してきた[12]。といっても、在留する外国人の絶

---

10) 本書第Ⅳ部［1］（明石論文）を参照。明石純一『入国管理政策――「1990年体制」の成立と展開』（ナカニシ出版、2010年）を参照。この89年改正において、後に技能実習生制度へ展開する「研修生」が在留資格として設定され、また、日系南米人の就労を認める「定住者」資格が「身分又は地位にもとづく」在留資格として創設された。

11) 2009年改正（2012年施行）について、法律時報2012年11月号（84巻12号）特集『日本の移民政策の転換点？』、小畑郁「入管法2009年改正と日本移民政策の『転換』」（4頁）、明石純一「日本の『移民政策』の変遷における2009年入管法改正」（10頁）を参照。

対多数をしめる韓国・朝鮮人を念頭に置くと、国籍の有無だけで、国民と外国人を二分し、外国人一般の権利の保障や制限を論じることができないことは明らかであった。そこで、歴史的経過、社会的実態、法制上の扱いを考慮し、外国人を類型化を行って、人権保障の具体化を試みることになった[13]。たとえば、(i)定住外国人、具体的には歴史的経過をもつ特別永住者、社会実態や法制上からの一般永住者、定住者などの日本国民と同じ生活実態にある者、(ii)在留資格による通常の外国人、(iii)難民、そして、(iv)日米地位協定関係者となる。

裁判例は当初から「人権の性質論」を採用してきたとされる[14]が、裁判所、特に最高裁判所は今日まで、外国人の類型化を一貫として否定し、一部の下級審判決を除いて、歴史背景や社会実態を念頭にいれた司法判断、憲法判断にきわめて消極的であったということができる[15]。たとえば、第二次大戦中に軍人軍属であった者の戦死傷への損失保障が争われた1985年の台湾住民元日本兵最高裁第三小法廷判決[16]や1989年の障害福祉年金最高裁第一小法廷判決（塩見訴訟）[17]、2005年の東京都管理職選考資格最高裁大法廷判決[18]などがそれである。判例はマクリーン最高裁判決が設定した幅広い立法裁量論、行政裁量論を語るだけで、その後の条約加入、国際人権規範の進展、社

---

12) 根森健は、基本的人権論の「総論」として、「天皇・皇族」、「法人」、「外国人」などの人権の「享有主体」性を論じる憲法解釈学特有の設定が、「国民の人権保障とは質的に異なった扱い、すなわち、人権が保障されなくてもやむを得ないことが議論の出発・前提とされてきた」ことを指摘し、ここでの「国民」とは何かの問いが重要であるとする（「『外国人の人権』はいま」法学教室183号（1995年）44頁、傍点原文）。

13) 芦部信喜『憲法学Ⅱ』（有斐閣、1994年）130頁など。「定住外国人」の概念をめぐっては、徐龍達編・前掲注5）5頁以下、大沼・前掲注1）204頁以下を参照。

14) 1950年の最高裁判決（最二小判昭和25年12月28日民集4巻12号638頁（人身保護請求上告事件））は「いやしくも人たることにより当然享有する人権は不法入国者と雖もこれを有するものと認むべきである」と判示する。

15) 後掲注25）の平成7年最高裁第三小法廷判決による地方参政権に関する判示は、わずかな例外ということができるかもしれない。

16) 最三小昭和60年4月28日判決。参照、飯田晶子「国籍条項の合憲性」憲法判例百選Ⅰ〔第6版〕別冊ジュリスト217号16頁。

17) 最一小平成元年3月2日。参照、大藤紀子「外国人の社会保障──塩見訴訟」憲法判例百選Ⅰ〔第6版〕別冊ジュリスト217号16頁。

18) 最大判平成17年1月26日民集59巻1号128頁。

会保障・福祉分野における国籍条項の撤廃、そして、入管法制の変化に目配りした積極的な司法判断に踏み込むことはなかったと言ってよいだろう。

ただ、近年の最高裁判決では、「国籍」の取得をめぐる2008年国籍法違憲判決が国際化の進展に伴った国際的交流、批准した国際条約、諸外国の法制の動向、国内的・国際的な社会環境等の変化に言及し、これに照らした判断が必要なことを認めた[19]。また、2013年法定相続分差別最高裁違憲決定は国際自由権規約や児童権利条約の批准、自由権規約委員会の勧告、児童の権利委員会の見解、社会の動向や国民の意識の変化、内外の立法動向などからの総合判断によって、先例変更をおこなっている[20]。外国人の地位と権利は、こうした国際規範や立法動向、内外の社会動向に目配りした司法判断が最も求められる領域の一つであると言わなければならない。

(2) 選挙権・被選挙権

法律上、国政・地方を問わず、選挙権、被選挙権は認められていない（公選法9・10条、地自法11条、18・19条）。学説の多くも、「国民主権原理」の論理的帰結として、国政に参加する政治的主体は「国民」に限定され、憲法15条1項（公務員の選定・罷免権）を援用して、選挙権・被選挙権などの狭義の参政権を認められないとする。国際人権自由権規約は、「何人」あるいは「すべての者」の権利・自由の国際的な保障を求めるが、参政権については、25条で権利主体を例外的に「すべての市民」と規定する。そこで、これを「国民」したがって「国籍保持者」と解することが多い[21]。しかし、国民主権原理での「国民」を短絡的に国籍保持者と理解することに疑問が提示され、後述の公務就任権をふくむ定住外国人の参政権の否定の根拠とすることに疑義が出されている[22]。この参政権をめぐっては、最近では、各国の立法動向をふまえた「永住市民権」論[23]や、国民主権の「国民」を「人々（プープル）」とする立場からシティズン・シップ論が登場している[24]。

---

19) 前掲注8) 参照。
20) 最大判平成25年9月4日金法1978号37頁。参照、高井裕之「嫡出性の有無による法定相続分差別」憲法判例百選Ⅰ〔第6版〕別冊ジュリスト217号62頁。
21) 宮崎繁樹篇著『国際人権規約』（日本評論社、1996年）247頁以下（浦部法穂執筆）を参照。

地方自治における外国人の参政権をめぐっては、憲法上の禁止説、許容説、要請説に分かれてきたが、地方自治・住民自治の原則にたって主体としての「住民」ととらえるべきとの説が有力である。80年代に入って、「定住外国人」の選挙権、被選挙権を認める説が有力となり、90年代末には定住外国人の地方参政権をめぐる立法化の動きもあった。2000年代に入ると、定住の外国人に住民投票の投票資格を認める条例も登場する。外国人の地方参政権が争点となった1995年の最高裁判決は、国民主権原理における「国民」とは日本国籍保持者で、憲法15条1項は「日本国民」を対象とし、憲法93条2項の「住民」も地方公共団体に住所を有する「日本国民」を意味するとしたが、地方自治の趣旨からは「在留する外国人のうちでも永住者等」に選挙権を付与するかは「専ら国の立法政策にかかわる事柄」で、この措置を講じなくても「違憲の問題を生ずるものではない」との判示があり、注目された[25]。

(3) 公務就任権

一般行政職などの公務就任権について、内閣法制局や人事院が「公権力の行使又は国家意思の形成への参画に携わる公務員」になるためには日本国籍が「当然に」必要とする「当然の法理」を唱え、定型的・技術的職務以外での行政職公務員への就任を否定してきた[26]。この「当然の法理」論に対して、学説では、法律上の根拠がなく、国民主権原理からの抽象的な正当化にとどまり、公務員の具体的な職務・職種の多様性を認めない議論であるとの批判

---

22) 浦部法穂「憲法と『国際人権』――『外国人の参政権』」国際人権創刊号（1990年）24頁以下、奥平康弘『憲法Ⅲ』（有斐閣、1993年）55頁以下を参照。人的・領域共同体としての国家が「国籍」によって人的構成を決定し、国内管轄の権限を及ぼすが、前提となる国籍決定は各国で血統主義と生地主義と分かれるように、歴史的ではあっても便宜的でもあり、国民生活、住民生活の実態からとらえる視点が求められるだろう。
23) 参照、近藤敦『外国人の人権と市民権』（明石書店、2001年）。
24) 参照、辻村みよ子『市民主権の可能性』（有信堂、2002年）165頁以下、240頁以下。
25) 最三小判平成7年2月28日民集49巻2号639頁。柳井健一「外国人の地方参政権」憲法判例百選Ⅰ〔第6版〕ジュリスト別冊217号10頁参照。
26) 昭和28年3月25日内閣法制局第一部回答、昭和48年5月28日自治省公務員第一課長回答など。

が強い[27]。むしろ一般行政職のほとんどは憲法22条1項職業選択の自由としてとらえるべきであると理解されている。現実にも、国公立大学における外国人教員任用について、特別措置法が制定され（1982年施行）、また、90年代後半以降、地方自治体の職員採用試験の受験資格から国籍要件の撤廃の自治体が増加し、地方教育公務員については、1991年以降、「日韓」協議に基づき、「常勤講師」としての採用が認められている[28]。

公務員職に任用しながら、外国籍を理由に管理職試験の受験資格を認めなかった東京都管理職試験資格訴訟で、東京高裁は職務内容による区別を行い、「公の意思の形成」に参画する蓋然性が少なく、統治作用に関わる程度の低い」管理職も存在するとして、22条1項の職業選択の自由、14条の法の下の平等に違反するとした[29]。これに対して、2005年東京都管理職選考資格最高裁大法廷判決は、地方自治体が「法の制限の下で、条例、人事委員会規則の定めるところにより職員に在留外国人を任命することを禁止するものでない」として、「公権力行使等地方公務員の職務の遂行」は、「国民主権の原理」に基づき、「原則として日本の国籍を有する者」が「就任することが想定されている」と判示し、職業選択の自由の争点に触れないまま、このような職を「日本国籍を有する者」に限定することに合理的理由が認められるとした[30]。判決がこれまでの「当然の法理」に言及することなく、新たに「公権力行使等地方公務員」概念を持ち出して、一律的に日本国籍を求める任用制度を認めたが、この判決には2名の有力な反対意見が付された[31]。

---

27) 岡崎勝彦「外国人の法的地位に関する一考察」名古屋大学法政論集75号（1978年）179頁、同「地方自治体における外国人の公務就任権」法律時報77巻5号（1996年）78頁。
28) 杉原泰雄編『新版体系憲法事典』（三省堂、2010年）395頁〔高佐智美執筆〕。
29) 東京都高判平成9年11月26日判時1639号30頁。
30) 前出、注18）。なお、近藤敦「外国人の公務就任権」憲法判例百選Ⅰ〔第6版〕別冊ジュリスト217号12頁を参照。
31) 滝井繁男裁判官は、多数の者が多様な仕事をする地方公共団体で、職務の性質にかかわらず、管理職に一律に日本国籍を要求することに合理的根拠はなく、国籍を理由とする違法な差別として、労働基準法3条に反するとした。泉徳治裁判官は、特別永住者には憲法の平等原則及び職業選択の自由が及び、職業選択の自由の人格権的側面、特別永住者の住民としての権利等を考慮すれば、管理職選考の受験拒否は14条1項、22条1項に違反するとした。

(4) 社会保障

　生活保護法などの各種の福祉・社会保障は、原理的には「各人の所属する国によって保障されるべき権利」[32]とされたが、「生存の基本にかかわるような領域で一定の要件を有する外国人に憲法を保障す及ぼす立法がそもそも社会権の性質に矛盾するわけではない」と説き、憲法25条の「国民の生存権」を定住外国人をふくむ「社会構成員の権利」と構成されるべきであるとの見解も主張された[33]。国際人権規約の批准（1979年）と難民条約への加入（1981年）を契機に、社会保障・社会福祉立法での国籍条項はほとんどが撤廃されたが、判例は生存権条項の解釈・適用を広い立法裁量に委ねる判旨を述べるだけになっている[34]。

　外国人の社会保障をめぐる初めての最高裁判決であった1989年の障害福祉年金最高裁第一小法廷判決（塩見訴訟）では、52年局長通達で、国籍を喪失させられた後、日本人と結婚して、帰化した原告の障害福祉年金の請求を疾病認定時の国籍条項を根拠に棄却した処分について、社会保障立法は「立法府の広い裁量」にゆだねられ、「社会保障上の施策において在留外国人をどのように処遇するかについては、国は、特別の条約の存しない限り、当該外国人の属する国との外交関係、変動する国際情勢、国内の政治・経済・社会的諸事情等に照らしながら、その政治的判断によりこれを決定することができる」と断言して、憲法25条生存権、14条1項平等原則に違反しないとした[35]。国籍条項が撤廃された段階での第二次訴訟でも、改正前の事由による障害福祉年金の不支給を定めた条項を根拠にした決定について、広い立法裁量に基づき、裁量の逸脱や濫用があったとはいえないという判旨を繰り返した[36]。こうした判例の広い立法裁量論は、国籍条項撤廃後もさまざまな事案における行政判断への不服申し立てや訴えに困難な状態が続くことを意味

---

32)　宮沢俊義『憲法Ⅱ』（有斐閣、1952年）242頁。
33)　前出、注13）芦部信喜『憲法学Ⅱ』136頁。傍点は原著者。
34)　前出、注25）杉原編『新版体系憲法事典』397-398頁［高佐智美執筆］。
35)　最一小判平成元年3月2日判時1363号68頁。参照、大藤紀子「外国人の社会保障」憲法判例白選1（6版）」14頁参照。
36)　大阪地判平成6年3月24日判夕855号181頁、大阪高判平成8年7月26日判自176号69頁。最小判平成13年3月13日訟月48巻8号1961頁。

する[37]。

(5) 労働権

　労働関係はその本来的性格から国籍による差別が禁止されてきた（労働基準法3条など）。健康保険・労災保険・雇用保険などの主要な労働保険は、制定当初から、国籍や就労資格を問わずに適用され、職業安定法（3条）や労働者派遣法などは「国籍を理由とする職業紹介・職業指導における差別扱い」を禁止していた。しかし、社会実態として国籍による雇用差別が公務員に限らず、民間企業においても広く存在してきたのであり、1974年の日立就職差別事件[38]で国籍（民族）差別が認定され、その後、改善の動きが見られたが、依然として、雇用・労働関係における国籍差別の実態があると見るべきだろう。

　最近の例では、在留資格として設定された外国人技能実習生制度の下で、「研修生」は労働法の適用対象ではないとされ、過酷な労働条件を強要されるなどの不当な扱いを受けている実態が明らかになった。2009年の入管法改正で、「技能実習」の在留資格が設定され、労働関係法令が適用されることになったが、依然として多くの問題を残している[39]。また、各種の非正規滞在者ないし不法就労者に対して、入管政策上、1990年以降に「不法就労助長罪」の新設などの不法就労排除政策が強化されたが、現実に存在する非正規滞在者に対する労災保険や医療保険の不適用や回避の問題が深刻化している[40]。

(6) 市民的、政治的自由と入管法制

　出入国管理は行政実務であっても、退去強制や出国命令などの刑事手続と

---

37) 2000年初頭までの外国人の社会保障・福祉をめぐる立法・判例動向について、高藤昭著［外国人と社会保障］（明石書店、2001年）を参照。
38) 横浜地判1974（昭和49）年6月19日判時744号29頁。参照、田中宏『在日外国人〔第3版〕』（岩波新書、2013年）136頁以下。
39) 本書第Ⅲ部［1］（吉田論文）、同［2］（小野寺論文）を参照。
40) 最近の動向として、参照、関聡介「非正規滞在者の権利」近藤敦編著『外国人の人権十へのアプローチ』（明石書店、2015年）155頁以下。

同等あるいは、それに近い性格をおび、また、さまざまな申請—許可手続を伴っている[41]。外国人が入国し、在留資格をえて市民生活を送る場合、日本国民と同じような権利・自由の保障をうけるべきことは当然であるが、この場合、各権利・自由の実体的保障とともに憲法31条以下の刑事・行政両面での適正手続の保障が重要となる[42]。それはまた、国際人権の社会権規約・自由権規約や人種差別撤廃条約が求めるところでもある。問題は、入管当局の出入国管理が介在することによって、外国人の市民生活上の権利・自由が実質的にどのような扱いをうけるかである。

マクリーン判決で焦点となった政治活動の自由は、その本来の性格から日本国民と同等の権利保障を受けるべきであるとされたが、学説上、「外国人の政治活動は、日本国民の政治的意思ないし政治的意思の形成形成に対する直接的かつ著しく不当な妨害ないし干渉を排除する必要最小限度の制約を課されてもやむえない」[43]との留保があった。これに対して、その制約概念と判断基準のあいまいさが指摘されると同時に、むしろ、国民の主権的意思の形成に好ましい作用を営み、それじたい排除される対象ではないと論じられた[44]。

外国人登録法による指紋押捺の義務付けも、市民的自由の侵害（プライバシー侵害）の典型とされ、1995年の最高裁判決判所[45]は、憲法13条の趣旨から、指紋押捺の強制は「私生活上の自由」の侵害であり、「我が国に在留する外国人にも等しく及ぶ」としたが、外国人登録法の指紋押捺制度としては、目的、必要性、相当性が認められ、憲法14条にも違反しないとされた。この指紋押捺制度は、1950年代に、在日朝鮮・韓国人への治安対策として

---

41) 日本で生活する外国人とその家族の視点からとらえた入国法制全般について、手塚和彰『外国人と法〔第3版〕』（有斐閣、2005年）を参照。
42) 人権救済の立場から入管法注解として、参照、児玉晃一・関聡介・難波満編『コンメンタール・出入国管理及び難民認定法2012』（現代人文社、2012年）。
43) たとえば、芦部・前掲注13) 152頁。
44) 横田耕一「在留外国人の政治活動の自由」法学セミナー231号（1974年）69頁、浦部法穂『憲法学教室〔全訂第2版〕』（日本評論社、2006年）58頁、奥平・前掲注22) 68頁以下。
45) 最三小判平成7年12月15日刑集49巻10号842頁、判時1555号47頁。参照、志田陽子「指紋押捺制度の合憲性」憲法判例百選Ⅰ〔第6版〕別冊ジュリスト217号8頁。

制定された外国人登録法で採用され、1980年代にあらためて指紋押捺拒否闘争や訴訟がおきた背景をもつ。

　この過程で、外国人の再入国の権利が争点になった判例として扱われることが多い森川キャサリーン事件[46]や崔善愛事件[47]が起きている。前者は、日本人と婚姻して、日本に居住する米国市民による海外旅行からの再入国許可申請が指紋押捺の許否を理由として不許可とされた事件である。最高裁は「我が国に在留する外国人は、憲法上、外国へ一時旅行する自由を保障されているものでない」と短絡的な判示を行った。後者は、協定永住資格をもつ韓国籍の者がアメリカ留学のための再入国許可申請をしたが、指紋押捺の拒否を理由に不許可となった事例である。最高裁は「再入国の許否の判断に関する法務大臣の裁量権の範囲がその性質上広範なものとされている趣旨にかんがみ」、協定永住資格の「生活の安定」や、不利益の大きさ、「本件不許可処分以降、在留外国人の指紋押なつ義務が軽減され、協定永住資格を有する者についてはさらに指紋押なつ制度自体が廃止されるに至った経緯等を考慮してもなお、右処分に係る法務大臣の判断が社会通念上著しく妥当性を欠くことが明らかであるとはいまだ断ずることができない」としたのである。なお、指紋押捺制度は、1992年の外国人登録法改正をへて、1999年に全廃されたが、その後、世界的なテロ対策に一環として、2006年の入管法改正で、「特別永住者を除く外国人」の指紋や顔写真が入国審査の際に採取されることになった。

　こうして、在留する外国人に憲法上の権利保障が及ぶとされながら、出国―再入国の許諾の際に、一方的、恣意的ともいえる否定的な評価をうけ、出入国管理行政は外国人の市民的・人格的自由に致命的打撃を与えることになる。問題は、このような出入国管理じたいをどのようにとらえるかである。

---

[46] 最一小判平成4年11月16日集民166号575頁。
[47] 最一小判平成10年4月10日民集52巻3号776頁、判時1638号63頁

4　出入国管理制度と外国人の入国・在留の権利

(1) 在留外国人の変容

すでに指摘したように、1989年改正以来の入管法制は、多様な外国人の入国・就労にそなえる在留資格制度の大幅な拡充・刷新と外国人を国民と同じ住民登録制度の下におく在留カード制の導入を行い、これが施行される2012年に外国人登録法を廃止し、在日韓国・朝鮮人に永住在留資格を付与する入管特例法を制定した。外国人の流入の阻止・制限を主眼とした戦後出入国管理法制は、90年代以降、外国人の入国・在留を積極的に受け入れる方向に大きく転換したと言うことができるだろう。

現実にも、在留外国人の実数と構成を大きく変えた[48]。2015年（平成27年）末の在留外国人数は223万2189人で、(1)永住者70万500人（構成比31.4％）、(2)特別永住者34万8626人（同15.6％）(3)留学生24万6679人（同11.1％）(4)技能実習生19万2655人（同8.6％）(5)定住者16万1532人（同7.2％）、(6)その他58万2197（同26.1％）である。在留外国人の47％が永住者および特別永住者で、定住者を加えると54.2％となって、5割を超える[49]。その構成も多国化している。永住者の国別では、概数で、中国22.5万人、南米15万人、フィリピン12万人、韓国6.6万人である。特別永住者は韓国31.1万人、朝鮮3.3万人であり、定住者は南米5.8万人、フィリピン4.5万人、中国2.6万人となる[50]。

外国人の地位と権利を考える場合、まず、永住者、特別永住者、定住者が過半数を優にこえ、就労活動上の制限はなく、定住者にのみ在留期間上の制限があることを除いて、大半の外国人が日本国民と同じような市民生活をおくっていること、そのうえで、さまざまな在留資格の下で、外国人が就労活

---

48)　法務省在留外国人統計 http://www.moj.go.jp/housei/toukei/toukei_ichiran_touroku.html
49)　これらの家族などを加えると6割に近づく。
50)　近年、定住者の主力であった日系南米人の永住者への転換が進んでいる。2015年時点の概数で、日系南米人の定住者5.8万人、永住者15万人である。フィリピン人の定住者4.5万人、永住者12万人となる。なお、技能実習生19万2566人で、国別では概数で中国8.7万人、ベトナム5.7万人、フィリピン1.7万人、インドネシア1.5万人となる。

動を行い、生活している実態から出発しなければならない[51]。在留外国人はかつてのような専ら治安管理の対象の存在でなく、むしろ、さまざまな就労や活動を通じて日本社会に定着し、貢献する存在であり、また、こうした日本社会への外国人の受け入れと定着が推進される時代に入っている。

したがって、旧来の入管行政の体質のままに、外国人の入国・在留・出国を自由裁量的に管理するという政策や論理は実態から遊離していることになるだろう。このような段階で、1978年最高裁マックリーン判決の論理を維持するかが問われることになる。以下、判決の論理を確認し、若干の検討をした上で、外国人の入国・在留を国際人権規約などの国際人権規範の面から、また、現在の在留資格制度の面から、どのように捉えるべきかを考えたい。

(2) 最高裁マックリーン事件判決

最高裁は次のように判示した。①「国際慣習法上、国家は外国人を受け入れる義務を負うものではなく、特別の条約がない限り、外国人を自国内に受け入れるかどうか、また、これを受け入れる場合にいかなる条件を付するかを、当該国家が自由に決定することができる」から、憲法上、外国人は入国する自由あるいは在留を要求する権利を保障されていない。②出入国管理令は「一定の期間ごとに在留中の状況、在留の必要性、相当性等」を審査させ、更新事由の有無に判断を法務大臣の広汎な裁量に任せているが、これは「外国人に対する出入国の管理及び在留の規制の目的である国内の治安と善良の風俗の維持、保健・衛生の確保、労働市場の安定などの国益の保持の見地に立って」、「当該外国人の在留中の一切の行状、国内政治・経済・社会等の諸事情、国際情勢、外交関係、国際礼譲など諸般の事情をしんしゃくし、時宜に応じた的確な判断をしなければならない」からである。③このような法務大臣の裁量権行使を前提として、「判断が全く事実の基礎を欠くか」、または「判断が社会通念に照らし著しく妥当性を欠くことが明らかである」場合に限り、違法となる。④憲法の第三章が規定する「権利は、権利の性質上日本

---

51) ここでは、就労時間に制限があるが、就労する留学生24万人の存在も考慮にいれなければならない。留学生24万6679人の内訳は、概数で中国10.8万、ベトナム4.9万人、ネパール2.0万人、韓国1.5万人となる。

国民のみをその対象としていると解されるものを除き、外国人に対しても等しく及ぶものと解すべきであり」、「政治活動の自由についても、わが国の政治的意思決定又はその実施に影響を及ぼす活動等」以外は「その保障が及ぶ」が、「外国人に対する憲法の基本的人権の保障」は「外国人在留制度のわく内で与えられているにすぎないもの」ので、「在留の許否を決する国の裁量を拘束するまでの保障、すなわち、在留期間中の憲法の基本的人権の保障を受ける行為を在留期間の更新の際に消極的な事情としてしんしやくされないことまでの保障が与えられているもの」ではない[52]。

　本判決の判断の基本的枠組みについて、当時の憲法学は大勢として肯定的であった[53]が、それは在留資格の「更新の一般的性格づけ」のかぎりであって、さらに、外国人は在留更新を請求する権利を有するか、また、外務大臣の裁量の性質・範囲をどのようにとらえるかの具体的検討が必要になるとした[54]。すなわち、在留資格の「更新」をあらたな「入国」とみるかぎり、外国人が在留する権利を憲法上持つといえないが、他方で、法務大臣の裁量的権限は「超実定法的な権限でなく、憲法・出入国管理令に基づいて与えられている実定法上の行政裁量権」であるから、まったく自由な裁量行為とはならないことが指摘された[55]。ここではとくに、憲法第三章の諸規定による基本的人権の保障を認めながら、更新の際に、こうした正当な人権行使を在留更新の不許可に直結させることが問題として浮び上ることになる[56]。

　まず、判旨における「憲法の保障が及ぶ」ことと「外国人在留制度のわく内で与えられているにすぎない」ことの両者はどのような関係に立つのか。

---

52) なお、本件の政治活動を「憲法の保障が及ばない政治活動であるとはいえない」が、「外交政策を非難し日米間の友好関係に影響を及ぼすおそれがないとはいえないものも含まれ」、法務大臣が「日本国にとつて好ましいものではない」と評価して、在留更新を不許可と判断しても、「明白に合理性を欠き、その判断が社会通念上著しく妥当性を欠くことが明らかであるとはいえ（ない）」とした。
53) 江橋崇「外国人の政治活動の自由」（ジュリスト昭和 53 年重要判例解説ジュリスト 693 号 19 頁）は「判例・学説とも正面切つての異論のないところであろう」とする。
54) 齋藤靖夫「外国人の政治活動の自由」憲法判例百選 I 〔第 4 版〕別冊ジュリスト 154 号（2000 年）6 頁（傍点は原文）。なお、阿部照哉・判例時報 919 号 148 頁、「判評」243 号 18 頁の批判的コメントも参照。
55) 江橋・前掲注 53) 19 頁。

1つの意見は、入管法上の在留資格制度が在留資格を細分化し、「外国人の基本的人権を根本的に制約するものになっている」ことを指摘した上で、外国人に入国・在留についての憲法上の権利はないとする原則から、「入国・在留の条件」としての在留資格制度が基本的人権を全面的に制限―否定しても、論理的にはやむえないことになるが、これは入国・在留の憲法上の権利はないことを認めながら、外国人の人権を論ずることじたいが生みだす「難問」であると論じた[57]。これに対して、問題をあまりに短絡的に論じているとして、在留資格制度とその運用についての入管当局の判断決定の憲法上、実定法上の検討を行うべきであるとの意見が対置された。この意見は、関係判例の論理を再入国と更新の2つの場面にわけて詳しく分析し、まったくの自由裁量に委ねられることにはならないとした[58]。

　問題の基本はそもそも入国―在留という人の国際移動をどのように捉えるかにあるというべきだろう。まず、在留更新や在留期間中の「再入国」を新規の「入国」と同次元でとらえて、入管行政の制約のない自由裁量に委ねるというマクリーン判決の「人の国際移動」観は、現代の国際交流ないし人の国際移動と実態からまったく遊離していると言わなければならない。これは外国人の日本への入国・在留を一時的とみなす、あるいはできる限り排除するという視点に立って成立する出入国観である。現代は逆で、できるかぎり多くの外国人が日本に来訪・滞在、定着してもらうことが期待され、これを前提とする「すべての人の出入国の公正な管理」（入管法1条）であるはずだ

---

56) 同地裁判決は「実質的に在留資格外の活動に従事したと断ずることもできない」とした。何をもって、在留更新の不許可事由とするかは、憲法上も、在留制度の運用上も、点検を必要とする。地裁判決は、入管法に規定に則して、「上陸の拒否」事由の中の5条1項11号（暴力による政府破壊）または14号（日本国の利益または公安を害する行為を行うおそれ）を想定した。

57) 安念潤司「『外国人の人権』再考」芦部信喜先生古希『現代立憲主義の展開　上』有斐閣、1993年）176頁以下。この見解について、こうした「在留資格制度」からすれば、「やむ得ない帰結」として、「『在留資格制度』と"外国人の人権"との間には、主権国家というものを前提とする限り解消することができない『難問』が横たわっている」とするコメントが寄せられた（佐藤幸治『日本国憲法論』（成文堂、2011年）149頁注72）が、外国人の入国・在留の権利の「否定」を「立法者の完全に自由な裁量」に直結させる、この論者の設定が問題なのである（前掲、安念「『外国人の人権』再考」178頁）。

58) 日比野勤「外国人の人権(3)」法学教室218号（1998年）65頁以下。

からである。

　次に、在留外国人の過半数を超える特別永住者や永住者はもちろん、中長期在留者は、日本に永続的ないし継続する在留について、実定法上の根拠をもつ者であって、一時的な出国に伴う再入国をまったくの新規の入国とみなすことは、実態にそぐわないだけでなく、現在の入管法制の解釈としても不適切ということになる。1992 年の森川キャサリーン最高裁判決の「我が国に在留する外国人は、憲法上、外国に一時旅行する自由を保障されているものでない」との判示は、当の事案との関係でも、一般論としても、人の国際移動についての時代錯誤の認識と言う外はない。なお、再入国の権利をめぐって、入管当局側は、国際人権自由権規約 12 条 4 項「何人も、自国に戻る権利を恣意的に奪われない」の「自国」を「国籍国」と解するとしたが、これは生活基盤のある「定住国」と解するべきではないかとの批判がうけた[59]。当時にあっても、入国拒否事由や退去強制事由に該当しない限り、定住外国人の「再入国」は当然に認められるべきであった。実際にも、再入国について、2009 年改正で、永住者を含む中長期在留者には「みなし再入国許可」制度が導入された（同 26 条の 2）。

　マックリーン判決は行政裁量論としても、裁量判断の枠組みが「あまりも広範」かつ一般論にすぎるであり、「憲法、条約、法律、制令、省令、条理などからの拘束を軽視した判示」と言うべきで、これをもって、「裁量権統制の諸法理を踏まえた個別審査を実質的に回避することは許されない」との批判をうけ、また、憲法論としても、「政治活動の時、場所、方法を問題にしたのでなく、同氏の表現の中身を理由に不許可としたもの」として、強い違憲性のもった処分であると批判されるのも当然であった[60]。

---

59)　参照、芦田健太郎「日本国における外国人の国際法上の権利と義務」ジュリスト 877 号（1987 年）34 頁、山下威士「外国人の再入国の権利」憲法判例百選Ⅰ〔第 5 版〕別冊ジュリスト 186 号（2007 年）8 頁、門田孝「外国人の再入国の権利」憲法判例百選Ⅰ〔第 6 版〕別冊ジュリスト 217 号 6 頁。
60)　泉徳治「マックリーン事件最高裁事件判決の枠組みの再考」自由と正義 62 巻 2 号（2011 年）19 頁。なお、愛敬浩二「外国人の政治活動の自由」憲法判例百選Ⅰ〔第 6 版〕別冊ジュリスト 217 号 4 頁も参照。

(3) 外国人の入国・在留と国際慣習法

　マックリーン判決は、国際慣習法上、特別の条約がない限り、国家は外国人の入国を認める義務はないと判示した。ここでの「国際慣習法」が国家の領域主権の相互尊重から歴史的、慣習的に形成される国際法上の法源の1つであることは確かである。国際法じたいが「国際慣習法」の集積からなると言ってもいいだろう。この国際慣習法において、「主権」的国家は相互に、対等に対峙する存在であるが、それは同時に、相互に協調しなければならない存在でもあることも意味する。すなわち、このような相互対等の国際関係において、外国人の入国・在留を一国のまったくの自由裁量の下におく、場合によっては、外国人の入国を一切禁止できるというのは極論であるばかりか、現実にはありえない設定である[61]。さらに、この場合の前提となる「国民」と「外国人」の区分、すなわち、「国籍」じたいも、それが国家の人的管轄権の範囲を示す一つの指標ではあっても、それをもたない外国人の処遇を一方的に決定できる権限を意味するわけではない。いうまでもなく、第二次大戦後は、主権の相互尊重と平等の原則とともに、自国民であれ、外国人であれ、人の自由・権利の尊重が普遍的原則となり、この立場から、憲法、国際法、条約、法令による規律に服すことが確立してきた。マクリーン最高裁判決がいう「条約」に通商条約や多数国間条約ともに、国際人権規約などの国際規範が含まれるのは自明であろう。

　外国人の入国に関わって、国家の自由裁量的な判断の根拠として援用されてきたのが国際人権規約12条3項但し書きであった。同12条1項は、合法的に在住する「すべての者」に「移動の自由及び居住の自由」を保障し、3項で「いかなる制限も受けない」とするが、その但し書で「法律で定められ、国の安全、公の秩序、公衆の健康若しくは道徳又は他の者の権利及び自由を保護するために必要であり、かつ、この規約において認められる他の権利と両立するものである場合は、この限りでない」とする。ここでの「公の秩序」は「公の安全や犯罪の防止」「人権の尊重に適合する普遍的に認められ

---

[61] 藤田久一『国際法講義II』（東京大学出版会、1994年）23頁以下、大沼保昭『国際法』（東信堂、2005年）315頁以下。

た基本的諸原則」であるとされている[62]。

　これに対して、マクリーン判決は「外国人に対する出入国の管理及び在留の規制の目的である国内の治安と善良の風俗の維持、保健・衛生の確保、労働市場の安定などの国益の保持の見地に立つて、申請者の申請事由の当否のみならず、当該外国人の在留中の一切の行状、国内の政治・経済・社会等の諸事情、国際情勢、外交関係、国際礼譲など諸般の事情をしんしやくし、時宜に応じた的確な判断をしなければならない」と判示した。同高裁判決は、「当該外国人の在留期間中の行状、国内の政治、経済、労働、治安などの諸事情及び当面の国際情勢、外交関係、国際礼譲など一切の事情をしんしやくし、窮極には高度の政治的配慮のもとにこれを行なうべき」とも述べた。

　これらの判示を上記の人権規約12条3項但し書きによって正当化できるか。「他の者の権利及び自由を保護するために必要であり」、あるいは「この規約において認められる他の権利と両立するもの」という設定をはずした国ないし入管当局の立場からの漠然、広汎で、恣意的な裁量権限の必要だけを誇示する判示となっている。マクリーン判決の基本的な判断枠組みは批准した条約に反するというべきである。

　ちなみに、現在、外務省による在留外国人に向けた「生活ガイド」は、次ぎのような案内を行っている。「在留外国人の権利と義務　日本国憲法は権利の性質上、日本国民のみを対象としていると解されるものを除き、我国に在留する外国人についても、等しく基本的人権の享有を保障しています。また、日本国は、主要人権条約として、国際人権規約（社会権規約、自由権規約）、人種差別撤廃条約、児童権利条約、女子差別撤廃条約などを締結しています。」、マクリーン最高裁判決が依拠した出入国管理の見方は、今や、国際規範上、制度運用上の実態から乖離しているのである。

(4) 在留資格の拡充と外国人の地位と権利

　現在の在留資格制度から外国人の在留資格、その地位と権利はどのように性格づけられるか。1989年以来の改編・拡充の前の出入国管理令の段階で

---

[62]　宮崎繁樹篇著『解説　国際人権規約』171頁［阿部浩己執筆］。

は、「いずれかの該当する者としての活動」を一律的に羅列し、在留資格を与える（旧4条）と同時に、「外国人は、その在留資格に属する者の行うべき活動以外の活動をすべて法務大臣の許可の下におく一般的な禁止を定めていた（旧19条2項）。

現行の入管法は、「活動」と「身分または地位」の二面から「在留資格」を設定し（2条の2）。別表第一が類型化した「活動」による在留資格、別表第二が「身分・地位」を有する者として活動する在留資格となり、各々に期間が設定されている。そのうち。別表第一に掲げられた類型は、就労活動を行う者として在留資格をみとめられた者（別表第一「一、二、五」）はその「活動に属しない」就労活動を禁止される。就労活動ではない活動で在留資格を認められた者（別表第一「三—文化活動、四—短期滞在」）は就労活動一般を禁止される[63]。別表第二の類型は、就労活動に制限のない「身分・地位」による在留資格で、永住者、定住者配偶者等である。これ以外に、在留資格制度とは別枠で在留を許される特別永住者、そして「難民」と「日米地位協定の該当者」などが存在する。

まず、在留資格は、外交・公用に始まり、多岐にわたるが、さまざまな職業活動、社会活動にかかわる資格で入国・在留が認められた者、また、活動制限のない永住者、定住者などが日本での市民生活に送るうえでの人および市民としての自由・権利を有するのは当然であって、本来、出入国管理が関知すべきことではない。マックリーン判決も、日本国憲法上の列挙された基本的人権は「その性質」に準じて、保障をされるとした。この場合、在留資格を持つ者は在留することに実定法上の権利を持つ者であり、日本国民と同じように処遇されるべきことになる。一時的出国にともなう再入国の際に「当該外国人の在留中の一切の行状」を「しんしゃく」されることによって、市民的自由への侵害が生じるのはやむえないというような発想は、「みなし再入国制度」の導入が示すように、実定制度上も許されないだろう。在留する外国人の権利制限は、個別実質的に判断されるべきで、規制があるとしても、

---

63) 入管法19条は「活動」にもとづく在留資格（別表1）を有する者に限定して、かつ、就労活動にかかわっての禁止・制限で規定する。身分又は地位にもとづく在留資格（別表2）を有する者に活動上の制限はない。

入管法の上陸の拒否ないし退去強制に該当する場合に限定されるべきである。

　第2に、在留資格制度の拡充動向として指摘できるのは、1989年改正以来の在留資格の大幅な拡充である。その特徴は、企業活動、就労活動を主軸とした人の移動、国際交流分野での飛躍的な拡大である。投資経営、企業内転勤、法律・会計事務、医療、研究、人文知識・国際業務などの在留資格の拡充・新設があり、近年では、高度専門職（4種類）、技能実習（4種類）、また、「特定活動」では「ワーキングホリデー等：看護師・介護福祉士候補者」などである。また、将来に人材としての「留学資格」が拡充（留学・就学の一本化）された。この中で、力点がおかれたのが「高度人材」へのさまざまな優遇措置である[64]。他方で、技能実習制度の整備拡充という形での、事実上の非熟練・単純労働者の拡大をはかった。

　こうした在留資格設定は、対外的には外国人の入国・在留を歓迎し、安定的に処遇するという国際的な条件提示を意味する。しかも、この入管法上の在留資格は、憲法その他の日本法体系だけでなく、国際人権法などの国際規範と一体となって提示された法的資格であり、権利保障としての性格をもつ。「国際慣習法」による主権的権限に基づくとされた入管法制と在留資格制度は、条約や各種の国際法規の規制を受け、これを満たさなければならないと同時に、みずから多様な人材の入国とその条件の緩和をもって、これに柔軟な対応せざるをえなくなっている。このような外国人の滞在者、定住者は日本社会の不可欠な構成部分となり、いまや、入管政策自体が「共生社会の実現」を唱えるに至っている。

　在留資格制度のこの間の変化について、高度人材に関連して、次の指摘がある。「入国管理制度は『誰が国家の成員であるか』および『将来的にどのような条件で成員としての資格を付与するか』を決定する国籍制度と密接に関連し」、「両者は一体となって国家の成員を決定する重要な制度を構成している」[65]こと、そして、「当然のことながら、入国管理制度全体の改革を通じ

---

64) 「高度専門職1号」は在留期間「5年」を一律付与し、複合的な在留活動の許容、配偶者の就労、永住許可要件の緩和する。さらに、「高度専門職2号」は在留期間「無期限」とし、就労活動のほぼすべてを認める。
65) 柄谷利恵子『移動と生存』（岩波書店、2016年）116頁。

て移住者全般の人権擁護に取り組むことが、高度人材に対する誘因にもつながる」[66]。外国人の地位と権利をめぐる法的、社会的環境は決定的に変わったのであり、入管法制はこの変化をふまえた解釈と運用を必要とする。

以上からみて、この間の在留資格制度の拡充がこれまでの入管法の枠組みに収まりきれるか、条項によってはあきらかな齟齬を起こしていないかの検討も必要となるだろう。少なくとも、積極的に受け入れた在留外国人の地位と権利、安定した処遇を自由裁量的な入管行政の下での「在留を認めた限りの権利保障」にとどめておくことはできない。もし、今日の政策目的である多様で、良質の労働力や多様な人材の安定的な確保を実現し、共生する社会をめざすならば、日本の入管法制は外国人の地位と権利を保障する原則を鮮明にする必要があるだろう。日本の入管法制は、在留する外国人の地位と権利をとらえる視点を抜本的に転換する時点にさしかかっているのである。

5　むすび

現代日本の入管法制の変化は、サスキア・サッセンが指摘するグローバル化、すなわち、「主権の一元的時空観念とその国民国家のなかでの排他的な制度配置」がその内部から変容していく姿を示すものである[67]。入管法制じしんが排他的な主権原理の呪縛から脱して、国際人権規範の高まりを正面から自らの制度規範としても取り入れて、「すべての人の出入国の公正な管理」（入管法1条）を行う必要に迫られているのである。そうだとすれば、マクリーン判決にみる最高裁判例を早急に刷新すべきことは憲法規範の次元でも、制度政策の次元でも、急務となっていると言ってよいだろう。

---

66)　柄谷・前掲注65) 126頁。
67)　サスキア・サッセン（伊豫谷登士翁訳）『グローバリゼーションの時代——国家主権のゆくえ』（平凡社、1999年）日本語版への序論11頁。

[6]
入管法制の法学的検討
②出入国管理と行政法
―裁量統制論をめぐって―

須藤陽子

1 出入国管理と裁量権の広狭

(1) 「自由裁量」再考

　現代の規制行政・権力行政における裁量統制論は、人の権利・自由を制限し、義務を課する処分については、可能な限り行政裁量を制約する解釈論がとられている。それは戦前に美濃部達吉が示した裁量三原則のうちの1つ、「人民の権利を侵し、これに負担を命じ、又はその自由を制限する処分は、如何なる場合でも自由裁量の行為ではあり得ない」という考え方を基盤にしている。しかし、その解釈論を裏返せば、そもそも人の権利・自由が認められていない場合には広範な裁量権が認められやすいことを意味する。

　古くから最高裁は、外国人の出入国、在留について、外国人の実体的な権利を否定する。「憲法22条は外国人の日本国に入国することについてはなんら規定していないものというべきであって、このことは、国際慣習法上、外国人の入国の許否は当該国家の自由裁量により決定し得るものであつて、特別の条約が存しない限り、国家は外国人の入国を許可する義務を負わない」[1)]、「外国人の在留の許否は国の裁量にゆだねられ、わが国に在留する外国人は、憲法上わが国に在留する権利ないし引き続き在留することを要求す

ることができる権利を保障されているものではなく、ただ、出入国管理令上法務大臣がその裁量により更新を適当と認めるに足りる相当の理由があると判断する場合に限り在留期間の更新を受けることができる地位を与えられているにすぎない」[2]という。2つの最高裁判決は、外国人に憲法上の権利を保障するものではないという趣旨に解されている。

　では、憲法上「外国人の権利」が保障されず、実体的な権利が否定されれば「自由裁量」というものが当然に認められるのだろうか。憲法学で「外国人の権利」として議論される問題が、行政法学では裁量権の問題として議論される。古い最高裁昭和32年判決中には「自由裁量」という文言が見られ、現代の判決中にも古い最高裁判決を引用して「法務大臣の自由裁量」という文言を見かけることがあるが、裁判所が審理を加えて裁量権に制約があることを認めている以上、「自由裁量」という用語の使い方は適切ではない。「自由裁量」と「広範な裁量権」が同じ意味に用いられていないだろうか。現代行政法学では、権利が認められなければ「自由裁量」だという結論にはならないのである。

　現代行政法学は、基本的に2つの視角を設定して裁量を議論する。1つは、立法と行政との関係から設定される。行政裁量とは、立法者が法律を執行する行政機関に対して認めている独自に判断する余地である[3]。

　もう1つの視角は、司法審査との関係から設定される。裁量の本質論とも言われる議論である。たとえば、美濃部達吉と佐々木惣一に代表される古典的な裁量論は、「自由裁量」を「裁判所からの自由」として捉えるものであり、裁判所の審理が及ばないものとされていた。裁量不審理原則とも表現され、裁量権は行政機関の専権であり裁判所の統制を受けることがないという意味である。古典的な裁量論は、行政機関の判断のどこに裁判所の審理が及ばない「自由裁量」を認めるかが重要な論点であったが、現代の学説・裁判

---

1) 最大判昭和32年6月19日刑集11巻6号1663頁。
2) 最大判昭和53年10月4日民集32巻7号1223頁〔マクリーン判決〕。
3) 法律が行政機関に認めた判断の余地を裁量とするならば、行政行為以外の行為類型、すなわち行政立法、行政計画、行政契約等に伴う判断の余地も裁量のはずであるが、行政法学は伝統的に行政行為を中核に据えて裁量論を構成するため、行政法教科書で扱う裁量統制論には含められていない。

例には裁判所の審理が及ばない「自由裁量」という領域をあらかじめ設定するという発想がない。現在の裁量論は、裁判所の審理の方式、行政機関の判断に対する裁判所の判断の関係、審査密度などが議論されているのである。

　行政法学において、後述するマクリーン判決が示した裁量判断の枠組みは、行政法学一般に通じる裁量判断の枠組みとして論じられるのであって、出入国管理行政における裁量統制問題として言及される機会が少ない。本章は、マクリーン事件判決が示した裁量判断の枠組みを、出入国管理行政における裁量問題として再考しようとする小論である。

(2)　行政手続の整備と裁量権の広狭

　裁量権の広狭は、実体的な観点のみが決め手ではない。行政手続が整備され、手続的な権利保障が充実すれば、実質的に裁量権は狭まるのである。

　現代行政は、行政手続法（平成5年法律第88号）の制定により、「行政運営における公正の確保と透明性（行政上の意思決定について、その内容及び過程が国民にとって明らかであることをいう）」（第1条）が求められるようになったが、出入国管理行政に目を転じれば、手続的保障は手薄い感があった。出入国管理に関して、事前手続については行政手続法（以下、行手法という）第二章申請に関する処分、第三章不利益処分、第四章行政指導までの規定が適用除外され（行手法3条10号が「外国人の出入国、難民の認定又は帰化に関する処分及び行政指導」を適用除外とする）、事後手続については、行政不服審査法（以下、行服法という）の適用が除外されているからである[4]（行服法4条10号が「外国人の出入国又は帰化に関する処分」を適用除外とする）。

　行政手続法制定時、出入国管理及び難民認定法（以下、法という）について、「国家主権の問題であり、そもそも、外国人は、出入国、難民の認定又は帰化に関する実体法上の権利を有しないと一般に解されているため」、手続についても、そのことを踏まえて考察する必要があると考えられた。行政

---

4)　出入国管理及び難民認定法定61条の2の9は旧行政不服審査法の「異議申立て」を適用するが、新行政不服審査法（平成26年法律第68号）が「異議申立て」を廃止して審査請求に一本化したため、出入国管理及び難民認定法においても「審査請求」となる（行政不服審査法の施行に伴う関係法律の整備等に関する法律（平成26年法律第69号）75条）。

手続法を適用することが必ずしも妥当なものではなく、特別の規律で律せられる関係が認められる手続に分類された。実体的な権利が無いから手続的保障が不要とされたわけではなく、処分主体とその名あて人の特殊性ゆえに行政手続の一般法を適用せず、個別法の規定に委ねられたのである[5]。

　実体的な権利を有しないとされる外国人にとってとりわけ重要であるのは、申請においては審査基準の設定・公表、理由の提示、不利益処分においては処分基準の設定・公表、理由の提示、意見陳述の機会の保障であろう。たとえば、在留特別許可（法50条）は、法務大臣に広範な裁量権が認められる処分であるが（「許可するか否かは自由裁量」とする記述を判決等で見ることがあるが、前述したとおり、行政法学における裁量論では「自由裁量」ではない）、法務省はその運用の公平性・透明性を高めるため、「在留特別許可に係るガイドライン」（以下、ガイドラインという）を平成18年10月に策定・公表し、在留特別許可が認められた事例および認められなかった事例も公表されている。

　このガイドラインは、行政法学の用語でいえば裁量基準であり、法的性質をいえば行政規則ないしは行政内規にすぎない。したがって裁判官の判断を拘束するものではないが（行政法学でいうところの法源ではないが）、実質的に裁判所での審理の要点となる。

　名古屋地判平成22年12月9日判タ1367号124頁は、在留特別許可を付与しなかった処分を取り消した判決において、「在留特別許可の許否の判断は、個々の事案ごとに、在留を希望する理由、家族状況、素行、内外の諸情勢、人道的な配慮の必要性、我が国における不法滞在者に与える影響等、諸般の事情を総合的に勘案して行うこととされており、ガイドラインは、その際の考慮事項を定めたものである。したがって、ガイドラインは、その性質上、法務大臣等の上記裁量権を一義的に拘束するものではないが、上記ガイドラインの積極要素及び消極要素として記載されている事項は、在留特別許可を付与しなかった法務大臣等の判断の司法審査においても検討の要点となるものである」と述べ、ガイドラインに示された事項を考慮事項として検討

---

[5]　宇賀克也『行政手続法の解説〔第5次改訂版〕』（学陽書房、2005年）64頁以下参照。

している。

　平成 18 年にガイドラインが公表される以前から、在留特別許可を付与しなかったことを違法として法務大臣の裁決、後行処分である退去強制令書発布処分を取り消した事例はあるが、裁量基準であるガイドラインの公表により、行政手続において申請者が主張・立証すべき点が明確になり、司法審査においては裁判所の審査密度が高まることにつながるといえる。

2　難民認定における裁量の否定

(1)　難民認定を申請する者の地位

　マクリーン事件判決は、外国人の在留する権利を認めず、法務大臣に広範な裁量権を認めたが、この判決の考え方は出入国管理行政全般に妥当するものではない。難民認定に係る処分に法務大臣の裁量権が存しないからである。

　かつて、上陸した日から 60 日以内に難民認定の申請をしなければならないという「60 日ルール」が存在し、不法滞在者の退去強制手続に区別は設けられていなかったが、平成 16 年に難民認定法の改正が行われ、難民認定申請者の法的地位が改善された。これは実体的な「難民認定」処分の問題ではなく、行政手続の問題である。

　不法入国、不法滞在であっても、難民認定申請を行うことにより、仮滞在許可を受けることができ（61 条の 2 の 4）、仮滞在許可を受けた者は退去強制手続が停止される（61 条の 2 の 6 第 2 項）。仮滞在許可を受けていない者についても、難民認定手続が継続している間は退去強制令書による送還の効力は停止される（61 条の 2 の 6 第 3 項）[6]。在留資格を有する者の場合、難民認定手続中は在留期間が更新され、外務省予算による保護措置を受けられる。難民認定を受けた者、難民認定を申請する者の地位は、わが国に在留する外国人一般の地位と同列に論じることができないものである。

　実体的な「難民認定」処分については、覊束的な判断であることが強調さ

---

[6]　現行の出入国管理及び難民認定法には、難民認定を求める申請処分につき再申請を妨げる規定がない。申請中は強制送還されない制度を利用し、申請を繰り返すことが問題となっている。朝日新聞 2015 年 9 月 5 日付。

れる。「難民の地位の認定がその者を難民にするのではなく、認定は難民である旨を宣言するものである。認定の故に難民となるのではなく、難民であるが故に難民と認定される」[7]。難民条約の締結国政府は、難民に該当する事実が存するか否かを判断するものであるから、難民認定に裁量は認められず、「法務大臣は、申請人が難民条約上の難民の要件を満たすものであると認めるときは、覊束的に難民の認定をしなければならない」[8]。つまり、難民の認定は事実の確認行為である。

(2) 「裁量権の逸脱・濫用」審査と判断代置

裁量論においてマクリーン判決が必ず取り上げられるのは、要件裁量を認めたこと、そして「その判断が全く事実の基礎を欠き又は社会通念上著しく妥当性を欠くことが明らかである場合に限り、裁量権の範囲をこえ又はその濫用があったものとして違法となる」という、いわゆる「裁量権の逸脱・濫用」の判断枠組みを示したことによる。

行政上の判断のプロセスは、A　事実認定、B　法律要件の解釈と事実の要件への当てはめ（要件）、C　手続の選択、D　行為の選択（効果）　a）どの処分を選択するか　b）その処分をするかしないか、E　時の選択　いつその処分をするか、という段階に分けられるが[9]、マクリーン判決がいう「法務大臣がその裁量により更新を適当と認めるに足りる相当の理由があると判断する場合」はBの段階に裁量を認めたことに相当する。Bの段階の要件裁量が認められる場合、裁量権が広く解される傾向にあり、裁判所の審査は緩やかなものになる。

マクリーン判決が示した「裁量権の逸脱・濫用」の判断枠組みは、行訴法30条の規定から導かれる審査方式であり[10]、「ある者が一旦処理した、または処理すべきであった事項について、他の者があらためてみずからの判断を

---

7) 国際連合難民高等弁務官事務所『難民認定基準ハンドブック〔改訂版〕』（法律扶助協会、2000年）9頁。
8) 坂中英徳・齋藤利男『全訂　出入国管理及び難民認定法逐条解説』（日本加除出版、2000年）717頁以下。
9) 塩野宏『行政法Ⅰ　行政法総論〔第6版〕』（有斐閣、2015年）138頁以下。

形成し、これを前者による処理に置き換えて通用させることなく、一定の模範から相当程度の逸脱があったかどうかという視点から前者の処理をチェックするという仕組み」として説明される。

他方、難民不認定処分についてとられる裁量審査は、「裁量権の逸脱・濫用」の判断枠組みとは対極に位置する、裁判所による判断代置である。判断代置は、「ある者が一旦処理した、または処理すべきであった事項そのものについて、他の者があらためてみずからの判断を形成し、これを前者による処理に置き換えて通用させるという仕組み」として説明され、行政機関の判断を裁判所が自己の判断で置き換える、最も審査密度の高い審査方式である[11]。このような全面的な審査は、行政の覊束的な判断に対して可能であると考えられ、裁判所の審理において行政機関の判断に対して裁判所の判断を優越させる態度から、裁量は否定される。

平成16年の行政事件訴訟法改正以降、在留特別許可に関して義務付け訴訟が提起された例はあるが、難民不認定処分に関しては義務付け訴訟ではなく取消訴訟によって争われている。申請型義務付け訴訟を提起するには取消訴訟を併合提起しなければならず、取消訴訟で判断代置方式をとって裁判所が難民該当性を判断している以上、申請型義務付け訴訟を提起するメリットはあまりないと言えよう。

---

10) 「裁量権の逸脱・濫用」審査は、行政事件訴訟法30条「行政庁の裁量処分については、裁量権の範囲をこえ又はその濫用があつた場合に限り、裁判所は、その処分を取り消すことができる。」に基づいている。行政事件訴訟法は昭和37年に公布・施行された法律であり、その公布・施行と同日に廃止された行政事件訴訟特例法（昭和23年法律第28号）はわずか12か条の法律であって、裁量処分の取消しに関する条文は置かれていなかった。旧法下の東京地判昭和32年4月25日判時115号6頁は、「右裁量権限は、行政上の便宜ないしは管理令第1条に規定する出入国の公正な管理という合目的見地から法務大臣に対しこれを許容しているものと解するのを相当とするから、本邦に入出国する外国人はこれに対応する法律上の利益を有し法務大臣がその裁量の範囲を逸脱して著しく不公平かつ妥当を欠くような裁決をした場合においては、これに基づきなされた退去強制令書の発布処分も違法なものとしてその取消を求めることができると解しなければならない。」という判断枠組みを示している。
11) 王天華「行政裁量の観念と取消訴訟の構造——裁量処分取消訴訟における要件事実論へのアプローチ(二)」国家学会雑誌120巻1・2号（2007年）106頁以下参照。

3 退去強制をめぐる訴訟とマクリーン判決

(1) マクリーン判決再考——一般的な裁量基準としての問題点

　マクリーン判決は、行政法学の裁量理論に対して多大な影響を与えた判決である。在留について要件裁量を認め、「裁量権の逸脱・濫用」の判断枠組みにおいて「その判断の基礎とされた重要な事実に誤認があること等により右判断が全く事実の基礎を欠くかどうか」を審理することを示した。マクリーン判決以降、「裁量権の逸脱・濫用」の判断枠組みをとる最高裁判決には「全く事実の基礎を欠く」という表現が用いられるようになった。裁量基準として一般化されたといえる。

　これに対して、裁量の所在の観点および審査密度の観点から、批判が加えられている。

　前述した行政上の判断のプロセスに即していえば、「その判断の基礎とされた重要な事実に誤認があること等により右判断が全く事実の基礎を欠くかどうか」という裁量基準は、「A　事実認定」の段階と「B　法律要件の解釈と事実の要件への当てはめ（要件）」のいずれの段階に裁量が認められるのか、不分明である[12]。「全く」という形容詞が付いていても事実認定には裁判所の審査が及んでいるのであるから A の段階に裁量はなく、マクリーン判決の裁量の重点は、「申請者にかかる事実および対外上の事実を基礎とした評価の部分」（B の段階）[13]にあると指摘される。

　また、行政庁が「全く」事実の基礎を欠いて処分をすることは通常想定し難いので、このような審査基準では裁判所の審査密度が低すぎるという批判がある[14]。事実認定に裁量は認められず、もとより裁判所の審査は及ぶのであって、どのような事実に誤認があり、どの程度の瑕疵があれば違法となるかが問題となる。近年の最高裁判決は、マクリーン事件判決が示した「『全く』事実の基礎を欠く」から「重要な事実の基礎を欠く」[15][16]という基準へ

---

12) 櫻井敬子・橋本博之『行政法〔第 3 版〕』（弘文堂、2011 年）122 頁。
13) 塩野・前掲注 9）143 頁。
14) 櫻井・橋本・前掲注 12）123 頁。

変化していると指摘されている。審査密度の観点から、この定式の変化がもたらす影響が注目されている[17]。

(2) 退去強制をめぐる下級審裁判例
(i) 人道と正義の基準

マクリーン判決以前の退去強制[18]をめぐる下級審裁判例は、法務大臣の在留特別許可の付与につき「自由裁量」としつつ、「人道に反する」「著しく正義の観念にもとる」(以下、人道と正義の基準という)か否かという基準を用いて[19]、行政事件訴訟法30条による「裁量権の逸脱・濫用」審査を行う。

東京地判昭和46年3月29日判時624号18頁は、台湾青年独立連盟所属の中国人に対する退去強制令書発布を違法として取り消した判決である。「出入国管理令第50条第1項に定める外国人の在留特別許否の判断は、法務大臣の自由裁量に属するものであり、右許可は、国際情勢、外交政策等をも考慮のうえ、行政権の責任において決定さるべき恩恵的措置であることは、被告らの指摘するとおりである。従つて、その裁量の範囲は極めて広いものではあるけれども、全く無制限に認められるというものではなく、やはり、その裁量が甚だしく人道に反するとか、著しく正義の観念にもとるといつたような、例外的な場合には、裁量の逸脱ないしは濫用があつたものとして、取消の対象となしうるものといわなければならない。」という判断枠組みを

---

15) 最判平成18年2月7日民集60巻2号401頁〔学校施設の目的外使用不許可処分事件判決 (国賠)〕。
16) 最判平成18年11月2日〔小田急上告審本案判決〕。
17) 角松生史「騒音問題と都市計画事業の適法性」平成19年度重判解(ジュリスト1354号)39頁。
18) 法49条に基づく異議の申出に対する法務大臣の裁決の違法性ないし法50条に基づく在留特別許可を付与しない処分の違法性は後行処分に承継されるため、後行処分である退去強制令書発布処分を取消訴訟で争う中で、先行処分の違法性が主張される。平成16年行政事件訴訟法改正以降、取消訴訟のみならず、新しく設けられた義務付け訴訟という訴訟類型を用いて在留特別許可処分を争った例がある。
19) 本文中に挙げた下級審裁判例は退去強制令書発布処分の取消請求を認容した例であるが、請求棄却とした裁判例の中にも、「人道に反する」「著しく正義の観念にもとる」という基準を用いて斥けたものは多く見られる。マクリーン判決以前の裁判例として、東京地判昭和35年5月18日訟務月報6巻6号1252頁、東京地判昭和45年7月2日判時615号17頁などがある。

示している。

　マクリーン判決以後、下級審が人道と正義の基準から、マクリーン判決が示した「その判断の基礎とされた重要な事実に誤認があること等により右判断が全く事実の基礎を欠くかどうか」という裁量基準へ、すぐに移行したわけではない。棄却判決であるが、人道と正義の基準を用いた下級審裁判例に、大阪地判昭和54年3月29日判タ395号127頁、大阪地判昭和54年4月24日訟務月報25巻8号2228頁、東京地判昭和55年2月19日訟務月報26巻4号648頁、大阪地判昭和59年5月30日判タ534号161頁、横浜地判昭和63年8月8日判タ687号135頁などがある。

　そして認容例として、大阪地判昭和59年7月19日判時1135号40頁がある。原告が幼い頃に生き別れた母を慕って昭和48年に韓国から不法入国し、以来9年余り真面目に働き生活保護を受けていた母（協定永住資格を有する韓国人）を養い、生活保護を脱するまでになり、母と2人で平穏な生活を営んでいたという状況で、退去強制令書が発布された事例である。この生活を破壊することは「人道に悖る過酷な行為であり正義に反する」として、在留特別許可を与えなかったこと、法務大臣の裁決を違法であるとして、裁判所は退去強制令書を取り消している。

　また、人道と正義の基準もマクリーン判決の判断枠組みも使用せず、「社会通念に照らし著しく妥当性を欠く」か否かを基準として用いて、裁量権の逸脱・濫用による違法を導いた判決もある。東京地判昭和61年9月4日判時1202号31頁は、在留特別許可の許否の判断に広範な裁量権を認めつつ、「しかしながら、その裁量権は、もとより無制限なものではなく、被告法務大臣の右判断が、社会通念に照らし著しく妥当性を欠くときは、裁量権の範囲を逸脱し又はその濫用があったものとして、違法となるのを免れないというべきである。」という判断の枠組みを示している。

(ⅱ)　狭義の比例原則

　上記の下級審判例に共通しているのは、狭義の比例原則を適用している点である。端的に言って、在留特別許可を付与しないことが、原告が置かれた状況下では「過酷すぎる」措置ということである。このような状況のもとで

適用される比例原則は、ある公益の維持のために、あまりにも大きな個人の側の利益侵害があることを認めるものであり、東京地判昭和46年3月29日判時624号18頁は、公益と私益の著しい不均衡を理由に違法としている。

比例原則は、基本的に「目的と手段間」の関係を問う原則である。目的に照らしてどういう手段をとるべきかが決定されるのであって、比例原則は、「規制は必要最小限度でなければならない」（必要性の原則）、「目的と手段は不釣り合いであってはならない（目的に対して結果は著しく不釣り合いであってはならない）」（狭義の比例原則）ことを要請している。あるいは両者を厳密に区別せずに「必要な限度を超えて規制してはならない」（過剰の禁止）と表現されることもある。

行政の手段選択に際して、「規制は必要最小限でなければならない」ということを要請するならば、行政に裁量の余地は認められないことになるが、手段選択にあたって必ず必要性の原則が適用されるわけではない。必要性の原則を適用するにあたって、当該処分が関わっている権利・自由の質が問われる。必要性の原則が適用される典型例は警察法上の措置であるが、そもそも、憲法上「外国人の権利」が保障されず、実体的な権利が否定される出入国管理行政における外国人には、必要性の原則が適用されないのである。

広範に裁量権が認められる領域で適用されるのは、狭義の比例原則である。「目的と手段は不釣り合いであってはならない」という要請は、目的と手段間に比例性（相当性）を求める場合と、そして、手段（措置）が講じられた結果に着目し、その結果が相手方にとってあまりにも厳しいものである場合にも妥当する。狭義の比例原則を適用して違法を導く場合、その結果は「社会通念に照らし著しく妥当性を欠く」ことになる[20]。

4　近年の退去強制をめぐる裁判例と裁量統制の基準

近年の下級審裁判例には、もはや人道と正義に直接言及する判決は見られない。マクリーン判決から裁量判断の枠組みを引用しているが、しかしその

---

20) 須藤陽子『比例原則の現代的意義と機能』（法律文化社、2010年）219頁以下。

引用部分は、マクリーン判決から行政法学の裁量論が引用する部分と、必ずしも一致していない。

マクリーン判決は、裁量統制について下記のようにいう。

「法が処分を行政庁の裁量に任せる趣旨、目的、範囲は各種の処分によって一様ではなく、これに応じて裁量権の範囲をこえ又はその濫用があつたものとして違法とされる場合もそれぞれ異なるものであり、各種の処分ごとにこれを検討しなければならないが、これを出入国管理令21条3項に基づく法務大臣の「在留期間の更新を適当と認めるに足りる相当の理由」があるかどうかの判断の場合についてみれば、右判断に関する前述の法務大臣の裁量権の性質にかんがみ、<u>その判断が全く事実の基礎を欠き又は社会通念上著しく妥当性を欠くことが明らかである場合に限り、裁量権の範囲をこえ又はその濫用があつたものとして違法となるものというべきである</u>(a)。したがつて、裁判所は、法務大臣の右判断についてそれが違法となるかどうかを審理、判断するにあたっては、右判断が法務大臣の裁量権の行使としてされたものであることを前提として、<u>その判断の基礎とされた重要な事実に誤認があること等により右判断が全く事実の基礎を欠くかどうか、又は事実に対する評価が明白に合理性を欠くこと等により右判断が社会通念に照らし著しく妥当性を欠くことが明らかであるかどうかについて審理し、それが認められる場合に限り、右判断が裁量権の範囲をこえ又はその濫用があつたものとして違法であるとすることができるものと解するのが、相当である。</u>(b)」

平成16年以降の下級審裁判例をみると、下線部(a)の枠組みと同様のものを示して違法としたもの（東京地判平成16年11月5日判タ1216号82頁、福岡高判平成17年3月7日判タ1234号73頁、東京地判平成21年3月27日裁判所ウエッブサイト）、下線部(b)の枠組みを用いるもの（東京地判平成20年2月29日判時2013号61頁、名古屋地判平成22年12月9日判タ1367号124頁）、(b)を提示しつつ(a)も使用する両もの（東京地判平成22年1月22日判時2088号70頁）がある。

(a)の枠組みをとる判決が異議の申出に理由がない旨の裁決を取り消すタイプのものであるのに対して、(b)の枠組みをとった東京地裁平成20年2月29日判決は、「日本国籍を有する女性と約16年間にわたる共同生活」という

「事実に対する評価」を問題としている。

　(a)と(b)はむろん重なるものであるけれども、その違いは、(a)が「どのような場合に処分が違法となるか」に答えるものであって、(b)の場合には、「裁判所が裁量権をどのような態度で審査すべきか」ということに答えるものである点にある。また、(a)が裁量統制一般論であるとすれば、(b)はその一般論を退去強制をめぐる訴訟に敷衍した、出入国管理の特性を示す裁量判断の枠組みである。

　(b)の裁量判断の枠組みを採ることのメリットは、「等」という文言によって、「社会通念に照らし著しく妥当性を欠く」場合を、限定的に解さないという点にある。法務省ガイドラインに列記された考慮事項に尽きない事情を読み込むことが可能であろう。「事実に対する評価が明白に合理性を欠く」場合が、「社会通念に照らし著しく妥当性を欠く」結果を導くことは明らかであるが、「事実に対する評価が明白に合理性を欠くこと等により」と「等」が付加されていることから、それ以外にも、たとえば「人道」や「正義」を理由に、「社会通念に照らし著しく妥当性を欠く」場合に至ることがありうるのである。

5　おわりに

　前述したように、マクリーン判決が裁量理論一般へ与えた影響は多大なものがあった。しかし、行政法学の裁量論の傾向と、退去強制をめぐる訴訟で用いられる裁量判断の枠組みの傾向は異なっている。出入国管理行政に固有の事情が裁量統制論に反映されるからであろう。

　また、近年の最高裁判決がとるのは、審査密度が判断代置方式と裁量権の逸脱・濫用審査方式の間に位置するとされる判断過程の審査と呼ばれる方式であり、処分の内容に着目するのではなく、行政機関の判断形成過程の合理性を審査する方式である。東京高判昭和48年7月13日行集24巻6＝7号533頁〔日光太郎杉事件〕が最初に導入した裁量統制の手法として知られるが[21]、退去強制をめぐる下級審裁判例では主流となっていない。退去強制をめぐる訴訟や難民認定をめぐる訴訟では、当事者が置かれた状況の多様性か

ら、考慮すべき事項が多種多様であって、裁判所が考慮事項を設定して判断過程を審査する手法をとること自体が困難である[22]。

「在留特別許可に係るガイドライン」は裁量基準である。行政法学においては、裁量基準の自己拘束性を媒介とする審査手法が論じられ、行政庁の判断に対する審査密度を高めようとする議論が盛んである。しかし、かかる一般行政に関する裁量統制の手法は、在留特別許可をめぐる裁量問題にそのまま当てはまるものではないと言えよう。

---

21) 須藤陽子「裁量の瑕疵」法学教室373号（2011年）29頁以下。
22) 野口貴公美「『在留特別許可に係るガイドライン』の裁判上の位置づけについて」法学新報119巻7・8号（2013年）393頁は、裁判例においてガイドラインが「考慮要素」、「例示」と表現される理由として、ガイドラインに記載されている事項が当該事案の行政庁の判断の唯一の指標とはならないこと、在留特別許可はきわめて広範な裁量処分であることから、（事前の一律的な）許可基準の設定が困難（または不可能）である点を指摘している。

[6]
入管法制の法学的検討
③入管法制と刑事法

上田　寛

1　はしがき

　いわゆるポツダム政令として施行された出入国管理令（1951年）は「法律としての効力を有する政令」との性格付けを与えられたまま、しかしその後の一部改正もすべて法律により行われて来たが、日本国の難民条約・難民議定書への加入に伴い、1982年、難民問題への対応に関する諸規定を加えて「出入国管理および難民認定法」（以下では「入管法」と略称する）となり、名称の上でも法律となった。その後、多数回の改正を経てきているが、重要なものとしては、たとえば在留資格の再編（1990年）がある。この改正により新たに「定住者」という在留資格が創設され、日系3世までの外国人にわが国での就労可能な地位が与えられ、主にブラジル、ペルー等の中南米諸国から日系人の入国が容易になり、来日者数が増加した。また、外国人登録制度の廃止と新たな在留管理制度の導入（2009年）が行われ、それまで日本国内で居住する市区町村での外国人登録が必要であったものを廃して入国管理局が発行する在留カードに一元化された。さらに、2012年7月には研修・技能実習制度の見直しが行われた。
　このような経過からも明らかなとおり、入管法は一方でわが国の経済情勢

に対応して外国人の労働力の導入を促進あるいは制限してその調整を図りつつ、他方でわが国内の外国人を効果的に管理して、犯罪者あるいはいかがわしい行為に関わった者を国外に排除することを目指している。本稿が注目するのは、とりわけ後者の点である。

近年のわが国の犯罪統計では、窃盗や傷害など一般刑法犯による検挙人員中に占める外国人の割合は4％弱であるが、わが国の全体的な犯罪現象の落ち着きの中で、外国人犯罪の占める割合はむしろ高くなる傾向があり、さらに、近年は都市部における外国人犯罪の組織化の兆しも見られるところから、一般世論においても外国人犯罪への関心が増大しており、したがって、入国管理のあり方が論議の対象となることも多くなっている。

2003年12月に犯罪対策閣僚会議が公表した「犯罪に強い社会の実現のための行動計画」以降、わが国の犯罪対策の重点の1つは「国境を越える脅威への対応」であり、そのために不法入国・不法滞在などへの対策の強化、来日外国人犯罪捜査の強化がうたわれて来た。この「行動計画」をうけて、翌年に行われた入管法の改正では、特に不法滞在者問題に焦点を当てて、不法滞在者に対する罰則の強化、不法滞在者に対する再入国禁止期間の延長、出国命令制度の新設などといった具体的な対応が取られた[1]。ここでは明確に、入管法はわが国における犯罪対策の一環として、社会的な安全の実現という課題を負わされている。10年後の2013年12月に閣議決定された「『世界一安全な日本』創造戦略」でも同様の課題認識は引き継がれ、とりわけ2020年東京オリンピック・パラリンピック競技大会を念頭に入国管理局内に大会開催準備本部が設置され（14年1月）、関係機関との情報共有を図るとともに、外国人犯罪への対応をめざす入管法の所要の改正準備を含め、「安心して外国人と共生できる社会の実現に向けた不法滞在対策」についての検討が進められている[2]。

---

1) このような対応はすでに、2002年に日韓両国で合同開催となったサッカーのワールドカップ大会に備えて、わが国に押し寄せてくるかもしれぬフーリガンに有効に対処するために行われた、2001年の入管法改正（わが国で開催される国際的な競技会や会議に関連して暴行等を行うおそれのある者の上陸を拒否し、さらに、国内においてこのような行為を行った者を迅速に国外に退去させるため、上陸拒否事由および退去強制事由を整備するなどの改正が行われた。）によって経験済みではあった。

入管法はすでに刑事政策的に重要な機能を担わされているのである。

2 入管法の刑事法的機能

(1) 犯罪としての不法滞在など

　まず気づかされるのは出入国管理及び難民認定法が直接に処罰規定を設けている行為類型が存在することである。不法入国・不法残留、密航、密輸（禁制品の携行）、防疫阻害、不法出国（旅券の不法取得、不正利用、密出国）などに関わる犯罪である。

　これらのうち不法残留罪は 2000 年 2 月施行の法改正により新設されたものであるが、改正前の入管法には、在留期間経過の不法残留行為に対する罰則があったものの、不法入国または不法上陸後、わが国に不法に在留する行為を直接の処罰対象とする罰則は設けられていなかった。そのため、公訴時効との関係で、不法入国または不法上陸してから 3 年を経過した場合、これらの罪にかかわる刑事責任を問うことができず、取締りに支障が生じていた。この間隙を埋める目的で、新たに不法入国者等の不法在留行為を処罰する規定が新設されたのである。

　この経過にも示されるように、近年の国際的な人の移動の容易・迅速化の結果として、わが国への外国人の往来ならびに日本人の出入国の数が激増し、その形態も多様化している状況に、わが国の刑事法制が適合していない事例は少なくない。本来、刑事法はそれぞれの国家の基本的な文化規範を背景としており、裁判制度も刑罰制度も各国の国内的な制度であるところから、そのような事態はある意味においては当然であるが、しかしこれを放置するときは各種の重大な犯罪への効果的な対応ができなくなり、わが国の社会不安をあおり、また経済活動へも影響することとなろう。

　現行の入管法が犯罪として処罰を予定しているのは、基本的には、まず、以下の行為である。

---

2)　それにより、2014 年度以降、入国審査官や入国警備官の増員（2014・15 の 2 年間で約 300 人）、厳格な出入国審査の推進のための予算増額措置（同 260 億円）などが相次いでいる。

① 有効な旅券を持たず、または入国審査官から許可を受けずに入国する行為

② 不法入国または不法上陸した者が引き続き不法に在留する行為

③ 各種の理由により在留資格を取り消された者もしくは国外退去を命じられた者が、出国もしくは退去のために必要と認められた期間を経過してわが国に残留する行為

④ 仮上陸の許可を受けた者が付された条件に反して逃亡または呼出しに応じない行為

⑤ 寄港地上陸の許可、船舶観光上陸の許可、通過上陸の許可、乗員上陸の許可、緊急上陸の許可、遭難による上陸の許可または一時庇護のための上陸などにより入国もしくは上陸した者が、許可された期間を経過して残留する行為

⑥ その者の在留資格にもとづく禁止にもかかわらず収入を伴う事業を運営する活動または報酬を受ける活動に従事する行為

⑦ 偽りその他不正の手段により難民の認定を受ける行為

以上のような行為が3年以下の懲役もしくは禁錮もしくは300万円以下の罰金に処せられ、またはその懲役もしくは禁錮および罰金を併科される（70条）のに対して、

⑧ 日本人もしくはわが国に在住する外国人が、有効な旅券を所持し、入国審査官から出国の確認を受けることなく出国する行為（不法出国）は、1年以下の懲役もしくは禁錮もしくは30万円以下の罰金に処せられ、またはその懲役もしくは禁錮および罰金を併科される（71条）。未遂も罰せられる。

これらの、いわば出入国管理にかかわる基本的な犯罪類型に続けて、それらの手段となる行為や付随関連する行為を対象とする一連の規定が置かれ、比較的に軽く処罰されている（71条の2、同3、72条、73条）。

だが、不法就労を目的とする外国人の増加という事態を受けての1989年の法改正以降、犯罪とされる行為の新たな類型が登場する。具体的には、⑨ 不法就労外国人を来日させる推進力・吸引力となっている雇用・斡旋などの行為を処罰する不法就労助長罪（73条の2）、⑩ 蛇頭などの密航ブローカー対策のため1997年改正によって新設された、集団密航者が出国してわが国

に上陸・入国するまでにブローカー等が関与する行為を段階的に犯罪類型化する集団密航関与罪（74条〜74条の5）、⑪ それらに関係する違法性の大きい営利目的事犯および偽造旅券等の提供事犯といった類型を処罰する密航援助・助長罪（74条の6）、⑫ 退去強制を免れさせる目的での不法入国者等の蔵匿・隠避行為を処罰する罪（74条の8）などである。これらの罪については、企業活動などに伴って犯されることも多いことから、法人の代表者、使用人その他の従業者を処罰するときには法人をも処罰する両罰規定が設けられている（76条の2）。

入管法のこれらの規定を概観して気づかされることは、それらの多くが刑法その他本位的な刑事法上の処罰規定の特別法であり、そこから犯罪類型に網羅性がなく「継ぎはぎ」状態が目立つということ、そしてまた個々の犯罪構成要件が必ずしも緻密でないことである。前者の特徴は入管法がわが国の入国管理にかかる緊急の諸課題に対応する必要から、時に性急な法対応がとられたことから、ある程度はやむをえないことであろう。一方、後者については、入管法の罰則規定により懲役、罰金、没収などの刑罰が予定される行為についても、実際には刑事手続にかえて行政的な処分である国外退去を命じられることが多いことから、必ずしも厳密に考えられてこなかったのではないかと推測されるところである。では、この退去強制と刑罰との関係はどう理解すべきか。

(2) 刑罰に代わるものとしての収容と退去強制・出国命令

前項に見た入管法上の諸犯罪を実行した者については、当然ながら刑事手続による処罰が予定されている。外国人による犯罪についての刑事手続は、日本人による犯罪の場合と異なるところはない。しかし、検挙された外国人が入管法上の退去強制事由に該当する場合には、同時に、退去強制手続の対象にもなる。退去強制手続は、刑事手続とは別個の行政手続であり、刑事手続の進捗状況にかかわらずその手続を進行させることもできる。

入管法24条が「本邦からの退去を強制することができる」外国人として挙げているのは、〈1〉不法入国者、不法上陸者、不法残留者等、出入国管理秩序に違反する者、〈2〉一定の刑罰法令違反者や売春等の反社会的行為者、

⟨3⟩外国人テロリストや暴力主義的破壊活動者のほか、法務大臣がわが国の利益または公安を害する行為を行ったと認定する者であるが、特に⟨2⟩のうち、一定の刑罰法令違反者とは、

・薬物事犯等により、罰金以上の刑に処せられた者
・無期懲役または1年を超える懲役・禁錮の実刑に処せられた者
・在留資格に基づき一定の活動を認められた者で、殺人・傷害等の粗暴犯、窃盗等の財産犯、偽変造に係る犯罪等により、懲役・禁錮の刑に処せられた者
・中長期在留者で、虚偽届出等の罪により、懲役刑に処せられた者、等

をいい、これらの刑の言渡しが確定すれば、退去強制事由に該当する。

　重要なことは、これら退去強制が行われる場合にその前段階となる収容について、入国警備官において容疑者が退去強制事由に「該当すると疑うに足りる相当の理由があるときは、収容令書[3]によりその者を収容することができる」(39条1項)として、必ずしも不法入国などの犯罪や反社会的行為の事実の真否を問わず、ただその事実の存在を疑うに足る相当の理由を要求しているに過ぎない点である（上記のとおり、24条の各項に刑の言渡しを受けたことを要件とするものなどがあることは事実ではあるが）。多くの場合に刑事裁判による犯罪事実の確定と刑事責任の所在の明確化は要求されていないのである。

　実際に問題となるであろう、司法警察員が、70条の罪（前項①～⑦）にかかる被疑者を逮捕もしくは受け取るなどした場合の取り扱いについては、入管法65条は、「刑事訴訟法の特例」として、収容令書が発付され、かつ、その者が他に罪を犯した嫌疑のないときに限り、刑事訴訟法203条の規定にかかわらず、書類および証拠物とともに、当該被疑者を入国警備官に引き渡すことができる旨、規定している。この場合、被疑者が身体を拘束された時か

---

[3] 「収容令書」は、入国警備官の請求により、その所属官署の主任審査官が発付するものとされている（入管法39条2項）。この「収容令書」には、容疑者の氏名、居住地および国籍、容疑事実の要旨、収容すべき場所、有効期間、発付年月日その他法務省令で定める事項を記載し、主任審査官がこれに記名押印しなければならない旨定められている（同40条）。同じく主任審査官が発付する「退去強制令書」とともに、裁判所の関与が予定されていない点において憲法上の疑念が残るが、判例上は合憲であるとされている（東京高判昭和50年11月26日判時814号109頁）。

ら48時間以内に、当該被疑者を引き渡す手続をしなければならない。つまり、入国管理に関わる犯罪については退去強制に向かう行政的な手続が優先することになっているのである。逆に、殺人や強盗・窃盗など刑法上の犯罪を犯した外国人について刑事訴訟法上の身柄拘束が行われる場合には、入管法63条に従い、退去強制令書の発行など退去強制に向けた手続を進めることはできるが、その執行は、対象者である外国人について刑事訴訟に関する法令や、刑の執行に関する法令または少年院もしくは婦人補導院の在院者の処遇に関する法令の規定による身柄の拘束が終了した後である。ただし、刑の執行中においては、検事総長または検事長の許可があればその執行をすることができる[4]。

なお、退去強制事由に該当する場合であっても、法務大臣は、特別に在留を許可すべき事情があると認めるときは、在留特別許可を与えることができ、当該許可を受けた外国人は、引き続きわが国に居住することができる。そのため、不法在留者、薬物事犯で有罪判決を受けた者、1年を超える懲役・禁錮の実刑に処せられた者等でも、在留特別許可により、その後に退去強制されない場合がある。

以上のとおり、入管法は今日、刑法および刑事訴訟法に代表されるわが国の刑事法制の重要な構成要素として機能しているのである。

(3) 入管法の近年の適用状況など

近年、わが国への不法入国案件は急激な減少を見せており、したがって、入管法の適用される局面も大きく減少している。

2014年中に、全国の地方入国管理官署が入管法違反により退去強制手続を執った外国人は、1万676人で、2013年と比較して752人の減少となった。そのうち、不法入国者は1000人を切り844人と、2013年と比較して284人

---

4) このことに関わって、刑事裁判の第一審において無罪判決が言い渡され勾留状が失効(刑訴法345条)した不法残留者である外国人に対する入管当局の退去強制令書の執行を阻止するために、控訴した検察官が裁判所に職権によるその者の勾留を要求した「東電OL殺人事件」の裁判経過は多くの論点を含んでいる。参照:小山雅亀「退去強制と刑事手続に関する『法の不備』(再論)」生田勝義先生古稀祝賀論文集『自由と安全の刑事法学』(法律文化社、2014年) 457頁以下。

表 1　入管法違反事件の推移（2010～2014 年）　　　　　　　　　　　　単位（人）

違反事由＼年	2010 年	2011 年	2012 年	2013 年	2014 年
総　数	24,213	20,659	15,178	11,428	10,676
不法入国	3,867	2,862	1,875	1,128	844
不法上陸	134	164	187	199	249
資格外活動	751	542	617	493	422
不法残留	18,578	15,925	11,439	8,713	8,274
（うち出国命令）	(5,181)	(4,501)	(2,587)	(2,479)	(2,587)
刑罰法令違反	529	619	527	430	392
その他	354	547	533	465	495
不法就労者	18,490	13,913	8,979	7,038	6,702

（注）法務省入国管理局のホームページより

の減少であった（そのうち航空機を利用した不法入国者は 640 人、船舶を利用した不法入国者は 204 人で、ともに大きく減少した）。

　また不法残留者は、8,274 人と前年を 439 人下回ったが、入管法違反者全体に占める割合は 77.5％であり、依然として高い割合を占めている。そのうち、出国命令制度の対象となった不法残留者は 2,587 人と、不法残留者全体の 31.3％であった。

　一方、退去強制手続を執った外国人の国籍・地域は 100 か国・地域となり、国籍・地域別では 12 年連続して中国（香港・その他を除く。以下同じ。）が最も多く、3,975 人で、入管法違反者全体の 37.2％を占めた。中国に次いで多いのは、フィリピン、ベトナム、韓国、タイの順となっており、これら 5 か国で全体の 76.5％を占めている。

　2014 年に退去強制手続がとられた外国人のうち、不法就労の事実が認められた者は 6,702 人で、入管法違反者全体に占める割合は 62.8％と高い割合を占めている。不法就労者の国籍・地域は、近隣アジア諸国を中心に 69 か国・地域に上ったが、中でも中国が 2,819 人で全体の 42.1％と最も多く、以下、フィリピン、ベトナム、タイ、韓国の順となっており、これら 5 か国で全体の 83.1％を占めた。

　不法就労者の稼働場所（都道府県）別では、東京都の 1,175 人を最多に、

表2　国籍・地域別不法就労事件の推移　　　　　　　　　　単位（人）

国籍・地域別		2012年	2013年	2014年
総　　数		8,979 (5,346)	7,038 (4,356)	6,702 (4,160)
中　国	中国	3,082 (1,981)	2,909 (1,943)	2,819 (1,869)
	香港・その他	3 (0)	1 (1)	－ (－)
フィリピン		1,589 (629)	968 (394)	763 (308)
ベトナム		380 (271)	461 (312)	701 (454)
タ　イ		567 (318)	442 (272)	681 (384)
韓　国		1,356 (525)	866 (311)	606 (237)
インドネシア		267 (218)	233 (193)	231 (193)
スリランカ		246 (230)	136 (127)	119 (112)
モンゴル		90 (51)	81 (47)	101 (72)
ネパール		117 (85)	97 (78)	75 (47)
ブラジル		182 (141)	96 (74)	68 (55)
その他		1,100 (897)	748 (604)	538 (429)

（注1）（　）内は男性で内数である。
（注2）国籍・地域別順位は2014年のもの（法務省入国管理局のホームページより）

　関東地区1都6県（東京都、茨城県、千葉県、神奈川県、埼玉県、群馬県および栃木県）で4,557人となり、全体の68.0％を占めている。次いで中部地区9県（愛知県、静岡県、岐阜県、長野県、富山県、山梨県、福井県、新潟県および石川県）が1,262人となり、不法就労者全体の18.8％を占め、結局、関東地区と中部地区で不法就労者全体の86.8％までを占めている。就労の内容別では、男性は「建設作業者」が1,323人で最も多く、以下、「工員」769人、

「農業従事者」632人の順となっている。女性はスナック等で働く「ホステス等接客業」が588人で最も多く、以下、「工員」461人、「農業従事者」314人の順となっている。

3　刑事政策における入管法の意義

(1)　不法入国者・不法滞在者・「外国人犯罪」

　外国人による一般刑法犯の検挙件数は、2005年に過去最多の4万3,622件を記録した後、2006年から減少に転じ、2013年は1万7,572件（前年比6.3％減）であった。また、外国人の検挙人員も同様の推移をたどり、2005年に過去最多の1万4,786人を記録した後は減少を続けていたが、2013年は僅かに増加し、1万552人（同1.3％増）であった。その結果、同じ年における一般刑法犯検挙人員総数（26万2,823人）に占める外国人の比率は4.0％となった。重要な点は、それら外国人犯罪の全体の中で、検挙件数のうち60.7％および検挙人員の53.3％が来日外国人によるものだったことであり、つまりは、この間の外国人犯罪の増減は、主に来日外国人の犯罪の増加と減少とによりもたらされたものだという事実である[5]。

　来日外国人による一般刑法犯の検挙件数の罪名別構成を見ると、窃盗が72.6％を占め、次いで暴行・傷害の8.2％、遺失物等横領6.2％などとなっている。このうち窃盗、強盗などについては、犯罪全体と同様に2006年以降減少が続いているのに対して、傷害・暴行の検挙件数は近年増加傾向にあり、この10年間で約1.8倍になっている。

　2013年における来日外国人による窃盗について、検挙件数の手口別構成比を見ると、万引きの構成比が28.3％と高く、次いで、空き巣、自動車盗、車上ねらい、忍込みの順に高いが、日本人を含む窃盗全体と比べると、全体の認知件数において最大の割合を占める自転車窃盗がここでは少ないことを除外すれば、万引きなど非侵入窃盗が多いことを始めとして、類似の傾向を

---

[5]　以下、本項における統計数値は平成26年版『犯罪白書』によるもの。なお、「来日外国人」の語は、わが国に所在する外国人のうち、特別永住者、永住者、在日米軍関係者および在留資格不明者以外の者をさして用いられている。

示している。

特別法犯についても、来日外国人による特別法犯の送致件数および送致人員はいずれも 2004 年に過去最多を記録した後、2012 年まで減少していたが、13 年には増加に転じ、送致件数 4,745 件、送致人員 4,264 人となっている（その他の外国人による特別法犯はこの 10 年ほどほとんど変化せず、2,000 件・人前後の水準にある）。犯罪の種類について見ると、来日外国人による特別法犯の送致事件は、入管法違反の構成比が 7 割弱と圧倒的に高く、それ以外では、薬物事犯と風俗営業法違反が目立つ。入管法違反の事案を違反態様別に見ると、2013 年の場合、不法残留が 1,219 件と最も多く、次いで、旅券等不携帯・提示拒否（在留カード不携帯・提示拒否を含む。）1,200 件、資格外活動 337 件、不法在留 241 件の順であった。

以上のような犯罪現象の背景として、まず指摘されなくてはならないのは、「来日外国人」の実体である。

わが国に滞在する外国人に対しては、2012 年以降、入国時の審査により一定の在留資格が認められ中長期の滞在が許可された場合、法務大臣の発行する在留カードが交付され、それに明示された活動の範囲と滞在期限内においてわが国における滞在が認められる。法務省の報告する 2014 年末現在における中長期在留者数は 176 万 3,422 人、特別永住者数は 35 万 8,409 人で、これらを合わせた在留外国人数は 212 万 1,831 人である。この数字はわが国の総人口の 1.71％にあたる。しかし、この中には、

〈1〉長期にわたる経済活動や固有の歴史的理由などによってわが国に定住している外国人（永住者や「特別永住者」およびその家族 98 万 4,446 人）や、

〈2〉日本人の配偶者（19 万 6,248 人）が含まれていることに留意されるべきである。

他方、これら「在留カード」を交付された者だけが外国人ではなく、それ以外に、

〈3〉観光客や商用での来日者で短期間の滞在しかしない者（新規入国者約 1,239 万人（2014 年）のうち在留カードを交付されなかった者、仮に入国目的別分類「短期滞在」にあたる者とすれば約 1,205 万人）、

〈4〉日本に寄港した外国の航空機・船舶の乗員やクルーズ客などを中心と

する「特例上陸者」（2013年の場合216万5,112人）、そして

〈5〉不法滞在者（わが国における滞在資格が失効後も残留している者5万9,061人（2014年1月現在）および密入国者（実態は不明））がいる。

このような状況を前提に考えてみると、検挙人員中の外国人区分として特に重視されている「来日外国人」に対応する母数としては、さしあたり、法務省の報告する「在留外国人」数を出発点に、それから上の〈1〉および〈2〉を差し引き、〈3〉・〈4〉・〈5〉を加えたものを想定することが正しいように思われる。しかし、それらのうち〈3〉や〈4〉はいずれもきわめて短期間しかわが国に滞在しなかった者であり、それをそのまま「日本社会に外国人が増えた」ということの基礎とはできないであろうし、また、「密入国者」にいたっては、その数も存在の実態も不明のままである。

さらに、来日外国人の犯罪を考える際には、上記のどのカテゴリーに属するものであれ、その年齢構成において、明らかに、青壮年を中心とした活動的な年齢層の比重が高いものと想定されること、短期滞在者の一定数が違法な低賃金労働やホステス等、不安定な職種に従事していることなども考慮しなくてはならないであろう。その労働条件は、多くがいわゆる"3K"職場であり、低賃金、不安定な雇用形態の下で、短期間に手っ取り早く収入を得ようとする傾向が強いといわれる。彼らが犯罪に手を染めるについては、就労している外国人の大半が日本での生活を維持するにも不足する収入しか得ていないことが直接の原因となっている。また、「技能訓練」や「研修」名目で正規に入国した外国人労働者が途中で逃亡し、不法就労に身を投じる背景には、日本への渡航と入国に要した莫大な費用の支払いや本国仕送りに見合うだけの収入が、正規の就業では得られないためと言われている。

アメリカ合衆国のサブプライムローンに端を発した世界金融危機のあおりを受けた形で日本経済は明白に後退を見せ、雇用環境の悪化と賃金水準の低下が顕著となるにしたがい、経済的な動機での日本への不法入国・滞在者数は明確に減少した。統計上明確になる不法残留者だけをとっても、1993年の29万8,646人から2015年1月段階の6万7人へ、ほぼ5分の1へと激減している。──観光客の増加を主な要因に、わが国への外国人の来訪全体が、むしろこの期間に激増している他方で、である。わが国における外国人犯罪

の減少が、この、不法入国・滞在者数の減少によるものだと推測することは難しくない。そしてまた、そのような不法入国・滞在者数の減少が、入国審査の厳格化や不法滞在者の摘発と国外退去処分の強化など、入管法に基づく総合的な対応の推進のみによるものではないと推測することも。主たる要因は、明らかに経済的なものなのである。

　しかし、2000年代初めにおいて外国人犯罪の激増という危機的な状況にあったわが国は、その後のわが国を含む世界的な経済情勢の変化に対応しつつ、外国人犯罪の全体的な抑え込み、量的な沈静化に成功したと言ってよさそうである。それを、かつてない外国人観光客の来訪に象徴される国際化、したがってわが国における外国人人口の増加という条件の下で実現したことは、正当に評価されるべきであろう。入管法の適宜の改正と出入国管理の実務の厳正化は、一応の成功を収めたのである。

　この点で残された課題は、減少したとは言えなお6万人ほどの不法残留者を中心とする不法滞在者が存在することを軽視せず、その一層の減少に向けた施策を進めることである。わが国政府は日本再興戦略の中で観光立国を重要な柱と位置付け、2020年の東京オリンピック開催までに「訪日外国人2千万人」を目指すことを決めている。現在の入国ビザ免除67カ国をASEAN諸国を中心にさらに拡大する措置を進めるなど、入国手続の簡易化が基本方向であることは明らかである。しかしその他方で、不法残留者の7割近くの当初の入国資格が「短期滞在」であることからは、入国審査において入国の目的を明確にし、訪問先、旅程、所持金などについて明らかにすることによって、日本国内における不法就労その他の収入を得る活動に出るおそれがないかなどを基準として、的確な入国の可否判断を行うことの重要性は疑われない[6]。そのためには、現在の入国審査体制の人的・経費的強化が必要であり、先に記載したような、法務省の増員と増予算の措置要求は当然のこととされなくてはならない。

---

6)　報道によれば、2014年1年間のタイ人の入国拒否者は千人を超えた。13年の489人に比べ2倍以上増加で、韓国を抜いて最多になったとのこと。入国拒否理由は「入国目的に疑義がある」が最多。多くは不法就労目的の入国とみられ、観光などとする虚偽説明が入国審査官に発覚したようなケースである。なお、法務省によると、14年のタイ人の入国者数は68万1,743人。

(2) 入管法の周辺の問題（薬物・不法就労問題を中心に）

　入管法制の強化はわが国における覚せい剤をはじめとする薬物犯罪への重要な対策手段である。見過ごすことができないのは、警察庁の報告書も挙げている、薬物の密輸・密売事件に関わって浮かび上がる、国外の犯罪組織とわが国の暴力団との連携の事実である。

　わが国の場合、国内で乱用されている麻薬・覚せい剤等の薬物のほとんどすべては海外から密輸されているものであるが、薬物をわが国に送り出すのは中国、香港、タイ、さらには極東ロシア等に拠点を置く海外の密輸組織であり[7]、わが国の暴力団はその輸入から末端の乱用者に渡るまでの流通過程を担っており、両者の結託によってはじめて薬物犯罪が成立する。当然、薬物の密輸にあたっては、海外の密輸組織と暴力団とは、それぞれ組織的に役割分担を定め、取引する薬物の種類と品質、数量、取引価格、取引日時・場所、代金支払方法等について交渉を重ねているものと見られている。だが、彼らにとって決定的に重要なのは、日本国内への持ち込み方法・手段であって、そのためにはチャーターした漁船などを使っての海上での受け渡しや国際郵便への紛れ込ませといった方法と並んで、日本への合法的な入国者に携行させることが試みられることとなる。入国審査に際して、入管法5条1項の各号に所定の麻薬や覚せい剤などの禁止薬物の不法所持を理由とする入国拒否および過去1年以内に同じ理由で入国を拒否されたことのある者の入国拒否（同条9号イ）は、この点で重要な役割を果たすものである。国内での薬物取引の効果的な規制が、近年のインターネット利用の拡大や携帯電話の普及によって、警察当局にとってますます困難となりつつあることからも、この水際での対応の意義は増大したと指摘されている。

　注意すべきは、わが国では覚せい剤の濫用が拡大し社会問題となっているのではあるが、その流行は世界的には未だ低いレベルにあり[8]、その所得水準（＝購買力）から見た一層の拡大可能性に、世界の犯罪組織は注目してい

---

[7] 警察庁の報告する2015年の薬物犯罪の状況を見ると、密輸入の大半は航空機乗客による持ち込み（いわゆる「運び屋」）と国際宅配便・郵便によるものであり、その仕出地としては、覚せい剤では中国、タイ、香港、大麻ではアメリカ、カナダが最多であった（警察庁『平成27年における薬物・銃器情勢』）。

るとされることである。この問題への対応は今後ますます重要となろう。

　拳銃の不法持ち込みについても、ほぼ同じ問題状況が指摘できる。

　売春その他性産業に従事させることを目的とした人身取引の問題は、わが国にとって数十年来の課題である。そしてここでも、不法入国および人身売買にかかわっての、暴力団と国外の犯罪組織との連携が広く進められている。警察庁による先の報告によれば、「興行」その他の適法な在留資格を装って女性をわが国に入国させ、売春やヌード・ダンサーなど性的なサービスに従事させるという、従来からの典型的な事例に加えて、わが国の暴力団が一定額の報酬を与えて夫役の男性を仕立て上げて外国人女性と結婚したかに装い、その女性がわが国の在留資格を得て合法・非合法の営業活動を行ったり、外国の犯罪組織のための手引きをつとめたりするなどの多くの事例がある。これら人身取引についても、わが国において性的サービスに従事させる目的で、女性をだましたり脅したりして集め、送り出す外国の犯罪組織と、これを受け入れ、全国の売春組織や風俗営業店などに送り届け、その稼働を管理する役割のわが国の暴力団との連携はきわめて密接である。暴力団構成員等は、売春や性風俗店を直営し、あるいはこれら営業を営む者から用心棒代・みかじめ料等として収益の一部を得るなどして、これらの営業と接点を持つ場合が多いことはよく知られているが、彼らにとって外国人女性を手配する海外の犯罪組織と緊密な関係を築くことは、大きな収益を得るための、確実なアプローチなのである。したがって、問題の解決の鍵を握るのは、査証発給に際して付された資格要件と制限に違反してホステスなどの単純業務に従事する／させる目的での外国人の入国を効果的に阻止することであり、査証発給

---

8)　国連の薬物・犯罪事務局（UNODC）の 2006 年の報告では、15 歳から 64 歳までの世界の人口の約 5％が「最近 12 ヶ月以内に薬物を用いた」とされる（"World Drug Report 2006", http://www.unodc.org/pdf/WDR_2006/wdr2006_chap1_evolution.pdf）ことからすれば、わが国の問題状況はさほど深刻でないようにも考えられる。ただし、わが国の 15 歳以上の者のうち、生涯において 1 回でも大麻、覚せい剤、コカイン、ヘロイン、LSD またはシンナーを乱用したことのある者（「薬物の生涯経験者」）の数は、2000 年の場合、約 234 万人と推定されているが、これは対応する人口 2.2％に相当する、との報告もあり、決して楽観できる状況ではないことも事実である（2000 年 9 月 8 日付けの櫻井充参議院議員に対する政府答弁書による（http://www.sangiin.go.jp/japanese/joho1/syuisyo/149/touh/t149007.htm）。

要件の厳格な運用による査証の不交付と資格外活動の可能性などの判断に基づく入国拒否ということになる[9]。入管法制の適正化と運用の厳格化である。もちろん、入国をはかる外国人以上に、わが国において「外国人に不法就労活動をさせた者」あるいは「外国人に不法就労活動をさせるためにこれを自己の支配下に置いた者」、それらを斡旋した者らの摘発と処罰（入管法73条の2）を確実に行うこと、そしてさらには、そのような人身取引ないしその周辺行為を組織している勢力、とりわけ組織暴力団に対する規制を強めることが必要である。

わが国に入国した外国人がその在留資格に付された条件を逸脱して、主として単純労働に従事する不法就労については、実質的には不法残留者の問題であるといえる[10]。先に述べたとおり、近年のわが国の経済の低迷により、短期間の就労によって多額の現金が稼げるような状況あるいは幻想はその効果を薄れさせ、多くの不法残留者が帰国の道を選んだことによって、問題の緊迫性が後退している。しかし、法務省入国管理局の報告での 2015 年 1 月

---

[9] 2000 年代初期には毎年約 13 万人の「興行」ビザ入国者があり、その大半がフィリピン人女性ダンサー等で、明らかに飲食店や風俗店でのホステスとして働くことを予定しての入国であり、明確に入管法に反する状態であった。にもかかわらずそのような異常な状態が続いていた背後には、「興行」を組織して彼女らを受け入れ、日本全国に派遣している組織があり、そのかなりが暴力団と関係があると想定され、さらには状況を是正しようと入国管理の厳正化を図った入管局長に脅迫まがいの圧力をかける政治家が現れたりするという実態があった（朝日新聞 2005 年 2 月 28 日夕刊）。決して、「『人身売買とは関係なく、国に残した一族を背負って一生懸命稼いでいるホステスも多い』（在比経験のある官僚）」（毎日新聞 2005 年 3 月 6 日夕刊）というような問題ではなかったのである。

　法務省は、2006 年 3 月、「出入国管理及び難民認定法第七条第一項第二号の基準を定める省令」（基準省令）の一部改正を行い、政府の「人身取引対策行動計画」に従って、基準省令を抜本的に見直し、演劇、演芸、歌謡、舞踊または演奏の興行に係る活動を行うことを目的として「興行」の在留資格で上陸しようとする外国人について、当該外国人を受け入れる本邦の機関に係る要件を厳格化するなどした。その結果、「興行」目的でのわが国への入国を認めるビザの発給件数は一挙に 10 分の 1 となったとされる。これは、これらの問題に入管法制がいかに関わっているかを示す、近年における典型的な事例である。

[10] 例外的に、わが国の場合、外国人留学生・就学生がアルバイトをする場合は、留学生は週 28 時間（教育機関の長期休業期間にあっては 1 日につき 8 時間以内）で、就学生は 1 日 4 時間（教育機関の長期休業期間にあっては 1 日につき 8 時間以内）までの単純労働が認められることがある。一定時間以内の従事であっても、留学生・就学生は、資格外活動の許可を法務省入国管理局から得る必要性がある。

1日現在のわが国における不法残留者数6万7人は、僅かではあっても（946人・1.6%）前年に比べ増加しており、その多くが不法就労の状態にあるものと推測されるのである。

　不法就労問題がいつまでも後を絶たない背景には、わが国の中小企業や農村などに全般的な労働力不足の状況があり、低賃金で社会保険などの配慮の心配もなく、手っ取り早く調達できる働き手を確保して人件費を抑制したい産業界・経営者の要請があり、そこから、違法であることを承知で外国人労働者を雇用する、使用者側の強い動機がある。入管法上、不法就労助長罪（73条の2）があるが、その最高刑が懲役3年もしくは罰金300万円であるため、初犯では多く執行猶予が付くことを期待して、不運にも摘発された場合は人事責任者を交代させたり、別の法人の名義を使うなどして、繰り返し外国人を単純労働に就労させる事例が後を絶たない。他方、不法就労を行なう不法滞在者たちは、経営者から暴力やセクハラ行為、過酷な長時間労働、賃金不払いなどの不当労働行為があっても、その立場の弱さから泣き寝入りをすることが珍しくないため、こうした弱い立場にある労働者を雇用することは、企業・経営者にとってなおメリットが大きく、不法就労問題の根絶はきわめて困難な状態にある。

　さらに悲惨な事態がもたらされるのは、その雇用先の企業が倒産あるいは人員整理などの事態に陥り、不法就労状態にある外国人がしかるべき保障もなしに解雇され、失業するなどした場合である。様々な社会保障の枠組みから除外されたまま、自身の生活費だけでなく、故国の家族への仕送りやわが国への渡航に際しての借金の返済など、困窮状態に追い詰められての財産犯罪や凶悪犯罪の実行の事例も多い[11]。

　問題が入管法制の論議を大きく超える性格のものであることは明らかである。もちろん根底には世界的な経済構造の現状から、国民の多数が極度の貧困にあえぎ、豊かな国への出稼ぎに希望を託さざるを得ないという現実があり、そこに宗教的な理由や民族問題を背景とした紛争が加わって、大量の難

---

11)　2014年11月に東京・上野などで相次いで摘発された中国人ホステスによる昏酔強盗事件では、当局の取締りの強化に加えてこの間の"円安"により収入が激減したホステスらが手っ取り早く現金収入を得る目的で昏酔強盗という手段に出たと指摘されていたことが記憶に新しい。

民が生まれるというプロセスの概観に、わが国に特徴的な人口の高齢化と近い将来に広範囲の労働力不足が生じるという予測を重ねたとき、わが国は何らかの形での外国人労働力の受け入れへと踏み切らざるを得ないのではないかと考えることは不自然ではない。南米などからの日系人の出稼ぎの容認など、これまで例外的に受け入れてきた外国人の単純労働従事目的での入国を段階的に、大幅に拡大していくことが必要になるかもしれないが、その時には、当然、日本社会に受け入れた外国人のスムースな順応、彼らとの共生をどう進めるかが論点となる。つまり、これは入管法の問題でなく、主要には社会政策、労働政策の問題なのである[12]。

4 むすび

2015年9月埼玉県熊谷市の住宅街で3軒の住居に侵入し住人6人を殺害したペルー人男性の事件は、日本社会に大きな衝撃を与えた。犯行の現場において逮捕された男は日系ペルー人として05年に来日し、関東近郊の工場を転々とし、犯行の直前には群馬県伊勢崎市のサラダ製造工場でキャベツを刻む作業をしていた。仕事ぶりは真面目だったというが、突然、意味不明の理由を挙げて退職したいと派遣会社に電話をしてきて、数日後、凶行に及んだという経過のようである。この事件については、本稿においても取り上げた2つの象徴的な問題が関わっている。――単純労働に従事することを目的とするペルー人の入国を認めた手続の問題と、入国した外国人労働者の日本社会への受け入れ方の問題である。

---

[12] なお、今後の課題として「来日少年犯罪」の深刻化を想定しなくてはならない。すでに一部の地方都市では多くの単純労働に従事する外国人の集住する地域が生まれており、そこに居住する労働者の家族には多くの複雑な困難が伴う(経産省「外国人労働者問題――課題の分析と望ましい受入制度の在り方について」〔2005年〕)。特に家族ぐるみで入国した日系外国人の場合、配偶者や子供に日本語能力と生活習慣を理由とする社会的孤立が広く見られ、少年の場合、就学年齢に達しても不就学となっている少年の割合はきわめて高く、来日した中国人、ブラジル人などの多い都市の例では半数以上が不就学と報告されている。その結果、日本語能力も身に付かず、職にも就けない少年の増加から、当然ながら、それら地域で外国人少年の非行の増加へという悪連鎖が生じることとなる。

入管法の改正により、1990年以降、日系3世までの外国人に対しては「定住者」（入管法7条1項2号・別表2）としての滞在資格が与えられ、就労についての制限はなく、たとえ失業した場合でもわが国に滞在することは可能とされている。そのため、海外、たとえばペルーなどでは、日本へ出稼ぎに行くために日系人の戸籍を買うなどの不正行為も流行しているとされるところ、わが国の入管当局がどれほどの実質的な審査によって本件男性の定住者資格を認めたのか、という疑問も生じる[13]。

　上記のような入管法の改正が、1980年代後半から目立ち始めた日系外国人のわが国への出稼ぎ需要の拡大に応えるものであると同時に、徐々に迫ってきたわが国の将来的な労働力不足に備えるための施策の一環として実施されたものであることは明らかである。しかし問題は、そのようにして受け入れた日系人の日本社会への適応あるいは統合のための対応が十分ではなかったことである。

　遅ればせながら、日本政府は2014年3月に「日系定住外国人施策の推進について」をとりまとめ、公表したが、そこでは、「日系定住外国人は、多くが主として派遣・請負等の雇用形態で、製造業などに就業しながら、地域経済を支え、活力をもたらす存在として、我が国の経済社会に貢献してきた」、との基本認識が示されるとともに、近年の「世界的な経済危機により離職を余儀なくされ、日本語能力が不十分であることなどから再就職が難しく、生活困難な状況に置かれる者が増加した」という現状から、これまでにとってきた各種施策を強化する必要があるとの姿勢が示されている[14]。それら施策の推進を通じて、本稿の課題との関連でも、日系外国人の経済的な困窮および日本社会とのコンフリクトの尖鋭化という、主要な犯罪・非行要因の減軽縮小へと向かうことが期待されるところである。

---

13) この男性の兄とされる男がペルーでは有名な大量殺人者であり、日系人戸籍は彼が将来的に日本への渡航を計画して、金を払って日系人の養子となることで獲得したとの情報もある。http://www.j-cast.com/tv/2015/09/18245619.html?p=all（2016年8月30日アクセス）
14)「日系定住外国人施策の推進について」http://www8.cao.go.jp/teiju/suisin/sesaku/index.html

あとがき

　本書は、2010年度学術振興会基盤研究(B)「東アジアにおける人身取引と法制度・運用実態の総合的研究」（基礎法学　課題番号2233000007、研究代表大久保史郎）とその後の立命館大学国際地域研究所「人身取引・入管法制」研究会の研究活動の成果である。

　この研究プロジェクトは、大久保史郎編『講座人間の安全保障と国際組織犯罪3・人間の安全保障とヒューマン・トラフィッキング』（日本評論社、2007年）の公刊を契機に日本における人身取引の実態調査と研究、技能実習生訴訟への対応などに献身的に活動する研究者、NGO、弁護士、労働組合などの方々と、実態認識に疎い法学研究者の連携・協力の場を設定するために、この科研申請がなされた。当初の意図がどこまで実現できたかはともかく、少なくとも本書は、こうした問題や実態解明に取り組まれている非法学系の、いわゆるアカデミズムとは無縁の方々の協力があってはじめて実現したことは確かである。

　基盤研究の申請にあたっては、「本研究は、現代日本における人身取引の全体像を把握し、有効な規制を加えるためには、専ら性的搾取を目的とする人身取引を対象に、これに刑事法的な規制を科すアプローチの限界を指摘し、ひろく非人間的なチープ・レイバーの一環としてとらえ、この労働搾取を目的とする人身取引を含めて、人身取引の現代的なひろがりと社会的構造を明らかにしつつ、有効な規制と被害者保護を行うこと」とした。この申請段階の構想から、随分と拡がった調査・研究になったが、基本的には想定した方向で進められたと思っている。

　2010年度は、日本の人身取引の実態や研修生・技能実習生の実態、これに対する出入国管理の運用実態の把握を試みたが、難航した。調査活動としては、タイ現地調査（2010年8月1日から7日）、フィリピン現地調査（2010年8月19日から27日）の実態調査を行い、継続調査も行った。2010年から2011年にかけて、数回の入国管理局、国際研修協力機構（JITCO）の訪問、

ヒアリングを行い、また、大阪、京都、東京での研究会を行った。

　総合シンポジウムとして、2011年12月「東アジアと日本における人身取引の実態と効果的対策」と2012年12月「人の国際移動と法─入管法制をめぐって」を開催した（末尾資料）。これらのシンポジウムの開催準備また開催後、関係資料、付属資料（非売品）も発行した。

　参加メンバーが全国に拡がり、また、専攻分野も異なるために、日常的な意見交換には困難を伴ったが、本研究参加者の間でのニュースレターの発行も行い、地域ごとの研究会もお願いした。2012年3月の研究年度の終了時に、報告書（https://kaken.nii.ac.jp/ja/report/KAKENHI-PROJECT-22330007/RECORD-22330007seika）を提出した。同時に、研究成果の公刊をめざすことを決定し、継続研究を立命館大学国際地域研究所「人身取引・入管法制」研究会として行うことにした。

　以上の成果刊行として、2016年度の研究成果刊行の申請を行い、採択されて、今回の公刊となった（JSPS科研費 JP16HP5130）。

　最後に、本書に寄稿された方々に、また、2010年以来、本研究プロジェクトに参加あるいは協力していただいた方々に心からの感謝の意を表します。また、この研究の事務方を務めた立命館大学国際地域研究所およびリサーチ・オフィスにお礼を申し上げます。

　2017年2月

大久保　史郎

[資料]

2011年度　国際会議「東アジアと日本における人身取引の実態と効果的対策」
　開催日　　2011年12月10日(土)〜11日(日)
　開催地　　立命館大学（衣笠キャンパス）・創思館コンファランス・ホール

　開会の挨拶　　　　　　　　　　　　高橋伸彰（国際地域研究所）
　開催趣旨　　　　　　　　　　　　　大久保史郎（立命館大学）

第1部　東アジアと日本における人身取引と対策の現段階　司会　徳川信治（立命館大学）
　1）現代世界における人身取引の現状と対策—地球的な見地から
　　　　　　　　　　　　　　　　　　Louise SHELLEY（George Mason大学）
　2）メコン流域地域における人身取引対策の現状と課題—国連からの報告
　　　　　　　　　　　　　　　　　　Matthew FRIEDMAN（UNIAP・国連）
　3）日本における人身取引と対策の現段階　齋藤百合子（明治学院大学）

第2部　人身取引の現状と課題—各国報告　司会　樋爪誠（立命館大学）
　　　　　　　　　　　　　　　　　　カルロス・レイナルース（龍谷大学）
　1）タイの人身取引禁止法とその影響
　　　　　　Pisawat SUKONTHAPAN（University of Thai Chamber of Commerce）
　2）フィリピンにおける国境を超える人身売買の現状
　　　　　　Golda Myra R. ROMA（Director, Policy, Planning and Research Division, Commission on Filipinos Overseas）
　3）中国における人身取引の現状と法規制　陳根発（中国社会科学院法学研究所）
　4）韓国における人身取引と対策の現段階　車恵怜（韓国・弁護士）

第3部　日本における外国人研修生・実習生問題　司会　野口雅弘（立命館大学）
　1）総論：日本における外国人研修生・実習生問題の現状と課題　吉田美喜夫(立命館大学)
　2）労働組合からみた外国人研修生・実習生問題　鳥井一平（全統一労働組合）
　3）外国人研修生・実習生訴訟の現在　小野寺信勝（弁護士）
　4）韓国における外国人研修生制度の廃止の経験と日本への提言　尹芝瑩（韓国・弁護士）

第4部　全体討論　　　　　　　　司会　薬師寺公夫（立命館大学）
　　　　　　　　　　　　　　　　　　山田美和（アジア経済研究所）

2012年度　シンポジウム　人の国際移動と法―入管法制をめぐって
　開催日　　2011年12月10日(土)～11日(日)
　開催地　　立命館大学（衣笠キャンパス）・創思館コンファランス・ホール

　開会趣旨―人身取引研究と入管法制　　　　　大久保史郎（立命館大学）

第1部　入管法の総論的課題
　1. 移民の権利と入管法制の国際比較　　　　近藤　敦（名城大学）
　2. 1990年以降の入管法　　　　　　　　　　明石純一（筑波大学）

第2部　各法分野からみた入管法
　1. 憲法　　　　　　　　　　　　　　　　　倉田　玲（立命館大学）
　2. 刑事法　　　　　　　　　　　　　　　　上田　寛（立命館大学）
　3. 国際法　　　　　　　　　　　　　　　　徳川　信治（立命館大学）
　4. 国際私法　　　　　　　　　　　　　　　樋爪　誠（立命館大学）

第3部　外国人をめぐる法と政策
　1. 外国人の人権保障　　　　　　　　　　　新井信之（香川大学）
　2. 外国人労働の法政策　　　　　　　　　　早川智津子（岩手大学）
　3. 外国人家族と入管法　　　　　　　　　　趙慶斉（司法書士）

第4部　入管法と実務的課題
　1. 弁護士の視点から　　　　　　　　　　　本田麻奈弥（弁護士）
　2. 行政書士の視点から　　　　　　　　　　姫田　格（行政書士）
　3. 国際機関での経験から　　　　　　　　　吾郷眞一（九州大学）

　全体会　　　　　　　　　　司会　吉田美喜夫（立命館大学）

執筆者・翻訳者一覧
＊印は編者

＊大久保史郎（おおくぼ しろう）	立命館大学名誉教授
近藤　敦（こんどう あつし）	名城大学教授
高畑　幸（たかはた さち）	静岡県立大学准教授
吾郷眞一（あごう しんいち）	立命館大学教授
茶谷淳一（ちゃたに じゅんいち）	名古屋短期大学教授
山根健至（やまね たけし）	福岡女子大学講師
齋藤百合子（さいとう ゆりこ）	明治学院大学准教授
カルロス、マリア・レイナルース	龍谷大学教授
青木理恵子（あおき りえこ）	特定非営利活動法人チャーム事務局長
車　恵怜（チャ ヘリョン）	韓国・弁護士
陳　根発（チェン ゲンファ）	中国社会科学院法学研究所・研究員・教授
大野聖良（おおの せら）	（独）日本学術振興会特別研究員PD
安達光治（あだち こうじ）	立命館大学教授
藤本伸樹（ふじもと のぶき）	アジア・太平洋人権情報センター研究員
＊吉田美喜夫（よしだ みきお）	立命館大学教授
小野寺信勝（おのでら のぶかつ）	弁護士
尹　芝瑩（ユン ジヨン）	韓国・弁護士
明石純一（あかし じゅんいち）	筑波大学准教授
＊樋爪　誠（ひづめ まこと）	立命館大学教授
趙　慶済（チョウ キョンジェ）	司法書士
片岡雅世（かたおか まさよ）	福岡工業大学助教
本田麻奈弥（ほんだ まなみ）	弁護士
須藤陽子（すとう ようこ）	立命館大学教授
上田　寛（うえだ かん）	立命館大学名誉教授

人の国際移動と現代日本の法
―― 人身取引・外国人労働・入管法制

2017年2月25日　第1版第1刷発行

編著者	大久保史郎・樋爪　誠・吉田美喜夫
発行者	串崎　浩
発行所	株式会社日本評論社
	〒170-8474　東京都豊島区南大塚3-12-4
	電話　03-3987-8621（販売）　　-8592（編集）
	FAX　03-3987-8590（販売）　　-8596（編集）
	振替　00100-3-16　https://www.nippyo.co.jp/
印刷所	平文社
製本所	松岳社
装　幀	銀山宏子

検印省略　　Ⓒ　S. OKUBO, M. HIZUME, M. YOSHIDA
ISBN 978-4-535-52237-4　　Printed in Japan

JCOPY〈（社）出版者著作権管理機構　委託出版物〉
本書の無断複写は著作権法上での例外を除き禁じられています。複写される場合は、そのつど事前に、（社）出版者著作権管理機構（電話03-3513-6969、FAX03-3513-6979、e-mail:info@jcopy.or.jp）の許諾を得てください。また、本書を代行業者等の第三者に依頼してスキャニング等の行為によりデジタル化することは、個人の家庭内の利用であっても、一切認められておりません。

難民の権利

ジェームス・C・ハサウェイ[著]　佐藤安信・山本哲史[訳]

国際難民法の世界的権威であるJ.ハサウェイ教授の原著の主要解説を完全翻訳。人権法、そして実証的な国際法の観点からも解説される本書は、研究者、難民保護実務にかかわる方々に必読の書。　◆A5判／本体4,200円+税

法律家による難民支援

大川秀史[著]

コソボ、フィリピン、シリア、約30カ国の難民問題を視察、調査した弁護士による現認レポート。難民支援への参加を呼びかける。　◆A5判／本体3,600円+税

非正規滞在者と在留特別許可
移住者たちの過去・現在・未来

近藤 敦・塩原良和・鈴木江理子[編著]

近年、社会的に広く認識されるようになった「在留特別許可」をめぐり、歴史的経緯や諸外国との比較を交えて多角的に検証する。　◆A5判／本体5,700円+税

オーストラリア移民法解説

浅川晃広[著]

世界有数の移民国家オーストラリア。その移民政策の根幹を成す移民法の要諦を詳細に解説する。移民政策を考えるための基礎文献。　◆A5判／本体5,700円+税

21世紀の国際法　多極化する世界の法と力

大沼保昭[編]　法セミ LAW ANGLE シリーズ

世界はいま、国際法でどう捉えられるか。国際法各分野はもちろん、憲法、法哲学、法社会学、国際政治学の研究者も集い、考察する対談集。　◆A5判／本体4,000円+税

日本評論社
https://www.nippyo.co.jp/